NomosLehrbuch

Prof. em. Dr. Dres. h.c. Ulfrid Neumann
Goethe-Universität Frankfurt am Main

# Juristische Argumentationstheorie

Nomos

**Die Deutsche Nationalbibliothek** verzeichnet diese Publikation in der Deutschen Nationalbibliografie; detaillierte bibliografische Daten sind im Internet über http://dnb.d-nb.de abrufbar.

ISBN 978-3-8487-9010-4 (Print)

ISBN 978-3-7489-3473-8 (ePDF)

1. Auflage 2023

## Vorwort

Dieses Buch schließt konzeptionell und inhaltlich an eine frühere Publikation an, die vor längerer Zeit unter dem Titel „Juristische Argumentationslehre" in der Reihe „Erträge der Forschung" (WBG) erschienen ist. Trotz vielfältiger Übereinstimmungen handelt es sich aber um ein anderes Werk. Der Grund dafür liegt in Erweiterungen und Modifikationen, die der Entwicklung der Diskussion geschuldet sind, die sich im Bereich der juristischen Argumentationslehre in den letzten Jahrzehnten vollzogen hat. Von Bedeutung sind hier vor allem zwei Aspekte.

Zum einen sind zu den seinerzeit diskutierten Modellen juristischen Argumentierens neue Ansätze hinzugekommen, die in die Darstellung (und kritische Würdigung) einzubeziehen waren. Das betrifft etwa die Hagener Forschungen zur Rechtsrhetorik, die Argumentationsanalyse seitens der „Strukturierenden Rechtslehre" und das sogenannte „pragma-dialektische" Modell der Argumentation, denen jeweils ein neues Kapitel gewidmet ist.

Zum andern hat sich der Frontverlauf in der Diskussion zur juristischen Argumentationstheorie und Methodenlehre in den letzten Jahrzehnten deutlich verschoben. Seinerzeit konnte man die Gefahren für eine rationale (und das heißt auch: realistische) Theorie der juristischen Argumentation vor allem auf der Seite von Ansätzen verorten, die juristisches Argumentieren tendenziell auf logische Ableitungen und das Operieren mit „semantischen Regeln" reduzieren wollen. Insbesondere die Logik wurde der Rechtswissenschaft zeitweise geradezu als Zaubertrank angeboten. Heute drohen diese Gefahren in zumindest gleicher Weise von der entgegengesetzten Seite – von einem postmodernen Irrationalismus, der die Regelorientierung juristischen Argumentierens grundsätzlich in Zweifel zieht und das angebliche „Mysterium" der richterlichen Entscheidung beschwört. Vor diesem neuen Irrationalismus muss – auch in der juristischen Ausbildung – nachdrücklich gewarnt werden.

Diesen „klimatischen" Veränderungen in der Diskussionslage ist es geschuldet, wenn in der vorliegenden Neubearbeitung die Akzente teilweise anders gesetzt werden als in der früheren Publikation. In der Sache habe ich meine Auffassungen nicht geändert.

Zu danken habe ich vielen Diskussionspartnern. Hervorheben möchte ich *Ralph Christensen, Thomas Coendet, Thomas M. Seibert* und *Harald Wohlrapp,* deren freundschaftlichem Drängen es auch zu verdanken ist, dass ich mich entschlossen habe, das Thema „Juristische Argumentationslehre" nochmals aufzunehmen.

Dem Nomos-Verlag, insbesondere Herrn Dr. Peter Schmidt, danke ich für eine ebenso effiziente wie harmonische Zusammenarbeit. Herrn *Sascha Zinn* (Frankfurt am Main) gebührt Dank für seine vorbildliche technische Unterstützung. Gewidmet ist dieses Buch meiner geliebten Frau *Vasiliki Neumann-Roustopani*, die mir neben vielem anderen auch die Ruhe schenkt, ohne die wissenschaftliches Arbeiten nicht möglich ist.

Kronberg, im September 2022 *Ulfrid Neumann*

# Inhaltsübersicht

# Inhalt

# § 1 Grundlagen

## I. Der Aufschwung der juristischen Argumentationstheorie

1 Die Theorie der juristischen Argumentation hat sich innerhalb der letzten Jahrzehnte eine beherrschende Stellung in der rechtstheoretischen Forschung erobert. Das gilt nicht nur für den deutschsprachigen Bereich. Probleme juristischen Argumentierens stehen heute weithin im Vordergrund der internationalen rechtstheoretischen Diskussion. Diese Entwicklung spiegelt sich in der Themenwahl nationaler und internationaler rechtsphilosophischer Kongresse sowie in einer Vielzahl wissenschaftlicher Veröffentlichungen zum Thema „Juristische Argumentation“. Teilweise wird geradezu von einem **„Argumentative Turn“** in der Rechtstheorie gesprochen.[1]

2 Die Frage nach den Ursachen einer derart weiträumigen Entwicklung kann nur mit Vorsicht gestellt und beantwortet werden.[2] Dabei ist vorweg festzuhalten, dass es *die* Theorie der juristischen Argumentation nicht gibt.[3] Zu den Theorien juristischen Argumentierens zählen so unterschiedliche Ansätze wie Theorien des logischen Beweises, Theorien des rationalen Diskurses und topisch-rhetorische Entwürfe.[4] „Theorie der juristischen Argumentation“ meint folglich nicht eine bestimmte Richtung, sondern einen bestimmten **Problembereich** der Rechtsphilosophie.

### 1. Entwicklung einer allgemeinen Argumentationstheorie

3 Sucht man eine Antwort auf die Frage, warum sich die Aufmerksamkeit der Rechtstheorie innerhalb der letzten Jahrzehnte weitgehend diesem Problembereich (wenn auch von unterschiedlichen Positionen aus) zugewandt hat, so ist zum einen auf Entwicklungen im Bereich der **allgemeinen Argumentationstheorie,**[5] vor allem aber auf die Wiederentdeckung der Bedeutung der Argumentation in der Moralphilosophie zu verweisen.[6] Dass die rechtsphilosophische Diskussion von dieser Entwicklung angeregt wurde, steht außer Zweifel.

1 *Atienza*, Alexy and the ‚Argumentative Turn' in Contemporary Legal Theory.

2 Versuch einer ideengeschichtlichen Einordnung bei *Rückert* (Schlachtrufe im Methodenkampf, Rn. 1476 ff.), der zutreffend Metaphysik-Skepsis einerseits, Verteidigung des Rationalitätsanspruchs der Jurisprudenz andererseits als zentrale Punkte der „Argumentationsjurisprudenz“ hervorhebt (ebd., Rn. 1483, 1485).

3 Zust. *H. R. Horn*, Are there Several Theories of Legal Argumentation?, S. 139 ff.; *Kaufmann/von der Pfordten*, Problemgeschichte der Rechtsphilosophie, S. 96; *Kudlich*, Einfluss des Strafverteidigers auf die Rechtsfindung in Strafsachen?, S. 236. Überblick zu den unterschiedlichen Richtungen der Argumentationstheorie bei *Pavčnik* Juristisches Verstehen, S. 130 ff.

4 Überblick bei *N. Horn*, Einführung in die Rechtswissenschaft und Rechtsphilosophie, Rn. 383–390, sowie bei *Pavčnik* Juristisches Verstehen, S. 130 ff.

5 *Føllesdal/Walloe/Elster*, Rationale Argumentation; *Kopperschmidt*, Allgemeine Rhetorik; *ders.*, Argumentationstheorie; *Lueken*, Inkommensurabilität als Problem rationalen Argumentierens; *ders.* (Hrsg.), Formen der Argumentation; *Lumer*, Praktische Argumentationstheorie; *Naess*, Kommunikation und Argumentation; *Toulmin*, The Uses of Argument; *Völzing*, Begründen, Erklären, Argumentieren; *Wohlrapp*, Der Begriff des Arguments; *ders.* (Hrsg.), Wege der Argumentationsforschung.

6 Exemplarisch: *Habermas*, Diskursethik, S. 54. Vgl. auch *Habermas*, Faktizität und Geltung, S. 127: „Ohne Rückendeckung durch kritikfeste religiöse oder metaphysische Weltbilder sind praktische Orientierungen letztlich nur noch aus Argumentationen, d. h. aus den Reflexionsformen kommunikativen Handelns selber zu gewinnen.“ Aufgrund eines metaphysischen Weltbilds deshalb kritisch zu einem argumentationstheoretischen Ansatz in Recht und Moral *Naucke/Harzer*, Rechtsphilosophische Grundbegriffe, Rn. 248 ff.

## 2. Argumentation als Weg zwischen Determinismus und Dezisionismus

4 Entscheidend aber scheint mir ein anderer Gesichtspunkt zu sein, der mit dem Aufschwung der Theorie der Argumentation in der Moralphilosophie allerdings in einem sachlichen Zusammenhang steht. So wie die Ausarbeitung einer Theorie der vernünftigen Argumentation im Bereich der Moralphilosophie die Aufgabe übernimmt, einen dritten Weg der Moralbegründung zwischen metaphysischen und intuitionistischen Wertethiken einerseits, nonkognitivistischen Ethiken wie Emotivismus und Dezisionismus andererseits zu bahnen, so markiert die Theorie der juristischen Argumentation einen **dritten Weg** zwischen juristischem Determinismus einerseits und juristischem Dezisionismus andererseits.

5 Die juristische Argumentation ist weder vom Standpunkt des Subsumtionsdogmas (Determinismus)[7] aus ein Thema noch für eine Position des juristischen Irrationalismus (Dezisionismus).[8] Der **Determinismus** (die Auffassung, dass jede gerichtliche Entscheidung durch das Gesetz vollständig festgelegt ist) *bedarf* keiner Theorie der Argumentation; für den juristischen Irrationalismus bzw. **Dezisionismus** (also die Auffassung, dass die gerichtliche Entscheidung allein ein Willensakt des Richters ist), *kann es* eine solche Theorie *nicht geben*. Dagegen ist die juristische Argumentation von wesentlicher Bedeutung für eine dritte Position, die die richterliche Entscheidung weder als reine „Anwendung" des Gesetzes noch als Akt richterlicher Willkür, sondern als vom Gesetz nicht (vollständig) festgelegte, aber gleichwohl rationale (rational begründbare) Entscheidung betrachtet.[9] Das bedarf einer kurzen Erläuterung.

6 1) Dass für die Position des *juristischen Dezisionismus* Regeln juristischen Argumentierens allenfalls vordergründig von Bedeutung sind, liegt auf der Hand. Wenn die richterliche Entscheidung als reiner Willensakt zu verstehen ist, dann kann die Frage, welche Argumente eine Entscheidung zu rechtfertigen vermögen, keine Rolle spielen. Juristische Argumentation könnte allenfalls als Fassadenarbeit, als Verschleierung des rein volitiven Charakters der Entscheidung von Bedeutung sein. Insofern war es konsequent, wenn die **Freirechtsschule,** die die für das Urteil bestimmende richterliche Wertung als „irrational" qualifizierte, eine Offenlegung der Urteilsgründe mit dem Hinweis ablehnte, es würde den Gläubigen ja auch nicht einfallen, vom Jüngsten Gericht eine begründete Entscheidung zu verlangen.[10] Ist die Entscheidung des Richters ein Akt der Willkür, so reduziert sich eine Argumentation, die diese Entscheidung rechtfertigen soll, auf Rhetorik im pejorativen Sinne.

7 2) Aber auch für *den juristischen Determinismus* ist die Theorie der juristischen Argumentation als Theorie der vernünftigen Begründung eines Urteils nicht von Interesse. Denn wenn dem Richter die einzig richtige Entscheidung vom Gesetz vorgegeben ist, dann bedarf diese Entscheidung keiner Rechtfertigung; die Erkenntnis von etwas Vorgegebenem legitimiert sich qua Erkenntnis selbst. Auch eine Argumentation *gegen*

7 Den Begriff „Determinismus" verwenden beispielsweise auch *Brink*, Über die richterliche Entscheidungsbegründung, S. 209; *Christensen/Kudlich*, Theorie richterlichen Begründens, S. 26 f.

8 Zust. *Christensen/Kudlich*, Theorie des richterlichen Begründens, S. 233; *Deckert*, Folgenorientierung in der Rechtsanwendung, S. 76; *Lerch*, Lesarten des Rechts, S. 19. Ebenso *Stamatis*, Argumenter en droit, S. 321. Zur Position der modernen Methodenlehre zwischen Determinismus und Dezisionismus vgl. auch *Jestaedt*, Das mag in der Theorie richtig sein, S. 57 ff.

9 Ebenso *Pavčnik*, Juristisches Verstehen und Entscheiden, S. 8 f., 153; *Zhang*, Juristische Argumentation durch Folgenorientierung, S. 150.

10 *H. Kantorowicz* (*Gnaeus Flavius*), Der Kampf um die Rechtswissenschaft, S. 42; dazu *Neumann*, Wahrheit statt Autorität, S. 369.

die als Erkenntnis verstandene richterliche Entscheidung wäre ohne Chance; *contra factum non valet argumentum*.

Das bedeutet nicht, dass für die Position des juristischen Determinismus die Begründung eines Urteils ein sinnloses Unterfangen wäre. Auch vom Standpunkt der konsequentesten **Subsumtionsideologie** aus ist die Rechtswissenschaft keine Offenbarungsreligion, die dem Richter die schlichte Berufung auf seine Fähigkeit zur Erkenntnis der Entscheidung des Gesetzgebers oder des Gesetzes erlauben würde. 8

Aber die Begründung eines Urteils hat von dieser Position aus einen anderen Sinn. Wird die (richtige) Entscheidung als dem Richter vom Gesetz vorgegeben gedacht, dann kann ihre Begründung nur in dem Nachweis bestehen, dass das richterliche Urteil die Entscheidung des Gesetzgebers reproduziere. Die Begründung hat dann die Aufgabe, **Beweis** zu erbringen, dass etwas der Fall ist.[11] Dass etwas der Fall ist, lässt sich aber nur dadurch beweisen, dass man Wege zur Erkenntnis des fraglichen Sachverhalts aufzeigt, dass man also die Methode angibt, mit deren Hilfe die Wirklichkeit zu erkennen ist. Das Desiderat einer Rechtswissenschaft, die richterliche Entscheidung als Erkenntnis versteht, ist eine juristische Methodenlehre, nicht eine Theorie der juristischen Argumentation. Die Subsumtionsideologie hat deshalb keinen Bedarf an Argumentationstheorie.[12] Komplementär muss die Ansicht, dass es jedenfalls in rechtlich nicht trivialen Fällen keine einzig richtige Entscheidung gibt, das wissenschaftliche Interesse auf die **Begründung** des Urteils lenken. 9

## II. Juristische Methodenlehre und Theorie der juristischen Argumentation

### 1. Feindliche Brüder?

Die Theorie der juristischen Argumentation bezieht folglich eine klare **Gegenposition** zur **juristischen Methodenlehre**, soweit deren kognitive Basis „der Glaube an die Existenz eines der Interpretation in der Gestalt von gesetzlichen Anordnungen vorgegebenen Gegenstands der juristischen Erkenntnis" ist.[13] Aus der Sicht eines (normativen) argumentationstheoretischen Ansatzes liegt die Aufgabe des Richters (wie des Rechtswissenschaftlers) nicht in der Erkenntnis eines als vorgegeben gedachten Inhalts des Gesetzes, sondern darin, *die* urteilsrelevante Rechtsregel zu formulieren, die sich mit den besten verfügbaren Gründen rechtfertigen lässt. Zu einer juristischen Methodenlehre, die sich auf die Ontologie einer fertigen Rechtswelt stützt, steht die Theorie der juristischen Argumentation deshalb in dem denkbar schärfsten Gegensatz.[14] 10

Auf der anderen Seite verbindet Juristische Methodenlehre und Argumentationstheorie die Überzeugung, dass die „Produktion" von rechtlichen Entscheidungen und subgesetzlichen Regeln nicht ein Akt bloßer Dezision, sondern ein rational kontrollierbarer und kritisierbarer Akt der Herstellung und Darstellung (zur Differenz sowie dem Ver- 11

11 Zust. *Christensen/Kudlich*, Theorie richterlichen Begründens, S. 27.

12 Überzeugend *Hwang*, Rechtsbindung, die sich gegen die These der „inhaltlich-logischen Vorbestimmtheit" des Rechts (hier als juristischer Determinismus bezeichnet) wendet (S. 68 und passim) und die Funktion der juristischen Argumentation gerade in der Rechtfertigung und Kontrolle der vom Richter zu verantwortenden Entscheidung sieht.

13 So die Diagnose hinsichtlich eines Standardwerkes der Juristischen Methodenlehre (*Looschelders/Roth*, Juristische Methodik im Prozess der Rechtsanwendung, 1996) bei *Somek*, Rechtliches Wissen, S. 56.

14 Zu den unterschiedlichen erkenntnistheoretischen Ansatzpunkten der juristischen Methodenlehre einerseits, der Theorie der juristischen Argumentation andererseits instruktiv *Rückert*, Schlachtrufe im Methodenkampf, Rn. 1476. Vgl. auch *Neumann*, Juristische Methodenlehre und Theorie der juristischen Argumentation, S. 239 ff.

hältnis von Herstellung und Darstellung Rn. 13 ff.) von Recht ist. Beide stehen damit in einer gemeinsamen Front gegen einen **„postmodernen" Irrationalismus,**[15] der in der richterlichen Entscheidung ein „Mysterium" sieht[16] und „den dunklen Augenblick der Entscheidung, den Moment der Unentscheidbarkeit" beschwört.[17]

12 Angesichts dieser gemeinsamen Frontstellung gegen einen neuen juristischen Obskurantismus sind neuere Entwicklungen in der Juristischen Methodenlehre, die dazu beitragen, eine Brücke zur Theorie der juristischen Argumentation zu schlagen, zu begrüßen. So konstatiert *Zippelius* den argumentativen Charakter der Auslegung: „Auslegung vollzieht sich ... in argumentativen Strukturen"[18]. Ähnlich die Kennzeichnung der Methodenlehre als „strukturierte Argumentationslehre" in einer anderen Monografie zur Juristischen Methodenlehre.[19] Nachdem sich die juristische Methodenlehre weithin von dem Subsumtionsdogma und der Vorstellung einer einzig richtigen Entscheidung verabschiedet hat, steht einer Kooperation zwischen Methodenlehre und Argumentationstheorie nichts mehr im Wege.[20]

### 2. Herstellung und Darstellung

13 Gleichwohl muss aus der Perspektive einer erkenntniskritischen Theorie der Rechtsgewinnung an einer prinzipiellen Differenz zwischen juristischer Methode (verstanden als Weg zum „richtigen" Ergebnis) und juristischer Argumentation festgehalten werden. Eine Theorie der juristischen Argumentation hat es nicht mit dem Prozess der Entscheidungsfindung, sondern mit der Frage der Rechtfertigung des – wie auch immer „gefundenen" – Urteils zu tun; nicht mit der **Herstellung**, sondern mit der **Darstellung** der richterlichen Entscheidung.[21] Diese Unterscheidung zwischen Herstellung und Darstellung ist heute im Prinzip unangefochten; umstritten ist dagegen ihre Tragweite. Die Konsequenzen einer radikalen Trennung werden bei *Hermann Isay* deutlich, der schon Ende der zwanziger Jahre des letzten Jahrhunderts zwischen dem Entstehungs- und dem Begründungszusammenhang richterlicher Entscheidungen differenziert hatte:[22] Nur die Kontrolle, nicht aber die Entstehung der Entscheidung soll sich auf rationa-

---

15 Verteidigung einer „modernen" Methodenlehre gegen „postmoderne" Kritik bei *Thomas Möllers*, Juristische Methodenlehre, § 1 Rn. 7 ff. und § 14.

16 *Vesting*, Rechtstheorie, Rn. 227 und 228.

17 Ebd. Rn. 226. – Zur sogenannten „Paradoxie der Unentscheidbarkeit", von der bei „postmodernen" Rechtstheoretikern (im Anschluss insbesondere an *Luhmann, von Foerster* und *Derrida*) immer wieder die Rede ist: Sie beruht offensichtlich auf einer Verwechslung von „Unentscheidbarkeit" und „Unentschiedenheit". Das Dementi von *Luhmann* überzeugt nicht: „Entscheidungen gibt es nur, wenn etwas prinzipiell Unentscheidbares (nicht nur Unentschiedenes!) vorliegt (...) Denn andernfalls wäre die Entscheidung schon entschieden und müsste nur noch ‚erkannt' werden" (*Luhmann*, Das Recht der Gesellschaft, S. 308). Hier wird offensichtlich der Dispositionsbegriff der (Un-)Entscheidbarkeit als Qualitätsbegriff („[Un-]Entschiedenes") missverstanden. – Gegen dieses angebliche Paradox (und die Vorliebe der Postmodernen für „Paradoxien" generell) *Günther*, Kopf oder Füße? Das Rechtsprojekt der Moderne und seine vermeintlichen Paradoxien; ferner *Bung*, Brett des Karneades.

18 *Zippelius*, Juristische Methodenlehre, S. 40 m. Hinw. auf BVerfGE 82, 38 f. Dort heißt es: „Die Auslegung hat den Charakter eines Diskurses, in dem auch bei methodisch einwandfreier Arbeit nicht absolut richtige, unter Fachkundigen nicht bezweifelbare Aussagen dargeboten werden, sondern Gründe geltend gemacht, andere Gründe dagegengestellt werden und schließlich die besseren Gründe den Ausschlag geben sollen."

19 *Wank*, Juristische Methodenlehre, § 1 Rn. 51. Gegenüberstellung von Methodenlehre und Argumentationstheorie aber ebd. § 1 Rn. 24.

20 *Deckert*, Folgenorientierung in der Rechtsanwendung, S. 76; *Arthur Kaufmann*, Das Verfahren der Rechtsgewinnung, S. 95.

21 Zu dieser Unterscheidung *Ferreira Leite de Paula*, Discovery and Justification in Law, S. 81 ff.; *Schneider*, Theorie juristischen Entscheidens, S. 316 ff.

22 *Isay*, Rechtsnorm und Entscheidung.

lem Weg vollziehen. Der Entstehungsprozess wird damit dem Bereich der juristischen Methodenlehre entzogen und einer Disziplin zugewiesen, die man als „Psychologie der richterlichen Entscheidungstätigkeit" bezeichnen könnte. Die Trennung von Herstellung und Darstellung ist dann radikal; es führt keine Brücke von der Entstehung der Entscheidung zu deren Begründung. Eine Theorie der juristischen Argumentation, die sich auf die so von der Entscheidungsfindung abgespaltene Begründung beschränken wollte, würde jeden Bezug zu einer (normativen oder empirischen) Theorie der juristischen Entscheidung verlieren.

Tatsächlich aber lassen sich beide Bereiche nicht ohne Gewaltsamkeiten in dieser Weise voneinander isolieren.[23] Anders als in den Naturwissenschaften, in denen die parallele Unterscheidung zwischen ‚context of discovery' und ‚context of justification' das Biographisch-Zufällige der Entstehung einer Theorie von deren wissenschaftlich allein interessierender Begründbarkeit abgrenzt, können die in der Urteilsbegründung vorgetragenen Argumente nicht vollständig gegen die Motive abgeschottet werden, die hinter der Entscheidung stehen. 14

Der Grund für diese Asymmetrie liegt in der unterschiedlichen Funktion der Rechtfertigung in den naturwissenschaftlichen Disziplinen einerseits, der Rechtswissenschaft andererseits. In vereinfachender Gegenüberstellung: In den **Naturwissenschaften** geht es um den *Beweis der Wahrheit einer Behauptung,* in der **Rechtswissenschaft** um die *Begründung der Richtigkeit einer Entscheidung* (die auch eine Entscheidung für eine dogmatische Theorie sein kann). Soweit die Wahrheit einer Behauptung objektiv erwiesen werden kann, vermögen die Umstände der Entstehung, insbesondere also die Motive der Formulierung der Behauptung, diese nicht zu diskreditieren. Die Genese mag den Psychologen, den Biographen, den Sozialwissenschaftler interessieren; sie ist für die Fachdisziplin selbst ohne Bedeutung. 15

Anderes gilt im Bereich der Begründung von Entscheidungen. Hier sollen die Gesichtspunkte, die geeignet und dazu bestimmt sind, die Entscheidung zu rechtfertigen, diese auch „motivieren". Die Feststellung, dass die Rechtfertigung der Entscheidung mit den „wirklichen" Entscheidungsmotiven nicht übereinstimmt, wäre für die Entscheidung wie für ihre Begründung tendenziell disqualifizierend. Wo die Objektivität des Beweises nicht zu erreichen ist, kommt der Wahrhaftigkeit des Argumentierenden eine besondere Bedeutung zu. 16

Einzuräumen ist allerdings, dass diese Erwägungen weitgehend auf das Urteil des Einzelrichters zugeschnitten sind. Für **Kollegialgerichte** stellt sich das Problem des Verhältnisses von Herstellung und Darstellung des Urteils in besonderer Weise.[24] Jenseits der Konstellation einstimmiger Entscheidungen muss die Urteilsbegründung den „Herstellungsprozess" hier notwendiger Weise verzeichnen, soweit nicht ausnahmsweise Sondervoten zugelassen sind. 17

### 3. Scheinbegründungen und Methodenehrlichkeit

Das hat die Konsequenz, dass sich für die Rechtstheorie, anders als für die Wissenschaftstheorie der Naturwissenschaften, das Problem sogenannter *Scheinbegründun-* 18

23 Dazu *Becker*, Was bleibt?, S. 9 f. m. Fn. 6; *Schneider*, Theorie juristischen Entscheidens, S. 31 f.; *Zhang*, Juristische Argumentation durch Folgenorientierung, S. 146.

24 Ausführlich und instruktiv dazu die justizgeschichtliche und -theoretische Darstellung bei *Wolfgang Ernst*, Rechtserkenntnis durch Richtermehrheiten (insbes. S. 167 ff.).

*gen* stellt,[25] also von Argumentationen, in denen die „wirklichen" Entscheidungsmotive nicht zum Ausdruck kommen bzw. in denen Argumente Verwendung finden, die der Argumentierende selbst nicht akzeptiert. Die Frage, wie derartige **Scheinbegründungen** zu beurteilen sind, ist umstritten. Überwiegend wird betont, dass aus Gründen der wissenschaftlichen Redlichkeit, aber auch der Rationalität und Plausibilität der Argumentation Scheinbegründungen zu vermeiden, die wirklichen Motive offenzulegen seien.[26] Auf der anderen Seite wird hervorgehoben, dass Deduktionen aus dem Gesetz auch dann nicht entbehrlich seien, wenn es sich um „offenbare Scheindeduktionen" handele.[27]

19 Die Diskussion kann an dieser Stelle nicht aufgenommen werden, auf zwei Gesichtspunkte ist aber hinzuweisen. Zum einen kann es nicht darum gehen, dass etwa der Richter seine persönlichen Sympathien oder Antipathien, die das Urteil beeinflusst haben mögen, offenbart; die Verpflichtung zur Aufdeckung der Entscheidungsmotive kann sich nur auf vernünftige, prinzipiell konsensfähige Sachgesichtspunkte beziehen, die hinter der Entscheidung stehen. In diesem Sinne ist die Offenlegung von *generellen Folgenerwägungen* zu fordern, die für die Entscheidung von Bedeutung waren, nicht aber die Mitteilung von Motiven, die sich auf die *Person* des von der Entscheidung Betroffenen beziehen. Im letzteren Fall wäre eine andere Entscheidung, nicht eine andere Begründung zu fordern.

20 Zum anderen darf die Forderung nach **Methodenehrlichkeit** nicht als Verzicht auf eine am Gesetz orientierte Argumentation missverstanden werden. Auch dort, wo der Richter in erster Linie nicht eine gesetzmäßige, sondern eine sachgerechte Entscheidung anstrebt, bleibt seine Entscheidung ebenso wie seine Argumentation an die normativen Vorgaben des Gesetzes gebunden.

### III. Rechtstheoretische Bedeutung der Entscheidungsbegründung

#### 1. Richtigkeit als Funktion (Folge) der Begründung

21 Versteht man das richterliche Urteil als zwar am Gesetz orientierte, aber nicht durch das Gesetz determinierte Entscheidung, die (deshalb) nicht nur am Maßstab des Gesetzes, sondern auch an den Anforderungen **gerechten und vernünftigen Entscheidens** zu messen ist, dann erhält die juristische Argumentation eine eigenständige und zentrale Bedeutung.[28] In diesem Falle dient juristisches Argumentieren nicht dem Nachweis, dass etwas der Fall ist, sondern der Begründung, dass eine bestimmte Handlung, eine bestimmte Entscheidung richtig ist. Diese Richtigkeit der Entscheidung kann, und das ist der entscheidende Punkt, nicht unabhängig von den Gründen gedacht werden, die für sie angeführt werden können. In der Formulierung *Arthur Kaufmanns*:

---

25 Grundlegend *Brecher*, Scheinbegründungen und Methodenehrlichkeit; ferner *Haverkate*, Offenes Argumentieren im Urteil; *Kriele*, Offene und verdeckte Urteilsgründe.

26 *Brüggemann*, Die richterliche Begründungspflicht, S. 84; *Esser*, Methodik des Privatrechts, S. 252; *Simitis*, Bedeutung von System und Dogmatik, S. 147; *Strömholm*, Allgemeine Rechtslehre, S. 181.

27 *Kriele*, Offene und verdeckte Urteilsgründe, S. 113. Skeptisch zum Offenheitspostulat auch *Struck*, Zur Theorie juristischer Argumentation, S. 23; *Krawietz*, Juristische Entscheidung und wissenschaftliche Erkenntnis, S. 81.

28 Ebenso *Pavčnik*, Juristisches Verstehen und Entscheiden, S. 8 f.

> „Gibt es ... keine Richtigkeit des Rechts außerhalb des konkreten Entscheidungsverfahrens, dann muss sie eben in diesem Verfahren selbst hergestellt werden: durch Reflexion und Argumentation, durch Intersubjektivität und Konsens unter den Beteiligten“[29].

Insofern führt die Position der Hermeneutik, die gegenüber der Annahme eines eindeutigen, vorgegebenen Gesetzesinhalts skeptisch ist, konsequenter Weise zu einer Theorie der juristischen Argumentation.[30] Eine Entscheidung, die als *Erkenntnis* des Gesetzesinhalts verstanden wird, ist richtig oder falsch unabhängig von den Möglichkeiten, die Übereinstimmung von Gesetz und Urteil zu begründen – ebenso wie die Gesetze der Planetenbewegung bereits „richtig“ waren, als ihr Beweis noch nicht möglich war. Die Richtigkeit einer Entscheidung im Sinne ihrer Vernünftigkeit, ihrer praktischen Angemessenheit, ist dagegen durch die Möglichkeit ihrer rationalen Rechtfertigung bedingt. 22

Deshalb markieren die Grenzen der Möglichkeit einer rationalen Entscheidungsbegründung zugleich die Grenzen, innerhalb derer es möglich ist, von einer *richtigen* Entscheidung zu sprechen. Das Modell einer „einzig richtigen Entscheidung“ hat deshalb den Umstand gegen sich, dass die rationale Argumentation in zahlreichen Fällen zu keinem eindeutigen Ergebnis führt (näher zum Problem der „einzig richtigen Entscheidung“ § 9 Rn. 26 ff.). Überspitzt formuliert: Für den juristischen Determinismus ist die (mögliche) Qualität der Begründung eine Funktion der Qualität des Urteils, für das Modell der vernünftigen Entscheidung die Qualität des Urteils eine Funktion der Qualität der Begründung. In diesem Sinne kann die Rationalität einer Entscheidung mit ihrer Begründbarkeit gleichgesetzt werden.[31] 23

### 2. Besonderheiten im Verhältnis zur Argumentation in den Naturwissenschaften

Diese Abhängigkeit der Qualität, der Richtigkeit der Entscheidung von der Entscheidungsbegründung unterscheidet die juristische Argumentation zumindest von der Argumentation in den Naturwissenschaften, vermutlich aber auch von der Argumentation in den anderen geistes- oder sozialwissenschaftlichen Disziplinen. Die Wahrheit einer physikalischen Hypothese ist keine Funktion der für sie angeführten Begründung; die Hypothese kann zutreffen, die Begründung untauglich sein bis zur Abwegigkeit. 24

Dagegen konstituiert die Qualität der juristischen Begründung die Qualität der von ihr gestützten Entscheidung. Das gilt zunächst – ohne Einschränkung – für den Zusammenhang zwischen Entscheidung und *potenzieller* Begründung; um das Prädikat „richtig“ beanspruchen zu können, muss eine juristische Entscheidung zumindest *begründbar* sein. Es gilt aber auch – eingeschränkt – für den Zusammenhang zwischen der Entscheidung und der *aktuellen*, ihr tatsächlich beigegebenen Begründung. Eine bestimmte Auffassung kann mit einer bestimmten Begründung **vertretbar**, mit einer anderen **unvertretbar** sein. Das heißt: Die Annehmbarkeit der konkreten Begründung schlägt auf die Annehmbarkeit der Entscheidung durch. 25

---

29 *Arthur Kaufmann*, Durch Naturrecht und Rechtspositivismus zur juristischen Hermeneutik, S. 88.

30 Zur Bedeutung des hermeneutischen Ansatzes für die Theorie der juristischen Argumentation ausführlich *Stamatis*, Argumenter en droit, S. 56 ff. und *Stelmach*, Die hermeneutische Auffassung der Rechtsphilosophie, S. 140 ff. Dass es sich gleichwohl um heterogene, keineswegs „eng verschwisterte“ Ansätze handelt, betonen *Kaufmann/von der Pfordten*, Problemgeschichte der Rechtsphilosophie, S. 95 f.

31 *Garrn*, Zur Rationalität rechtlicher Entscheidungen, S. 19 und passim.

26 Das hängt zusammen mit einer Besonderheit der Rechtswissenschaft, die diese von anderen Wissenschaften unterscheidet: Rechtswissenschaftliche Forschung verändert den Gegenstand ihrer wissenschaftlichen Tätigkeit. Ein Lehrbuch der Ornithologie lässt die Vogelwelt unangetastet; ein Lehrbuch des Schuldrechts verändert auch das Schuldrecht.[32] Das Recht besteht, mit anderen Worten, überwiegend nicht aus „an sich" richtigen Erkenntnissen, sondern aus Meinungen, über deren Qualität die für sie angeführten oder anführbaren Gründe entscheiden.

### 3. Skepsis gegenüber der Bindungskraft des Gesetzes

27 Der Aufstieg der Theorie juristischen Argumentierens steht demnach in engem Zusammenhang mit dem Zurücktreten der traditionellen juristischen Methodenlehre und dem Vordringen einer Auffassung, die das richterliche Urteil als zwar gesetzesorientierte, aber nicht durch das Gesetz determinierte und gleichzeitig den Maßstäben von Gerechtigkeit und Vernünftigkeit verpflichtete Entscheidung versteht.[33]

28 Die bahnbrechenden Arbeiten von *Josef Esser*,[34] *Martin Kriele*,[35] *Theodor Viehweg*[36] und *Franz Wieacker*[37] zur Bedeutung von außergesetzlichen Rechtsquellen haben auch für die Entwicklung der Theorie der juristischen Argumentation Pionierleistungen erbracht.

### 4. Bedeutung des Konsenses

29 Die Einsicht, dass es sich bei der richterlichen Entscheidung nicht ausschließlich um einen kognitiven Akt, nicht um die Erkenntnis einer vorgegebenen Rechtslage handelt, führt notwendig zu einer höheren Gewichtung des **Konsenses** der an der Argumentation Beteiligten bzw. der von einer Entscheidung Betroffenen. Vermag die Argumentation nicht den Beweis der Richtigkeit einer Rechtsauffassung zu erbringen, so kann sie doch der Herbeiführung von Zustimmung dienen.

30 Problematisch ist allerdings das Verhältnis von **Rationalität** und **Konsensorientierung** der juristischen Argumentation: kommt es nur auf die faktische Zustimmung der fraglichen Personengruppen an, dann bleibt für das Postulat rationaler Argumentation kein Raum; zwischen einer durch *Überredung* erschlichenen und einer durch *Überzeugen* herbeigeführten Übereinstimmung besteht insofern kein Unterschied. Entscheidet dagegen die Rationalität der Argumentation, so verliert die Frage des Konsenses notwendigerweise an Bedeutung.

31 Dieses Problem des Verhältnisses von Rationalität und Konsens tritt in der Theorie der juristischen Argumentation an verschiedenen Stellen und in unterschiedlicher Gestalt in Erscheinung: So etwa bei der Unterscheidung zwischen einem nur faktischen und einem vernünftigen Konsens (näher dazu § 5 Rn. 14 ff.) und bei dem Versuch der Abgrenzung von „überredender" und „überzeugender" Argumentation (näher dazu

---

32 *Adomeit/Hähnchen*, Rechtstheorie mit Juristischer Methodenlehre, Rn. 15; ähnlich *Peczenik*, Grundlagen der juristischen Argumentation, S. 142 und *Giaro*, L'argumentation dogmatique et l'argumentation scientifique, S. 273.

33 Zu diesem Zusammenhang auch *Hwang*, Rechtsbindung, S. 43 ff. (unter Hinweis auf *Kelsen* und *Viehweg*).

34 *Esser*, Grundsatz und Norm in der richterlichen Fortbildung des Privatrechts, 1956 (4. Aufl. 1990); *ders.*, Vorverständnis und Methodenwahl, 1970 (2. Aufl. 1972).

35 *Kriele*, Theorie der Rechtsgewinnung, 1967 (2. Aufl. 1976).

36 *Viehweg*, Topik und Jurisprudenz, 1953 (5. Aufl. 1974).

37 *Wieacker*, Gesetz und Richterkunst, 1958.

§ 3 Rn. 73 ff.). An dieser Stelle liegt auch ein gewichtiges Problem der Theorie des praktischen Diskurses (dazu § 5 Rn. 58 ff., 63 ff.).

## IV. Politische Bedeutung der Entscheidungsbegründung

### 1. Begründung als Rechtfertigung

Neben dem rechtstheoretischen Aspekt hat die Begründung von richterlichen Entscheidungen auch eine institutionelle, eine **politische Dimension**. Es besteht ein enger Zusammenhang zwischen der politischen Organisation einer Gesellschaft einerseits und ihrer Antwort auf die Frage, wieweit richterliche oder auch andere staatliche Entscheidungen zu begründen sind, andererseits.[38] 32

Deutlich wird dieser Zusammenhang, wenn man nach der Funktion fragt, die der Begründung einer Entscheidung zukommt. Die Begründung einer *Handlung* (also auch einer richterlichen Entscheidung) hat prinzipiell eine andere Bedeutung als die Begründung eines theoretischen Satzes, einer Behauptung.[39] 33

Behauptungen lassen sich begründen zum einen durch den Nachweis, *dass* der behauptete Sachverhalt existiert, zum anderen durch Angabe der Gründe, *weshalb* er existiert. Welche Art der Begründung gewählt wird, hängt vom Sinn der Warum-Frage ab, die zu beantworten ist. Wird die Behauptung selbst in Zweifel gezogen (Frage nach dem *Erkenntnisgrund*), so ist eine Begründung im ersteren Sinne erforderlich; wird die Existenz des behaupteten Sachverhalts nicht in Zweifel gezogen, sondern lediglich nach dem *Realgrund* gefragt, so genügt die Angabe der Faktoren, die für den fraglichen Sachverhalt ursächlich sind. 34

Demgegenüber hat die Begründung einer (eigenen) Handlung einen anderen Sinn. Sie bedeutet den Versuch, diese Handlung zu **rechtfertigen**.[40] Im Englischen wie im Französischen spiegelt sich dieser Zusammenhang im Begriff der „justification". Eine Entscheidung zu begründen, heißt, sie zu rechtfertigen, sie zu legitimieren. In der Begründung einer Entscheidung liegt damit das Anerkenntnis, dass der Entscheidende seine Entscheidung anderen gegenüber zu rechtfertigen hat. Das ist der Grund, weshalb in ausgeprägten Über-/Unterordnungsverhältnissen Entscheidungen nicht begründet zu werden pflegen; hier tritt das ‚sic volo, sic iubeo, stat pro ratione voluntas' an die Stelle einer sachlichen, d. h. auf den Gehalt der Entscheidung, nicht auf die Autorität des Entscheidenden bezogenen Rechtfertigung. Absolutistischen Systemen ist der Gedanke, staatliche Organe könnten gegenüber den „Untertanen" zur Begründung ihrer Entscheidungen verpflichtet sein, fremd. 35

In diesem Zusammenhang verdient die Tatsache Aufmerksamkeit, dass das **kanonische Recht** bis zum Inkrafttreten des Codex iuris canonici (1918) eine Begründung der richterlichen Entscheidung für den Regelfall ablehnte.[41] Institutionen mit autoritärer und ausgeprägt hierarchischer Struktur müssen der Verpflichtung, ihre Entscheidungen gegenüber den Betroffenen zu rechtfertigen, notwendig skeptisch gegenüberstehen. Für 36

38 Zur Herausbildung und Entwicklung der Pflicht zur Urteilsbegründung im deutschsprachigen Raum instruktiv *Günzl*, Geschichte.

39 Grundsätzlich dazu *Forst*, Recht auf Rechtfertigung.

40 Dazu *Horak*, Zur rechtstheoretischen Problematik der juristischen Begründung von Entscheidungen, S. 3.

41 *Schnizer*, Entscheidungsbegründung im Kirchenrecht, S. 27.

sie hat eine Entscheidungsbegründung allenfalls die Funktion eines internen Kontrollmittels.[42]

37 Dies gilt nicht nur für den Bereich kirchlicher, sondern auch für den weltlicher Herrschaft, soweit diese sich auf eine transzendente Legitimation beruft.[43] Solange die staatlichen Instanzen nicht als durch den Volkswillen legitimierte (Art. 20 Abs. 2 Satz 1 GG), sondern als eine von Gott eingesetzte Obrigkeit verstanden wurden, war für den Gedanken einer gegenüber den betroffenen Bürgern („Untertanen“) bestehenden Begründungspflicht kein Raum. Es ist kein Zufall, dass die begründungsfeindliche Tradition des theologischen Staatsdenkens in der Zeit der NS-Diktatur im Werke *Carl Schmitts* eine zeitgemäße Wiederkehr erfuhr.[44]

38 Begründungen erübrigen sich aber nicht nur dort, wo sich die Legitimation einer Entscheidung vollständig aus der behaupteten Kompetenz des Entscheiders ergibt. Verzichtbar sind sie auch dann, wenn die sachliche Richtigkeit der Entscheidung evident ist, wenn diese also nicht als Entscheidung, sondern als **Erkenntnis** von etwas Vorhandenem wahrgenommen wird. Insofern kann eine Begründung (Rechtfertigung) geradezu Zweifel an der unbestreitbaren Richtigkeit der Entscheidung wecken.

39 In diesem Sinne wird die Verpflichtung zur Begründung von Gerichtsurteilen teilweise geradezu als Bedrohung für die Akzeptanz des Urteils durch den Betroffenen angesehen. Die Begründung könne, so die Befürchtung, den betroffenen Personen gerade deutlich machen, dass das Urteil nicht allein und unmittelbar aus dem Gesetz abgeleitet worden sei.[45] Aber die Alternative, die Bevölkerung bewusst über die Mehrdeutigkeit des Gesetzes und die Schwierigkeiten der Urteilsfindung zu täuschen, kommt in einem demokratischen Rechtsstaat nicht ernstlich in Betracht.[46] Die deutsche Rechtsordnung nimmt es bei Entscheidungen des Bundesverfassungsgerichts aus Gründen der Transparenz der Urteilsfindung, aber auch unter dem Gesichtspunkt der Weiterführung der Diskussion zu umstrittenen Rechtsfragen sogar in Kauf, dass der unterlegenen Partei in einem „dissenting vote“ bescheinigt werden kann, dass die Rechtsordnung auch eine Entscheidung zu ihren Gunsten zugelassen (und nach Meinung mindestens eines Richters/einer Richterin auch gefordert) hätte.[47]

### 2. Urteilsbegründung als Postulat von Demokratie und Rechtsstaatlichkeit

40 Für demokratische und rechtstaatliche Ordnungen ist die Anerkennung einer weitgehenden Begründungspflicht bei staatlichen Entscheidungen unverzichtbar.[48] Exemplarisch kann hier auf die Bedeutung der Urteilsbegründung für die **Bestandskraft von Gerichtsurteilen** in der deutschen Rechtsordnung verwiesen werden. Die Urteile der Gerichte müssen begründet werden; ein Urteil, das keine Entscheidungsgründe enthält, ist nach der deutschen Rechtsordnung fehlerhaft und muss in der Revisionsinstanz

---

42 Dazu *Lücke*, Begründungszwang, S. 1.

43 Dazu und zum Folgenden schon *Neumann*, Wahrheit statt Autorität, S. 371.

44 *Carl Schmitt*, Donoso Cortés in gesamteuropäischer Interpretation.

45 Dazu und dagegen, insbesondere mit Blick auf entsprechende Befürchtungen in Teilen der chinesischen Justiz, *Zhang*, Juristische Argumentation durch Folgenorientierung, S. 151, 153 ff.

46 Überzeugend *Zhang* (ebd.).

47 Zu dieser Bestimmung (§ 30 Abs. 2 BVerfGG) und ihrem zeitgeschichtlichen Hintergrund instruktiv *Ernst*, Rechtserkenntnis durch Richtermehrheiten, S. 306 ff.

48 Näher dazu *Brink*, Über die richterliche Entscheidungsbegründung, S. 46 ff.; *Kischel*, Begründung, S. 58 ff. *Lücke*, Begründungszwang, passim; *Raisch*, Juristische Methoden, S. 135 f.; ausf. *Zhang*, Juristische Argumentation durch Folgenorientierung, S. 150 ff.

aufgehoben werden – gleichgültig, ob es sachlich richtig ist oder nicht (z. B. § 551 Nr. 7 ZPO; § 338 Nr. 7 StPO).

41 Verfassungsrechtlich ist die Pflicht zur Begründung von Entscheidungen staatlicher Instanzen vor allem im **Rechtsstaatsprinzip** des Art. 20 Abs. 3 GG verankert.[49] Auf der Ebene des „einfachen" Gesetzes finden sich zahlreiche explizite Normierungen.[50] „Begründung" ist dabei substantiell, nicht lediglich „rituell" zu verstehen. Am Beispiel der genannten Bestimmungen zur Begründungspflicht bei gerichtlichen Urteilen:

42 Zwar verlangen diese Bestimmungen nach überwiegender Auffassung nur, dass eine Urteilsbegründung im formellen Sinne existiert; ob die angeführten Gründe das Urteil tatsächlich tragen, soll unter diesem Gesichtspunkt unerheblich sein. Das bedeutet aber nicht, dass die institutionelle Bindung der Gerichte sich auf die Verpflichtung zu bloßer Textproduktion beschränken ließe. Das Bundesverfassungsgericht hat in einem rechtstheoretisch bedeutsamen Urteil zur Zulässigkeit richterlicher Rechtsfortbildung hervorgehoben, dass die Entscheidung des Richters auf rationaler Argumentation beruhen muss.[51] Im Extremfall eines Verstoßes gegen das Prinzip rationaler Argumentation, also beim Vorliegen eines logischen Widerspruchs, nimmt das Bundesverfassungsgericht einen Verstoß gegen das verfassungsrechtliche Willkürverbot und damit gegen den Gleichheitssatz (Art. 3 GG) an.[52]

43 Diese Interpretation der Begründungspflicht im Sinne einer Verpflichtung des Richters zu einer nachvollziehbaren Argumentation ist folgerichtig: Soll sich die Urteilsbegründung nicht in einer bloßen Pflichtübung erschöpfen, dann muss sie das Urteil inhaltlich rechtfertigen, d. h. das Urteil muss im Wege einer rationalen Argumentation begründet werden.

### 3. Begründung von Gesetzen

44 In Hinblick auf das Demokratie- wie das Rechtsstaatsprinzip erscheint es problematisch, dass nach geltendem deutschen Verfassungsrecht **Gesetze** nicht begründet werden müssen. Eine Begründungspflicht besteht zwar (auf subgesetzlicher Ebene) hinsichtlich der Gesetz*entwürfe* der Fachministerien,[53] nicht aber für die vom Parlament verabschiedeten Gesetze selbst. Es ist indes kaum einsichtig zu machen, dass ausgerechnet die für alle Bürgerinnen und Bürger verbindlichen Gesetzesnormen, die teilweise massiv in Grundrechte eingreifen, nicht der Begründungspflicht unterliegen sollen. Bürgerinnen und Bürger haben einen Anspruch darauf, zu erfahren, warum ihre Handlungsfreiheiten gesetzlich beschränkt werden.

---

49 Ausf. dazu *Christensen/Kudlich*, Theorie richterlichen Begründens, S. 307 ff. sowie *Kischel*, ebd. S. 64 ff. Zu weiteren möglichen „Anknüpfungspunkten" im Grundgesetz (Menschenwürde, Willkürverbot, Rechtliches Gehör u. a.) *Christensen/Kudlich*, ebd., S. 287 ff. sowie *Kischel*, ebd., S. 87–142. Nach der Rechtsprechung des Europäischen Gerichtshofs für Menschenrechte (EGMR) ergibt sich eine Begründungspflicht aus dem Grundsatz einer geordneten Rechtspflege (EGMR NJW 1999, 2429; dazu *Christensen*, Die Paradoxie richterlicher Gesetzesbindung, S. 84). – Zur besonderen Bedeutung einer ausführlichen Urteilsbegründung in einer „mehrdimensionalen" Rechtsordnung (mit Zuständigkeiten nationaler wie supranationaler Gerichte) *Babusiaux*, Begründungspraxis, S. 646.

50 Dazu *Christensen/Kudlich*, ebd., S. 328 ff.

51 BVerfGE 34, 269, 287. Zu den verfassungsrechtlichen Anforderungen an die Begründung gerichtlicher Entscheidungen auch *Brüggemann*, Die richterliche Begründungspflicht, sowie *Lücke*, Begründungszwang und Verfassung.

52 BVerfGE 70, 93, 97 f.; dazu *N. Horn*, Einführung, Rn. 207; *Raisch*, Juristische Methoden, S. 136 f.

53 Gemeinsame Geschäftsordnung der Bundesministerien (GGO) v. 1. September 2000 (§§ 42, 43).

45 Der Hinweis darauf, dass in der parlamentarischen Demokratie das Volk selbst Autor der Gesetze sei, wäre naiv; die Auffassung, Bürgerinnen und Bürgern hätten sich an die geltenden Gesetze zu halten, ohne über deren Berechtigung zu „vernünfteln", eher Ausdruck eines historisch überholten Untertanengeistes denn mögliche Maxime einer deliberativen Demokratie. „Im demokratischen Verfassungsstaat ist politische Herrschaft in eine Kultur der Begründung eingebettet".[54] Den Prinzipien der konstitutionellen Demokratie würde es entsprechen, die daraus resultierende politische Verpflichtung zur Begründung von Gesetzen auch als Rechtspflicht auszugestalten. Dies würde zugleich die verfassungsgerichtliche Kontrolle von solchen Gesetzen erleichtern, deren politische Begründung offenkundig auf eine Täuschung der Öffentlichkeit angelegt ist.[55]

## V. Normative und deskriptive Argumentationstheorie

46 Erfüllt werden kann die Forderung nach einer rationalen Begründung staatlicher Akte nur dann, wenn es jedenfalls grundsätzlich möglich ist, eine rationale Argumentation von einer nur persuasiven (überredenden), rituellen oder apodiktisch-behauptenden abzugrenzen. Diese Voraussetzung verweist auf das Hauptproblem einer **normativen Argumentationstheorie**: die Entwicklung von Standards rationalen Argumentierens. Während **deskriptive Argumentationstheorien**, die auf eine Beschreibung und Analyse juristischer Argumentationsmuster zielen, sich auf die Erarbeitung und Anwendung aussagekräftiger Kategorien beschränken können, müssen normative Theorien Kriterien bereitstellen, anhand derer sich über Rationalität oder Irrationalität einer juristischen Argumentation entscheiden lässt.

### 1. Analytische und kritische Ansätze

47 Ob und in welchem Maße das möglich ist, ist umstritten. Insbesondere im Rahmen des Ansatzes der „Critical Legal Studies" (CLS) hat sich, teilweise in Übereinstimmung mit postmodernen „dekonstruktivistischen" Ansätzen, eine Fundamentalkritik an der juristischen Argumentation artikuliert (dazu § 7 Rn. 10 ff.), die eine weitgehende Beliebigkeit und Interessengebundenheit juristischen Argumentierens behauptet. In ihrer eher ideologiekritischen Zielrichtung, die das Selbstverständnis der juristischen Praxis in Frage stellt, berührt sie sich mit systemtheoretisch ansetzenden Analysen (dazu § 7 Rn. 1 ff.).

48 Weniger als normative Theorie denn als kritische Analyse juristischen Argumentierens versteht sich auch die „Rechtsrhetorik",[56] die an die Tradition der insbesondere von *Viehweg* und *Perelman* begründeten juristischen Topik bzw. „neuen Rhetorik" (dazu § 3 Rn. 1 ff., 62 ff.) anschließt – wenngleich das Unternehmen der *kritischen* Analy-

---

54 *Van den Daele*, Sacrificium Intellectus?, S. 345. Näher zur demokratie- und argumentationstheoretischen Notwendigkeit einer Begründung von Gesetzen *Neumann*, Der "Wille Gottes".

55 Vgl. die Entscheidung des Bundesverfassungsgerichts zur gesetzlich vorgesehenen Genehmigungspflicht für private Personenbeförderung („Mitfahrerzentralen"), in der das Gericht feststellt, dass mit dem angegebenen Zweck (Gewährleistung der Verkehrssicherheit) „die wahren Absichten des Gesetzgebers" (Schutz der öffentlichen Verkehrsunternehmen) „verschleiert" würden (BVerfGE 17, 306, 317 f.; dazu *Van den Daele*, Sacrificium Intellectus?, 339). Eine entsprechende Verschleierungstaktik vermutet *Van den Daele* (ebd.) bei der Begründung zu dem – inzwischen vom Bundesverfassungsgericht aufgehobenen – Straftatbestand „Geschäftsmäßige Förderung der Selbsttötung" (§ 217 StGB).

56 Konzentrierter Überblick über das Forschungsprogramm bei *von Schlieffen*, Artikel „Rechtsrhetorik".

se[57] die Existenz normativer Standards juristischen Argumentierens voraussetzt. Ausschließlich einer deskriptiven Argumentationstheorie zuzuordnen sind demgegenüber die in den letzten Jahren stark angewachsenen Analysen höchstrichterlicher Entscheidungen, die Urteilsbegründungen unter spezifischen Gesichtspunkten (Folgenorientierung, spezifische Argumentationsfiguren) analysieren (dazu § 8 Rn. 1 ff.).

### 2. Normative Ansätze: mögliche Standards rationaler juristischer Argumentation

49 Will man demgegenüber grundsätzlich an der Möglichkeit der Unterscheidung zwischen rationalen und nicht rationalen juristischen Begründungen festhalten, dann stellt sich die Aufgabe, entsprechende Kriterien zu formulieren. In Betracht kommen hier beispielsweise: die logische Struktur der Argumentation (a), die Regelorientierung (b) sowie die Akzeptabilität der resultierenden Folgen (c).

#### a) Logik

50 In einem ersten Schritt liegt es nahe, als maßgebliche Standards rationalen Argumentierens die Regeln des logischen Schließens zu bestimmen. Rational wäre eine Argumentation demzufolge dann zu nennen, wenn und sofern sie sich als logische Schlussfolgerung rekonstruieren ließe. Daran ist jedenfalls richtig, dass eine logisch fehlerhafte Argumentation keinen Anspruch auf Rationalität erheben kann. Die **logische Folgerichtigkeit** der Argumentation garantiert aber *allenfalls* eine *formale Rationalität* der Argumentation, und auch dies nur in einem sehr eingeschränkten Sinne. Die Forderung nach logischer Ableitbarkeit einer Entscheidung ist trivialer Weise immer erfüllbar; denn jeder Satz folgt logisch aus sich selbst. Man muss die Anforderungen an die logische Ableitbarkeit des Ergebnisses deshalb verschärfen.

51 Hinsichtlich der logischen Struktur der Prämissen besteht insoweit Einigkeit, dass wenigstens eine der Prämissen den Charakter eines logischen Allsatzes haben muss. Begründet wird diese Forderung mit dem *Universalisierbarkeitsprinzip:* Was für den konkreten Fall gelten soll, muss für alle Fälle gelten, die mit ihm in allen wesentlichen Punkten übereinstimmen.[58]

#### b) Regelorientierung

52 Damit ist in der Sache gewährleistet, dass sich die Entscheidung überhaupt an einer *Regel* orientiert; nicht garantiert ist durch das formale Kriterium der Allsatzstruktur einer Prämisse die Orientierung gerade an einer Norm des Gesetzes. Teilweise wird deshalb weitergehend verlangt, dass die generelle Prämisse eine *Paraphrase eines Gesetzestextes* darstellen müsse.[59] Diese Forderung leitet von dem Verhältnis von Argumentation und Logik über zu dem Verhältnis von *Argumentation und Sprache* (dazu § 2 Rn. 196 ff. und § 9 Rn. 77 ff.). Wenn man das Prinzip der **Gesetzesbindung** im Sinne einer Bindung an den möglichen Wortsinn des Gesetzes versteht, dann werden die Möglichkeiten juristischen Argumentierens von semantischen Regeln begrenzt. Für die Orientierung an Kriterien materialer Rationalität der Entscheidung, also für die Berücksichtigung der Entscheidungsfolgen bleibt dann nur Raum, sofern und soweit die Vagheit der Sprachregeln einen Entscheidungsspielraum eröffnet. Die als Bindung

57 Vgl. z. B. *Seibert*, Kritik des Larenzschen Sprachgebrauchs.
58 Grundlegend zum Universalisierbarkeitsprinzip *Hare*, Moralisches Denken, S. 63 ff. u. ö.
59 *Koch/Rüßmann*, Juristische Begründungslehre, S. 18 ff.

an Sprachregeln verstandene Gesetzesbindung bestimmt dann die Grenzen, innerhalb derer Gesichtspunkte der Vernünftigkeit und der Gerechtigkeit der Entscheidung Berücksichtigung finden können.

### c) Folgenorientierung

53 Damit steht das Rationalitätskriterium der **Regelorientierung** rechtlicher Entscheidungen tendenziell in Konkurrenz zu einem anderen möglichen Rationalitätskriterium, dem der **Folgenorientierung.** Entscheidungen sind grundsätzlich dann vernünftig, wenn sie Folgen haben, die als vernünftig zu bewerten sind. Entsprechend ist nach der in der Moralphilosophie dominierenden Richtung des *Konsequentialismus* die moralische Qualität der Folgen einer Handlung das entscheidende Kriterium für die moralische Bewertung der Handlung selbst. Umstritten ist, ob es dabei auf die Folgen der singulären Handlung, oder aber auf die der regelmäßigen Vornahme einer Handlung des entsprechenden Typs ankommen soll. Insofern lässt sich zwischen *Handlungskonsequentialismus* einerseits, *Regelkonsequentialismus* andererseits unterscheiden.[60]

54 Bei der richterlichen Entscheidung allerdings kollidiert die Orientierung an den Folgen des Urteils tendenziell mit der Verpflichtung des Richters, die Entscheidung nach den verbindlichen Regeln der geltenden Rechtsordnung zu treffen (Gesetzesbindung).[61] Dieser Fixierung auf verbindliche Regeln korrespondiert in der Meta-Ethik die Position des *Deontologismus*, die den konsequentialistischen Ansätzen opponiert. Deontologische Theorien sind der Auffassung, dass bestimmte Handlungen (Handlungen eines bestimmten Typs) moralisch immer richtig (oder: immer falsch) sind, gleichgültig, welche Folgen sich aus ihnen ergeben. Das eindrucksvollste Beispiel für die Rigidität einer strikt deontologischen Position ist die Behauptung, das Verbot, zu lügen, dulde keine Ausnahme – selbst dann, wenn eine Lüge (durch Irreführung eines Verfolgers) einem Menschen das Leben retten könnte.[62]

55 Die Regelbindung (Gesetzesbindung) des Richters bedeutet, dass seine Entscheidung grundsätzlich einem deontologischen Modell zu folgen hat. Dem entspricht, dass sein Urteil sich daran zu orientieren hat, was geschehen *ist*, nicht aber daran, was geschehen wird oder geschehen soll. Seine Entscheidung ist *konditional*, nicht *final* programmiert.[63] Hat beispielsweise der Beklagte das Eigentum des Klägers rechtswidrig und schuldhaft beschädigt, dann muss der Richter den Beklagten zum Schadensersatz verurteilen – auch dann, wenn das für den Beklagten den finanziellen Ruin bedeutet, während es für den wohlhabenden Geschädigten (Kläger) nur um „Peanuts" geht.

---

60 Klare Darstellung dazu bei *Frankena*, Analytische Ethik, S. 54 ff. (dort auch zu den unterschiedlichen Varianten des Regelkonsequentialismus). Vgl. dazu auch *Hoerster*, Utilitaristische Ethik und Verallgemeinerung, Einleitung, sowie *Höffe*, in: ders. (Hrsg.), Einführung in die utilitaristische Ethik, S. 28 ff. Im Allgemeinen werden hier die Begriffe „Handlungs*utilitarismus*" und „Regel*utilitarismus*" verwendet. Mit dem Begriff „Utilitarismus" wird aber häufig die – für den Konsequentialismus nicht generell bezeichnende – Auffassung assoziiert, dass bei der Bewertung der Handlungsfolgen der Nutzen des einen mit dem Schaden des anderen abgewogen werden könne (dazu etwa *Ellscheid*, Strukturen naturrechtlichen Denkens, S. 169 ff.).

61 Näher dazu *Neumann*, Die Moral des Rechts.

62 *Kant*, Über ein vermeintes Recht aus Menschenliebe zu lügen, in: Kant Werke (hrsg. v. *Wilhelm Weischedel*), 1981, Bd. 7, S. 635–643.

63 Grundlegend *Luhmann*, Rechtssoziologie, S. 227 ff.

Das bedeutet allerdings nicht, dass die Folgen der Entscheidung für den Richter in jedem Falle irrelevant sein müssten.[64] Denn zum einen kann das Gesetz selbst vorschreiben, die **Urteilsfolgen** zu berücksichtigen. Das ist beispielsweise dort der Fall, wo der Richter sich bei der Entscheidung, welchem Elternteil das Sorgerecht für ein gemeinsames Kind zuzuerkennen ist, nach dem Gesetz an dem Gesichtspunkt des Kindeswohls zu orientieren hat.[65] Zum andern aber bleibt dort, wo das Gesetz die Entscheidung nicht klar vorgibt, Raum für die Berücksichtigung von Entscheidungsfolgen. Allerdings müssen aus Gründen der Rechtsstaatlichkeit und der Rechtssicherheit hier strikte Regeln beachtet werden.[66] Insbesondere dürfen nicht die Folgen berücksichtigt werden, die lediglich im konkreten Einzelfall eintreten („Individualfolgen").[67] 56

Erhebliche Probleme wirft die Berücksichtigung von Entscheidungsfolgen insbesondere dort auf, wo sie sich an bestimmten politischen Zielsetzungen orientiert. Das gilt beispielsweise für die Rechtsprechung des Europäischen Gerichtshofs (EuGH) zum sogenannten **„effet utile"**.[68] Danach sind die Vertragsbestimmungen des Europäischen Gemeinschaftsrechts so auszulegen, dass im Sinne der Verwirklichung der Vertragsziele der größte praktische Nutzen erreicht wird. Hier resultiert die Gefahr, dass legitime Gegeninteressen einzelner Staaten, Unternehmen oder Personen bei der Auslegung und Anwendung des Gemeinschaftsrechts in den Hintergrund treten. 57

Argumentationstheoretisch relevant ist die Diskussion zur Folgenorientierung insbesondere unter dem Gesichtspunkt, ob bzw. inwieweit die Folgen der Entscheidung als selbstständige Argumente für (oder auch: gegen) diese Entscheidung angeführt werden können. „Selbständig" bedeutet dabei: nicht integriert in das (angenommene) Entscheidungsprogramm des Gesetzes. Die Vernünftigkeit der Folgen dient dann nicht als Argument für eine bestimmte Interpretation des Gesetzes, sondern unmittelbar als Grund für die Entscheidung selbst bzw. für die Annahme der diese Entscheidung tragenden Regel. Auf dieses Problem wird bei der Erörterung der Frage zurückzukommen sein, ob der juristische Diskurs als *Sonderfall* des allgemein-praktischen Diskurses betrachtet werden kann (dazu unten § 5 Rn. 45, 57 ff.). 58

## VI. Rechtsphilosophie und Argumentationstheorie

Wenn einleitend die zentrale Stellung der Theorie juristischen Argumentierens in der gegenwärtigen rechtsphilosophischen Diskussion hervorgehoben wurde, so darf das nicht dahingehend missverstanden werden, dass Forschungen zur Argumentationstheorie traditionelle rechtsphilosophische Fragestellungen verdrängt hätten. Die Frage nach den Strukturen und Gesetzmäßigkeiten juristischen Argumentierens eröffnet im Gegenteil vielfach einen neuen Zugriff auf klassische Probleme der Rechtsphilosophie. Die Theorie der juristischen Argumentation ist mit Fragen, die einer allgemeinen Theorie des Rechts zuzuordnen sind, eng verbunden. Akzentuiert wird dieser Zusammen- 59

64 Zum Problem der richterlichen Folgenorientierung näher *Deckert*, Folgenorientierung in der Rechtsanwendung; *Grimm*, Entscheidungsfolgen als Rechtsgründe; *Lübbe-Wolff*, Rechtsfolgen und Realfolgen; *Sambuc*, Folgenerwägungen im Richterrecht; *Teubner*, Folgenkontrolle und responsive Dogmatik.

65 Exemplarisch: § 1697a BGB. Im Bereich des Strafrechts ist hier die Strafzumessungsregel des § 46 Satz 2 StGB zu nennen („Die Wirkungen, die von der Strafe für das künftige Leben des Täters in der Gesellschaft zu erwarten sind, sind zu berücksichtigen").

66 Ausf. dazu *Zhang*, Juristische Argumentation durch Folgenorientierung, S. 85–144.

67 Dazu *Zhang*, ebd., S. 87 f.

68 Näher dazu *T. Möllers*, Juristische Methodenlehre, § 5 Rn. 108 ff.

hang in Titeln, die Recht partiell mit Argumentation identifizieren.[69] Die Spiegelung traditioneller Probleme von Rechtstheorie und Rechtsphilosophie in argumentationstheoretischen Fragestellungen lässt sich anhand von drei Beispielen exemplarisch verdeutlichen.

### 1. Gerechtigkeit als Begründbarkeit

60 Die für eine Theorie der juristischen Argumentation konstitutive Verknüpfung von Richtigkeit und Begründbarkeit ermöglicht eine **Reformulierung des Gerechtigkeitsproblems**, die sowohl auf inhaltliche normative Prämissen als auch – erst recht – auf metaphysische Voraussetzungen verzichten kann. Unter argumentationstheoretischem Aspekt verweist die Frage nach den Bedingungen, unter denen eine Regelung als gerecht bezeichnet werden kann, nicht auf einen Kanon vorgegebener (naturrechtlicher) Rechtssätze, sondern auf den Modus der Begründung: „gerecht ist, was sich als gerechtfertigt erweist“[70].

61 Selbstverständlich sind damit inhaltliche Kriterien der Gerechtigkeit noch nicht formuliert, Denn die Frage heißt, *unter welchen Voraussetzungen* sich eine Norm als gerechtfertigt erweist. Auf diese Frage darf eine normative Theorie der juristischen Argumentation die Antwort nicht verweigern. Gleichwohl wäre der Vorwurf, die argumentationstheoretische Perspektive führe auf einem Umweg doch wieder zu inhaltlichen Kriterien der Gerechtigkeit und damit zu naturrechtlichen Positionen, zumindest voreilig. Denn der argumentationstheoretische Zugang zu dem Problem der Gerechtigkeit eröffnet die Möglichkeit, statt auf substantielle auf prozedurale Kriterien der Rechtfertigung zurückzugreifen. Als gerecht lässt sich dann etwa eine Norm bezeichnen, die den Kriterien genügt, die durch die Regeln eines vernünftigen Diskurses bestimmt werden.[71] Eine andere Frage ist, ob prozedurale Regeln eine Differenzierung zwischen gerechten und ungerechten Normen *letztlich* zu leisten vermögen; um diese Frage zentriert sich eine höchst kontroverse Diskussion im rechtstheoretischen Schrifttum (dazu § 5 Rn. 137 f.).

### 2. Strukturtheorie des Rechts und Argumentationstheorie

62 Offen zutage liegt der Zusammenhang zwischen der Theorie der juristischen Argumentation und der Lehre von den **Rechtsquellen**[72] und damit der *Strukturtheorie des Rechts*. Wenn die Begründung einer juristischen Entscheidung diese als im Sinne der Rechtsordnung richtig erweisen soll, dann muss jedes Argument, das für diese Entscheidung vorgebracht wird, auf die Rechtsordnung bezogen sein. Das heißt: wenn eine Entscheidung mit Gerechtigkeitserwägungen begründet wird, so werden damit die herangezogenen Gerechtigkeitsprinzipien als Bestandteil der Rechtsordnung anerkannt. Verweist die Entscheidungsbegründung zur Rechtfertigung des Urteils (und nicht nur zur Information über den Diskussionsstand) auf die herrschende Meinung, so wird damit vorausgesetzt, dass die herrschende Meinung nicht nur faktisch, son-

69 *Atienza*, El Derecho como argumentación; *Neumann*, Recht als Struktur und Argumentation. In dieser Richtung auch *La Torre*, Theories of Legal Argumentation and Concepts of Law.

70 *Tammelo*, Theorie der Gerechtigkeit. Vgl. auch *Perelman*, Justice, Law and Argument, S. vii.

71 *Alexy*, Theorie der juristischen Argumentation, S. 36; ausf. *Jansen*, Struktur der Gerechtigkeit.

72 Dazu *Kriele*, Recht und praktische Vernunft, S. 91 ff.

dern auch normativ für die rechtliche Entscheidung relevant ist. Alle rechtlichen Gründe verweisen auf Rechtsquellen im weiteren Sinne.[73]

Die Bedeutung, die ein in dieser Weise argumentationstheoretisch ansetzender Zugriff auf die Rechtsquellenlehre für die allgemeine Theorie des Rechts hat, kann kaum überschätzt werden. Die Einsicht in die oben skizzierter Zusammenhänge lässt nur die Wahl zwischen zwei Möglichkeiten: Entweder wird die Entscheidungspraxis, in der die Berufung auf Gerechtigkeitserwägungen wie auch auf die „herrschende Meinung" (h. M.) eine wesentliche Rolle spielt, einer radikalen Kritik unterzogen. Oder man akzeptiert ein Modell des Rechts, in dem nicht nur Gesetze und Gewohnheitsrecht, sondern auch allgemeine Rechtsprinzipien, Präjudizien, Folgenerwägungen und die „h. M." als Rechtsquellen im weiteren Sinne Anerkennung finden.[74] 63

Da die Alternative einer Radikalkritik der gerichtlichen Argumentationspraxis wenig attraktiv erscheint, bleibt nur eine Revision des Rechtsquellenkonzepts, die sich hinsichtlich der Bedeutung von ungeschriebenen allgemeinen Rechtsprinzipien bereits weitgehend durchgesetzt hat. Einer Strukturtheorie des Rechts, die das Rechtssystem als eine Gesamtheit nicht nur von *Rechtsregeln*, sondern auch von *Rechtsprinzipien* rekonstruiert („Prinzipienmodell"),[75] korrespondiert argumentationstheoretisch die Hervorhebung der **Abwägung** als einem dominanten juristischem Begründungsmuster.[76] In diesen Zusammenhang gehört auch die Frage nach der Schärfe der Grenzziehung zwischen rechtlichen und politischen Argumenten.[77] 64

Die Korrespondenz zwischen strukturtheoretischen Modellen des Rechts einerseits und argumentationstheoretischen Ansätzen andererseits macht die Abgrenzung von Strukturtheorie und Argumentationstheorie unscharf. So wird *Dworkins* Modell des Rechts teilweise auch unter den Theorien der juristischen Argumentation behandelt,[78] während es vorliegend schwerpunktmäßig der Strukturtheorie des Rechts zugeordnet und im Folgenden deshalb nicht ausführlicher dargestellt wird. Auch die argumentationstheoretisch und -praktisch relevante Frage, ob Präjudizien als (möglicherweise: sekundäre) Rechtsquellen einzuordnen sind,[79] hat ihren logischen Ort in einer Strukturtheorie des Rechts. 65

73 *Peczenik*, Grundlagen der juristischen Argumentation, S. 59. Zur „Rechtsquelle" als Argumentations-Reservoir näher § 9 Rn. 16 f.

74 Zu dieser Alternative *Kriele*, Recht und praktische Vernunft, S. 91.

75 Grundlegend *Dworkin*, Bürgerrechte ernstgenommen, S. 42 ff., 91 ff. u. ö.; ferner *Alexy*, Theorie der Grundrechte, S. 71 ff.; *Sieckmann*, Regelmodelle und Prinzipienmodelle des Rechtssystems; *ders.*, Recht als normatives System; *ders.*, Zur Prinzipientheorie Robert Alexys. Zur Kontroverse um Struktur und – weitergehend – Existenz von Rechtsprinzipien vgl. einerseits *Poscher*, Theorie eines Phantoms; andererseits *Alexy*, Ideales Sollen und Optimierung. Zuletzt wieder *Poscher*, Resuscitation of a Phantom?

76 Vgl. dazu die Beiträge in *Klatt* (Hrsg.), Prinzipientheorie und Theorie der Abwägung. Zu Alexys Versuch, die Struktur der Abwägung in einer „Gewichtsformel" zu erfassen und zu präzisieren (u. a. bei *Alexy*, Ideales Sollen und Optimierung, S. 23) näher *Borowski*, Alexys drittes Modell formeller Prinzipien, sowie *Rottleuthner*, Die Vermessung von Recht und Moral, S. 272 ff. Krit. zur Abwägung als zentralem Topos der zeitgenössischen Rechtstheorie *Ladeur*, Kritik der Abwägung in der Grundrechtsdogmatik; krit. auch *Rückert*, Abwägung, S. 913 ff.

77 Grundlegend *Dworkin*, Taking Rights Seriously. Skeptisch hins. der Abgrenzbarkeit *Auer*, Materialisierung, Flexibilisierung, Richterfreiheit, S. 82 f. Zum speziellen Problem der richterlichen Rechtsfortbildung *Langenbucher*, Die Entwicklung und Auslegung von Richterrecht. Zu Argumentationsmustern bei nicht offen ausgewiesener Rechtsfortbildung *Fischer*, Topoi verdeckter Rechtsfortbildungen im Zivilrecht.

78 *Stamatis*, Argumenter en droit, S. 72 ff.

79 Ausf. Darstellung der Diskussion bei *T. Möllers*, Juristische Methodenlehre, § 3 Rn. 22 ff. Nicht umstritten ist, dass der Berufung auf Präjudizien, insbesondere in der Rechtsprechung des Europäischen Gerichtshofs, eine wachsende Bedeutung zukommt (dazu *Christensen*, Die Paradoxie richterlicher Gesetzesbindung,

### 3. Justiztheorie und Argumentationstheorie

66 Auch für die Frage nach der *Funktion rechtlicher Entscheidungen* ist die Theorie juristischen Argumentierens von unmittelbarer Bedeutung. Wenn man die Aufgabe rechtlicher Entscheidungen allein in der **Sicherung normativer Erwartungen** durch regelorientierte Verarbeitung von Konflikten sieht, so erscheint die argumentative Berufung auf mögliche oder sichere Folgen der Entscheidung zwangsläufig als illegitim.[80] Akzeptiert man umgekehrt eine zunehmende **Output-Orientierung** der Urteilsbegründungen, so kann man das Recht (auch soweit es sich in richterlichen Entscheidungen manifestiert) nicht auf die Funktion der „Erwartungssicherung" reduzieren. Wie mit der Rechtsquellenlehre steht die Theorie juristischen Argumentierens auch mit der Funktionstheorie des Rechts in einem Verhältnis der Interdependenz.

67 Das gilt jedenfalls für eine normative (präskriptive) Theorie des juristischen Argumentierens, die beansprucht, Aussagen über Zulässigkeit bzw. Unzulässigkeit von Argumenten zu machen. Eine Argumentationstheorie, die sich als rein empirische bzw. analytische Disziplin versteht, ist gegenüber unterschiedlichen Modellen des Rechts prinzipiell indifferent. Die empirisch-analytische Untersuchung von Urteilsbegründungen kann deutlich machen, welche Rechtsauffassung der Argumentation zugrunde liegt, sie setzt eine Entscheidung für ein bestimmtes Modell aber nicht voraus.

### 4. Besonderheiten, historische und kulturelle Relativität der juristischen Argumentation

68 Mit der Diagnose einer Interdependenz von (normativer) Argumentationstheorie und allgemeiner Theorie des Rechts ist eine rechtstheoretische Besonderheit der juristischen Argumentation festgestellt. Noch nicht beantwortet ist damit die Frage, ob und inwieweit sich die juristische Argumentation grundsätzlich von der Argumentation in anderen, wissenschaftlichen oder nichtwissenschaftlichen, Bereichen unterscheidet.[81] Diese Frage betrifft vor allem das Verhältnis der juristischen zu der nicht rechtlich gebundenen allgemein-praktischen Argumentation. Handelt es sich bei der juristischen Argumentation um einen „Sonderfall" der allgemein-praktischen Argumentation, die an der sachlichen Richtigkeit von Entscheidungen und Regeln orientiert ist? (zur „Sonderfallthese" § 5 Rn. 45, 57 ff.). Oder zielt sie auf eine spezifische „rechtliche" Richtigkeit – mit der Konsequenz, dass es sich nicht um einen Unterfall der allgemein-praktischen Argumentation, sondern um einen eigenständigen Diskurs handeln würde?

69 Diese Frage nach dem Verhältnis der juristischen zu der allgemein-praktischen Argumentation beleuchtet in doppelter Weise die Notwendigkeit historischer Forschung im Bereich juristischen Argumentierens. Zum einen bleibt die konkrete Abhängigkeit der juristischen Argumentation von den wechselnden, kulturell verankerten Argumentationsmustern[82] bzw. tradierten Disziplinen, wie etwa von Rhetorik und Dialektik im Mittelalter,[83] zu klären. Zum anderen wäre zu fragen, ob sich Voraussetzungen angeben lassen, unter denen die juristische Argumentation eine größere bzw. geringe-

S. 30). Damit ist die Frage des normativen Gewichts von Präjudizien natürlich noch nicht beantwortet. Für deren Anerkennung als Argumente *Christensen*, ebd., S. 31.

80 Vgl. *Luhmann*, Rechtssystem und Rechtsdogmatik.

81 Dazu *Tarello*, Sur la spécificité du raisonnement juridique; *Strömholm*, Zur Frage nach der juristischen Argumentationstechnik.

82 Dazu *Tarello*, Sur la spécificité du raisonnement juridique.

83 Dazu *Villey*, Le raisonnement juridique dans l'histoire.

re Selbständigkeit gegenüber außerjuristischen Argumentationsmustern gewinnt. Zu der wünschenswerten umfassenden historischen Analyse juristischen Argumentierens liegen inzwischen vielversprechende Ansätze vor.[84]

Die Theorie der juristischen Argumentation hat heute einen Stand erreicht, der es erlaubt, die bisherigen Ergebnisse resümierend und kritisch zu bilanzieren. Zwar gilt die Feststellung, dass zum gegenwärtigen Zeitpunkt jede Darstellung den Charakter einer Zwischenbilanz hat,[85] nach wie vor. Die Diskussion zum Thema „Juristische Argumentation" ist weiterhin im Fluss. Indes ermöglicht der aktuelle Forschungsstand heute eine prägnantere und ausführlicher begründete Positionierung, als dies (vergleichsweise) kurze Zeit nach dem „Argumentative Turn" der Rechtstheorie möglich war. 70

84 *Esser*, Juristisches Argumentieren im Wandel des Rechtsfindungskonzepts unseres Jahrhunderts; *Haft/Hilgendorf*, Juristische Argumentation und Dialektik; *Tugendhat*, Zur Entwicklung von moralischen Begründungsstrukturen im modernen Recht; *Viehweg*, Historische Perspektiven der juristischen Argumentation. Ferner die Beiträge in: *Cordes* (Hrsg.), Juristische Argumentation – Argumentation der Juristen.

85 So *meine* Einschätzung in: Juristische Argumentationslehre, 1986, S. 15.

# § 2 Der logisch-analytische Zugang zur juristischen Argumentation

## I. Logik und juristische Argumentation

1 Dass Logik mit Argumentation, dass Argumentation mit Logik zu tun hat, ist nicht mit guten Gründen bestreitbar und wird, soweit ersichtlich, auch nicht bestritten. Jenseits dieses Minimalkonsenses beginnen die Differenzen. Ob die Logik verbindliche Argumentationsschemata bereitstellt, ob Argumentation auf Logik oder umgekehrt Logik auf Argumentation zurückzuführen ist,[1] ist in Philosophie und Allgemeiner Wissenschaftstheorie Gegenstand heftiger Kontroversen. Der **Begriff der Logik** wird im Kontext dieser Kontroversen – wie auch im Folgenden – in einem engen Sinne verstanden, nämlich als „Theorie der Aussagen, die aufgrund ihrer Form allein wahr sind"[2]. Für eine „materiale" Logik einer Wissenschaft, ihre Methodologie,[3] stellt sich das Problem des Verhältnisses zu einer (fachspezifischen) Argumentationstheorie nicht oder jedenfalls nicht in gleicher Weise.

2 Die rechtstheoretische Diskussion spiegelt die entsprechenden Auseinandersetzungen im wissenschaftstheoretischen Schrifttum. Auf der einen Seite findet sich eine weitgehende Gleichsetzung von logischer Folgerung und juristischer Argumentation. So wird teilweise der Rechtsprozess als logischer Beweis verstanden[4] und demzufolge die Urteilsbegründung als logische Deduktion konstruiert. Dass die juristische Argumentation jedenfalls in ihrem Kernbereich (Subsumtion unter ein Gesetz bzw. unter eine andere Rechtsregel) die Struktur eines Syllogismus aufweise, ist auch die Auffassung zahlreicher anderer Autoren.[5] Auf der anderen Seite wird die Zugehörigkeit der juristischen Argumentation zu Topik und Rhetorik betont[6] und den Vertretern eines logisch-deduktiven Argumentationsmodells die „Skepsis der Rhetoriker und Sophisten" entgegengehalten, „die den dreigliedrigen Syllogismus nur für eine sprachliche Aufblähung des zweigliedrigen Enthymems halten"[7]. Auch außerhalb des Lagers der Topik stößt die Behauptung der deduktiven Struktur der juristischen Argumentation auf Kritik.[8]

3 Die Fragen, welche Bedeutung dem syllogistischen Schlussverfahren in der Urteilsbegründung zukommt und ob sich juristische Argumentationen mithilfe eines bestimmten logischen Kalküls angemessen rekonstruieren lassen, stehen im Zentrum der Diskussion; sie bilden auch den Schwerpunkt der folgenden Darstellung. Das Verhältnis von juristischer Logik und juristischer Argumentation soll am Beispiel der umstrittenen Frage erörtert werden, ob in der Rechtswissenschaft geläufigen Argumenten wie

---

1 Für nicht beantwortbar hält diese Frage *Bung*, Subsumtion, S. 152.

2 *Patzig*, Sprache und Logik, 2. Aufl. 1981, S. 10.

3 Zur Differenz zwischen materialer und formaler Logik näher *Neumann*, Juristische Logik, S. 272.

4 *Rödig*, Theorie des gerichtlichen Erkenntnisverfahrens, 1973 (zu Rödig ausf. *Mauer*, Jürgen Rödigs juristische Logik, S. 91 ff.). In Anschluss an Rödig *Yoshino*, Zu Ansätzen der juristischen Logik, S. 282.

5 *Alexy*, Theorie der juristischen Argumentation, S. 273 ff. *ders.*, Die logische Analyse juristischer Entscheidungen; *Bäcker*, Der Syllogismus, S. 404: *ders.*, Juristisches Begründen, S. 321; *Koch/Rüßmann*, Juristische Begründungslehre, S. 48–58. – Überblick zum „Logical Approach" in der Juristischen Argumentationstheorie bei *Feteris*, Fundamentals, S. 26–39.

6 *Viehweg*, Notizen zu einer rhetorischen Argumentationstheorie der Rechtsdisziplin; *Seibert*, Gerichtsrede; *von Schlieffen*, Wie Juristen begründen, S. 109 ff.; *dies.*, Subsumtion als Darstellung der Herstellung juristischer Urteile, S. 379 ff.; *dies.*, Was trennt und was verbindet: Argumentationstheoretisches und Rhetorisches Rechtsdenken, S. 377 ff.

7 *H.Rodingen/Chr.Falke*, Das Rechtsverfahren: Dressur oder Diskurs?, S. 38. Zum Modell des Enthymems ausf. *von Schlieffen*, Das Enthymem – Ein Modell juridischen Begründens.

8 *Christensen/Kudlich*, Theorie richterlichen Begründens, S. 41 ff.; *Gröschner*, Justizsyllogismus? Jurisprudenz!, S. 203 ff.; *D. Simon*, Die Unabhängigkeit des Richters, S. 68 ff.

dem Analogieargument oder dem *argumentum a fortiori* logische Gültigkeit zukommt (unten Rn. 99 ff.).

4 Vorauszuschicken ist dabei, dass die Verbindlichkeit der Regeln der Logik für die juristische Argumentation selbstverständlich ist. Eine juristische Argumentation, die gegen die Regeln der Logik verstößt, ist auch rechtlich fehlerhaft. Im Strafverfahren (beispielsweise) ist der Verstoß gegen „Denkgesetze" ein möglicher Revisionsgrund.[9]

5 Daraus folgt aber noch nicht, dass die logische Ableitung einer Rechtsbehauptung als Begründung gelten könnte. Für logische Regeln gilt hier nichts anderes als für Sprachregeln: Wer behauptet, Herr A sei Junggeselle und verheiratet, redet fehlerhaft. Niemand würde aber auf die Frage: „Warum ist Herr A nicht verheiratet?" die Antwort akzeptieren „Weil er Junggeselle ist". Sprachregeln wie logische Regeln setzen der Argumentation Grenzen. Sie ersetzen aber nicht substanzielle Begründungen.

### 1. Renaissance des juristischen Syllogismus

6 Der halb ironisch, halb ernsthaft so genannte **„juristische Syllogismus"** hat in der neueren Literatur zur juristischen Argumentation eine erstaunliche Wiederbelebung erfahren,[10] nachdem ihm juristische Hermeneutik und Topik bereits den Totenschein ausgestellt hatten. Allerdings erfolgte die Reinkarnation in anderer Gestalt. Die ältere Theorie hatte teilweise die Entscheidungstätigkeit des Richters als den Vollzug eines Syllogismus, also als einen vollständig determinierten Prozess beschrieben und damit aus der – behaupteten – logischen Struktur der Rechtsanwendung die Konsequenz gezogen, dass in jedem Falle eine und nur eine richtige Entscheidung existiere, die es bloß zu erkennen gelte.[11] Diese Auffassung ist heute endgültig aufgegeben. Es führt kein Weg mehr an der Einsicht vorbei, dass sich die Rechtsfindung nicht in dem Vollzug eines juristischen Syllogismus erschöpft.[12] Das allein ernstzunehmende Modell der „einzig richtigen Entscheidung" in der neueren Diskussion[13] basiert auf der Idee einer vollständigen und jeweils angemessenen Berücksichtigung aller relevanten Rechtsprinzipien bei der Urteilsfindung und hat mit der Vorstellung einer logisch zwingenden Ableitung der Entscheidung aus einer bestimmten Rechtsnorm nichts zu tun.

7 Dementsprechend wird von den heutigen Vertretern einer deduktiven Entscheidungsbegründung die Frage der logischen Struktur der Argumentation von dem Problem der einzig richtigen Entscheidung ausdrücklich abgetrennt. Ermöglicht wird diese Trennung durch die Unterscheidung zwischen der **Herstellung** und der **Darstellung** der Entscheidung sowie die Beschränkung des **Deduktivitätspostulats** (Postulat der logischen Ableitbarkeit) auf den Bereich der Darstellung, also der Urteilsbegründung. Damit wird das Deduktivitätspostulat von dem Postulat der Gesetzesbindung prinzipiell abgekoppelt.[14] Wo sich bei Anhängern des Modells der deduktiven Entscheidungsbegründung noch Überreste der alten Verbindung finden, etwa in der These, *nach* Präzisierung der gesetzlichen Norm bestehe ein Entscheidungsspielraum für die Nor-

9 BGHSt 19, 33, 34.

10 Vgl. oben Fn. 6. Vorsichtig abwägend *Joerden*, Art. „Logik und Recht, S. 232: „Im Hinblick auf die Frage, ob eine ... Rekonstruktion des juristischen Arbeitens mithilfe des Justiz-Syllogismus hilfreich ist oder sich überhaupt nicht dazu eignet, kann die Diskussion noch nicht als abgeschlossen angesehen werden".

11 So etwa *Forsthoff*, Umbildung des Verfassungsgesetzes, S. 135.

12 Statt aller: *Arthur Kaufmann*, Verfahren der Rechtsgewinnung, S. 21.

13 *Dworkin*, Bürgerrechte ernstgenommen, S. 144 ff. (insbes. 214 ff.). Ausf. zu diesem Modell § 9 Rn. 25 ff.

14 *Koch/Rüßmann*, Begründungslehre, S. 69.

manwendung grundsätzlich nicht mehr,[15] ist dies jedenfalls keine notwendige Konsequenz dieses Modells. Nicht der Entscheidungsprozess, sondern die Begründung des Urteils soll den von dem „juristischen Syllogismus“ vorgezeichneten Strukturen folgen.

8 Für die Begründung des Urteils, dass der Mörder (M) Anton (a) mit lebenslanger Freiheitsstrafe zu bestrafen ist (F), ergibt sich nach dem Modell des juristischen Syllogismus die folgende Struktur:

$\Lambda x(Mx \rightarrow Fx)$

$Ma$

$Fa$

zu lesen:

Für alle x gilt: Wenn x ein Mörder ist, soll x mit lebenslanger Freiheitsstrafe bestraft werden;

a ist ein Mörder

a soll mit lebenslanger Freiheitsstrafe bestraft werden.

9 Dieses Schema bedarf der Ergänzung, wenn – wie im Regelfall – der fragliche Sachverhalt nicht ohne **argumentative Zwischenschritte** dem Tatbestand der Norm subsumiert werden kann. In diesem Falle sind Prämissen zu ergänzen, mit deren Hilfe sich die Norm so weit konkretisieren lässt, dass ihre Anwendbarkeit auf den konkreten Sachverhalt nicht mehr fraglich ist.

10 So könnte im Falle der Prüfung des Mordtatbestands (§ 211 StGB) außer der gesetzlichen Prämisse $\Lambda x(Mx \rightarrow Fx)$ die weitere gesetzliche Prämisse „Mörder ist, wer heimtückisch (H) einen Menschen tötet“ $\Lambda x(Hx \rightarrow Mx)$ sowie die strafrechtsdogmatische Prämisse „heimtückisch tötet, wer unter Ausnutzung der Arg- und Wehrlosigkeit des Opfers (A) tötet“ $\Lambda x(Ax \rightarrow Hx)$ heranzuziehen sein.

11 Der Schluss hätte dann die folgende Struktur:

$\Lambda x\ (Mx \rightarrow Fx)$

$\Lambda x\ (Hx \rightarrow Mx)$

$\Lambda x\ (Ax \rightarrow Hx)$

$Aa$

$Fa$

12 Die Ableitung der Konklusion aus den Prämissen wird ausdrücklich als *Begründung*, als Rechtfertigung der Konklusion verstanden.[16] Das entspricht dem allgemeinen Verständnis der Funktion der Herleitung eines Urteils aus einem Rechtssatz: Das Urteil wird mithilfe des allgemeinen Rechtssatzes begründet.

### 2. Kritik des juristischen Syllogismus als Argumentationsschema

#### a) Zirkularität

13 Gerade diese Funktion der Begründung geht aber bei der vorgeschlagenen Rekonstruktion der juristischen Argumentation im Prädikatenkalkül verloren. Denn der Allsatz

$\Lambda x(Mx \rightarrow Fx)$

---

15 So *Koch*, Der unbestimmte Rechtsbegriff, S. 211 (krit. dazu *Neumann*, Rechtsontologie und juristische Argumentation, S. 72/73). Anders wohl *Koch/Rüßmann* S. 235 f.

16 *Alexy*, Theorie der juristischen Argumentation, S. 273.

*begründet* den singulären Satz Ma → Fa nicht, sondern *behauptet* ihn. Der Allsatz enthält, worauf die Ähnlichkeit des Alloperators (Λ) mit dem Konjunktor (∧) verweist, eine Konjunktion singulärer Sätze; er ist eine Abkürzung für (Ma → Fa) ∧ (Mb → Fb) ∧ (Mc → Fc) ∧ ... ∧ (Mn → Fn). Die scheinbare „Begründung" von Ma → Fa durch Λx(Mx → Fx) enthält also eine „Begründung" von (Ma → Fa) durch (Ma → Fa). Dabei kommt es nicht darauf an, ob man den Allsatz als Konjunktion einer endlichen oder einer unendlichen Reihe von singulären Sätzen versteht;[17] denn auch bei dieser letzteren Deutung ist der singuläre Satz in dem Allsatz enthalten.[18]

Das bedeutet: Die Begründung des singulären Satzes durch den Allsatz ist **zirkulär.**[19] 14
Versteht man den Satz „Alle Mörder sollen bestraft werden" als logischen Allsatz, dann „begründet" er den Satz „Der Mörder Anton soll bestraft werden" in genau der Weise, in der dieser Satz sich selbst begründet.[20] Das ist nicht verwunderlich, wenn man bedenkt, dass der Ausdruck Λx(Mx → Fx) nur eine Wiederholung der singulären Implikation „wenn a ein Mörder ist, soll er bestraft werden" nebst Hinzufügung anderer singulärer Implikationen enthält.[21]

Veranschaulichen kann man sich diesen Zusammenhang durch die Überlegung, dass 15
man erst dann weiß, ob wirklich *alle* Mörder bestraft werden sollen, wenn man weiß, ob auch der Mörder Anton bestraft werden soll. Dem entspricht, dass im Syllogismus nicht nur von den Prämissen auf die Konklusion, sondern auch von der Negation der Konklusion auf die Negation (einer) der Prämissen geschlossen werden kann. Konkret: Wenn der Mörder Anton *nicht* bestraft werden soll, dann sollen eben nicht *alle* Mörder bestraft werden.[22] Mithilfe des Negationszeichens (¬) ergibt sich die formale Darstellung:

¬Fa

Ma

¬Λx (Mx → Fx)

zu lesen:

a soll nicht mit lebenslanger Freiheitsstrafe bestraft werden

a ist ein Mörder

Nicht für alle x gilt: Wenn x ein Mörder ist, soll x mit lebenslanger Freiheitsstrafe bestraft werden.

---

17 Anders, aber nicht überzeugend, *Hilgendorf*, Argumentation in der Jurisprudenz, S. 69. Krit. zu Hilgendorf in diesem Punkt auch *Ratschow*, Rechtswissenschaft und Formale Logik, S. 76.

18 Unbegründet deshalb die Kritik von *Hilgendorf* (ebd.), der hinsichtlich des Vorstehenden eine „Verwechslung von echtem und unechtem Allsatz" sieht.

19 Es geht hier ausschließlich um die Struktur der Begründung, nicht etwa um den Vorgang der Entscheidungsfindung. Untauglich deshalb der Versuch von *Bung*, hier „zwischen den Zeilen [sic!] wieder die Verwechslung des Subsumtionsmodells mit einem Modell der Rechtsfindung" „herauszulesen" (*Bung*, Subsumtion und Interpretation, S. 147).

20 Insoweit zustimmend *Buchwald*, Begriff der rationalen juristischen Begründung, S. 288.

21 Für die Frage, ob die Subsumtion in der Rekonstruktion im deduktiv-nomologischen Modell tautologisch und damit zirkulär ist, ist es gleichgültig, ob (Ma → Fa) in einer bestimmten Darstellung (hier: bei *Koch/Rüßmann*) als Prämisse des „Justizsyllogismus" oder als logische Ableitung aus der Gesetzesprämisse erscheint. Nicht überzeugend deshalb die Kritik bei *Hilgendorf*, Argumentation in der Jurisprudenz, S. 68.

22 *Mauer* weist zutreffend darauf hin, dass in der forensischen Argumentation nur von der Regel („Alle Mörder sollen bestraft werden") auf den Einzelfall („Der Mörder Anton soll bestraft werden"), nicht aber von dem Einzelfall („Der Mörder Anton soll nicht bestraft werden") auf die Negation der Regel geschlossen werden darf (*Mauer*, Aspekte der Logik, S. 506). Gerade diese Feststellung verdeutlicht aber, dass die Rekonstruktion der Urteilsbegründung im Modell des Syllogismus unangemessen ist. Denn in diesem Modell ist der *eine* Schluss in gleicher Weise möglich wie der *andere*.

16 Die Argumentation „Der Mörder Anton soll bestraft werden, weil alle Mörder bestraft werden sollen" ist also zirkulär, wenn man sie im syllogistischen Modell rekonstruiert und damit den zweiten Halbsatz als Prämisse eines Syllogismus mit der Form eines logischen Allsatzes versteht.[23]

17 Das bedeutet: Eine Argumentation, die dem Modell des Syllogismus folgt, dreht sich buchstäblich im Kreis. „Syllogismen sind tautologisch, erschließen also nicht außerhalb der eigenen Prämissen"[24]. Deshalb können sie nicht die Funktion von Begründungen übernehmen. Generell gilt, wie *Eike von Savigny* schon in einer frühen Phase der aktuellen Diskussion festgestellt hat: Eine Deduktion „stellt niemals eine Begründung oder Rechtfertigung dar"[25].

### b) Begründungsindifferenz der logischen Deduktion

18 Von einigen Verfechtern des deduktiv-nomologischen Schemas wird ausdrücklich zugestanden, dass die Ableitung der Konklusion im juristischen Syllogismus trivial ist und insofern keine Begründung der Konklusion leistet.[26] Dann aber sollte man nicht von der deduktiven „Rechtfertigung" der Entscheidung sprechen. Zutreffend bezeichnet *Carsten Bäcker* den Begriff unter diesem Gesichtspunkt als „irreführend"[27]. Wenn man sich darauf verständigen kann, dass die Rekonstruktion der juristischen Argumentation in dem deduktiv-nomologischen Schema lediglich verdeutlichen soll, dass „gegen die Ableitung der Konklusion aus den Prämissen aus logischer Sicht keine Einwände bestehen"[28], so ist dem nichts zu entgegnen. Diese Deutung entspricht präzise dem Verständnis der Logik, von dem hier ausgegangen wird: als eines die Argumentation (lediglich) begrenzenden Regelsystems.

### c) Informationsgewinnung durch „triviale" Ableitungen?

19 Zu konzedieren ist allerdings, dass man zwischen der **„Trivialität"** einer Ableitung im logischen Sinne einerseits, im umgangssprachlichen Sinne andererseits unterscheiden muss.[29] Im logischen Sinne trivial ist die Herausarbeitung des impliziten Gehalts einer Behauptung auch dann, wenn dieser Gehalt nicht offen zutage liegt, sondern erst in mehreren Schritten herausgearbeitet werden muss. Im letzteren Fall würden wir im umgangssprachlichen Sinne, in dem der Begriff der Trivialität (anders als im logischen Sinne) mit einem negativen Beiklang verwendet wird, nicht von einer trivialen Ableitung sprechen.

20 Insofern kann man die Diagnose der (im negativen Sinne verstandenen) Trivialität in dem Fall, dass ein Urteil (Rx) aus der Menge der akzeptierten Sätze (M) folgt,

---

23 *Bayer*, Moderne Rechtsanwendung und antike Rhetorik, S. 220; *Gröschner*, Justizsyllogismus? Jurisprudenz!, S. 217. Gegen die Behauptung der Zirkularität *Koch*, Deduktive Entscheidungsbegründung, S. 88 f.; *Kuhlen*, Regel und Fall in der juristischen Methodenlehre, S. 101 ff. Krit. dazu *Neumann*, Rechtstheorie und allgemeine Wissenschaftstheorie, S. 248–251.

24 *Gröschner*, Justizsyllogismus? Jurisprudenz!, S. 217.

25 *Eike v. Savigny*, Topik und Axiomatik, S. 249. Zur Notwendigkeit, zwischen Begründungen einerseits, „formallogischen Operationen" andererseits scharf zu unterscheiden, vgl. auch *Sourlas*, Rechtsprinzipien als Handlungsgründe, S. 85.

26 *Bäcker*, Syllogismus, S. 421; *Bung*, Subsumtion und Interpretation, S. 147 f.; nach *Alexy*, Juristische Interpretation, S. 81, soll in dem deduktiven Modell nur der „Kern der Begründung" dargestellt werden; die „eigentliche Begründung" habe in der (nicht deduktiven) externen Rechtfertigung stattzufinden.

27 *Bäcker*, ebd.; ebenso *ders.*, Begründen und Entscheiden, S. 308.

28 *Bäcker*, Syllogismus, S. 421.

29 *Bung*, Subsumtion und Interpretation, S. 147 ff.

von dem genauen Verlauf der für Rx gegebenen Begründung abhängig machen.[30] Die Zugehörigkeit (bzw. Nichtzugehörigkeit) von Rx zu M ist dann eine Funktion der konkreten Argumentation.[31] Zwar beinhaltet eine Menge ausdrücklich formulierter Sätze *logisch* nicht nur diese selbst, sondern auch alle Sätze, die aus ihnen ableitbar sind.[32] Gleichwohl kann man in einem *argumentationstheoretischen* Sinne die Diagnose der Trivialität auf Fälle beschränken, in denen (nicht nur die logische, sondern auch) die argumentative Struktur der Urteilsbegründung zirkulär ist.

Tatsächlich kann man die Aufgabe, herauszuarbeiten, ob eine bestimmte Behauptung aus einer vorgegebenen Menge von Behauptungen logisch folgt (also in dieser Menge logisch enthalten ist), so kompliziert gestalten, dass ihre Lösung einigen Scharfsinn und einen erheblichen Zeitaufwand erfordert.[33] Aber dies zu tun, ist nicht Aufgabe des Gesetzgebers. Und sollte tatsächlich (wofür bisher, soweit ich sehe, kein Nachweis vorgelegt wurde) eine rechtliche Regelung so intransparent sein, dass es der Mittel der Logik bedarf, um ihren Gehalt zu rekonstruieren: Mit dem „juristischen Syllogismus" hätte das nichts zu tun. 21

Die notwendige **Zirkularität** jeder deduktiven (logisch zwingenden) Argumentation offenbart das grundlegende Missverständnis, das allen Versuchen zugrunde liegt, juristische Argumentationen – wie Argumentationen überhaupt – auf das Modell eines syllogistischen Schlusses zu verpflichten: Es ist das Missverständnis des Syllogismus als eines Argumentationstyps,[34] die Verwechselung des *demonstrativen* und des *argumentativen* Aspekts des syllogistischen Schlusses. 22

Dieses Missverständnis zeigt sich mit aller Deutlichkeit, wenn gegen die Behauptung deduktiv-nomologische Begründungen seien tautologisch, eingewandt wird, sie würde „auch der gesamten Mathematik und wesentlichen Teilen der Physik" bestreiten, dass sie wissenschaftliche Begründungen liefern.[35] Denn tatsächlich geht es in der **Mathematik**, wie in der reinen Logik, um den Beweis von Theoremen anhand von Axiomen, also um den demonstrativen Aspekt. In beiden Disziplinen geht es lediglich darum, den impliziten Gehalt der Axiome explizit zu machen. Die Parallele zwischen Mathematik und Rechtswissenschaft wäre also nur stimmig, wenn man die Entscheidung des Einzelfalls als bloßes Explizit-Machen des impliziten Gehalts des Gesetzes verstehen könnte. Dies aber weist zurück auf die Konzeption einer in jedem Falle vorgegebenen einzig richtigen Entscheidung, an der auch die Vertreter des deduktiv-nomologischen Modells nicht festhalten wollen. 23

Zu interessanten Problemen führt der Hinweis auf die **Physik**. Denn zwischen der *Erklärung* eines physikalischen Sachverhalts anhand allgemeiner Gesetzmäßigkeiten einerseits und der *Begründung* einer juristischen Entscheidung anhand einer Rechtsnorm 24

---

30 Anders noch meine Einschätzung in *Neumann*, Juristische Argumentationslehre, 1986, S. 19.

31 So *J. Schmidt*, „Begründung", S. 558.

32 Soweit ich sehe, besteht in diesem Punkt unter Logikern Einigkeit (vgl. statt aller *Makinson*, Bridges from Classical to Nonmonotonic Logic, S. 4 f). Zweifel aber bei *Hilgendorf*, der erwägt, „das fragliche Verb wörtlich (beinhalten)" zu nehmen, und auf dieser Grundlage zu einem anderen Ergebnis gelangt (*Hilgendorf*, Argumentation in der Jurisprudenz, S. 69).

33 Vgl. etwa *v. Randow*, Zahlen-Logeleien, 1993.

34 *Perelman*, Juristische Logik als Argumentationslehre, S. 154; *Perelman/Olbrechts-Tyteca*, La nouvelle rhétorique. Traité de l'argumentation, § 28.

35 *Koch*, Deduktive Entscheidungsbegründung, S. 88. Hinsichtlich der zur Mathematik gezogenen Parallele ebenso *Bung*, Subsumtion und Interpretation, S. 147. Gegen diese Parallelisierung überzeugend *Sourlas*, Zum argumentativen Charakter rechtlicher Begründungen, S. 410.

anderseits bestehen in der Tat weitgehende strukturelle Parallelen.[36] Im vorliegenden Kontext ist besonders bedeutsam, dass gegen die Erklärungsleistung deduktiv-nomologischer Ableitung einzelner Ergebnisse aus Allsätzen in der allgemeinen Wissenschaftstheorie parallele Einwände vorgebracht werden, wie sie hier gegen das deduktiv-nomologische Begründungsmodell erhoben werden.[37] So wird geltend gemacht, bei dem Allsatz handele es sich lediglich um eine zusammenfassende Beschreibung einzelner Ereignisse, nicht aber um eine Erklärung für diese.[38]

25 Als Fazit lässt sich festhalten: Wenn man von Argumentationen verlangt, dass sie Begründungen liefern, und von Begründungen, dass sie nicht tautologisch sind, dann kann ein logisch zwingender Schluss zwar als Darstellung von logischen Strukturen (demonstrativer Aspekt), aber niemals als Begründung von Behauptungen akzeptiert werden.[39] Denn die logische Begründung hat notwendig die Struktur einer *petitio principii*: Sie kann nur zeigen, dass bestimmte Behauptungen andere Behauptungen beinhalten (z. B. die Behauptung $\Lambda x$ ($Mx \rightarrow Fx$) die Behauptung $Ma \rightarrow Fa$); sie kann aber diese Behauptung nicht begründen, weil das auf eine Begründung durch das zu Begründende hinauslaufen würde.[40]

26 Dies scheint mir der entscheidende Punkt des Einwandes zu sein, dass niemand nach dem Modell des Syllogismus schließe, weil niemand die These, dass alle Menschen sterblich sind, akzeptieren würde, wenn die Sterblichkeit des Sokrates bezweifelt werden könnte.[41]

#### d) Logische Ableitung aus logisch beliebigen Prämissen

27 Dieser Punkt tritt allerdings nicht immer mit der erforderlichen Deutlichkeit hervor. Solange man den Akzent auf die Tatsache legt, dass niemand *weiß*, ob wirklich alle Menschen sterblich sind, der nicht schon *weiß*, dass Sokrates sterblich ist, lässt sich dieser Einwand mit der Feststellung kontern, der Logik gehe es nicht um die Frage der Gewinnung der Prämissen; sie behaupte lediglich, dass *wenn* alle Menschen sterblich seien, *dann* allerdings auch der Mensch Sokrates sterblich sei. Wie die generelle Prämisse zu gewinnen sei, sei unter logischen Gesichtspunkten ganz gleichgültig. Für eine Verwendung des Syllogismus als Argumentationsschema hieße das: Entscheidend ist, dass die Prämisse die *conclusio* begründet; wie sie zu gewinnen oder auch zu begründen wäre, ist eine andere Frage.

28 Diese *Trennung* von *Prämissenbegründung* und *Ableitung* ist für logische Schlussschemata kennzeichnend; sie begegnet in der juristischen Argumentationstheorie in der

36 Näher dazu *Neumann*, Rechtstheorie und allgemeine Wissenschaftstheorie, S. 244 ff.

37 Vgl. *Neumann*, Rechtstheorie und allgemeine Wissenschaftstheorie, S. 248 ff.

38 *Theobald*, Grundzüge der Wissenschaftsphilosophie, S. 107; vgl. auch *von Wright*, Erklären und Verstehen, S. 27.

39 Ahnlich *Atienza*, For a Theory of Legal Argumentation, S. 397. – Es geht hier nicht darum, „Gebrauchsregeln" für die Ausdrücke „Begründung" und „Argument" vorzuschlagen (so aber *Bung*, Subsumtion und Interpretation, S. 148). Der Begriff der Begründung wird vielmehr (gemessen an den allgemeinen Sprachregeln) *fehlerhaft* verwendet, wenn er auf Tautologien angewendet wird. Niemand wird den Satz „Der Verwaltungsakt wird aufgehoben, weil der Verwaltungsakt aufgehoben wird" als *Begründung* eines Urteils gelten lassen.

40 Zu der von *Koch* (Deduktive Entscheidungsbegründung, S. 89) an dieser Argumentation geübten Kritik vgl. *Neumann*, Rechtstheorie und allgemeine Wissenschaftstheorie, S. 249/250 m. Fn. 21, 22 sowie *Ratschow*, Rechtswissenschaft und Formale Logik, S. 76 m. Fn. 92.

41 So schon St. Mill; dazu *Perelman*, Juristische Logik als Argumentationslehre, S. 154.

Unterscheidung von „Hauptschema“ und „Nebenschema“ bei *Koch/Rüßmann*,[42] von „interner“ und „externer“ Rechtfertigung bei *Alexy*,[43] von „deductive justifaction“ und „second order justification“ bei *MacCormick*[44] und schließlich von „Kernbegründung“ und „Mantelbegründung“ bei *Buchwald*.[45] Dass diese Unterscheidung durchführbar ist, bedarf keiner Hervorhebung; eine andere Frage ist, ob sie der Struktur von Argumentationen gerecht wird.[46] Denn „begründen“ in einem argumentationstheoretisch und argumentationspraktisch relevanten Sinn kann man eine Behauptung selbstverständlich nicht mithilfe von Prämissen, die lediglich hypothetisch angenommen werden.[47]

Der Einwand, dass niemand von der Sterblichkeit aller Menschen auf die des Sokrates schließe, reicht indessen weiter. Denn niemand kann behaupten, dass alle Menschen sterblich sind, ohne damit zugleich zu behaupten, dass der Mensch Sokrates sterblich ist (i. S. von: Dass Sokrates sterblich ist, wenn er ein Mensch ist) – dies jedenfalls dann, wenn man die Behauptung über die Sterblichkeit aller Menschen im Sinne eines logischen Allsatzes versteht. Das folgt aus der oben aufgezeigten Äquivalenz des logischen Allsatzes mit einer Konjunktion singulärer Sätze. *Die Regeln der Logik sagen, was alles man behauptet, wenn man eine bestimmte Behauptung formuliert;* die implizite Behauptung eines Satzes ist aber etwas anderes als dessen Begründung. 29

#### e) Fazit

Die Rekonstruktion der Begründungsstruktur juristischer Entscheidungen im Prädikatenkalkül ist nach alledem inadäquat. Der Mörder Anton soll nicht deshalb bestraft werden, weil der Mörder Anton – wie andere Mörder auch – bestraft werden soll, sondern: Anton soll bestraft werden, weil er ein Mörder ist und weil die *Regel* existiert, dass Mörder bestraft werden sollen. Der Richter begründet die Verurteilung Antons damit, dass dieser einen Mord begangen hat; er beruft sich dabei auf die Existenz der Regel, dass Mörder zu lebenslanger Freiheitsstrafe zu verurteilen sind. Wird die Existenz einer solchen Regel angezweifelt, kann er auf § 211 Abs. 1 StGB verweisen. 30

Das bedeutet: Die Berufung auf die gesetzliche Bestimmung, der zufolge alle Mörder bestraft werden sollen, hat *metasprachlichen* Charakter im Verhältnis zu der Sprachebene, auf der der Richter seine Entscheidung („Anton wird zu lebenslanger Freiheitsstrafe verurteilt“) begründet. Diese Struktur der juristischen Argumentation kommt bei Verwendung des von *Toulmin* erarbeiteten Argumentationsschemas präzise zum Ausdruck.[48] 31

---

42 *Koch/Rüßmann*, Juristische Begründungslehre, S. 48 ff., 58.

43 *Alexy*, Theorie der juristischen Argumentation, S. 273; ebenso *Bäcker*, Juristisches Begründen, S. 324.

44 *MacCormick*, Legal Reasoning and Legal Theory, S. 19 ff., 100 ff.

45 *Buchwald*, Begriff der rationalen juristischen Begründung, S. 277 ff.

46 Krit. zur Trennung von externer und interner Rechtfertigung etwa *Weinberger*, Logische Analyse, S. 203.

47 Die Kritik, die *Hilgendorf* an dieser Feststellung übt (*Hilgendorf*, Argumentation in der Jurisprudenz, S. 70), beruht auf einer unvollständigen Kenntnisnahme des Textes (die Beschränkung auf die Begründung „in einem argumentationstheoretisch und argumentationspraktisch relevanten Sinne“ wird nicht berücksichtigt) sowie auf einer Verwechselung des Unterschieds zwischen der *hypothetischen* und der *kategorischen* Setzung einer Prämisse (einerseits) mit dem ganz anderen Unterschied zwischen *sicherem* und *falliblem* Wissen (andererseits). Zutreffend gegen Hilgendorfs Kritik *Ratschow*, Rechtswissenschaft und Formale Logik, S. 76 f.

48 *Toulmin*, Der Gebrauch von Argumenten, S. 88 ff.

### 3. Ein nicht-deduktives Modell der Begründung: Das Argumentationsschema Toulmins

#### a) Grundelemente

32 *Toulmin* entwickelt dieses Argumentationsschema[49] in Auseinandersetzung mit dem klassischen Syllogismus und als Alternative zu diesem. Er bestreitet nicht die logische Korrektheit des Syllogismus, sondern dessen Eignung, die Struktur von Argumentationen zu erhellen. Das Prinzip des Syllogismus kommt, so *Toulmin*, in die Logik hinein, wenn der Obersatz eines analytischen Syllogismus „fälschlicherweise als Datum statt als Schlussregel oder ihre Stützung aufgefasst wird und wenn die Argumentation infolgedessen (scheinbar) keine Schlussregel besitzt, die den enthaltenen Übergang erlaubt“[50]. Richtigerweise müsse man zwischen der zu begründenden *Konklusion,* dem begründenden *Datum,* der *Schlussregel,* die den Übergang vom Datum zu der Konklusion erlaubt, und der Begründung *(Stützung)* dieser Schlussregel unterscheiden. Das Datum (die Information) „Sokrates ist ein Mensch“ begründet die Behauptung, dass Sokrates sterblich ist, gemäß der Schlussregel, dass alle Menschen sterblich sind. Diese Regel kann sich auf die Erfahrung stützen, dass bisher alle Menschen vor Erreichen eines bestimmten Lebensalters gestorben sind:

D(Datum):
Sokrates ist ein Mensch

K(Konklusion):
Sokrates ist sterblich

SR (Schlussregel):
Alle Menschen sind sterblich

S (Stützung):
Alle Menschen sind bisher vor Erreichen des 170. Lebensjahres gestorben

33 Diese Rekonstruktion wird der „wirklichen“ Struktur der Argumentation schon deshalb eher gerecht als das Schema des Syllogismus, weil sie echte, das heißt: **nichttriviale argumentative Übergänge** enthält. Sowohl der Schritt vom Datum zur Konklusion als auch der von der Stützung zur Schlussregel enthält einen inhaltlichen Übergang.

34 Der entscheidende Vorteil des **Toulmin-Modells** aber dürfte sein, dass es die **Informationen** ausweist, die tatsächlich zur Verfügung stehen und die die Konklusion letztlich tragen sollen. Sowohl das Datum als auch die Stützung beinhalten derartige Informationen, während die Schlussregel keine Informationen wiedergibt, sondern eine Garantie, die den Schritt vom Datum zu der Konklusion absichert.[51] Berücksichtigt man die verfügbaren Informationen, dann ist der Schluss auf die Sterblichkeit des Sokrates keineswegs trivial. Denn aus der Tatsache, dass bisher alle Menschen vor Erreichen eines bestimmten Lebensalters gestorben sind (Information in der „Stützung“), und der

49 Überblick bei *Feteris*, Fundamentals, S. 40–47. Das Schema wird nachstehend vereinfacht wiedergegeben.
50 *Toulmin*, Gebrauch, S. 120.
51 *Toulmin*, ebd., S. 103.

Tatsache, dass Sokrates ein Mensch ist (Datum), folgt nicht zwingend, dass Sokrates sterblich ist.

Der Schluss ist deshalb, in der Terminologie *Toulmins*, nicht **analytisch,** sondern **sub- 35
stanziell.** Substanziell sind, salopp formuliert, alle Argumentationen, bei denen unten Informationen herauskommen, die oben nicht hineingesteckt worden sind.[52] Genauer gesagt: Substanziell ist eine Argumentation dann, wenn die Stützung der Schlussregel nicht die Information enthält, die in der Konklusion mitgeteilt wird. Enthält sie diese Information, so hat die Argumentation analytischen Charakter.[53] Analytische Argumentationen in diesem Sinne sind in der Praxis selten. Ein Beispiel wäre folgender Schluss:

> Anne ist eine Schwester von Jack
>
> Jede Schwester von Jack hat rote Haare
>
> Anne hat rote Haare.

Dieser Schluss ist analytisch, wenn man die zweite Prämisse als stützende Aussage 36
interpretiert und in dem Sinne versteht, dass die Haarfarbe jeder einzelnen von Jacks Schwestern überprüft worden ist.[54] In diesem Fall behauptet die Stützung genau dasselbe (wenn auch noch anderes) wie die Konklusion, nämlich, dass (auch) Anne rote Haare hat. Nur in solchen Fällen, in denen die Konklusion eine von der Stützung gelieferte Information lediglich wiederholt, liegt eine Folgerungsbeziehung zwischen Datum und Stützung einerseits, der Konklusion andererseits vor.[55] Nur unter dieser Voraussetzung ist die Argumentation deshalb analytisch.

Das Argumentationsmodell *Toulmins* hat in der philosophischen Argumentations- und 37
Wissenschaftstheorie eine ungewöhnliche Resonanz gefunden.[56] Für die Analyse der juristischen Argumentation, insbesondere des sogenannten juristischen Syllogismus, ist das Modell *Toulmins* außerordentlich aufschlussreich.[57] Es führt zu einer erheblichen Präzisierung und Weiterführung der bisher am juristischen Syllogismus geübten Kritik.[58] Hatte sich diese Kritik bisher weitgehend auf die Feststellung beschränkt, dass der Prozess der **Rechtsfindung** sich nicht in dem Vollzug eines logischen Schlusses er-

52 Kritisch zu dem Begriff des substanziellen Arguments bei Toulmin *Wohlrapp*, Der Begriff des Arguments, S. 24.

53 *Toulmin*, Gebrauch, S. 113.

54 Ebd., S. 112.

55 Ebd., S. 149.

56 *Van Eemeren/Grootendorst/Kruiger*, Handbook of Argumentation Theory, S. 162 ff.; *Habermas*, Wahrheitstheorien, S. 240 ff.; *ders.*, Theorie des kommunikativen Handelns, Bd. 1, S. 44 ff.; *Mans*, Argumentation im Kontext; *Völzing*, Begründen, Erklären, Argumentieren; krit. etwa *Lueken*, Inkommensurabilität als Problem rationalen Argumentierens, S. 243 ff.; *Lumer*, Praktische Argumentationstheorie, S. 284 ff.

57 Auf *Toulmins* Modell beziehen sich – mit erheblichen Unterschieden und differierender Bewertung im Einzelnen – u. a. *Alexy*, Theorie der juristischen Argumentation, S. 112 ff.; *Atienza*, Theory, S. 395; *Bäcker*, Begründen und Entscheiden, S. 306 ff.; *Christensen/Kudlich*, Theorie richterlichen Begründens, S. 248–255; *Feteris*, Recent Development in Legal Argumentation Theory, S. 137 f.; *Günther*, Sinn für Angemessenheit, S. 40 ff., 288 ff.; *Hilgendorf*, Argumentation in der Jurisprudenz, S. 75 ff.; *Patterson*, Recht und Wahrheit, S. 195 ff.; *Peczenik*, Grundlagen der juristischen Argumentation, S. 1 f.; *Ratschow*, Rechtswissenschaft und Formale Logik, S. 63 ff.; *v. Schlieffen*, Wie Juristen begründen, S. 113; *dies.*, Was trennt und was verbindet: Argumentationstheoretisches und Rhetorisches Rechtsdenken?, S. 381 ff.; *Stamatis*, Argumenter en droit, S. 165 ff.; *Takahashi*, Recht, Gesetz und Logik in Juristischer Argumentation, S. 89 ff. Zu den Attacken gegen *Toulmin* bei *Koch/Rüßmann*, Begründungslehre, vgl. Rn. 40 ff.

58 Zu Übereinstimmungen und Differenzen zwischen dem Toulmin-Schema und dem Enthymem-Modell *v. Schlieffen*, Was trennt und was verbindet: Argumentationstheoretisches und Rhetorisches Rechtsdenken?, S. 380 ff.

schöpft, so verdeutlicht die Analyse *Toulmins*, dass auch die **Entscheidungsbegründung** nicht als analytischer, sondern als substantieller Schluss zu verstehen ist.

Das lässt sich an dem oben verwendeten Beispiel explizieren:

D — A ist ein Mörder → K — A soll … bestraft werden

SR — Alle Mörder sollen … bestraft werden

S — § 211 Abs. 1 StGB

38 Analytisch wäre der Schluss auf die Strafbarkeit des Mörders A nur dann, wenn die Überprüfung der Stützung *ipso facto* die Überprüfung der Konklusion enthielte. Das wäre der Fall, wenn die Stützung die Strafbarkeit aller einzelnen Mörder (und damit auch des Mörders Anton) behaupten würde. Tatsächlich aber wird die Schlussregel, der zufolge wir von der Tatsache, dass Anton einen Mord begangen hat, auf die Strafbarkeit des Anton schließen dürfen, nicht mit der Aufzählung von strafbaren Mördern gestützt, sondern mit dem Hinweis auf die Existenz des § 211 StGB. Das bedeutet: Es gibt keine Folgerungsbeziehung zwischen Datum (Sachverhalt) und Stützung (Hinweis auf Gesetzestext) einerseits und Konklusion (Urteil) andererseits. Der als „juristischer Syllogismus" bezeichnete Schluss hat **substantiellen, nicht analytischen** Charakter.[59]

39 Zur Verdeutlichung ein – vielleicht etwas makabres – Gegenbeispiel für einen analytischen Schluss im forensischen Bereich. Nehmen wir an, in einem US-amerikanischen Bundesstaat wurden die 15 Mitglieder einer terroristischen Gruppierung zum Tode verurteilt. In letzter Minute, unmittelbar vor der angesetzten Hinrichtung, werden drei von ihnen begnadigt. Diese drei werden im Todestrakt des Gefängnisses in einen separaten Raum (Zelle 1) verbracht. Hier wäre der Schluss:

„Alle in Zelle 1 untergebrachten Verurteilten wurden begnadigt
Der Verurteilte a ist in Zelle 1 untergebracht
Der Verurteilte a wurde begnadigt"
im Sinne *Toulmins* ein analytischer Schluss.

59 Näher dazu *Neumann*, Rechtsontologie und juristische Argumentation, S. 14–17.

### b) Kritik und Metakritik des Toulmin-Schemas

An dem Argumentationsmodell *Toulmins* wie an der Übernahme dieses Modells in die Theorie der juristischen Argumentation ist im rechtstheoretischen Schrifttum teilweise heftige Kritik geübt worden.[60] 40

#### aa) Missverständnisse

Diese Kritik beruht jedenfalls teilweise auf Missverständnissen.[61] Soweit sie sich in der Verteidigung der logischen Korrektheit des Syllogismus bzw. der prädikatenlogischen Rekonstruktion des juristischen Syllogismus im sogenannten „Hauptschema" erschöpft, geht sie ins Leere. Denn die **logische Korrektheit** des syllogistischen Schlusses ist – entgegen verschiedentlichen Unterstellungen[62] – nicht bestritten worden. Es geht weder bei *Toulmin* noch bei dem Versuch, das Toulmin-Schema für die Rechtstheorie fruchtbar zu machen, um die logische Korrektheit von bestimmten Schlussformen.[63] Die Frage ist vielmehr, ob die Struktur von Argumentationen, wie sie in der Rechtswissenschaft, in anderen Wissenschaften oder auch im Alltag Verwendung finden, **angemessen** erfasst wird, wenn man diese Argumentationen nach dem Muster des syllogistischen Schlusses rekonstruiert.[64] 41

*Diese* Frage wird von *Toulmin* verneint. *Toulmin* bestreitet nicht, dass man substantielle Argumentationen als logische Folgerungsbeziehungen rekonstruieren *kann;* er behauptet aber, dass eine solche Rekonstruktion die Struktur substantieller Argumentationen nicht erhellt, sondern verdunkelt. Nur wenn man diese Stoßrichtung von *Toulmins* Analysen vollständig verkennt, kann man die selbstverständliche und schlichte Feststellung, dass jede Argumentation bei Verwendung der richtigen Schlussregel als „Prämisse" in formal gültiger Weise ausgedrückt werden könne,[65] als „Zugeständnis" *Toulmins* werten, das dessen „vermeintlich tolle Attacke auf die Logiker geradezu peinlich" mache.[66] Zu widerlegen wäre die Kritik *Toulmins* an dem Syllogismus-Modell der Argumentation nur durch den Nachweis, dass dieses Modell die Struktur von Argumentationen angemessen wiedergibt. 42

#### bb) Angemessenheit der logischen Rekonstruktion?

Dieser Nachweis aber ist jedenfalls für rechtswissenschaftliche Argumentationen nicht zu führen. In das Prokrustesbett des „juristischen Syllogismus" gepresst, erscheint die 43

---

60 *Koch/Rüßmann*, Juristische Begründungslehre, S. 59 ff.; *Koch*, Deduktive Entscheidungsbegründung, S. 92 f.; *Hilgendorf*, Argumentation, S. 74 ff., 217. Ablehnend auch *Bäcker*, Begründen und Entscheiden, S. 306 ff., 311 (mit – offenbar zustimmendem – Verweis auf Toulmin-Kritiker).

61 Vgl. aber auch *Buchwald*, Begriff, S. 289 ff.

62 *Koch/Rüßmann*, Juristische Begründungslehre, S. 61, 63; *Koch*, Entscheidungsbegründung, S. 93.

63 Für ein friedliches Nebeneinander von Syllogismus-Modell und Toulmin-Schema *Bung*, Subsumtion, S. 152.

64 Ein offensichtliches Missverständnis liegt der Kritik zugrunde, das Toulmin-Modell sei „nicht in der Lage, die Bindung an das Gesetz auszudrücken" (so *Hilgendorf*, S. 86 [ähnlich schon S. 74]). Das Prinzip der Gesetzesbindung ist ein normatives Prinzip; es ist aber nicht Aufgabe von Schemata, die der Argumentationsanalyse dienen, normative Prinzipien „auszudrücken".

65 *Toulmin*, Gebrauch, S. 108 und öfter.

66 *Koch/Rüßmann*, Juristische Begründungslehre, S. 61 m. Fn. 7; dagegen zutreffend *Ratschow*, Rechtswissenschaft und Formale Logik, S. 72. Gegen weitere Versuche von *Koch/Rüßmann*, das Argumentationsmodell von *Toulmin* zu ridikülisieren, überzeugend *Bung*, Subsumtion, S. 151. Zu dem „völlig misslungenen Angriff von Koch & Rüßmann auf Toulmin" auch *Simon*, Wenn der Schnee weiß ist, S. 180.

juristische Argumentation als eine **Mischung von Trivialität und Willkür:**[67] Sofern sie den Anforderungen logischen Deduzierens genügt, sofern sie also nur Schlussfolgerungen aus angenommenen Prämissen zieht, ist die Argumentation zirkulär und damit trivial; die Auswahl der Prämissen aber ist unter logischen Gesichtspunkten beliebig. „Wenn man den Rechtssyllogismus unter diesen modernen Voraussetzungen (nämlich seiner Rekonstruktion im Rahmen der formalen Logik, U.N.) angeht, kann man nicht anders, als ihn für das Relikt einer antiquierten Methodenlehre zu halten: Ein Schluss, der logisch korrekt zustande kommt, ist trivial und praktisch überflüssig, und eine Folgerung, die den Erkenntnisbestand erweitert, ist logisch fehlerhaft".[68]

44 Natürlich kann eine Theorie der juristischen Argumentation, die sich um das Modell deduktiven Begründens zentriert, *Zusatzregeln* einführen, mit deren Hilfe die Prämissenwahl gesteuert werden kann. So könnte beispielsweise festgelegt werden, dass als Obersatz nur eine Gesetzesnorm oder eine „quasigesetzliche" Norm Verwendung finden darf.[69]

45 Gerade der Versuch, eine Paraphrase des Gesetzes als Obersatz des juristischen Syllogismus einzuführen, offenbart aber die Unangemessenheit der logischen Rekonstruktion. In der prädikatenlogischen Darstellung hat die generelle Prämisse die Form eines logischen Allsatzes; die Regelung des § 211 Abs. 1 StGB wäre zu schreiben:

$\Lambda x(Mx \rightarrow Fx)$

(alle Mörder sollen mit lebenslanger Freiheitsstrafe bestraft werden).

46 In der Interpretation, die dieser Formalisierung zugrunde liegt, macht der Satz eine Aussage über *jeden einzelnen Mörder:* Von jedem einzelnen Mörder wird behauptet, dass er mit lebenslanger Freiheitsstrafe bestraft werden soll.

#### cc) Problem: „Defeasibility"

47 Das aber ist offenbar nicht der Sinn des § 211 StGB. Denn es gibt bekanntermaßen Fälle, in denen der Täter, der den Tatbestand des § 211 StGB verwirklicht, nicht zu lebenslanger Freiheitsstrafe verurteilt werden soll (Schuldunfähigkeit, verminderte Schuldfähigkeit, Handeln in entschuldigendem Notstand, in Notwehr etc.). Diesen Ausnahmefällen lässt sich auch nicht dadurch Rechnung tragen, dass man die Formalisierung der Rechtsnorm entsprechend modifiziert, beispielsweise Rechtfertigungsgründe als *„negative Tatbestandsmerkmale"* einbezieht. Denn es ist niemals gewährleistet, dass *alle* Ausnahmeregelungen erfasst sind; die Einführung einer „Angstklausel" („... und liegen keine Ausnahmebedingungen vor")[70] aber verbietet sich schon deshalb, weil damit ein *metasprachlicher Ausdruck* in die Formalisierung eingeführt würde.[71]

48 Das Problem der Integration von Ausnahmen in ein Regelmodell wird in neueren Arbeiten zu Logik und Argumentationstheorie unter dem Stichwort **„Defeasibility"**

---

67 Dieser Satz ist verschiedentlich auf Kritik gestoßen. Zur Klarstellung: „Trivialität" ist hier als logischer *terminus technicus* (und nicht im pejorativen Sinne) zu verstehen. Auch der Begriff der „Willkür" wird hier ohne negative Konnotationen verwendet. Gemeint ist, dass die Prämissenwahl – selbstverständlich! – durch die Logik nicht vorgegeben und deshalb – logisch gesehen – willkürlich ist.

68 *Sobota*, Sachlichkeit, S. 92, die sich deshalb gegen die Rekonstruktion des „rechtssyllogistischen Enthymems" im Rahmen formaler Kalküle wendet.

69 *Koch*, Das Frankfurter Projekt, S. 62.

70 Vgl. dazu *Alexy*, Die logische Analyse, S. 202/203.

71 Ebenso *Sartor*, Defeasibility in Legal Reasoning, S. 282, 296; *ders.*, A formal Model of Legal Argumentation, S. 188 f.

behandelt. „Defeasible" ist ein Argument dann, wenn „seine Konklusion durch eine Erweiterung der Prämissenmenge, also durch Hinzufügung zusätzlicher (Gegen)Gründe, unbegründet werden kann"[72]. Zu nennen sind hier insbesondere die Arbeiten von *Sartor*[73], *Wang*[74] und *Brozek*[75]. Die Frage, ob dieses Problem im Rahmen der traditionellen „monotonen" Logik gelöst werden kann, oder ob dazu der Rückgriff auf „nichtmonotone" Logiken (dazu unten Rn. 97f.) erforderlich ist, ist derzeit umstritten.[76]

### dd) Metasprachlicher Charakter der Schlussregel

Die Darstellung der generellen Prämisse des juristischen Syllogismus in Form eines logischen Allsatzes verbietet sich aber noch aus einem anderen Grund. Die Herleitung des Urteils aus dem entsprechenden logischen Allsatz und der singulären Prämisse ist, wie oben festgestellt, *zirkulär* und kann deshalb nicht als Begründung akzeptiert werden.[77] Der Hinweis des Richters auf den generellen Zusammenhang zwischen Tatbestandserfüllung und Rechtsfolge meint denn auch etwas anderes: Es wird auf eine *Regel* Bezug genommen, der zufolge die Erfüllung des Mordtatbestandes die Verhängung einer lebenslangen Freiheitsstrafe im Allgemeinen fordert und rechtfertigt. 49

Dieser Hinweis auf die Existenz einer Regel, die einen bestimmten argumentativen Übergang erlaubt (hier: von der Feststellung, dass der Tatbestand des § 211 StGB erfüllt ist, auf die Feststellung, dass eine lebenslange Freiheitsstrafe zu verhängen ist), ist aber etwas anderes als die Behauptung einer allgemeinen Gesetzmäßigkeit. Sie hat im Verhältnis zu dieser *metasprachlichen Charakter*;[78] sie spricht nicht über Gegenstände, sondern über argumentative Zusammenhänge.[79] 50

Auf diesen **metasprachlichen Charakter** der Schlussregel bezieht sich die Feststellung, die Schlussregel „Alle Menschen sind sterblich" liefere *als Schlussregel* keine Informationen, sondern erlaube lediglich argumentative Übergänge. Diese These, die *Koch* bei *Toulmin* „nicht finden konnte"[80], ist für das Verständnis des Argumentationsmodells *Toulmins* von entscheidender Bedeutung. Denn sie begründet, dass die typische Funktion des generellen Satzes in der Argumentation missverstanden wird, wenn man ihn als Prämisse eines syllogistischen Schlusses interpretiert. Sie begründet damit zugleich die Notwendigkeit, dem Modell des Syllogismus ein differenzierteres Argumentationsmodell gegenüberzustellen. 51

---

72 *Wang*, Defeasibility, S. 11.
73 *Sartor*, Defeasibility, S. 66.
74 Ebd. S. 67.
75 *Brozek*, Defeasibiity.
76 Dazu *Bäcker*, Begründen und Entscheiden, S. 308ff; *ders.*, Syllogismus, S. 422 m. Anm. 60. *Bäckers* Vorschlag, den Allquantor schlicht durch einen „relativen Allquantor" zu ersetzen, wodurch die „Last der Universalität von dem Allsatz genommen" werden könne (ebd. S. 309), halte ich allerdings für problematisch. Ein Funktor eines logischen Kalküls lässt sich nicht einfach durch einen anderen, nicht funktionsidentischen, „ersetzen". In der Sache wäre damit ein neuer Kalkül konzipiert, dessen Funktoren und Axiome im Einzelnen festgelegt werden müssten.
77 Insoweit zustimmend *Bäcker*, der den Begriff der „internen *Rechtfertigung*" in Hinblick auf die deduktiv-logische Struktur dieser „Rechtfertigung" deshalb für eine „insofern irreführende Bezeichnung" hält (*Bäcker*, Begründen und Entscheiden, S. 308).
78 Krit. zu dieser Zuordnung *Ratschow*, Rechtswissenschaft und Formale Logik, S. 79.
79 Zum metasprachlichen Charakter von Regeln vgl. *Bund*, Juristische Logik und Argumentation, S. 82.
80 *Koch/Rüßmann*, Juristische Begründungslehre, S. 60 m. Fn. 4. Die fragliche These *Toulmins* findet sich in der deutschen Ausgabe auf S. 103, im englischen Originaltext auf S. 114.

#### ee) „Reine" und angewandte Logik

52 Bei alledem wird, nochmals gesagt, *die logische Korrektheit der Syllogismen* und der ihnen entsprechenden prädikatenlogischen Schemata nicht in Frage gestellt. Die Kritik *Toulmins* gilt nicht „der Logik", sondern den Versuchen, logische Folgerungen zum allgemeinverbindlichen Modell rationalen Argumentierens zu erheben. Sie bezieht sich auf Probleme der „angewandten Logik", nicht der reinen Logik.[81] *Toulmin* wendet sich, zu Recht, gegen die naive Vorstellung, man könne logische Systeme auf wissenschaftliche oder alltägliche Argumentationen schlicht „anwenden". Was im Rahmen eines Kalküls sinnvoll ist, muss nicht den Strukturen korrekten Argumentierens entsprechen.

53 So ist es unter logischen Gesichtspunkten nicht nur sinnvoll, sondern unabdingbar, die Frage der Gültigkeit eines Schlusses von den Fragen der Wahrheit und der Beweisbarkeit der Prämissen zu trennen. Der Logiker kann und muss darauf beharren, dass der Verkehrsunfall $V^1$ durch menschliches Versagen verursacht wurde, falls alle Verkehrsunfälle durch menschliches Versagen verursacht werden; eine entsprechende Feststellung in einem Sachverständigengutachten würde vermutlich die Heranziehung eines anderen Gutachters zur Folge haben.[82] Das heißt: Gegenüber *praktischen Argumentationen* ist es wenig sinnvoll, darauf zu beharren, dass die Prämisse zwar unbeweisbar, der Schluss aber gleichwohl korrekt sei. Für Argumentationen kommt es entscheidend darauf an, **welche Informationen** tatsächlich zur Verfügung stehen; darauf beruht die Unterscheidung zwischen *substantiellen* und *analytischen* Argumentationen bei *Toulmin*. Der Vorwurf, diese Unterscheidung beruhe auf einer „Verwischung der Frage nach der Gültigkeit eines Schlusses mit der Frage nach der Beweisbarkeit seiner Prämissen"[83], ist deshalb unbegründet.

### 4. Risiken und Chancen einer logischen Rekonstruktion juristischer Argumentationen

#### a) Bedeutungsverluste ...

54 Die schlichte „Anwendung" logischer Kalküle auf juristische Argumentationen verdunkelt nicht nur die „wirkliche" Struktur der gesetzesorientierten Entscheidungsbegründung; sie zeitigt darüber hinaus die Gefahr der Missinterpretation juristischer Argumentationen und Begriffe. Zum Nachweis dieser Gefahr muss an dieser Stelle ein Beispiel genügen.

55 Die Reduktion von Argumentationen auf Strukturen, die mit den Mitteln der (zweiwertigen Aussagen- bzw. Prädikaten-)Logik erfassbar sind, kann zur Trivialisierung substantieller Argumentationen und damit zu dem unberechtigten Vorwurf der Tautologie führen. Das geschieht exemplarisch in einer Kritik, die sich gegen eine Entscheidung des Bundesgerichtshofs zur Frage der Sittenwidrigkeit des sogenannten **„Mätressen-Testaments"** richtet.[84] Die beanstandete Passage der Entscheidung lautet:

> „Setzt ein Ehemann in einem Testament unter gleichzeitiger Enterbung seiner Ehefrau zu Erben seine Kinder und außerdem eine andere Frau ein, mit der er ehewidrige, wenn auch nicht auf geschlechtlichem Gebiet liegende Beziehungen unterhalten hat, und bevorzugt er die Frau sogar vor den Kindern, so *können* (Hervorhebung bei *Rüßmann*) solche Bestim-

81 Dazu *Toulmin*, Gebrauch, S. 131 ff.
82 Vgl. auch *Atienza*, Theory, S. 395.
83 *Koch/Rüßmann*, Juristische Begründungslehre, S. 61.
84 *Rüßmann*, Zur Abgrenzung von Rechts- und Tatfrage, S. 246.

> mungen des Testaments, in denen diese Frau bevorzugt bedacht wird, wegen Verstoßes gegen die guten Sitten nichtig sein."

Der Autor erhebt gegenüber diesen Ausführungen des Bundesgerichtshofs den Vorwurf der Tautologie; sie habe die logische Struktur „wenn p, dann q oder auch nicht q" 56

$(p \rightarrow [q \vee \neg q])$.

Dieser Vorwurf geht fehl. Dass die angeführte Behauptung des Bundesgerichtshofs nicht tautologisch ist, ergibt sich *logisch* daraus, dass ihre Negation nicht zu einem Widerspruch führt: Die Behauptung, die fraglichen testamentarischen Bestimmungen könnten unter den vorausgesetzten Umständen *nicht* wegen Verstoßes gegen die guten Sitten nichtig sein, wäre offensichtlich nicht kontradiktorisch. 57

Hinsichtlich seiner *argumentativen Funktion* ist der Gehalt der Äußerung des Bundesgerichtshofs klar: Behauptet wird, dass die Erbeinsetzung einer Frau, zu der ehewidrige Beziehungen bestehen, unter bestimmten Umständen *ein Argument* für die Sittenwidrigkeit des Testaments ist oder zumindest sein kann. Diese Behauptung ist keinesfalls trivial; denn selbstverständlich könnte sich ein Gericht auf den Standpunkt stellen, die Erbeinsetzung einer Frau, zu der ehewidrige Beziehungen bestehen, könne unter keinen Umständen ein Argument für die Sittenwidrigkeit des Testaments darstellen. 58

Richtig ist aber, dass dieser Sinn der Ausführungen des Bundesgerichtshofs in einer aussagen- oder prädikatenlogischen Darstellung der Behauptung nicht zum Ausdruck kommt. Das gilt auch dann, wenn man nicht, wie der Autor das tut, die Feststellung der möglichen Nichtigkeit in die Alternative „nichtig oder nicht nichtig" aufspaltet, sondern die *mögliche Nichtigkeit* als Prädikat einführt. Selbst der Rückgriff auf eine – zur Darstellung der fraglichen Argumentation angemessenere – *Logik der Modalitäten* würde insofern nicht weiterhelfen; denn auch im Rahmen eines Modalkalküls könnte der Sinnzusammenhang zwischen den Umständen der Erbeinsetzung und der möglichen Nichtigkeit des Testaments nicht zum Ausdruck gebracht werden. 59

#### b) … als Folge der extensionalen Konzeption logischer Kalküle

Der Grund dafür liegt in der **extensionalen Konzeption** dieser Kalküle. Die Logiksysteme, die zur Rekonstruktion juristischer Argumentationen bisher herangezogen wurden, basieren auf der Beziehung, die zwischen den **Wahrheitswerten** verschiedener Sätze besteht; von Bedeutung für den Wahrheitswert eines komplexen Satzes ist deshalb nur die Extension (der Wahrheitswert), nicht aber die Intension (die Bedeutung) der Teilsätze. Das Bestehen eines *Sinnzusammenhangs* ist aber eine Funktion der Bedeutung, nicht der Wahrheitswerte von Sätzen. Der Satz: „Wenn Marseille die Hauptstadt von Frankreich ist, ist 77 eine Primzahl" ist im Sinne der aussagenlogischen Wenn-dann-Beziehung (Implikation) wahr, weil der Vordersatz falsch und die Implikation *per definitionem* nur dann falsch ist, *wenn der Vordersatz wahr und der Nachsatz falsch ist.* Das Beispiel zeigt, dass die Wahrheit einer Wenn-dann-Behauptung das Bestehen eines Sinnzusammenhangs nicht voraussetzt. 60

Umgekehrt ist auch bei Bestehen eines *Sinnzusammenhangs* die entsprechende Implikation nicht zwangsläufig wahr. So besteht ein Zusammenhang zwischen dem Interesse an der „Haltung" eines Tieres und der Eigenschaft, Tierhalter zu sein: dass jemand ein eigenes Interesse an dem Umgang mit dem Tier hat, ist ein Argument dafür, ihm die Haltereigenschaft zuzuerkennen. Die Wiedergabe dieses Zusammenhangs in der Form 61 einer Implikation wäre aber inadäquat, weil damit behauptet würde, dass *in allen Fällen* derjenige Tierhalter sei, der an der Haltung des Tieres ein eigenes Interesse hat.

62 Für die Frage der Leistungsfähigkeit der Logik bei der Rekonstruktion und der Analyse von juristischen Argumentationen ist die *extensionale Konzeption* der herangezogenen logischen Kalküle von entscheidender Bedeutung. Denn die Unfähigkeit extensionaler Logiksysteme, Sinnzusammenhänge zu erfassen, führt dazu, dass die Relation *„p ist Argument für q"* in diesen Systemen nicht angemessen dargestellt werden kann. Ein Schema, in dem die **elementare Argumentfunktion** nicht ausgedrückt werden kann, erscheint aber für Zwecke der Argumentationsanalyse wenig brauchbar. Zu Recht wird darauf hingewiesen, dass bei der logischen Rekonstruktion einer Urteilsbegründung ein großer Teil der Ausführungen der Selektivität des Modells zum Opfer fällt.[85] Dass der Einsatz eines aussagen- oder prädikatenlogischen Schemas die Gefahr von Missdeutungen juristischer Argumentationen mit sich bringt, zeigen die zitierten Ausführungen zum Mätressen-Testament mit aller Deutlichkeit.

#### c) Heuristisches Potential logischer Kalküle

63 Hervorgehoben werden muss aber auch, dass der Rückgriff auf die (Prädikaten-)Logik, wie derselbe Text zeigt, in einem anderen Punkt wichtige Einsichten in rechtliche Strukturen vermittelt. Es geht um die in der genannten Arbeit zentrale Frage der Abgrenzung von (revisibler) **Rechtsfrage** und (nicht revisibler) **Tatfrage.** Die Grenzziehung erfolgt anhand der logischen Struktur des fraglichen Satzes. Vereinfacht: Um eine Rechtsfrage geht es nach *Rüßmann* genau dann, wenn der Satz die Struktur eines logischen Allsatzes hat.[86] Komplementär betreffen singuläre Aussagen die Tatfrage. Das ist im Grundsatz überzeugend und ein wichtiger Schritt auf dem Weg zu einer sachlich angemessenen und in der Handhabung praktikablen Grenzziehung zwischen Tat- und Rechtsfrage.

64 Das gilt unabhängig von der Frage, ob das Abgrenzungskriterium etwas modifiziert (und damit von seiner prädikatenlogischen Orientierung abgelöst) werden sollte. Dafür könnte sprechen, dass auch eine Konjunktion singulärer Aussagen in Form eines logischen Allsatzes dargestellt werden kann. Insofern dürfte es vorzugswürdig sein, die Rechtsfrage nicht durch einen logischen Allsatz, sondern durch eine *Regel* zu charakterisieren.[87] In jedem Fall aber hat die logische Analyse ihre heuristische Fruchtbarkeit bei der Analyse rechtlicher Strukturen (zur Leistungsfähigkeit der Logik bei der Analyse rechtsdogmatischer Probleme unten Rn. 114 ff.) auch an diesem Punkt erwiesen.

### 5. Nicht-klassische Logiken und Schlussverfahren im juristischen Denken

65 Die Rede von den Regeln *der* Logik sollte nicht dem Missverständnis Vorschub leisten, die Logik verfüge über einen abgeschlossenen, vernünftigen Zweifeln enthobenen kanonischen Bestand von Regeln. In Wirklichkeit findet sich eine **Mehrzahl konkurrierender logischer Systeme**, die in ihrem Regelbestand teilweise erheblich differieren. Das bedeutet: Schlussfolgerungen, die in dem System S logisch gültig sind, sind es in dem System S* nicht; Behauptungen, die in dem einen System widersprüchlich sind, sind in dem anderen kompatibel. Dieses Nebeneinander unterschiedlicher Systeme der Logik

85 *Rottleuthner*, Plädoyer, S. 87.
86 *Rüßmann*, Abgrenzung, S. 270.
87 Dazu *Neumann*, Die Katze im Bier, S. 534 ff.

zwingt die einzelnen wissenschaftlichen Disziplinen zu einer Entscheidung, auf **welche Logik** sie bei der Festlegung der Argumentationsstandards zurückgreifen wollen.[88]

Das Bewusstsein für die Notwendigkeit einer solchen Wahl ist allerdings wenig ausgeprägt.[89] In der Rechtstheorie wird überwiegend auf den klassischen Kalkül zurückgegriffen, ohne dass die Entscheidung für diesen Kalkül begründet oder auch nur als Entscheidung ausgewiesen würde. Das ist umso überraschender, als die „Anwendung" des klassischen Kalküls auf rechtswissenschaftliche Argumentationen, ebenso wie auf Argumentationen in und jenseits der Wissenschaft generell, keineswegs ohne Probleme ist. 66

### a) „Sperrige" Theoreme der klassischen Logik

#### aa) Paradoxien

So lässt sich zeigen, dass sich im Bereich der Allgemeinen Wissenschaftstheorie eine **Paradoxie** hinsichtlich der Bestätigung von Theorien ergibt, wenn man die klassische Logik zugrunde legt.[90] Ausgangspunkt ist das – plausible – Kriterium, dass wissenschaftliche Hypothesen durch die Beobachtung des gemeinsamen Auftretens von Elementen bestätigt werden, die nach der Theorie gesetzmäßig miteinander verbunden sind. So wird die Hypothese „Alle Raben sind schwarz" durch die Beobachtung schwarzer Raben bestätigt (der Grad der Bestätigung variiert natürlich mit der Anzahl entsprechender Beobachtungen). 67

In prädikatenlogischer Darstellung: Der Beobachtungssatz: 68

$Ra \wedge Sa$ (a ist ein Rabe und a ist schwarz)

bestätigt die Theorie:

$\Lambda x(Rx \rightarrow Sx)$ (alle Raben sind schwarz).

In der klassischen Logik gilt nun die Äquivalenz: 69

$\Lambda x(Rx \rightarrow Sx) \leftrightarrow \Lambda x(\neg Sx \rightarrow \neg Rx)$

zu lesen: „ ‚Alle Raben sind schwarz' ist äquivalent mit: ‚Was nicht schwarz ist, ist kein Rabe'".

Geht man davon aus, dass logisch äquivalente Theorien durch gleiche Beobachtungssätze bestätigt werden,[91] so ergibt sich, dass ein Beobachtungssatz, der den Satz

$\Lambda x(\neg Sx \rightarrow \neg Rx)$ (was nicht schwarz ist, ist kein Rabe)

bestätigt, zugleich eine Bestätigung des logisch äquivalenten Satzes

$\Lambda x(Rx \rightarrow Sx)$ (alle Raben sind schwarz)

88 Dazu *Vernengo, Vorwort*, S. X. Dass das auf der klassischen Logik basierende Standardsystem der deontischen Logik nicht geeignet ist, die Strukturen normativer Argumentation (in Form der Abwägung normativer Argumente) widerzuspiegeln, ist die zentrale These der fundamentalen Analysen bei *Sieckmann*, Logik juristischer Argumentation.

89 Vgl. aber (mit Bezug auf Systeme der deontischen Logik) *Sieckmann*: „Die Auswahl eines bestimmten logischen Instrumentariums bedarf ... selbst einer Rechtfertigung in einer normativen Theorie" (Logik juristischer Argumentation, S. 73).

90 Ich folge hier der Darstellung bei *Gethmann*, Logik der Wissenschaftstheorie, S. 21 ff.

91 Dieses Prinzip ließe sich natürlich infrage stellen.

darstellt. Der Beobachtungssatz „Dieser Elefant ist rosarot“ würde demgemäß nicht nur die Hypothese „Was nicht schwarz ist, ist kein Rabe“ bestätigen, sondern auch die Hypothese „Alle Raben sind schwarz“.[92]

70 Dieses sogenannte **„Rabenparadox“** lässt sich in der klassischen Logik, nicht aber (beispielsweise) in der intuitionistischen Logik konstruieren, in der die Äquivalenz:

$$\bigwedge x(Rx \rightarrow Sx) \leftrightarrow \bigwedge x(\neg Sx \rightarrow \neg Rx)$$

nicht gilt.[93]

71 Für die Rekonstruktion juristischer Argumentationen bedeutsam ist die *Paradoxie der Verpflichtung*, die sich im Rahmen einer – auf der klassischen Logik aufbauenden – deontischen Standardlogik (nicht bzw. nicht in dieser Form aber im Rahmen des intuitionistischen oder des minimallogischen Kalküls) konstruieren lässt: Aus der Vornahme einer verbotenen Handlung A lässt sich auf der Grundlage der deontischen Standardlogik die Verpflichtung ableiten, ein beliebiges B zu tun.[94]

### bb) „Ex falso quodlibet“

72 Als Problem der Wahl des angemessenen logischen Kalküls lässt sich auch die Frage der Gültigkeit des **Ex-falso-quodlibet-Theorems** („aus einer falschen Aussage folgt alles Beliebige) in der juristischen Argumentation interpretieren.[95] Wir werden es hier in der Form des Prinzips „ex contradictione quodlibet“ („aus einem Widerspruch folgt alles Beliebige“) erörtern.

73 Das Prinzip „ex contradictione quodlibet“ ist im Rahmen der klassischen Logik ein beweisbares Theorem. Es lässt sich folgendermaßen herleiten:

(1) $p \wedge \neg p$ (Widerspruch: „p und nicht p)

Aus einer Konjunktion (1) ist jedes ihrer Glieder ableitbar, also:

(2) $p$

(3) Es gilt: wenn <p>, dann auch <p v q>:
$p \rightarrow p \vee q$

Beispiel: wenn es regnet, dann regnet es, oder es schneit;

74 Aus der Konjunktion (1) ist auch deren zweites Glied ableitbar, also:

(4) $\neg p$

Aus <p v q> (3) und <¬p> (4)

folgt:

(5) $q$

75 Da q jeder beliebige Satz sein kann, folgt in der klassischen Logik in der Tat aus einem Widerspruch alles Beliebige. Selbstverständlich können dann auch Sätze abgeleitet werden, die einander logisch widersprechen. Aus einem einzigen Widerspruch ergeben sich unbegrenzt viele Widersprüche.

---

92 *Gethmann*, ebd., S. 22.
93 Ebd.
94 Genaue Rekonstruktion ebd. S. 25.
95 Dazu *Weinberger*, Ex falso quodlibet, S. 553 ff.

Die Anerkennung dieses Theorems als Argumentationsregel hätte damit die Konsequenz, dass *ein* Widerspruch in einer Argumentation die Ableitbarkeit jedes beliebigen Satzes und damit gleichsam die „Explosion" der gesamten Argumentation zur Folge hätte. 76

Obwohl diese Konsequenz kontraintuitiv ist, wird sie im rechtstheoretischen Schrifttum ganz überwiegend akzeptiert.[96] Sie ließe sich vermeiden, wenn man statt auf den klassischen auf den sogenannten „minimallogischen" Kalkül zurückgreifen würde; denn das Ex-falso-quodlibet-Theorem gilt zwar im klassischen (und im intuitionistischen), nicht aber im minimallogischen Kalkül.[97] Das gleiche Ergebnis ließe sich durch die Anwendung der sogenanntem parakonsistenten Logik erreichen.[98] 77

Ich habe an anderer Stelle versucht, die möglichen Folgen einer strikten Anwendung des Ex-contradictione-quodlibet-Prinzips auf praktische Argumentationen anhand des Beispiels einer juristischen Prüfungsarbeit zu verdeutlichen, die *einen* Widerspruch enthält und trotz ansonsten vorzüglicher Ausführungen von dem Korrektor als „ungenügend" bewertet wird – mit der Begründung, aus einem Widerspruch folge alles Beliebige, also enthalte die Arbeit unendlich viele weitere Widersprüche und sei demgemäß vollständig unbrauchbar.[99] 78

Gegen dieses Beispiel und gegen die These, die es illustrieren soll, wurde eingewandt, man brauche die widersprüchliche Behauptung ja nicht zu akzeptieren, dann stelle sich das Problem nicht.[100] Aber so einfach dürfte sich das Problem nicht lösen lassen. Denn es geht bei der Frage nach dem Verhältnis von Argumentationsregeln zu logischen Theoremen nicht um die Frage, welche Prämissen man *akzeptiert*, sondern darum, was aus welchen Prämissen *logisch folgt*.[101] Andernfalls wäre jede Diskussion zur Frage, ob und inwieweit das Ex-contradictione-quodlibet-Prinzip als Argumentationsstandard anzuerkennen ist, überflüssig. Denn niemand wird Widersprüche in einer Argumentation als solche akzeptieren.[102] 79

Das weitere Argument, dass der Korrektor in dem Beispielsfall sich realistischer Weise *nicht* an dem Ex-contradictione-quodlibet-Prinzip orientieren und folglich die Arbeit nicht als „ungenügend" bewerten würde, ist hinsichtlich der faktischen Annahme richtig, folgt aber gerade daraus, dass dieses Prinzip keinen Standard vernünftiger Argumentation darstellt. Das bedeutet, dass jedenfalls nicht alle Theoreme der klassischen Logik als Widerspiegelungen rationaler Argumentation interpretiert werden *können* und nicht in diesem Sinne interpretiert *werden*.[103] 80

---

96 *Joerden*, Logik im Recht, S. 20; *Puppe*, Kleine Schule des juristischen Denkens, S. 133/134, 245; vgl. auch schon *Tammelo*, Theorie der Gerechtigkeit, S. 101, 111.

97 Vgl. *Gethmann*, Logik der Wissenschaftstheorie, S. 15, 36.

98 *Neumann*, Ex falso numquam quodlibet!, S. 117 ff.

99 Ebd.

100 *Mauer*, Ergänzende Anmerkungen, S. 306.

101 Näher dazu *Neumann*, Formale Logik und juristische Argumentation, S. 314.

102 Selbstverständlich ist ein Widerspruch in einer Argumentation nicht akzeptabel – unabhängig davon, ob aus ihm nach dem Ex-contradictione-quodlibet-Theorem Beliebiges folgt, oder nicht. Es ist deshalb nicht überzeugend, wenn gegen die hier vertretene Position eingewandt wird: „Einen Widerspruch hinzunehmen, weil er weiter keine problematischen Folgen für die Tragfähigkeit eines juristischen Arguments habe (denn ex falso quodlibet gelte in seinem Rahmen nicht) scheint jedenfalls nicht zu den Standards der impliziten Logik der Sprache zu gehören" (*Mauer*, Aspekte der Logik rechtlichen Argumentierens, S. 504).

103 So schon *Neumann*, Formale Logik und juristische Argumentation, S. 315.

#### cc) Fazit: Primat der Argumentation

81 Die Notwendigkeit, im Rahmen einer Theorie der Argumentation zwischen verschiedenen Kalkülen zu wählen, ist nur vordergründig ein Problem allein der zweckmäßigen Entscheidung; sie betrifft die Frage des **Verhältnisses von Logik und Argumentation** überhaupt. Denn soweit eine Entscheidung zwischen unterschiedlichen Kalkülen erforderlich ist, legen nicht die Regeln des (eines) Kalküls die Standards der Argumentation fest; vielmehr entscheiden diese Standards über die Angemessenheit des logischen Kalküls. Das aber bedeutet: Die Standards der Argumentation sind vorrangig gegenüber den Theoremen eines logischen Kalküls.

82 Man kann, wie an dem Beispiel des ex-contradictione-quodlibet gezeigt werden sollte, die Geltung eines Theorems der klassischen (oder auch einer anderen) Logik für die wissenschaftliche oder nichtwissenschaftliche Argumentation nicht mit dem Hinweis begründen, es handele sich um ein logisches „Gesetz". Vielmehr ist umgekehrt zu prüfen, ob dieses Theorem einem Standard vernünftigen Argumentierens entspricht. Fundamentale Bedeutung für die Theorie und Praxis der juristischen wie jeder anderen rationalen Argumentation kann nicht ein formales logisches System beanspruchen, sondern nur eine Logik, die sich als Rekonstruktion der Regeln vernünftigen Argumentierens versteht.

83 Das bedeutet: Es sind die Transformationsregeln eines Kalküls am Maßstab ihrer Übereinstimmung mit diesen Regeln vernünftigen Argumentierens zu messen; nicht aber können – umgekehrt – die Regeln des Kalküls zum Maßstab rationaler Argumentation erhoben werden. Die Einsicht in das „argumentative Fundament der Logik"[104], das deren Bedeutung für Argumentationstheorie und -praxis zugleich begründet und relativiert, dürfte gerade für eine ausgewogene Beurteilung der Rolle, die der Logik im Rahmen einer Theorie der juristischen Argumentation zukommt, wesentlich sein.

### b) Alternative Ansätze

#### aa) Induktive Logik

84 Die Einsicht, dass eine deduktiv-logische Rekonstruktion juristischer Argumentationen inadäquat ist, hat bei dem Versuch Pate gestanden, bei der Analyse juristischer Argumentationen auf die sogenannte **induktive Logik** zurückzugreifen.[105] Dahinter steht das Anliegen, auf die Rationalitätskontrolle durch logische Analyse auch dort nicht zu verzichten, wo sich der Einsatz des deduktiv-logischen Instrumentariums als unangemessen erweist.

85 Allerdings sind der Anwendung der *Induktion* in der Rechtswissenschaft enge Grenzen gesetzt. Unter „Induktion" wird typischer Weise der Schluss von einer Mehrzahl von Einzelfällen auf eine Gesetzmäßigkeit bzw. eine Regel verstanden. Sie spielt in den Naturwissenschaften bei der Hypothesen- bzw. Theoriebildung eine wichtige Rolle. Wenn beobachtet wurde, dass sich die Planeten Merkur, Venus und Mars in elliptischen Bahnen um die Sonne bewegen, dann liegt der (logisch natürlich nicht zwingende) Schluss nahe, dass sich *alle* Planeten in einer elliptischen Bahn um die Sonne bewegen.

86 Im Bereich des Rechts aber werden Regeln nicht durch Verallgemeinerung von Einzelfällen gewonnen, sondern im Wege der Interpretation von Gesetzesnormen sowie (bei

104 *Kambartel*, Überlegungen zum pragmatischen und argumentativen Fundament der Logik.
105 Insbes. *Wittmann*, Induktive Logik; *ders.*, Die reductio ad absurdum.

der Bildung subgesetzlicher Rechtsregeln) durch normative Erwägungen. Diese Erwägungen können selbstverständlich durch einen konkreten Fall veranlasst sein („wie gerade der vorliegende Fall zeigt, wäre es ungerecht…“). Sie haben aber die Struktur generalisierender methodischer und rechtsethischer Argumente. Die „klassische“ Induktion spielt deshalb in der Rechtswissenschaft allenfalls eine bescheidene Rolle.[106] Gleichwohl erscheint der Ansatz *Wittmanns* unter argumentationstheoretischen Gesichtspunkten bedeutsam, weil die von ihm herangezogene stützungslogische Relation, die auf dem Prädikat „besser gestützt als“ beruht, zur Rekonstruktion der Argumentbeziehung „p ist Argument für q“ erheblich besser geeignet ist als die aussagenlogische Implikation.

#### bb) Abduktion

Noch nicht abschließend zu beurteilen ist die Leistungsfähigkeit des von *Peirce* ausgearbeiteten Verfahrens der **Abduktion** in der Rechtswissenschaft,[107] das als Schluss auf den Untersatz neben Deduktion (Schluss auf die Konklusion) und Induktion (Schluss auf den Obersatz) tritt.[108] Das klassische „Bohnen-Beispiel“ von *Peirce*: Dem *deduktiven* Schluss: 87

- Alle Bohnen in diesem Sack sind weiß
- *Diese Bohnen sind aus diesem Sack*
- Diese Bohnen sind weiß

entspricht die *Induktion* (Schluss auf den Obersatz):

- Diese Bohnen sind weiß
- *Diese Bohnen sind aus diesem Sack*
- Alle Bohnen in diesem Sack sind weiß

*Abduktiv* ist der Schluss auf den Untersatz:

- Alle Bohnen in diesem Sack sind weiß
- *Diese Bohnen sind weiß*
- Diese Bohnen sind aus diesem Sack

Die Bedeutung der Abduktion bei der kriminalistischen Sachverhaltsermittlung und bei der richterlichen Tatsachenfeststellung ist insbesondere von *Lorenz Schulz* herausgearbeitet worden.[109] Dazu ein einfaches Beispiel: Steht aufgrund der am Tatort gesicherten Spuren fest, dass einige der Täter Super King-Zigaretten rauchen, so ist der Umstand, dass X ausschließlich Zigaretten dieser Marke raucht, ein Indiz für seine Mittäterschaft. Wie stark dieses Indiz ist, hängt natürlich von den weiteren Umständen ab. Strukturell handelt es sich bei dieser Indiz-Funktion um einen Anwendungsfall der Abduktion: 88

---

106 Zurückhaltend auch *Alexy*, Arthur Kaufmanns Theorie der Rechtsgewinnung, S. 55 ff.; *Joerden*, Logik im Recht, S. 298.

107 Dazu *Arthur Kaufmann*, Rolle der Abduktion; *ders.*, Verfahren der Rechtsgewinnung, S. 57 f.; *R.Kölbel/Th.Berndt/P.Stegmaier*, Abduktion in der justiziellen Entscheidungspraxis, S. 85; *Lege*, Pragmatismus und Jurisprudenz, S. 360 ff., 445 ff.; *ders.*, Subsumtion pragmatisch, S. 268, 271–274; *L.Schulz*, Das rechtliche Moment in der pragmatischen Philosophie von Charles Sanders Peirce, S. 244 ff.; *ders.*, Recht und Pragmatismus.

108 Ausführliche und transparente Darstellung bei *Joerden*, Logik im Recht, S. 299 ff.

109 *L. Schulz*, Verdacht und Abduktion, S. 193; ausf. *ders.*, Normiertes Misstrauen, S. 321 ff., 448 ff. Vgl. auch *Seibert*, Zeichen, Prozesse, S. 145 ff.; *ders.*, Lehre vom Rechtszeichen, S. 365 ff.

Einige Täter rauchen Zigaretten der Marke Super King

*X raucht Zigaretten der Marke Super King*

X ist einer der Täter

89 Fraglich ist, ob die Abduktion, die bei *Peirce* auf die Erklärung bzw. die Prognose von Tatsachen zugeschnitten ist, auch im Bereich der normativen juristischen Argumentation anzuwenden ist. Diese Frage dürfte zu bejahen sein.[110] Auch bei der rechtsdogmatischen Regelbildung lassen sich abduktive Strukturen identifizieren. Ein Beispiel[111] wäre etwa der „Schluss“:

Gefährliche Werkzeuge (iSd § 224 Abs. 1 Nr. 2 StGB) sind geeignet, erhebliche Verletzungen herbeizuführen

*Salzsäure ist geeignet, erhebliche Verletzungen herbeizuführen*

Salzsäure ist ein gefährliches Werkzeug (iSd § 224 Abs. 1 Nr. 2 StGB).

90 Das Beispiel verdeutlicht die Nähe, die bei der dogmatischen Regelbildung zwischen der **Abduktion** einerseits und der **Analogie** andererseits besteht. Diese Nähe resultiert daraus, dass auch die Abduktion auf dem Ergebnis eines *Vergleichs*, nämlich der Feststellung einer partiellen Übereinstimmung, beruht.[112] Im Bohnenbeispiel: die Bohnen, deren „Herkunft“ unklar ist, stimmen in der Farbe mit denen, die unzweifelhaft „aus diesem Sack“ sind, überein. Im Beispiel des gefährlichen Werkzeugs: Salzsäure stimmt hinsichtlich der Eignung, erhebliche Verletzungen zu verursachen, mit Waffen und anderen Gegenständen überein, die unzweifelhaft als gefährliche Werkzeuge zu qualifizieren sind.

91 Wenn die fragliche Fallkonstellation mit der Konstellation, die *unzweifelhaft* einer bestimmten Norm unterfällt, in relevanten Punkten *nicht* übereinstimmt, dann tritt an die Stelle des Analogie-Schlusses ein Schluss *e contrario* oder eine teleologische Reduktion der Norm. Auch in diesen Fällen kann auf das Schema der Abduktion zurückgegriffen werden; allerdings ist die Struktur etwas komplexer. An einem von *Askeland* herangezogenen Beispiel[113] aus der Rechtsprechung des Norwegischen Supreme Court:

92 Die Frage war, ob ein Wohnungseigentümer in einer Wohnanlage berechtigt war, eine Katze zu halten, obgleich die Haltung von Tieren nach den rechtlich verbindlichen Regeln der Eigentümergemeinschaft untersagt war. Das Gericht bejahte diese Frage mittels einer Differenzierung zwischen den von Hunden einerseits, von Katzen andererseits ausgehenden Belästigungen. Im Schema der Abduktion lässt sich diese Argumentation folgendermaßen rekonstruieren:[114]

(1) Die Haltung von Hunden ist verboten

(2) Hunde sind (möglicherweise) laut und störend.

(3) *Katzen sind nicht laut und nicht störend*

(4) Die Haltung von Katzen ist nicht verboten.

110 Ausf. dazu *Askeland*, The Potential of Abductive Legal Reasoning.

111 Ähnliche Beispiele bei *Alexy*, Arthur Kaufmanns Theorie (Fn. ##) S. 59 f. und *Joerden*, Logik im Recht, S. 300.

112 Näher dazu *Askeland*, Potential, S. 75 ff.

113 Ebd., S. 68 ff.

114 Abweichende Rekonstruktion bei *Askeland*, ebd., S. 71.

Zu beachten ist, dass abduktive „Schlüsse" (besser: Argumentationen) lediglich Plausibilität begründen können, und dass der Grad dieser Plausibilität von den dem jeweiligen Gewicht der sachlichen Übereinstimmungen (und Differenzen) abhängt, um die es geht. Selbstverständlich ist es möglich, abduktive Schlüsse zu konstruieren, die geradezu abenteuerlich sind.[115] Insofern gilt für abduktive Schlüsse nichts anderes als für induktive. 93

### cc) Fuzzy Logic

Eine interessante Alternative zur klassischen Logik bietet für die Rekonstruktion juristischer Argumentationen das auf der Logik unscharfer Mengen (**„Fuzzy Logic"**) aufbauende Modell des „Approximativen Schließens", das für den rechtlichen Bereich insbesondere von *Lothar Philipps* entwickelt wurde.[116] Im Unterschied zur klassischen zweiwertigen Logik, der zufolge ein Element einer Menge entweder zugehört oder nicht zugehört – *tertium non datur* –, kann nach der Fuzzy Logic ein Element einer Menge zu einem mehr oder weniger großen Anteil zugehören.[117] Während die klassische zweiwertige Logik damit in ihrer Anwendung nur eine klare Feststellung zulässt, ob ein Begriff auf einen Gegenstand bzw. Sachverhalt anwendbar oder aber nicht anwendbar ist, also auf präzise Begriffe mit scharfen Grenzen zugeschnitten ist, trägt die Fuzzy Logic der Tatsache Rechnung, dass Begriffe häufig quantifizierbar sind und dass die Kriterien für ihre Anwendung sich teilweise gegenseitig substituieren können. Letzteres bedeutet, dass die besonders starke Ausprägung einer Komponente des Begriffs die schwache Ausprägung oder sogar das Fehlen einer anderen Komponente kompensieren kann. In beiden Punkten (Quantifizierbarkeit und partielle Substituierbarkeit der begrifflichen Komponenten) weist der Ansatz Parallelen zur **Typustheorie** auf.[118] 94

Rechtsdogmatische Analysen auf der Basis der Fuzzy Logic finden sich beispielsweise hinsichtlich der Bestimmung der angemessenen Wartezeit nach Verkehrsunfällen (§ 142 Abs. 1 Nr. 2 StGB),[119] zur Beurteilung des Vorliegens einer „überragenden Marktstellung" im Sinne des § 18 Abs. 1 Nr. 3 GWB[120] und nicht zuletzt in dem Versuch einer „Fuzzifizierung" der Strafzumessungsentscheidung.[121] 95

In der „Theorie der unscharfen Subsumtion",[122] die auf der Fuzzy Logic basiert, kann der Umstand berücksichtigt werden, dass die Subsumierbarkeit einer Sachverhalts-Komponente unter ein Tatbestandsmerkmal in unterschiedlichem Maße plausibel sein kann. *Philipps* zieht daraus u. a. die Konsequenz, dass über die Anwendbarkeit des Tatbestands insgesamt im Wege einer **Gesamtbilanz** zu entscheiden ist, die nicht nur das „Ob", sondern auch das „Inwieweit" der Verwirklichung der einzelnen Tatbestandsmerkmale berücksichtigt. So sei „die Subsumierbarkeit unter den Tatbestand 96

115 Beispiel bei *Engländer*, Diskurs als Rechtsquelle?, S. 72 m. Fn. 110.
116 *Philipps*, An der Grenze von Vorsatz und Fahrlässigkeit; *ders.*, Eine Theorie der unscharfen Subsumtion.
117 *Philipps*, Eine Theorie der unscharfen Subsumtion, S. 405 ff. Guter Überblick zur Fuzzy-Logik bei *Joerden*, Logik im Recht, S. 325 ff. sowie bei *Giannoulis*, Studien zur Strafzumessung, S. 368 ff.
118 Übersichtlich zum Typusbegriff *Wank*, Methodenlehre, § 8 Rn. 84–89. Ausf. *Kuhlen*, Typuskonzeptionen. „Klassisch" *Radbruch*, Klassenbegriffe und Ordnungsbegriffe im Rechtsdenken (1938), in: Gustav Radbruch-Gesamtausgabe (GRGA) Bd. 3, S. 60–70.
119 *Philipps*, Unbestimmte Rechtsbegriffe und Fuzzy Logic, S. 265 ff. Vgl. dazu auch *Joerden*, Logik im Recht, S. 326 ff.
120 *Krimphove*, Der Einsatz von Fuzzy-Logic in der Rechtswissenschaft.
121 *Giannoulis*, Studien zur Strafzumessung, S. 368 ff.
122 *Philipps*, Eine Theorie der unscharfen Subsumtion.

insgesamt ... wesentlich geringer als die unter jedes der problematischen Tatbestandsmerkmale für sich genommen"[123]. Komplementär könne die schwache Ausprägung einer Komponente durch die starke Ausprägung einer anderen kompensiert werden.[124] Der (klassische) logische Schluss erscheint hier lediglich als „Grenzfall" eines auch normativ zu akzeptierenden „unspezifischen, oft analogischen Schließens"[125].

#### dd) Nichtmonotone Logiken

97 Eine grundsätzliche Neubestimmung des Verhältnisses von (juristischer) Logik und (juristischer) Argumentation ermöglicht und erfordert die Entwicklung „nichtmonotoner" Logiksysteme, die erheblich besser an die realen Strukturen komplexer Argumentationen angepasst sind als die traditionellen monotonen Systeme. Kennzeichnend für **nichtmonotone Logiken** ist die Möglichkeit, dass aus einer Erweiterung der Prämissenmenge eine *Einschränkung* der Menge ableitbarer Sätze resultiert, während in den monotonen Systemen logisch gültige Folgerungen durch eine Erweiterung der Prämissenmenge nicht ungültig werden können. Das launige Standard-Beispiel: Die Prämisse, dass Tweety ein Vogel ist, legt den Schluss nahe, dass Tweety fliegen kann. Aufgrund der weiteren Information, dass es sich bei Tweety um einen Pinguin handelt, wird der Schluss auf die Flugfähigkeit „zurückgezogen".[126]

98 Für die juristische Argumentation sind derartige Systeme vor allem deshalb interessant, weil sie die Abbildung von **Regel-Ausnahme-Verhältnissen** erlauben: Die allgemeine Regel wird durch die Ausnahme bzw. Ausnahmeregel nicht, wie in den monotonen Logiken, falsifiziert, sondern lediglich in ihrem Anwendungsbereich eingeschränkt. Sie wird damit eher im Sinne der Schlussregel *Toulmins*, die Ausnahmen zulässt, als im Sinne einer Prämisse in einem klassischen System der Logik verstanden (zu den unterschiedlichen Konzepten einer nichtmonotonen Logik bei *Gordon*[127], *Prakken*[128] und *Sartor*[129] vgl. die klare Darstellung bei *Ratschow*).[130]

### 6. Zur Struktur „paralogischer" juristischer Argumente

99 Für eine Theorie der juristischen Argumentation stellt sich die Frage nach dem Verhältnis von Regeln der Logik einerseits, Standards der Argumentation andererseits nicht nur unter dem Gesichtspunkt, ob alle Regeln der Logik als Argumentationsstandards akzeptiert werden können (was vorstehend etwa für das *„ex-contradictione-quodlibet"* bestritten wurde). Sie stellt sich auch in dem umgekehrten Sinne, nämlich: ob typische Formen des juristischen Argumentierens logisch korrekte Schlüsse darstellen oder nicht. Fraglich ist das etwa für das *argumentum a fortiori* (Erst-recht-Argument), die Analogie (*argumentum a simile*) und das *argumentum e contrario*

123 Ebd., S. 411.
124 Ebd., S. 414.
125 *Philipps*, Analogie und Computer, S. 279.
126 Vgl. *Rüßmann*, Nichtmonotones Schließen im juristischen Denken, S. 139.
127 *Gordon*, The pleadings game.
128 *Prakken*, Logical Tools for Modelling Legal Argument.
129 *Sartor*, A Formal Model of Legal Argumentation; *ders.*, Defeas bility in Legal Reasoning.
130 *Ratschow*, Rechtswissenschaft und Formale Logik, S. 147 f. Überblick bei *Neumann*, Juristische Logik, S. 289 f.

(Umkehrschluss).[131] Ob es sich bei diesen Schlussformen um logische Schlussschemata oder aber lediglich um Plausibilitätsargumente handelt, ist umstritten.[132]

Vorweg: Sowohl für die Analogie als auch für das *argumentum e contrario* und das *argumentum a fortiori* lässt sich zeigen, dass der Schluss sich nicht allein anhand der positivrechtlich gegebenen Regeln als logische Ableitung rekonstruieren lässt. Am Beispiel des Schlusses *e contrario*: Verpflichtet das Gesetz den Tierhalter zum Schadensersatz, wenn ein „quadrupes" (Vierfüßler) einen Schaden angerichtet hat,[133] so wäre der Umkehrschluss, dass der Halter eines zweifüßigen Tieres in einem solchen Fall *nicht* zum Schadensersatz verpflichtet ist, logisch nicht gültig. Er hätte die Struktur: 100

$$\Lambda x[(Tx \rightarrow Rx) \rightarrow (\neg Tx \rightarrow \neg Rx)]$$

wobei T für den Tatbestand (hier: Schaden durch einen Vierfüßler) und R für die Rechtsfolge (Verpflichtung des Halters zum Schadensersatz) steht.

Die Rekonstruktion verdeutlicht, dass der Schluss in dieser Form logisch fehlerhaft wäre. Da T nur als hinreichende (nicht auch als notwendige) Bedingung für R formuliert ist, kann von der Negation von T nicht auf die Negation von R geschlossen werden.

Es ist deshalb folgerichtig, wenn die Verfechter der logischen Struktur dieser Schlüsse geltend machen, problematisch sei bei diesen Schlüssen nicht der *Schlussmodus*, sondern die *Rechtfertigung der Prämissen*.[134]

### a) Argumentum a fortiori

Unstreitig lässt sich etwa die Schlussform des **argumentum a fortiori**[135] durch Hinzufügen einer sogenannten „Erblichkeitsbehauptung" als weiterer Prämisse in eine allgemeingültige Schlussform verwandeln, wie sich an dem folgenden Beispiel[136] verdeutlichen lässt: 101

(P1) Darlehen mit 12 % Jahreszins sind erlaubt
(P2) Darlehen mit 12 % Jahreszins sind teurer als die mit 8 % Jahreszins
(P3) Darlehen, die weniger teuer sind als die erlaubten, sind *erlaubt*
(S) Darlehen mit 8 % Jahreszins sind erlaubt.

Die Ableitung wird formal gültig, wenn man sie in folgender Weise rekonstruiert: 102

(P1) Ex (x ist erlaubt)
(P2) Rxy (x hat die Eigenschaft R in höherem Maße als y)
(P3) $(Ex \wedge Rxy) \rightarrow Ey$ (Wenn x erlaubt ist und x die Eigenschaft R in höherem Maße als y hat, ist auch y erlaubt)[137]
(S) Ey (y ist erlaubt).

---

131 Zur Struktur und den Voraussetzungen dieser Argumentationsschemata näher *Joerden*, Logik im Recht, S. 306 ff.; *Puppe*, Kleine Schule, S. 193 ff.; *Heyder*, Gültigkeit und Nutzen der besonderen juristischen Schlussformen in der Rechtsfortbildung.

132 Sehr klar dazu *Rödig*, Logik und Rechtswissenschaft, S. 72 ff.

133 Zu diesem „klassischen" Beispiel etwa *Puppe*, Kleine Schule, S. 193 ff.

134 Grundlegend *Alchourrón*, Juristische Schlüsse. Aus dem älteren Schrifttum wichtig: *Klug*, Juristische Logik, 4. Aufl. 1982, S. 109 ff.

135 Instruktiv dazu *Joerden*, Logik im Recht, S. 306 ff.

136 *Alchourrón*, Juristische Schlüsse.

137 Zur Transitivitäts-Relation, die hier zugrunde gelegt wird, übersichtlich *Joerden*, Logik im Recht, S. 221 ff.

103 Das Beispiel zeigt, dass es möglich ist, die Argumentationsfigur des *argumentum a fortiori* durch Einfügung einer zusätzlichen Prämisse zu einem formal gültigen Schlussschema umzugestalten; das gleiche gilt für das *argumentum per analogiam.*[138] Es fragt sich allerdings, ob damit für das Verständnis der Struktur dieser Argumentformen Entscheidendes gewonnen ist. Denn die formale Gültigkeit der Argumentformen wird, wie die obige Darstellung zeigt, durch die Einfügung der Behauptung (P3) erreicht, dass die Prämissen (P1) und (P2) die Konklusion (S) implizieren. Auf diese Weise aber lässt sich trivialerweise jede Argumentation zu einem logisch gültigen Schluss umformen.

104 Die Gegner einer logischen Rekonstruktion der genannten „typisch juristischen" Schlussformen könnten also darauf verweisen, dass nicht die logische Struktur gerade des *argumentum a fortiori* und des Analogiearguments nachgewiesen worden sei, sondern lediglich die Möglichkeit, eine nichtdeduktive Argumentation durch Einführung einer weiteren Prämisse, die zwischen den Argumenten und der zu begründenden Behauptung eine Wenn-dann-Beziehung herstellt, in eine deduktive zu transformieren. Unbestreitbar dürfte sein, dass das Begründungsproblem bei der Anwendung eines *argumentum a fortiori* bzw. eines *argumentum per analogiam* sachlich dasselbe ist, gleichgültig, ob man diese als Problem des argumentativen Übergangs von den Voraussetzungen zu der zu begründenden Behauptung oder aber als Frage der Akzeptabilität einer weiteren Prämisse in einer allgemeingültigen Schlussform versteht.

105 Dass diese Begründungsprobleme auch dort ernst zu nehmen sind, wo die Zulässigkeit des Schlusses evident zu sein scheint, wird deutlich, wenn man das Zinssatz-Beispiel mit einem von *Perelman*[139] in die Diskussion eingeführten Gegenbeispiel kontrastiert. Der Schluss von der Erlaubtheit eines Zinssatzes von 12 % auf die Erlaubtheit eines Zinssatzes von 8 % ist deshalb besonders suggestiv, weil man die Prämisse

(P1) „Darlehen *mit* 12 % Jahreszinsen sind erlaubt"

unwillkürlich im Sinne von

„Darlehen *mit bis zu* 12 % Jahreszinsen sind erlaubt"

versteht. Dass diese Interpretation sich nicht auf das mathematische Verhältnis zwischen den beiden Zinssätzen stützen kann, sondern der sachlichen Begründung bedarf, verdeutlicht *Perelmans* Gegenbeispiel:

106 Nach der Regelung der belgischen *Lex Vandervelde* war der Verkauf von Spirituosen in einer Menge von 2 Litern zulässig. Der hier naheliegende A-fortiori-Schluss hätte die Grundstruktur:

(P1) Der Verkauf von Spirituosen in einer Menge von 2 Litern ist zulässig

(P2) Wenn der Verkauf von Spirituosen in einer bestimmten Menge zulässig ist, ist er auch in einer geringeren Menge zulässig

(P3) Eine Menge von 1 Liter ist weniger als eine Menge von 2 Litern

(S) Der Verkauf von Spirituosen in einer Menge von 1 Liter ist zulässig.

107 Der Schluss *a fortiori* (in der speziellen Form des Schlusses *a maiore ad minus*) würde hier zu einem falschen Ergebnis führen, weil der Verkauf von Spirituosen nach der *Lex Vandervelde* nur in einer *Mindestmenge* von 2 Litern zulässig war.[140] Der argumentati-

138 Dazu *Alchourrón*, Juristische Schlüsse.
139 *Perelman*, Juristische Logik als Argumentationslehre, S. 82.
140 Zu den Hintergründen *Perelman*, ebd.

ve Fehler liegt in der Voraussetzung der – scheinbar höchst plausiblen – Prämisse (P2). Es geht hier nicht um die mathematische Relation „größer/kleiner als", sondern um die positiv-rechtliche Frage, ob die gesetzliche Regelung sich auf eine Höchst- oder aber auf eine Mindestmenge bezieht.

### b) Analogie und Umkehrschluss (argumentum e contrario)

Für die Frage nach der logischen Struktur des **Analogieschlusses,**[141] der in der Rechtspraxis eine erhebliche Rolle spielt, gelten die Überlegungen zum *argumentum a fortiori* entsprechend. Auch hier ist es möglich, dem Argument mithilfe der Einfügung einer zusätzlichen Prämisse logische Gültigkeit zu verleihen.[142] Für die Überzeugungskraft der Argumentation ist damit aber nichts gewonnen. Inwieweit die Versuche, den juristischen Analogieschluss (ohne Trivialisierung des Problems durch Einführung einer Zusatzprämisse) mit dem Computer zu erfassen, gelingen werden, bleibt abzuwarten. Nach neueren Ansätzen (Modell „neuronaler Netze") ist dazu eine Rekonstruktion des Arguments als formal gültiger Schluss nicht erforderlich.[143] 108

An der Frage, ob die Schlüssigkeit der „typisch juristischen" Argumentationen (Analogie, *argumentum a fortiori*, *argumentum e contrario*) ein Problem der Prämissenwahl oder aber des argumentativen Übergangs von den Prämissen zu der begründungsbedürftigen Behauptung ist, entscheidet sich auch die Diskussion um die *logische Austauschbarkeit* von Analogie und *argumentum e contrario*. Wer behauptet, anstelle des **Analogieschlusses** sei logisch immer ein **Umkehrschluss** möglich,[144] wählt als Prämisse der Argumentation (nur) die Implikation zwischen dem Tatbestand und der Rechtsfolge des Gesetzes, an das die Argumentation anknüpfen soll. 109

**Beispiel:** Die Verletzung eines subjektiven Rechts (VR) begründet nach deutschem Zivilrecht unter bestimmten Voraussetzungen eine Pflicht zum Schadensersatz (P):[145] 110

(1) $VR \rightarrow P$

Geht es um die Frage, ob die Verletzung des Besitzes (VB) (der nach deutschem Zivilrecht kein subjektives Recht ist), so kommt *logisch* sowohl eine Analogie (Konsequenz: 2a) als auch ein argumentum e contrario in Betracht (Konsequenz: 2b):

(2a) $VB \rightarrow P$

(2b) $\neg VR \rightarrow \neg P$, folglich: $VB \rightarrow \neg P$

Verallgemeinert: Mit der Implikation (1) $p \rightarrow q$ ist die Implikation (2a) $r \rightarrow q$ logisch ebenso vereinbar wie die Implikation (2b) $\neg p \rightarrow \neg q$. Insofern ist es richtig, dass Ana- 111

---

141 Grundlegend zu Struktur und Funktion der Analogie im Rechtsdenken *Arthur Kaufmann*, Analogie und „Natur der Sache"; *ders.*, Das Verfahren der Rechtsgewinnung. Ferner *Alexy*, Arthur Kaufmanns Theorie; *Brozek*, Analogy in Legal Discourse; *Joerden*, Logik im Recht, S. 310 ff.; *Puppe*, Kleine Schule, S. 193 ff.; *Sieckmann*, Logik juristischer Argumentation, S. 172 ff.

142 Dazu *Alchourrón*, Juristische Schlüsse; *Klug*, Juristische Logik, S. 135. Die von *Zippelius* in diesem Punkt an Klug geübte Kritik, die sich darauf stützt, dass die für die Analogie entscheidende Frage einen Wertbezug betreffe (*Zippelius*, Juristische Methodenlehre, S. 91/92), ist in der Sache richtig, aber wohl kein Einwand gegen die These *Klugs*, die selbstverständlich nicht ausschließt, dass die zur logischen Konvalidierung der Argumentation erforderliche Prämisse eine Wertentscheidung formuliert.

143 Instruktiv *Philipps*, Analogie und Computer. Zur weitergehenden Frage einer möglichen Ersetzung des Juristen durch einen technologisch realisierten (bisher nur in der rechtstheoretischen Modellwelt präsenten) „Subsumtionsautomaten" vgl. die (z. T. kontroversen) Positionen bei *Buchholtz*, Legal Tech; *S. Hähnchen/R. Bommel*, Digitalisierung und Rechtsanwendung; *Kotsoglou*, Subsumtionsautomat 2.0.

144 *Arthur Kaufmann*, Verfahren der Rechtsgewinnung, S. 59.

145 Die folgende Darstellung bedient sich der Symbolik des Aussagekalküls. Es geht aber nicht um eine Darstellung *im* Kalkül.

logieschluss und *argumentum e contrario* logisch gleichwertig sind. Keine der Implikationen, die diesen Schlüssen jeweils entsprechen, wird von der gesetzlichen Regelung ausgeschlossen – *wenn* man diese gesetzliche Regelung als Implikation liest. Die (logische) Austauschbarkeit beider Schlüsse entspricht ihrer Interpretation als nichtlogische Schlussformen.

112 Logisch zwingend ist der Umkehrschluss dann, wenn man die gesetzliche Regelung nicht als Implikation, sondern als „Nur-wenn-dann-Relation" (Replikation) liest ($p \leftarrow q$). Das gleiche gilt, wenn man sie als Äquivalenz interpretiert ($p \leftrightarrow q$, zu lesen: q genau dann [= immer und nur dann], wenn p).[146] In beiden Fällen ist der Analogieschluss logisch ausgeschlossen, weil er voraussetzt, dass die Rechtsfolge nicht *nur* unter der im Gesetz genannten Bedingung eintreten kann.

113 Ob allerdings die Beziehung zwischen Tatbestand und Rechtsfolge als Implikation oder aber als Replikation bzw. Äquivalenz gelesen werden muss, ist eine Frage nicht der Logik, sondern der Auslegung des Gesetzes. - Es zeichnet sich ab, dass der Rückgriff auf die Logik zur Verdeutlichung, nicht aber zur Lösung von Problemen der juristischen Argumentation beiträgt.

### 7. Logik und Rechtsdogmatik

114 Dass dogmatische Probleme in vielen Fällen mithilfe logischer Modelle transparenter dargestellt werden können als in fach- oder umgangssprachlicher Formulierung, steht außer Zweifel. Dafür sei hier nur auf die Analysen bei *Jan C. Joerden*[147], *Lothar Philipps*[148] und *Ingeborg Puppe*[149] verwiesen.

115 Eine andere Frage ist, ob bzw. inwieweit sich dogmatische Streitfragen unter Rückgriff auf logische Gesetzmäßigkeiten *entscheiden* lassen. Entsprechende Versuche finden sich in unterschiedlichen dogmatischen Kontexten. Ich beschränke mich auf zwei Beispiele aus dem Bereich der Strafrechtsdogmatik. Das erste betrifft die Frage, ob man der strafrechtlichen Schuld eine *strafbegrenzende* Funktion zuweisen kann, ohne zugleich ihre *strafbegründende* Funktion zu akzeptieren (a) Im zweiten Beispiel geht es um das Problem, ob eine Unkenntnis von Umständen, die einen nach § 16 StGB zu behandelnden Irrtum begründet und die insofern *entlastend* wirkt, in ihrer Umkehrung (irrtümliche Annahme dieser Umstände) einen strafbaren (untauglichen) Versuch begründet und insofern eine *belastende* Wirkung hat („Umkehrprinzip"). Es geht, mit anderen Worten, darum, ob der Grenzlinie zwischen Tatbestandsirrtum (§ 16 StGB) und einem nicht nach § 16 StGB zu behandelnden Irrtum spiegelbildlich („umgekehrt") die Grenze zwischen strafbarem untauglichen Versuch und straflosem Wahndelikt entspricht (b).

#### a) Strafbegrenzende und strafbegründende Funktion der Schuld

116 Die Kontroverse dreht sich um die Frage, ob es möglich ist, die **Schuld** als ein **strafbegrenzendes** Verbrechenselement zu interpretieren („Keine Bestrafung ohne Schuld!";

146 Ausf. zu Struktur und Voraussetzungen eines Umkehrschlusses *Puppe*, Kleine Schule, S. 247 ff. Dazu und zu dem von *Puppe* gewählten Beispiel näher Rn. 127 ff. Instruktiv *Sieckmann*, Logik juristischen Argumentierens, S. 177 ff.

147 *Joerden*, Logik im Recht, S. 135 ff. (exemplarisch zum strafrechtlichen Notstand).

148 *Philipps*, Endliche Rechtsbegriffe mit unendlichen Grenzen. Rechtslogische Aufsätze, 2012.

149 *Puppe*, Kleine Schule, S. 231 ff. Vgl. auch die Analyse bei *Grosse-Wilde*, Die Relata eines juristischen Kausalbegriffs und der juristische Syllogismus.

„Keine Strafe, die das Maß der Schuld überschreitet!"), ohne zugleich zu akzeptieren, dass die Schuld des Täters auch **strafbegründend** (ein *Grund* für seine Bestrafung) sei.[150] In der Formulierung von *Arthur Kaufmann*: Kann man behaupten, „das Schulderfordernis diene lediglich dazu, die Strafe zu begrenzen, habe aber sonst mit dem Sinn und dem Zweck der Strafe nichts zu tun?"[151]

*Kaufmann* verneint diese Frage. Er sieht einen zwingenden Zusammenhang zwischen der strafbegrenzenden und der strafbegründenden Funktion der Schuld. Wörtlich heißt es: „... jedes Merkmal, an das die Strafe geknüpft wird, begrenzt diese zugleich – et vice versa (das folgt logisch zwingend aus dem Gesetz des reziproken Verhältnisses von Begriffsinhalt und Begriffsumfang)".[152] 117

Aber geht es hier wirklich um ein Problem der Logik? *Kaufmann* stellt hier zwei Behauptungen auf: 118

(1) „Jedes Merkmal, an das die Strafe geknüpft wird, begrenzt diese zugleich";

(2) „Jedes Merkmal, das die Strafe begrenzt, ist eines, das an die Strafe geknüpft ist" (folgt aus dem „et vice versa").

Die entscheidende Frage ist hier, in welchem Sinne die „Anknüpfung" des Merkmals (konkret: der Schuld) an die Strafe zu verstehen ist. Wird sie in dem Sinne interpretiert, dass die Schuld eine *notwendige Bedingung* der Strafe ist, dann sind beide Behauptungen logisch korrekt. Sie ließen sich dann, konkretisiert auf die Schuld, folgendermaßen darstellen: 119

(1) $(\text{Sch} \leftarrow \text{Str}) \rightarrow (\neg\text{Sch} \rightarrow \neg\text{Str})$

zu lesen: wenn gilt: „nur bei Schuld Strafe", dann impliziert das: „ohne Schuld keine Strafe"

(2) $(\neg\text{Sch} \rightarrow \neg\text{Str}) \rightarrow (\text{Sch} \leftarrow \text{Str})$

zu lesen: wenn gilt „ohne Schuld keine Strafe", dann impliziert das: „nur bei Schuld Strafe"

Allerdings dürfte die Interpretation der „Anknüpfung" im Sinne einer *notwendigen* Bedingung, die wir soeben zugrunde gelegt haben, dem Kontext der Diskussion kaum gerecht werden. Denn es geht um die Frage, ob man die Schuld auch als *strafbegründendes* Element verstehen muss, wenn man ihre *strafbegrenzende* Funktion bejaht. Dieser Deutung als strafbegründendes Element dürfte die Interpretation als *hinreichende* Bedingung eher entsprechen. In diesem Sinne hatte *Kaufmann* in einer früheren Arbeit die Auffassung vertreten, dass Schuld Strafe notwendig mache.[153] 120

Dann ergibt sich: 121

(1') $(\text{Sch} \rightarrow \text{Str}) \rightarrow (\neg\text{Sch} \rightarrow \neg\text{Str})$

zu lesen: wenn gilt: „falls Schuld, dann Strafe", dann impliziert das: „ohne Schuld keine Strafe"

150 Für eine doppelte Funktion des Schuldprinzips als Strafbegründung und -begrenzung etwa *Hilgendorf* in: *ders./Kudlich/Valerius* (Hrsg.), Handbuch des Strafrechts, Bd. 1, 2019, § 17 Rn. 61 („Der ... Schuldgrundsatz besagt, dass Schuld Strafe begründet und zugleich begrenzt").

151 *Arthur Kaufmann*, Dogmatische und kriminalpolitische Aspekte des Schuldgedankens im Strafrecht (1967), in: *ders.*, Strafrecht zwischen Gestern und Morgen, 1983, S. 9 ff., 14.

152 *Arthur Kaufmann*, Schuldprinzip und Verhältnismäßigkeitsgrundsatz (1976), in: *ders.*, Strafrecht zwischen Gestern und Morgen, 1983, S. 69 ff., 70.

153 *Arthur Kaufmann*, Das Schuldprinzip, 2. Aufl. 1976, S. 202.

(2‘) $(\neg Sch \rightarrow \neg Str) \rightarrow (Sch \rightarrow Str)$

zu lesen: wenn gilt „ohne Schuld keine Strafe“, dann impliziert das: „falls Schuld, dann Strafe“

122 Keine der beiden Implikationen wäre logisch korrekt. Vereinfacht: Aus der Annahme, dass Schuld eine *hinreichende* Bedingung der Strafbarkeit ist, lässt sich (entgegen [1‘]) nicht schließen, dass sie eine *notwendige* Bedingung ist. Ebenso wenig lässt sich (entgegen [2‘]) aus der Annahme, dass sie eine *notwendige* Bedingung ist, schließen, dass sie eine *hinreichende* Bedingung darstelle.

123 Fraglich ist allerdings, ob die Interpretation der „Anknüpfung“ in dem Sinne, dass Schuld eine *hinreichende* Bedingung für Strafbarkeit sei, der referierten Argumentation *Kaufmanns* tatsächlich gerecht wird. Denn bei der Frage, ob der Schuld auch eine *strafbegründende* Funktion zukommt, geht es nicht darum, ob sie eine *hinreichende* Bedingung für Strafe ist (erst recht nicht darum, ob es sich um eine *notwendige* Bedingung für Strafe handelt – siehe oben). Es geht vielmehr darum, ob Schuld eine Größe ist, die bei der Frage nach der Rechtfertigung und der Funktion der Strafe eine Rolle spielen soll.

124 Kurz gesagt: Die Frage lautet, ob Schuld ein „Grund“ für Strafe ist. Dieser *inhaltliche* Zusammenhang lässt sich mit den Mitteln der Logik nicht erfassen. Berücksichtigt man diesen inhaltlichen Zusammenhang, dann erhält die Auffassung von *Kaufmann* hinsichtlich einer Korrespondenz von strafbegrenzender und strafbegründender Funktion der Schuld eine gewisse Plausibilität. Denn warum sollte man die Strafe gerade durch das Maß der Schuld (und nicht etwa bloße Gesichtspunkte der Humanität) begrenzen, wenn die Strafe nicht auch als Reaktion auf „Schuld“ zu verstehen ist?

125 Es geht hier darum, ob Schuld als eine *intrinsische* oder als eine *extrinsische* Begrenzung der Strafe zu verstehen ist. Interpretiert man Strafe (auch) als Reaktion auf Schuld (im Extremfall: als „Schuldvergeltung“), dann ergibt sich die Begrenzung der konkreten Sanktion auf das schuldentsprechende Maß aus der Institution und der Teleologie der Strafe selbst. Andernfalls muss das Maß der Schuld als externer straflimitierender Faktor eingeführt werden. Dann aber stellt sich die Frage: Warum gerade das Maß der *Schuld*? Wäre das Maß der Schuld bei der Bemessung der Strafe nicht ein sachfremder Gesichtspunkt, wenn Schuld nicht auch ein *Grund* für Strafe wäre? Müsste man nicht hinsichtlich der „gerechten“ Strafe folgerichtig zu der Auffassung *von Liszts* kommen, diese gerechte Strafe sei nichts anderes als die präventiv erforderliche Strafe?

126 Diese straftheoretische Problematik, die auch in die aktuelle Diskussion über Wert und Unwert des strafrechtlichen Schuldbegriffs führen würde,[154] kann hier nicht aufgenommen werden. Aufgezeigt werden sollte lediglich die **begrenzte Relevanz logischer Regeln bei der Entscheidung dogmatischer Streitfragen**. Mit den Mitteln der Logik ist ein Zusammenhang zwischen strafbegrenzender und strafbegründender Funktion der Schuld weder zu beweisen noch zu widerlegen.

---

154 Dazu insbes. *Hörnle*, Kriminalstrafe ohne Schuldvorwurf. Ein Plädoyer für Änderungen in der strafrechtlichen Verbrechenslehre, 2013.

### b) Der „Umkehrschluss" in der strafrechtlichen Irrtumslehre

127 Welche Schwierigkeiten sich dem Versuch in den Weg stellen, dogmatische Probleme mithilfe der Logik zu lösen, verdeutlichen auch die Arbeiten von *Ingeborg Puppe* zur Tragweite des sogenannten **Umkehrschlusses** in der strafrechtlichen **Irrtumslehre.**[155]

128 Vorweg: In den Arbeiten *Puppes* finden sich zur Bedeutung der Logik für die Rechtswissenschaft zahlreiche Feststellungen, die zu unterschreiben sind. So betont *Puppe* zu Recht die im juristischen Schrifttum gelegentlich angezweifelte[156] Bedeutung der logischen Widerspruchsfreiheit für wissenschaftliches Arbeiten.[157] Zutreffend wird auch festgestellt, dass eine wichtige Leistung der Logik (auch) im Recht darin besteht, Prämissen offenzulegen.[158] Schließlich kann man auch der Einschätzung nur zustimmen, dass die Schwierigkeiten der Anwendung der Logik im Recht nicht in den logischen Operationen selbst liegen.[159] Sie liegen in der Tat eher darin, dass sich juristische Argumentationen nur sehr punktuell mit den Mitteln der Logik darstellen lassen.

129 Ein Beispiel für die Schwierigkeiten, die aus diesem Umstand resultieren, liefert die groß angelegte Untersuchung von *Puppe* über „Die logische Tragweite des sog. Umkehrschlusses".[160] Dogmatisch geht es hier, wie gesagt, um die Korrespondenz von (nicht entlastendem) *Subsumtionsirrtum* und (straflosem) *Wahndelikt* einerseits, von (entlastendem) *Tatbestandsirrtum* und (strafbarem) *untauglichem Versuch* andererseits.[161] Die Behauptung einer entsprechenden Symmetrie ließe sich auf die Formel bringen: „Genau dann, wenn ein Irrtum den Täter entlastet, belastet ihn der umgekehrte". „Entlastung" meint dabei: Wertung des Irrtums als „Irrtum über Tatumstände" (§ 16 StGB) mit der Folge, dass der Täter nicht wegen vorsätzlicher Tatbegehung bestraft werden kann. „Belastung" meint: Strafbarkeit des Täters (im Falle der Existenz eines entsprechenden Versuchstatbestands) wegen eines untauglichen Versuchs (unter Ausschluss der Annahme eines straflosen Wahndelikts).

130 Die scharfsinnige logische Analyse von *Puppe* kann hier nicht im Einzelnen nachvollzogen werden. Ich beschränke mich darauf, ein Problem aufzuzeigen, das sich dem Unternehmen in den Weg stellt, und das für die Schwierigkeiten der Formalisierung dogmatischer Argumentationen charakteristisch sein dürfte: Das verwendete **logische Instrumentarium** ist nicht differenziert genug, um eine korrekte Formalisierung zu ermöglichen.[162]

131 *Puppe* unterscheidet bei ihrer Analyse vier Formen des Umkehrschlusses, in denen jeweils der Begriff des „umgekehrten" Irrtums verwendet wird:

I. Wenn ein Irrtum den Täter entlastet, belastet ihn der umgekehrte.

II. Wenn ein Irrtum den Täter belastet, entlastet ihn der umgekehrte.

III. Wenn ein Irrtum den Täter nicht entlastet, belastet ihn der umgekehrte nicht.

---

155 *Puppe*, Kleine Schule, 4. Aufl. 2019, S. 247–253 (teilw. ausführlicher 3. Aufl. 2014, S. 217–224); grundlegend *dies.*, Die logische Tragweite des sog. Umkehrschlusses.

156 Nachw. bei *Puppe*, Kleine Schule, S. 233.

157 Ebd., S. 246.

158 Ebd., S. 252.

159 *Puppe*, Strafrechtliche Analysen, S. 352.

160 Ebd.

161 Zugleich geht es *Puppe* hier um die Frage der Vereinbarkeit der strengen Schuldtheorie mit der Lehre von den subjektiven Rechtfertigungselementen (Kleine Schule, 3. Auflage 2014, S. 219).

162 Zum Folgenden schon *meine* Rezension zu *Puppe*, Strafrechtsdogmatische Analysen, GA 2008, S. 463–466.

IV. Wenn ein Irrtum den Täter nicht belastet, entlastet ihn der umgekehrte nicht.[163]

132 Hier stellt sich das Problem, dass die Relation der „Umkehrung“ des Irrtums mit den Mitteln der von *Puppe* verwendeten Prädikatenlogik nicht als Relation darstellbar ist, sondern als Prädikat eingeführt werden müsste. Damit aber wäre jeder Versuch, eine logische Schlüssigkeit der einzelnen Umkehrsätze nachzuweisen, von vornherein zum Scheitern verurteilt, da sich das Verhältnis zwischen einem Irrtum und dem korrespondierenden „umgekehrten“ Irrtum nicht als logische Beziehung darstellen ließe.

133 *Puppe* behilft sich deshalb damit, dass sie die Relation der „Umkehrung“ mithilfe der Negation darstellt. Aber das führt zwangsläufig zu Verwerfungen. So wird der Umkehrsatz I („Wenn ein Irrtum den Täter entlastet, belastet ihn der umgekehrte“) mittels einer Formel wiedergegeben, die nach *Puppe* zu lesen ist:

Für alle Taten gilt: Ist der subjektive Umstand hinreichende Bedingung der Straffreiheit (strafbarkeitsausschließend), so ist dessen Negation notwendige Bedingung der Strafbarkeit (strafbarkeitsbegründend)“.[164]

134 Diese Aussage ist logisch korrekt. Aber sie beinhaltet offensichtlich etwas anderes als Satz (I), weil in ihr nicht von einer „Umkehrung“ einer (Fehl)Vorstellung, sondern von dem Fehlen (der Negation) dieser Vorstellung die Rede ist. Die Abwesenheit eines Tatbestandsirrtums (z. B. bei zutreffender Erkenntnis der Menschqualität des Tatobjekts) ist aber etwas anderes als das Vorliegen eines „umgekehrten“ Tatbestandsirrtums, also etwa die irrtümliche Annahme, es handele sich bei dem anvisierten Objekt (z. B. einer Vogelscheuche) um einen Menschen.

135 Das Problem setzt sich fort, wenn *Puppe* die Umkehrsätze I und II in einer Formel zusammenfassen will, die zu lesen sein soll:

„Für alle Taten gilt: Wenn ein Umstand notwendige Bedingung der Strafbarkeit ist (strafbarkeitsbegründend), so ist seine Negation hinreichende Bedingung der Straflosigkeit (strafbarkeitsausschließend) und umgekehrt“.[165]

136 Auch Letzteres ist in der Tat, wie *Puppe* feststellt, ein Anwendungsfall einer logisch gültigen Schlussform. Es ist aber keine Zusammenfassung der Sätze I und II, in denen es nicht um die Negation eines (subjektiven) Umstands, sondern um die „Umkehrung“ eines Irrtums geht. Die logische Schlüssigkeit der Formel besagt deshalb nichts über die logische Qualität der genannten Umkehrsätze oder ihres Verhältnisses zueinander.

137 Diese Überlegungen sollen nochmals auf die Schwierigkeit aufmerksam machen, rechtsdogmatische Streitfragen unter Rückgriff auf logische „Gesetze“ lösen zu wollen. Sie sind nicht als Kritik des ebenso scharfsinnigen wie im Ergebnis vorsichtig abwägenden Versuchs von *Puppe* zu verstehen, dogmatische Argumentationsfiguren, die im Grenzbereich zu logischen Schlussformen zu liegen scheinen, mit den Mitteln der formalen Logik auf ihre Validität zu prüfen. *Puppe* selbst bewertet die Leistungsfähigkeit der Logik bei der Entscheidung der exemplarisch herangezogenen dogmatischen Streitfragen eher zurückhaltend.[166] Der wichtigste Ertrag der aufwändigen Analyse *Puppes* dürfte gerade in diesem Ergebnis liegen.

---

163 *Puppe*, Strafrechtliche Analysen, S. 313. Ebenso (aber mit anderer Reihenfolge) *dies.*, Kleine Schule, 3. Auflage 2014, S. 219.

164 *Puppe*, Strafrechtliche Analysen, S. 318.

165 Ebd., S. 319.

166 Ebd., S. 351 ff.

## II. Das Falsifikationsmodell in der juristischen Argumentation

Der Gedanke der *philosophia negativa*, dass man von den Dingen nicht wissen könne, was sie sind, sondern nur, was sie *nicht* sind, dass man, auf die Rechtsphilosophie übertragen, nicht Gerechtigkeit, sondern lediglich Ungerechtigkeiten erkennen könne,[167] kehrt in wissenschaftstheoretischer Einkleidung wieder in der Behauptung des Kritischen Rationalismus, wissenschaftliche Hypothesen könnten nicht *verifiziert*, sondern lediglich **falsifiziert** werden. Der Versuch einer Letztbegründung wissenschaftlicher Behauptungen endet nach Ansicht der Vertreter des **Kritischen Rationalismus** notwendig in Tautologien, einem infiniten Regress oder im willkürlichen Abbruch der Argumentation (*Münchhausen-Trilemma*). An seine Stelle tritt das Unternehmen der kritischen Prüfung: Eine Hypothese bewährt sich in dem Maße, in dem sie Versuchen, sie zu falsifizieren, widersteht.[168] 138

### 1. Kritischer Rationalismus und Rechtswissenschaft

Die Frage, ob das vom „Kritischen Rationalismus" entwickelte, auf die Idee der **Falsifikation** gestützte Modell der Überprüfung wissenschaftlicher Hypothesen auf die Rechtswissenschaft übertragen werden kann, ist im rechtstheoretischen Schrifttum umstritten.[169] 139

In diesem Streit ist der Verlauf der Fronten nicht immer mit Sicherheit auszumachen. Das hängt damit zusammen, dass es bei der Frage, ob und inwieweit sich die Rechtswissenschaft an dem wissenschaftstheoretischen Modell des Kritischen Rationalismus orientieren sollte, um zwei verschiedene methodologische Probleme geht. 140

Das erste betrifft die Frage, ob die Rechtswissenschaft sich – wie derzeit ganz überwiegend angenommen – jedenfalls in ihrem Kernbereich weiterhin als hermeneutische und dogmatische Disziplin verstehen sollte, oder ob sie, wie insbesondere von *Hans Albert* vorgeschlagen,[170] explizit Aufgabe und Funktion einer *Sozialtechnologie* zu übernehmen hätte. Das zweite Problem bezieht sich auf die Frage nach dem angemessenen Verfahren zur Bestätigung rechtswissenschaftlicher Normhypothesen. Hier steht im Zentrum die Übertragbarkeit des Falsifikationsmodells auf die Rechtswissenschaft. 141

Nach *Albert* hängt an der Frage der Ausrichtung der Rechtswissenschaft (als hermeneutisch-dogmatische oder aber als sozialtechnologische Disziplin) auch ihre Einordnung als *Wissenschaft*. Nur die **sozialtechnologisch orientierte Jurisprudenz** könne als Wissenschaft anerkannt werden. Auf der anderen Seite wird versucht, gerade auf der Basis der Wissenschaftstheorie des Kritischen Rationalismus die Wissenschaftlichkeit der Rechtswissenschaft als *dogmatischer* Disziplin zu erweisen.[171] 142

---

167 *Arthur Kaufmann*, Rechtsphilosophie, S. 150.

168 Grundlegend *Popper*, Logik der Forschung, S. 237 ff.

169 Diese – für eine Theorie der juristischen Argumentation bedeutsame – Frage ist spezieller als die grundsätzliche Frage, ob das vom Kritischen Rationalismus verfochtene Prinzip der „kritischen Prüfung" auch in der Rechtswissenschaft Anwendung finden kann und soll. Vgl. dazu *Hilgendorf*, Kritischer Rationalismus und das Recht, der die Übernahme des Prinzips der kritischen Prüfung in die Rechtswissenschaft befürwortet, die Übertragbarkeit des Falsifikationsmodells aber verneint (S. 221 f.).

170 *Albert*, Erkenntnis und Recht; *ders.*, Traktat über rationale Praxis, S. 65 ff., *ders.*, Rechtswissenschaft als Realwissenschaft; *ders.*, Kritik der reinen Hermeneutik, S. 164 ff. Zust. *Eidenmüller*, Rechtswissenschaft als Realwissenschaft; *Englänaer*, Kritischer Rationalismus, S. 111 ff. Krit. etwa *Thienel*, Kritischer Rationalismus.

171 *v. Savigny*, Übereinstimmende Merkmale; *ders.*, Rolle der Dogmatik.

143 Für die Theorie der juristischen Argumentation ist der Streit um die wissenschaftstheoretische Einordnung der Rechtswissenschaft allenfalls mittelbar von Bedeutung.[172] Unter argumentationstheoretischem Aspekt steht die Frage im Vordergrund, ob das Modell der Falsifikation wissenschaftlicher Hypothesen für die juristische Argumentation fruchtbar gemacht werden kann. Voraussetzung dafür wäre die Strukturgleichheit empirischer Argumentationen, auf die sich das Modell *Poppers* ausdrücklich bezieht, und rechtsdogmatischer Argumentationen.

### 2. Das Falsifikationsmodell in der allgemeinen Wissenschaftstheorie

144 In den empirischen Wissenschaften ergibt sich die Notwendigkeit, bei der Überprüfung von Hypothesen auf das Modell der Falsifikation zurückzugreifen, für die Vertreter des Kritischen Rationalismus aus der logischen Unmöglichkeit, einen unbegrenzten Allsatz aus einer endlichen Anzahl singulärer Sätze herzuleiten. Das **Induktionsprinzip**, das diese Herleitung ermöglichen soll, wird von *Popper* einer vernichtenden Kritik unterzogen.[173]

145 Vereinfacht formuliert: Dass alle Raben schwarz sind, lässt sich durch den Nachweis noch so vieler schwarzer Raben nicht beweisen. Es lässt sich aber durch den Nachweis eines einzigen nichtschwarzen Raben widerlegen. Da die Theorien der empirischen Wissenschaften die Struktur von unbegrenzten („spezifischen") Allsätzen haben, folgt daraus, dass naturwissenschaftliche Erkenntnis immer nur vorläufigen Charakter hat. *Bestätigt* werden können Theorien nur indirekt, nämlich durch die Erfolglosigkeit von Falsifikationsversuchen.

146 **Falsifiziert** werden können Theorien durch **Basissätze**, die nach ihrer logischen Struktur singuläre Es-gibt-Sätze und nach ihrem materialen Gehalt Beschreibungen beobachtbarer Vorgänge sind. Basissätze haben also die Form: „An der Raum-Zeit-Stelle k gibt es das und das"[174]. Aus einem Satz dieser Struktur lässt sich ein universeller Es-gibt-Satz herleiten; aus

„An der Raum-Zeit-Stelle k gibt es einen weißen Raben" folgt logisch

„Es gibt einen weißen Raben".

147 Dieser letztere Satz steht zu der Behauptung „alle Raben sind schwarz" in logischem Widerspruch; beide Sätze sind Negationen voneinander. *Logisch* gesehen ist die Falsifikations-Relation daher *symmetrisch;* der Allsatz falsifiziert den Es-gibt-Satz ebenso wie der Es-gibt-Satz den Allsatz. *Methodologisch* ist dagegen eine Falsifikation des Es-gibt-Satzes durch den Allsatz nicht anzuerkennen, weil nur der Existenzsatz einen beobachtbaren Vorgang beschreibt und deshalb den empirischen Bezug wissenschaftlicher Behauptungen garantiert.

148 Diese methodologische Nicht-Umkehrbarkeit gilt allerdings nur im Rahmen eines *wissenschaftlichen Weltbilds*, das für neue Erkenntnisse und Erfahrungen offen ist und das deshalb der Empirie die Rolle des maßgeblichen Kriteriums für die Validierung von Aussagen über die Beschaffenheit der Welt zuerkennt. Eine Weltsicht, die sich auf Theorien stützt, die als immun gegenüber Erfahrungen gelten, wird dazu neigen, einen mit dieser Weltsicht unvereinbaren Es-gibt-Satz von vornherein durch eine „Es-

---

172 Zutreffend skeptisch gegenüber der Bedeutung dieses Streits *Eidenmüller*, Rechtswissenschaft als Realwissenschaft, S. 57 m. Fn. 24.

173 *Popper*, Logik der Forschung, S. 3 ff.

174 Ebd., S. 67.

kann-nicht-geben"-Behauptung zu blockieren. Das gilt insbesondere für religiöse Glaubenssätze, aber auch für als unumstößlich angenommene Weltbehauptungen jenseits religiöser Kontexte.

Exemplarisch zeigt sich das etwa in der Debatte zwischen Galileo Galilei und den Wissenschaftlern am Florentiner Hof in *Brechts* „Leben des Galilei": Der Blick durch das Fernrohr, der die Existenz der Jupitermonde beweisen soll, wird mit der (in Frageform gekleideten) Behauptung verweigert, solche Monde *könnten* nicht existieren.[175] Der Kommentar von Naphta in *Thomas Manns* „Zauberberg" zu dieser religiös-theologisch motivierten (bei *Brecht* einem Philosophen in den Mund gelegten) Argumentation lautet: „Einen schlagenderen Beweis gibt es nicht". In der Tat: was nicht existieren *kann*, ist auch nicht existent. Aber: was existiert, *kann* auch existieren. Welche dieser logisch äquivalenten Ableitungen man wählt, ist eine Frage des Weltbilds. Für die wissenschaftliche Weltsicht der Moderne kommt im Bereich der Erkenntnisse über die Natur nur der empirische Ansatz in Betracht. 149

### 3. Das Falsifikationsmodell in der Rechtswissenschaft

Bei der Frage, ob sich das Falsifikations-Modell auf rechtsdogmatische Argumentationen „anwenden" lässt, geht es darum, welche strukturellen Übereinstimmungen und Differenzen zwischen einer naturwissenschaftlichen und einer juristischen Argumentation bei der Überprüfung einer Hypothese bestehen. Hier sind zwei Probleme zu unterscheiden. Das erste betrifft die *Struktur* der Hypothese, das zweite die Frage, ob in der rechtswissenschaftlichen Argumentation „*Basissätze*" verfügbar sind, die den auf Beobachtung gegründeten „Protokollsätzen" in den Naturwissenschaften entsprechen. 150

#### a) Struktur der Normhypothese

Was die *Struktur der Hypothesen* betrifft, so handelt es sich sowohl in den Naturwissenschaften als auch im juristischen Bereich um *spezifische Allsätze*, die für eine unbegrenzte Zahl von Anwendungsfällen Geltung beanspruchen. Natürlich besteht ein wesentlicher Unterschied in der Art und Weise, in der sich Rechtsnormen einerseits, Naturgesetze andererseits auf Wirklichkeit beziehen: Naturgesetze beschreibend (deskriptiv), Rechtsnormen vorschreibend (präskriptiv). 151

Aber dieser Unterschied ist in dem wissenschaftstheoretischen Kontext, um den es bei der Anwendbarkeit des Falsifikationsmodells geht, ohne Bedeutung. Denn diese Diskussion betrifft nicht den „ontologischen", sondern den *epistemischen Bereich*: Es geht um die Frage, unter welchen Umständen eine Hypothese zu verwerfen, unter welchen sie (vorläufig) anzuerkennen ist. Dafür aber ist der Unterschied zwischen Normhypothesen einerseits, Hypothesen über naturwissenschaftliche Gesetzmäßigkeiten andererseits unerheblich. 152

#### b) Rechtswissenschaftliche „Basissätze"?

Größere Probleme wirft die Frage auf, ob im Bereich der juristischen Argumentation „*Basissätze*" verfügbar sind, die die Funktion der Protokollsätze (Beobachtungssätze) in den Naturwissenschaften übernehmen können. Der Rückgriff auf Beobachtung ist in der Rechtswissenschaft jedenfalls nicht in gleicher Weise möglich wie in den Natur- 153

175 *Brecht*, Leben des Galilei, 4. Szene.

wissenschaften. Die Hypothese „Alle Raben sind schwarz“ kann durch die Beschreibung der Beobachtung eines weißen Raben falsifiziert werden; die Normhypothese „Alle Raben stehen unter Naturschutz“ aber nicht durch die Beschreibung der Beobachtung eines *nicht* unter Naturschutz stehenden Raben.

154 Zur Bewältigung dieses Problems bieten sich grundsätzlich zwei Strategien an. Man kann zum einen an dem Kriterium der *empirischen Überprüfbarkeit* festhalten, und versuchen, auch im Bereich der Rechtswissenschaft empirische Parameter zu identifizieren, auf die zur Falsifikation von Normhypothesen zurückgegriffen werden kann. Die Alternative besteht darin, auf die Voraussetzung einer empirischen Überprüfbarkeit zu verzichten, beispielsweise die „Beobachtungsevidenz“ der naturwissenschaftlichen Disziplinen durch eine „*Wertevidenz*“ zu ersetzen.

#### aa) Beobachtungsevidenz

155 Den ersten Weg beschreitet, wer die empirische Basis für die Falsifikation von „Auslegungshypothesen“ etwa in den empirisch feststellbaren Regelmäßigkeiten des *Sprachgebrauchs* und/oder in den *Gesetzesmaterialien* sehen will.[176] Allerdings ist nicht zu erkennen, wie sich diese empirischen Daten zu Basissätzen im Sinne des Falsifikationsmodells des Kritischen Rationalismus fügen sollten. Die Auslegung von Gesetzen unter Rückgriff auf allgemeine Sprachregeln und Gesetzesmaterialien ist etwas anderes als die Falsifikation einer Auslegungshypothese anhand eines mit dieser logisch unvereinbaren Basissatzes.[177]

#### bb) Wertevidenz

156 Der zweite Weg führt von den Protokollsätzen zu Basissätzen, die sich von der Voraussetzung der empirischen Beobachtung eines bestimmten Sachverhalts lösen. Das Prinzip der Falsifikation wissenschaftlicher Hypothesen setzt, so die Argumentation, den empirischen Charakter der falsifizierenden Basissätze nicht notwendig voraus.[178] Zu beachten ist allerdings, dass das Falsifikationsmodell methodologisch nur dann sinnvoll ist, wenn die Basissätze ein hohes Maß an *Intersubjektivität* aufweisen.

157 Im Bereich der empirischen Wissenschaften wird diese Intersubjektivität durch die Evidenz von Beobachtungen garantiert. Es käme folglich darauf an, ob sich eine Kontrollinstanz finden lässt, die für den Bereich der Rechtswissenschaft die *Funktion* der Beobachtungsevidenz übernimmt.

158 Diese Frage wird von *Eike von Savigny* für den Bereich der deutschen Strafrechtswissenschaft bejaht. Nach *von Savigny* ist die Strafrechtswissenschaft wissenschaftstheoretisch als ein System von Werthypothesen zu verstehen,[179] die durch Werturteile als Basissätze falsifiziert werden können. Belegt wird diese These durch die Analyse zahlreicher Entscheidungen der Strafsenate des Bundesgerichtshofs. Beispielsweise lasse sich zeigen, dass dem Kriterium der (Un-)Gleichbehandlung bei der Verwerfung von Auslegungshypothesen eine zentrale Bedeutung zukomme.[180]

---

176 *Potacs*, Rechtstheorie, S. 156 ff. Vgl. auch *Potacs*, Kritischer Rationalismus und Rechtswissenschaft.
177 Krit. auch *Birk*, Der kritische Rationalismus, S. 48 f.
178 *Hilgendorf*, Art. „Konstruktion und Kritik“, S. 220.
179 *v. Savigny*, Überprüfbarkeit, S. 95.
180 Ebd., S. 112.

159 Die **Wertevidenz**, auf der diese Basissätze gründeten, teile alle wissenschaftstheoretisch relevanten Eigenschaften der Beobachtungsevidenz. Insbesondere bewirke sie wie diese eine Einigung auf Argumente durch unwillkürliche Zustimmung.

160 *Von Savigny* kann weiter darauf verweisen, dass die *Hypothesen,* die durch die auf Wertevidenz beruhenden Basissätze falsifiziert werden, die gleiche logische Struktur haben wie Hypothesen in den empirischen Wissenschaften; in beiden Fällen handelt es sich um *Allsätze* mit praktisch unendlich großem Anwendungsbereich (dazu oben Rn. 145). Demgegenüber scheint sich eine Asymmetrie hinsichtlich der logischen Struktur der *Basissätze* zu ergeben:

161 Die Basissätze der empirischen Wissenschaften haben die Form singulärer Es-gibt-Sätze, weisen also die logische Struktur von Existenzsätzen, nicht von Allsätzen auf.[181] Die in den Basissätzen der Rechtswissenschaft formulierten Wertungen beziehen sich demgegenüber regelmäßig nicht auf einen konkreten Fall, sondern auf Fälle einer bestimmten Struktur, die beliebig oft auftreten können. Als ungerecht wird nicht nur die Entscheidung eines konkreten Falles erfahren, sondern die einer bestimmten *Fallkonstellation.* Wenn die Verurteilung von Frau A wegen „Rassenschande" als ungerecht erlebt wird, dann deshalb, weil die Legitimität eines Straftatbestandes der Rassenschande prinzipiell nicht akzeptiert wird. Selbst dort, wo die Wertung sich an den konkreten Umständen des Einzelfalles orientiert, ist sie nicht in einem singulären, sondern in einem universellen Satz zu formulieren. Denn sie umfasst notwendig *alle* Fälle, in denen die für relevant erachteten Umstände vorliegen.

162 Der Allsatzcharakter von Wertungen ist, wie *von Savigny* hervorhebt,[182] eine Konsequenz der **Universalisierbarkeitsforderung:**[183] Wer ein moralisches Urteil hinsichtlich einer konkreten Handlung fällt, muss bereit sein, für alle Handlungen, die mit dieser Handlung in allen relevanten Punkten übereinstimmen, die gleiche Entscheidung zu treffen.

163 Die Frage, ob diese Besonderheit der rechtswissenschaftlichen Basissätze dazu zwingt, das Falsifikationsmodell für den Bereich der Rechtswissenschaft zu verwerfen, wird von *von Savigny* verneint. Zum einen stellten auch falsifizierende Basissätze der empirischen Wissenschaften häufig (implizite) Allsätze dar; so beinhalte der (die Hypothese „Alle Menschen sind sterblich" falsifizierender Basissatz:

> „A ist ein Mensch und A ist unsterblich"

den Allsatz:

> „es gibt keinen Zeitpunkt, zu welchem A stirbt".

164 Zum anderen würden Beobachtungsberichte, die für sich genommen keine Allsätze darstellen, in der Überprüfungspraxis gelegentlich so behandelt, als stellten sie Allsätze dar. Das sei insbesondere der Fall, wenn an experimentelle Ergebnisse die Forderung der *Reproduzierbarkeit* gestellt werde.[184] Wenn die Falsifikation durch Berufung auf Wertungen infolge des Allsatzcharakters dieser Wertungen das Merkmal der Relativi-

181 *Popper*, Logik der Forschung, S. 78.
182 *v. Savigny*, Übereinstimmende Merkmale, S. 132.
183 Grundlegend dazu *Hare*, Moralisches Denken, Kap.6.
184 *v. Savigny*, Übereinstimmende Merkmale, S. 132 f.

tät erhalte, so sei das – so die von *Savigny* nahegelegte Folgerung – keine den empirischen Wissenschaften fremde Besonderheit.

### 4. Kritik der Übernahme des Falsifikationsmodells in der Rechtswissenschaft

165 Die Analysen *von Savignys* repräsentieren noch immer den am genauesten ausgearbeiteten Versuch, das Falsifikationsmodell für die Rechtswissenschaft fruchtbar zu machen. Sie stehen aber keineswegs allein. Das Unternehmen, das Falsifikationsmodell auf die Rechtswissenschaft zu übertragen, hat zahlreiche Befürworter gefunden.[185] Es ist aber auch auf deutliche Kritik gestoßen.[186] Die Einwände, die sich großenteils auf das Modell *von Savignys* konzentrieren, betreffen vor allem die folgenden Punkte.

#### a) Unzuverlässigkeit der „Wertevidenz"

166 Der erste Einwand lautet, die **„Wertevidenz"** sei nicht geeignet, die Funktion zu übernehmen, die der Beobachtungsevidenz im Modell der Falsifikation zukomme.[187] Der Wertevidenz fehle das hohe Maß an Zuverlässigkeit, das der Beobachtungsevidenz eigne und das daraus resultiere, dass die Beobachtungen jedenfalls in aller Regel ein tatsächliches Geschehen zutreffend wiedergeben würden.[188] Diese Zuverlässigkeit könne Wertaussagen nur dann zuerkannt werden, wenn man „einen moralischen Realismus oder einen moralischen Platonismus" zugrunde lege, also Wertaussagen als Beschreibung von Tatsachen (miss-)verstehe.[189]

167 Die Überzeugungskraft dieses Einwands hängt davon ab, dass zwischen der Zuverlässigkeit von Beobachtungssätzen einerseits, von Sätzen, mit denen Wertungen formuliert werden, andererseits, tatsächlich eine qualitative (und nicht nur eine quantitative) Differenz besteht. Die Verfechter einer Übernahme des Falsifikationsmodells in der Rechtswissenschaft können hier zunächst darauf verweisen, dass *Popper* selbst die Auffassung vertritt, dass Beobachtungen stets von Theorien durchdrungen sind,[190] und dass er die Möglichkeit einräumt, dass wir uns über unsere Beobachtungen irren können. Der Wahrheitsgehalt von Beobachtungssätzen ist also keineswegs jedem Zweifel entzogen.

168 Auf der anderen Seite gibt es Wertungen, die kaum anzweifelbar sein dürften. Dass es moralisch falsch ist, jemanden aus purer Willkür der Folter zu unterwerfen, lässt sich nicht bestreiten – vorausgesetzt, dass man überhaupt einen „moral point of view" anerkennt.

169 Bei dieser Relativierung des Unterschieds zwischen „Beobachtungsevidenz" und „Wertevidenz" darf allerdings ein zentraler Punkt nicht übersehen werden, auf den die Kritiker zu Recht aufmerksam machen.

---

185 Mit Differenzierungen im Einzelnen: *Braun*, Deduktion und Invention, S. 92 ff.; *Canaris*, Funktion, Struktur und Falsifikation juristischer Theorien; *Mettenheim*, Recht und Rationalität, 1984; *Schlink*, Bemerkungen.

186 *Giaro*, L'argumentation dogmatique, S. 293 ff.; *Koch*, Ansätze; *ders.*, Deduktive Entscheidungsbegründung; *Eidenmüller*, Rechtswissenschaft als Realwissenschaft; *Engländer*, Kritischer Rationalismus, S. 121 ff.; *Schefold*, Begründungsdenken; *ders.*, Falsifikation. Skeptisch auch *Huster*, Rechtswissenschaft als Realwissenschaft; diff. *Looschelders/Roth*, Methodik, S. 115 ff.

187 *Engländer*, ebd.; *Eidenmüller*, ebd., S. 59.

188 *Engländer*, ebd., S. 122. Ähnlich *Eidenmüller*, ebd.

189 *Engländer*, ebd.

190 *Popper*, Objektive Erkenntnis, S. 357 ff. u. ö.

Auch wenn Beobachtungen im Einzelfall das Objekt der Beobachtung nicht zutreffend erfassen, so gehen wir doch davon aus, dass diese Beobachtung auf eine „Tatsache" gerichtet ist, die objektiv besteht (und gerade deshalb von der Beobachtung entweder zutreffend erfasst oder aber verfehlt wird). Eine strikte Parallelisierung von Beobachtungsevidenz und Wertevidenz würde insofern in der Tat voraussetzen, dass man sich zu der (erkenntnistheoretisch nicht zu rechtfertigenden) Anerkennung moralischer „Tatsachen" bekennt, die objektiv existieren, also nicht erst durch unsere Wertungen konstituiert werden. Kurz gesagt: physikalische Tatsachen sind grundsätzlich (jenseits von Unschärferelationen) beobachterunabhängig gegeben oder nicht gegeben; für Wertungen gilt Entsprechendes nicht. 170

Die Frage ist allerdings, ob dieser Unterschied eine *funktionale* Parallelisierung von Wertevidenz und Beobachtungsevidenz im Rahmen des Falsifikationsmodells ausschließt. Denn dieses Modell betrifft den *epistemischen*, nicht den ontologischen Bereich. Es geht darum, unter welchen Voraussetzungen wir Hypothesen akzeptieren bzw. akzeptieren sollten – nicht darum unter welchen Voraussetzungen diese Hypothesen eine beobachterunabhängige „Wirklichkeit" widerspiegeln. Unter epistemischen Gesichtspunkten aber dürfte die Feststellung genügen, dass wir jemanden, der bestimmte elementare Wertungen nicht teilt, als „moralisch blind", in Kategorien der Psychiatrie: als schwer psychopathisch einstufen und ihn von weiteren ernsthaften moralischen Diskussionen ausschließen würden – so, wie wir mit einem wirklich Blinden nicht über die zutreffende Interpretation astronomischer Aufnahmen debattieren würden.[191] 171

### b) Allsatzcharakter der „Basissätze"

Der zweite hier zu erörternde Einwand wurde bei der Darstellung der Analysen *von Savignys* bereits angesprochen. Er lautet: der eine Wertung formulierende „Basissatz" habe in diesem Modell gleichfalls (d. h. ebenso wir die zu falsifizierende Hypothese) die Struktur eines Allsatzes; es fehle deshalb an der für das Falsifikationsmodell *Poppers* konstitutiven **Differenz im Allgemeinheitsgrad** zwischen Hypothese und falsifizierendem Satz.[192] 172

Vorweg: dass sich Wertungen im Bereich von Recht und Moral nicht auf singuläre Fälle, sondern auf Fallkonstellationen beziehen, trifft zu.[193] Das ist, wie *von Savigny* selbst hervorhebt (dazu oben), eine Konsequenz des Universalisierungsgrundsatzes. Eine Wertung, die für einen singulären Fall gilt, gilt auch für alle Fälle, die in allen relevanten Punkten parallel gelagert sind. 173

Darauf, ob es weitere solcher Fälle tatsächlich gibt bzw. geben wird, kommt es nicht an. Anders als in den Naturwissenschaften zwingt in der Rechtswissenschaft nicht die *Existenz*, sondern die *Struktur* einer (möglichen!) Konstellation zur Korrektur von (Norm-)Hypothesen.[194] 174

---

191 Nicht aus wissenschaftstheoretischer, wohl aber aus verfassungsrechtlicher Perspektive ließe sich gegen eine „Wertorientierung" der Rechtsprechung zudem einwenden, dass Gerichte die geltende Rechtsordnung, nicht aber rechtstranszendente Werte bzw. Wertungen umzusetzen hätten. In diesem Sinne kritisch zur Verwendung von „Gerechtigkeit" als rechtliches Argument in der Rechtsprechung des Bundesverfassungsgerichts *Bäcker*, Gerechtigkeit im Rechtsstaat, passim (zusammenfassend S. 308 ff.).

192 *Koch*, Ansätze, S. 366 ff.; *Schefold*, Normative Falsifikation, S. 102 m. Fn. 63.

193 Näher dazu *Neumann*, Rechtstheorie und allgemeine Wissenschaftstheorie, S. 255 f.

194 So schon *Neumann*, ebd., S. 256.

175 Die Frage ist aber, ob sich aus diesem Befund ein schlagendes Argument gegen die Übertragung des Falsifikationsmodells auf die Rechtswissenschaft herleiten lässt. Dagegen spricht zunächst, dass auch im Bereich der Naturwissenschaften die falsifizierenden Sätze den Charakter von Allsätzen haben, wenn man die Falsifikation an die Voraussetzung der *Reproduzierbarkeit* eines Experiments bindet (dazu oben). Im Übrigen ist die Behauptung der Kritiker, es bestehe kein Unterschied im Allgemeinheitsgrad zwischen der Normhypothese und dem eine Wertevidenz ausdrückenden „Basissatz“[195], nur dann zutreffend, wenn man sie auf die Differenz zwischen logischen Allsätzen einerseits und singulären Sätzen andererseits reduziert. Was den Referenzbereich betrifft, bestehen hinsichtlich des Grades der Allgemeinheit erhebliche Unterschiede.

176 An einem Beispiel: Die Norm „Der Mörder wird mit lebenslanger Freiheitsstrafe bestraft“ (§ 211 Abs. 1 StGB) bezieht sich auf die Menge aller Täter, die eines der in § 211 Abs. 2 StGB aufgelisteten Mordmerkmale verwirklichen. Eine Teilmenge bildet die Menge derjenigen, die einen Menschen unter Ausnutzung von dessen Arg- und Wehrlosigkeit und damit „heimtückisch“ töten. Wenn der BGH die in § 211 Abs. 1 StGB für Mörder zwingend angeordnete lebenslange Freiheitsstrafe für diejenigen kippt, die zwar heimtückisch, aber unter exzeptionellen Umständen getötet haben (BGHSt 30, 105), dann bezieht er sich auf eine Teilmenge dieser Menge.

177 Die „Falsifikation“ der vom Gesetzestext nahegelegten Normhypothese „Mörder sind unabhängig von den Tatumständen zwingend mit lebenslanger Freiheitsstrafe zu bestrafen“ erfolgt also unter Referenz auf eine Teilmenge der heimtückisch handelnden Täter, die ihrerseits eine Teilmenge aller „Mörder“ bildet. Anders formuliert: für bestimmte Konstellationen, die unter die zu prüfende Normhypothese fallen, erweist sich diese als grob ungerecht. Deshalb ist sie zu verwerfen. Das dürfte von der Struktur der Argumentation her dem Modell der Falsifikation in den Naturwissenschaften jedenfalls unter der Voraussetzung entsprechen, dass man an dem Erfordernis der Reproduzierbarkeit von Experimenten, die die Annahme falsifizierender Basissätze tragen sollen, festhält.

178 Das Argument, man könne nicht (spezifische) Allsätze, sondern nur singuläre Sätze zur Falsifikation verwenden, weil sich deren Wahrheit durch Beobachtungen feststellen lasse, beruht auf einem Missverständnis. Zwar ist es richtig, dass es im Bereich der empirischen Wissenschaften nicht möglich ist, sich der Wahrheit von Allsätzen, die nicht mit einer endlichen Konjunktion singulärer Sätze äquivalent sind, durch Beobachtung zu vergewissern. Das ist sozusagen der Witz des Falsifikationismus: Die Beobachtung noch so vieler schwarzer Raben kann den Satz „Alle Raben sind schwarz“ nicht als wahr erweisen.

179 Der Einwand, spezifische Allsätze seien nicht als wahr erweislich, gilt aber nicht für den Bereich von Disziplinen, deren Basissätze *Wertevidenzen* zum Ausdruck bringen. Die Kritiker übersehen in diesem Punkt, dass die Allsatzstruktur der falsifizierenden Basissätze in der juristischen Argumentation gerade daraus resultiert, dass sich die Wertevidenz nicht auf einen singulären Fall, sondern auf eine *Fallkonstellation*, einen Falltypus bezieht (dazu oben). *Wenn* man die Wertevidenz in der Rechtswissenschaft als funktionales Äquivalent der Beobachtungsevidenz in den empirischen Wissenschaften akzeptiert, dann kann und muss die Rolle des Falsifikators von einem Allsatz übernommen werden.

195 *Koch*, Ansätze, S. 367.

### c) Modifikation statt Falsifikation rechtlicher Regeln?

Gewichtiger erscheint der Einwand, die Korrektur einer Norm auf der Basis der Bewertung eines „Ausnahmefalls“ sei nicht als Falsifikation der Norm zu verstehen, sondern als deren Ergänzung durch eine weitere normative Bestimmung.[196] Dass ein Basissatz, der eine Wertevidenz zum Ausdruck bringt, Anlass zu einer Ergänzung der Norm (und damit zu einer Modifikation des Normensystems) führen kann, zeigt das oben genannte Beispiel der Entscheidung des BGH zum Mordtatbestand. Der BGH hat festgestellt, dass die lebenslange Freiheitsstrafe, die nach dem Gesetzestext bei Mord zwingend verhängt werden muss, für bestimmte Fallkonstellationen unangemessen ist. Er hat aber nicht die Konsequenz gezogen, die Norm des § 211 Abs. 1 StGB als „falsifiziert“ zu verwerfen. Vielmehr hat er eine *Ausnahmeregel* formuliert, die die Norm jenseits der Ausnahmekonstellation unangetastet lässt. 180

Kann man hier noch sinnvoll von einer „Falsifikation“ sprechen? Man wird hier zwischen dem *logischen Verfahren* der Falsifikation eines Satzes einerseits, der *forschungspraktischen Entscheidung* über die Verwerfung einer Hypothese andererseits unterscheiden müssen. 181

Der Satz: 182

> „Wer eine Handlung im Zustand der Volltrunkenheit verübt, ist für diese Handlung strafrechtlich nicht verantwortlich“

wird durch den Satz:

> „Wer eine Handlung im Zustand arglistig herbeigeführter Volltrunkenheit verübt, ist für diese Handlung strafrechtlich verantwortlich“

logisch falsifiziert. Er kann in dieser Form nicht aufrechterhalten werden, wenn man den letzteren Satz akzeptiert.

Damit ist aber nicht gesagt, dass er einfach zu streichen wäre. Die Anerkennung der Strafbarkeit des Täters in Fällen der vorsätzlichen *actio libera in causa* kann selbstverständlich nicht dazu führen, *alle* Fälle der Volltrunkenheit des Täters aus dem Anwendungsbereich des § 20 StGB herauszunehmen. Man wird die Hypothese stattdessen durch eine schwächere ersetzen müssen, die die Fälle der *actio libera in causa* von der Straflosigkeit ausnimmt. Das läuft im Ergebnis auf die Modifikation der Norm durch Hinzufügung einer **Ausnahmeregel** hinaus. 183

Andererseits kann sich die Notwendigkeit ergeben, eine logisch falsifizierte Hypothese nicht zu modifizieren, sondern vollständig zu verwerfen und durch eine ganz andere Hypothese zu ersetzen. So ist die „Einzellösung“, die bei der Frage des Versuchsbeginns bei mittäterschaftlichem Handeln den Versuchszeitpunkt für jeden Mittäter individuell nach dessen eigenem Verhalten bestimmt, *in toto* zu verwerfen und durch die „Gesamtlösung“ zu ersetzen, wenn man der Meinung ist, dass sie durch den „Basissatz“ „es ist ungerecht, dass für den einen Mittäter das V+ersuchsstadium früher beginnen soll als für den anderen“ falsifiziert ist.[197] 184

196 *Schefold*, Normative Falsifikation, S. 100 ff.

197 Zu diesem Problemkreis vgl. etwa *Frister*, Strafrecht Allgemeiner Teil, 9. Aufl. 2020, 29/7 ff.

185 Die Frage, ob eine falsifizierte Hypothese zu verwerfen oder nur zu modifizieren ist, ist eine Frage der Zweckmäßigkeit im Einzelfall und wird durch den Einsatz des Falsifikationsmodells nicht präjudiziert.

186 Gegen diese Trennung von logischer Falsifikation einerseits, Verwerfung bzw. Modifikation einer Hypothese andererseits ließe sich einwenden, dass die Idee einer normativen Falsifikation vom Ausnahmefall her prinzipiell verfehlt sei, weil sie zu Unrecht einen Absolutheitsanspruch der normativen Hypothese unterstelle. Es sei deshalb nicht angemessen, von einer „Ersetzung" der falsifizierten Hypothese durch eine andere, ihr ähnliche Hypothese zu reden; vielmehr bleibe die Hypothese als solche unangetastet und werde lediglich durch die sie modifizierende Hypothesen ergänzt.

187 Daran ist richtig, dass die dogmatischen Sätze der Rechtswissenschaft, wie auch die Normen des positiven Rechts, eher als – für Ausnahmen offene – Regeln denn als ausnahmefeindliche logische Allsätze zu verstehen sind. Das bedeutet, dass die „Falsifikation" einer normativen Hypothese vom Ausnahmefall her nicht die Konsequenz hat, dass wieder bei Null angefangen werden müsste; vielmehr bleibt die Geltung der Normhypothese für den Regelfall unangetastet.[198] Insofern ist es in der Tat wenig plausibel, in den Fällen der *Ergänzung* einer normativen Hypothese durch eine Ausnahmeregel von einer *Falsifikation* der Hypothese zu sprechen. Auf der anderen Seite bestehen gegen eine solche Begrifflichkeit dort keine Bedenken, wo aufgrund von Billigkeitserwägungen eine dogmatische Hypothese *in toto* verworfen wird.

#### d) Heterogenität der „falsifizierenden" Argumente

188 Ein weiterer Einwand resultiert aus der **Heterogenität juristischer Argumente** und Argumenttypen. Da die Rechtswissenschaft, so das Argument, nach der eigenen Analyse *von Savignys* eine Disziplin auf „heterogener Basis" sei, also neben Wertungen auch Argumente anderen Typs verwende (etwa: Wortlaut, Systematik, Wille des Gesetzgebers), sei zu fragen, ob man nicht konsequenter Weise neben Wertungen auch andere Kriterien als Falsifikatoren zulassen müsste.[199]

189 In der Tat dürfte nicht zu bestreiten sein, dass die Verwerfung einer Normhypothese in der Rechtswissenschaft nicht nur auf Wertungen, sondern auch auf Argumente eines anderen Typs gestützt werden kann und gestützt wird. Teilweise hat man daraus die Konsequenz gezogen, *alle* (klassischen) Auslegungsregeln als Kriterien einer möglichen Falsifikation heranzuziehen.[200] Auslegungsregeln würden dann generell als *„Verwerfungsregeln"* verstanden, die jeweils (nur) mit triftigen Argumenten überspielt werden könnten.[201]

190 Die Behauptung, dass mit dieser Interpretation der Auslegungsregeln das Problem der **Rangfolge** „verschwinden" würde,[202] ist insofern folgerichtig, als sich bezüglich *derselben* Normhypothese aus dem Nebeneinander unterschiedlicher Auslegungsregeln lediglich eine Mehrfach-Falsifikation (sozusagen ein „Overkill") ergeben kann, nicht aber eine Regel-Kollision. Das ändert sich indes, wenn man berücksichtigt, dass die Entscheidung eines Falles regelmäßig auf der Erwägung alternativer Normhypothesen basiert. Stehen zwei Normhypothesen (N1 und N2) zur Auswahl und spricht gegen

198 Vgl. *Schefold*, ebd.
199 *Eidenmüller*, Rechtswissenschaft als Realwissenschaft, S. 59.
200 *Braun*, Deduktion, S. 114.
201 Ebd., S. 117.
202 Ebd., S. 114.

N1 das Wortlautargument, gegen N2 das Argument des Willens des Gesetzgebers, dann stellt sich das Rangfolgeproblem in gleicher Weise wie bei dem konventionellen Verständnis der Auslegungsregeln.

Im Übrigen erscheint es problematisch, die Auslegungsregeln insgesamt auf die Funktion von Verwerfungsregeln zu reduzieren und sie damit lediglich als Argumente *gegen*, nicht aber *für* eine bestimmte Entscheidung einzusetzen. Selbstverständlich ist im Ergebnis ein Argument *gegen* eine bestimmte Entscheidung auch ein Argument *für* eine (nämlich: eine alternative) Entscheidung. Das ändert aber nichts daran, dass Argumente, die auf den klassischen Auslegungsregeln basieren, in diesem Modell lediglich einen Raum *vertretbarer* Entscheidungen markieren und begrenzen, nicht aber die Entscheidung positiv begründen können. 191

### e) „Begründung" statt Nicht-Falsifikation?

Diese Erwägung leitet über zu dem letzten Einwand gegen eine Übernahme des Falsifikationsmodells in die Rechtswissenschaft. Er lautet: Die Akzeptanz einer Normhypothese könne nicht allein darauf gestützt werden, dass diese bisher nicht falsifiziert worden sei. Vielmehr müsse die Validität der Normhypothese **positiv begründet** werden.[203] 192

In diesem Zusammenhang wird zutreffend darauf hingewiesen, dass der Richter bei seiner Urteilsbegründung unter der „regulativen Idee" der „einzig richtigen Entscheidung" steht.[204] Das bedeutet: er kann sich nicht darauf beschränken, sein Urteil als eine von mehreren möglichen (auf jeweils unterschiedlichen, aber in gleicher Weise vertretbaren Normhypothesen basierenden) Entscheidungen darzustellen. Er muss vielmehr begründen, dass gerade die von ihm getroffene Entscheidung die richtige ist. Die Falsifikation von Normhypothesen leistet diese Begründung (indirekt) allenfalls in den seltenen Ausnahmefällen, in denen alle konkurrierenden Normhypothesen falsifiziert werden konnten *und* die einzig verbleibende Normhypothese gerade die getroffene Entscheidung erzwingt. 193

## 5. Fazit

Die Bilanz der Versuche, die juristische Argumentation nach dem Modell der Falsifikation wissenschaftlicher Hypothesen zu rekonstruieren,[205] fällt nach alledem ambivalent aus. Auf der einen Seite lassen sich strukturelle Übereinstimmungen aufweisen; auf der anderen Seite ergeben sich wesentliche Differenzen zwischen der Struktur juristischer Argumentationen auf der einen und dem Falsifikationsmodell auf der anderen Seite. 194

Die Frage, *ob* sich das Falsifikationsmodell auf den rechtswissenschaftlichen Kontext übertragen lässt, entzieht sich aber nicht nur einer eindeutigen Antwort; sie erscheint in dieser Allgemeinheit falsch gestellt. Zunächst: es kann angesichts der funktionalen Unterschiede zwischen Naturwissenschaften einerseits, Rechtswissenschaft andererseits *ab initio* nur um das „Inwieweit" nicht aber um das „Ob" einer Übertragbarkeit gehen. Vor allem aber dürfte die wichtigste Leistung der Diskussion zu dieser Frage 195

203 *Arthur Kaufmann*, Verfahren der Rechtsgewinnung, S. 21; *Neumann*, Wissenschaftstheorie, S. 357. Ebenso *Braun*, Deduktion, S. 126 f.

204 *Eidenmüller*, Rechtswissenschaft als Realwissenschaft, S. 58 f.

205 Dazu *Eikema Hommes*, Relevance of Poppers Scientific Method.

darin liegen, dass sie einen Beitrag zu den spezifischen Strukturen rechtswissenschaftlichen Argumentierens leistet – sei es durch den Nachweis von Übereinstimmungen mit dem Falsifikationsmodell, sei es durch das Aufzeigen von Unterschieden. Insofern dürfte außer Zweifel stehen, dass die juristische Argumentationstheorie dem Kritischen Rationalismus wichtige Impulse verdankt.

### III. Sprachtheoretische Beiträge zur juristischen Argumentationstheorie

#### 1. Sprache und Argumentation

196 *Argumentation* vollzieht sich als *Übergang von bestimmten Sätzen zu anderen Sätzen,* ist also ein sprachlicher Vorgang. Das hat die Konsequenz, dass **Sprachtheorie** und **Argumentationstheorie** nicht beziehungslos nebeneinanderstehen können. Auf der anderen Seite ist das Verhältnis zwischen Sprache und Argumentation, und in der Konsequenz das zwischen Sprachtheorie und Argumentationstheorie, weniger spezifisch als das Verhältnis zwischen Logik und Argumentation (Logik und Argumentationstheorie).

197 Diese Differenz resultiert aus der unterschiedlichen Perspektive von Logik und Argumentationstheorie einerseits, Sprachtheorie andererseits. Logik und Argumentationstheorie befassen sich mit der *Transformation* von Sätzen; sei es mit äquivalenten (Logik), sei es mit nichtäquivalenten Transformationen. Demgegenüber ist die sprachtheoretische Analyse wesentlich statisch; sie hat es mit der Bedeutung einzelner Wörter oder Sätze, nicht mit dem Übergang von Behauptungen zu anderen Behauptungen zu tun.[206] Selbstverständlich darf diese Gegenüberstellung nicht verabsolutiert werden. Sie soll lediglich verdeutlichen, warum sich Sprachtheorie und Argumentationstheorie weitgehend unabhängig voneinander entwickelt haben.

198 Für das Verhältnis zwischen sprachtheoretischer Reflexion und argumentationstheoretischer Analyse im Bereich der *Rechtswissenschaft* kommt ein zweiter Gesichtspunkt hinzu. Existenz, Bedeutung und Bestimmbarkeit von *Sprachregeln* interessieren hier vor allem unter dem Gesichtspunkt der Bedeutung des Wortlauts für die Auslegung, insbesondere einer etwaigen **Begrenzungsfunktion des möglichen Wortsinns.** Die damit gekennzeichneten Probleme aber werden traditionell eher der Methodenlehre der Rechtswissenschaft als einer Theorie des juristischen Argumentierens zugeordnet: es gehe um die Grenzen zulässiger richterlicher Entscheidungen, weniger um verbindliche Standards der Entscheidungsbegründung.

199 Gleichwohl sind in der neueren rechtstheoretischen Diskussion Sprachtheorie und Argumentationstheorie zumindest an zwei Punkten zusammengeführt worden: zum einen im Rahmen des Versuchs, ein Modell der deduktiven Begründung richterlicher Entscheidungen zu entwickeln, zum andern bei der sprachkritischen Analyse rechtsdogmatischer Argumentationen.

#### 2. Die Rolle semantischer Regeln bei der Entscheidungsbegründung

##### a) Rechtsdogmatische Regeln als „semantische" Regeln

200 Das deduktive Modell der Begründung juristischer Entscheidungen wirft als solches zunächst keine sprachtheoretischen Probleme auf. Die Frage, ob und inwieweit juristische Argumentationen mithilfe dieses Modells angemessen rekonstruiert werden

206 Anders im Modell der „inferentiellen Semantik" (*Brandom*, Making It Explicit).

können, lässt sich weitgehend ohne Rückgriff auf sprachtheoretische Überlegungen diskutieren. Sprachtheoretische Relevanz gewinnen die von *Alexy* einerseits, *Koch/Rüßmann* andererseits entwickelten Modelle der „internen Rechtfertigung"[207] durch den Stellenwert, der im Rahmen der Deduktion **semantischen Regeln** eingeräumt wird. Die für die Ableitung der Entscheidung neben dem generellen Rechtssatz benötigten Prämissen werden, sofern sie keine empirischen Behauptungen formulieren, überwiegend als *semantische Regeln* qualifiziert.[208]

Als semantische Regeln gelten Behauptungen wie: 201

> „Wenn jemand in den letzten 10 Jahren drei Mal wegen Trunkenheit am Steuer bestraft wurde, ist er unzuverlässig"[209],

oder:

> „Testamente, die eine Mätresse des Erblassers begünstigen, sind sittenwidrig"[210].

*Alexy* rekonstruiert die vom Bundesverfassungsgericht im sogenannten Lebach-Urteil (BVerfGE 35, 202) getroffene Feststellung: 202

„Eine Gefährdung der Resozialisierung ist regelmäßig anzunehmen, wenn eine den Täter identifizierende Sendung nach seiner Entlassung oder in zeitlicher Nähe zu der bevorstehenden Entlassung ausgestrahlt werden soll", in der Form:

> „Eine Gefährdung der Resozialisierung ist das, was durch die Ausstrahlung von Sendungen der zu beurteilenden Art in Fällen wie dem zu entscheidenden bewirkt wird"

und klassifiziert sie als besonderen Fall einer *semantischen Regel.*[211]

Die Qualifikation derartiger Sätze als *semantische Regeln* ist von erheblicher rechtstheoretischer Bedeutung. Denn sie hat zur Folge, dass die Entscheidung des Richters im Wesentlichen als Konsequenz sprachlicher Zusammenhänge erscheint. Das ist offensichtlich, wo es um die *Ermittlung der Bedeutung* von Gesetzesbegriffen geht; hier ist die Entscheidung durch die Kombination von Rechtsregel (Gesetz) und semantischer Regel determiniert. Es gilt aber auch in den Fällen, in denen eine hinreichend präzise semantische Regel nicht verfügbar ist und die Bedeutung eines Begriffs deshalb im Wege der *Bedeutungsfestsetzung* konkretisiert werden soll.[212] Auch die Vorstellung von einer Festsetzung der Bedeutung eines Gesetzesbegriffs durch den Rechtsanwender reduziert dessen Tätigkeit im Wesentlichen auf eine Arbeit an Begriffen und auf eine Arbeit am Gesetz (wobei allerdings die Formulierung „semantischer" Regeln auf sachlichen Erkenntnissen oder Erwägungen beruhen kann).[213] 203

---

207 *Alexy*, Theorie, S. 263; *Koch/Rüßmann*, Begründungslehre, S. 56 („Hauptschema").
208 *Rüßmann*, Abgrenzung, S. 254; *Koch/Rüßmann*, Begründungslehre, S. 57 u. ö.; *Alexy*, Theorie, S. 278 f. („Wortgebrauchsregeln").
209 *Koch*, Der unbestimmte Rechtsbegriff, S. 202.
210 *Rüßmann*, Abgrenzung, S. 253 f (Paraphrase).
211 Alexy, Die logische Analyse, S. 201 f.
212 Zur „Bedeutungsfestsetzung" *Koch*, Der unbestimmte Rechtsbegriff, S. 208.
213 *Alexy*, Die logische Analyse, S. 201.

### b) Kritik

204 In dieser Betrachtungsweise dürfte eine **Überschätzung der Leistungsfähigkeit der Semantik**, insbesondere ihrer möglichen Bedeutung für die juristische Entscheidung und die juristische Argumentation liegen.

#### aa) Überschätzung der Leistungsfähigkeit der Semantik

205 Soweit mit dem Rückgriff auf die Semantik die Vorstellung verbunden ist, dass Wörtern eine Bedeutung zukomme, die nicht über die gesellschaftliche Praxis des Sprachgebrauchs vermittelt ist, ist das erkenntnistheoretisch nicht haltbar. Vor allem Autoren aus dem Umkreis von *Friedrich Müller* haben das zu Recht immer wieder betont.[214] Sprachregeln haben, wie die Regeln des Rechts, nur eine soziale, nicht aber eine ideale Existenz.[215] Die Bedeutung von Wörtern ist, kurz gesagt, das, was ihnen als Bedeutung zuerkannt wird.[216] Die Vorstellung, eine Bedeutung jenseits des Sprachgebrauchs ermitteln zu können, wäre eine Illusion.

206 Anhand dieses Sprachgebrauchs die Bedeutung eines Wortes zu ermitteln, ist selbstverständlich möglich. Möglich ist auch, diese Bedeutung typisierend zu fixieren und lexikalisch zu registrieren. Für die Ermittlung der „Bedeutung" eines Gesetzesbegriffs aber ist das nur wenig hilfreich. Dies aus drei Gründen:

207 Zum einen ist der Gebrauch von Wörtern nicht nur historisch, sondern auch regional und aufgrund eines individuell unterschiedlichen Sprachgefühls uneinheitlich. So kann die Kennzeichnung einer Person als „Hund" je nach Region, aber auch je nach dem Sprachgefühl und -gebrauch einer Person eine Missachtung oder aber, im Gegenteil, eine Bewunderung ausdrücken („Hund' samma scho"). Zum zweiten ist die „Bedeutung" eines Wortes, wie die moderne Sprachwissenschaft zu betonen nicht müde wird, fast stets kontextabhängig.[217] Der typische Sprachgebrauch ist deshalb kein zuverlässiger Wegweiser für ein angemessenes Verständnis eines Wortes in dem konkreten Kontext.

208 Schließlich steht die Ermittlung der Bedeutung eines Wortes im juristischen Kontext unter dem Vorbehalt möglicher Differenzen zwischen **Umgangs- und Fachsprache**: hat Frau X Frau Y zehn Eier geborgt, so würde sie den Begriff des „Darlehens" fehlerhaft verwenden, wenn sie gegenüber ihrer juristisch nicht vorbelasteten Nachbarin N behaupten würde, Frau Y habe von ihr (Frau X) ein Darlehen erhalten. Anders, wenn

---

214 *Busse*, Juristische Semantik; *ders.*, Verstehen und Auslegung von Rechtstexten; *Christensen*, Was heißt Gesetzesbindung?; *Christensen/Kudlich*, Theorie, S. 46 u. ö.; *Müller/Christensen*, Juristische Methodik, Rn. 204 ff. und passim; zu den sprachtheoretischen Annahmen bei *Koch/Rüßmann* vgl. die – teilweise scharfe – Kritik bei *Busse*, Juristische Semantik, S. 104 ff. u. ö.; ähnlich *Jeand'Heur*, Sprachliches Referenzverhalten, S. 34 ff. (Antikritik bei *Koch*, „Neues aus der Müller-Schule", S. 547 ff.). Krit. zu der „Isolierung" der semantischen Regeln gegenüber den pragmatischen bei *Koch/Rüßmann*, die zur Folge habe, „dass die Semantik als sich selbst genügende Bedeutung der sprachlichen Ausdrücke erhalten bleibt", *Becker*, Was bleibt?, S. 48. Zur Diskussion ferner *Hilgendorf*, Argumentation, S. 48 ff.; *Wolter*, Subsumtion, S. 118 ff.

215 Diese Feststellung markiert den Ausgangspunkt des sogenannten „nachpositivistischen" Rechtsdenkens: „Nachpositivistisches Rechtsdenken ist organisiert um die Einsicht, dass das Recht in Gesellschaften nur existiert, insofern es von Menschen verbindlich gewusst wird" (*Forgó/Somek*, Nachpositivistisches Rechtsdenken, S. 123).

216 Referenz auf die „Gebrauchstheorie" der Bedeutung (*Wittgenstein*), die von den „Semantikern" unter den Rechtstheoretikern vehement abgelehnt wird (dazu *Becker*, Was bleibt?, S. 28 f. mit Hinweis auf *Bung*, Subsumtion, S. 86 und *Koch/Rüßmann*, Begründungslehre, S. 139).

217 Nachweise und Auswertung für die Juristische Methodenlehre bei *Kuntz*, Grenze zwischen Auslegung und Rechtsfortbildung, S. 393 ff.

sie den Begriff im Zusammenhang mit einer Klage auf Rückerstattung von zehn Eiern gebraucht. Im ersten Fall wäre die Behauptung eine Lüge, im zweiten eine korrekte rechtliche Rekonstruktion.[218]

Auf einer Illusion beruht die Hoffnung, die Vagheiten der Sprache jedenfalls mittels einer klaren Grenzziehung zwischen „positiven", „negativen" und „neutralen" Kandidaten eines Wortes jedenfalls „verwaltungsmäßig" in den Griff zu bekommen. Zwar ist es möglich und klärend, zwischen Objekten, die einem Wort unzweifelhaft unterfallen („positive Kandidaten"), solchen, bei denen das unzweifelhaft nicht der Fall ist („negative Kandidaten") und einer dritten Gruppe zu unterscheiden, bei denen eine klare (positive oder negative) Zuordnung nicht möglich ist („neutrale Kandidaten"). Die Behauptung einer scharfen Grenze zwischen den drei Kategorien würde aber die Existenz klarer Sprachregeln hinsichtlich des Bereichs der *Unklarheit* von Sprachregeln (neutrale Kandidaten) voraussetzen. Die Annahme derartiger Sprachregeln aber ist fiktiv, wenn nicht widersprüchlich.[219] 209

### bb) Missverständnis von Sachfragen als Sprachfragen

Die Überbetonung der semantischen Dimension in der Theorie der juristischen Argumentation führt tendenziell dazu, dass **Sachprobleme** als **Sprachprobleme** missverstanden werden. So ist zu bestreiten, dass es sich bei den oben (Rn. 201 f.) aufgeführten Sätzen um die Formulierung semantischer Regeln handelt – es sei denn, man wollte *jede* „Auslegung" eines gesetzlichen Ausdrucks als „semantische Interpretation" bezeichnen.[220] So geht es bei dem Problem der Sittenwidrigkeit sogenannter **Mätressen-Testamente** nicht um Sprachregeln, sondern um rechtlich relevante soziale Normen.[221] Die Frage lautet, ob ein Testament zugunsten einer „Mätresse" in einem solchen Maße sozialethisch zu missbilligen ist, dass die Nichtigkeit des Testaments als angemessene Rechtsfolge erscheint. Wenn über diese Frage gestritten wird, dann nicht deshalb, weil die Vertreter kontroverser Positionen den Begriff „sittenwidrig" in unterschiedlichen Bedeutungen verwenden würden, sondern deshalb, weil sie eine derartige testamentarische Verfügung sozialethisch unterschiedlich bewerten. 210

Um diesen Unterschied, der anhand des gegebenen Beispiels nicht allgemein einsichtig erscheint,[222] an einem anderen Beispiel zu verdeutlichen: Streiten die Richter des Bundesverfassungsgerichts darüber, ob der Straftatbestand des Geschwisterinzests (§ 173 Abs. 2 Satz 2 StGB) verfassungswidrig ist,[223] dann streiten sie nicht über die Bedeutung des Begriffs „verfassungswidrig".[224] Andernfalls könnte man ihnen nur empfehlen, sich auf eine gemeinsame Terminologie zu einigen (was Voraussetzung für jede rationale Diskussion ist), und es wäre jeder Streit über die Verfassungsmäßigkeit einer 211

218 Zu diesem Beispiel *Neumann*, Juristische Fachsprache und Umgangssprache, S. 110 f.

219 Dazu näher *Neumann*, Rechtsontologie, S. 72 ff. Gegen die Annahme scharfer Grenzen im Drei-Kandidaten-Modell auch *Herbert*, Rechtstheorie als Sprachkritik, S. 252; *Schiffauer*, Wortbedeutung und Rechtserkenntnis, S. 164. Klärend zur Diskussion (mit Hinweis auf die parallele Debatte zur „Higher-Order-Vagueness" im englischsprachigen Schrifttum) *Klatt*, Theorie der Wortlautgrenze, S. 266 ff.

220 So in der Tat *Koch/Rüßmann*, Begründungslehre, S. 23 ff.; anders aber *dies.*, ebd., S. 154 ff. Krit. zum Begriff der semantischen Interpretation („beklagenswerter Ausdruck") *Sobota*, Sachlichkeit, S. 84.

221 Gegen die Verwechslung von Sachproblemen mit Sprachproblemen in diesem Zusammenhang auch *J. Schmidt*, Begriffsjurisprudenz, S. 242 f.

222 *Bung*, Subsumtion, S. 96. Krit. dazu *D. Simon*, Wenn der Schnee weiß ist, S. 179.

223 BVerfGE 122, 224.

224 Dazu und zum Folgenden schon *Neumann*, Theorie der juristischen Argumentation, in: W. Brugger/U. Neumann/St. Kirste (Hrsg.), Rechtsphilosophie im 21. Jahrhundert, S. 245 m. Fn. 24.

Rechtsnorm definitiv ausgeschlossen – eine offensichtlich absurde Vorstellung. Die Reduzierung der Diskussion auf eine terminologische Differenz verdeckt die Einsicht, dass es letztlich *Wertungen* des Rechtsanwenders sind, die über die Bejahung oder Verneinung der Verfassungswidrigkeit einer Norm (ebenso wie der Sittenwidrigkeit des Mätressen-Testaments) entscheiden.

212 Immerhin tragen *Koch/Rüßmann* der Einsicht in den rechtlich-normativen Charakter der von ihnen sogenannten „semantischen" Regeln dadurch Rechnung, dass sie diese Regeln explizit als *normative* Prämissen der deduktiven Entscheidungsbegründung einführen.[225] Es bleibt aber die Frage, ob es angemessen ist, normativ gehaltvolle Sätze als Regeln der Sprache (semantische Regeln) zu kennzeichnen.[226]

### cc) „Bedeutungsfestsetzung" durch den Rechtsanwender?

213 Als nicht nur rechtstheoretisch, sondern auch sprachtheoretisch besonders problematisch erweist sich die Vorstellung einer *Festsetzung der Bedeutung* eines Gesetzesbegriffs durch den Rechtsanwender. **„Bedeutungsfestsetzung"** meint nichts anderes als die verpflichtende Ankündigung, einen Begriff in einer bestimmten Weise zu verwenden.[227] Die Festsetzung der Bedeutung eines Gesetzesbegriffs durch den Richter („Bedeutungsfestsetzung" im Sinne *Kochs,* dazu oben Rn. 203) würde aber darauf hinauslaufen, einen *anderen* (den Gesetzgeber) zu verpflichten, einen Begriff in einem bestimmten Sinne *verwendet zu haben,* oder aber sich selbst zu verpflichten, einen Gesetzesbegriff in einem bestimmten Sinne zu *verstehen.*

214 Auch die letztere Möglichkeit dürfte kaum akzeptabel sein. Meint man mit „Verstehen" hier einen kognitiven Prozess, dann läuft eine solche Selbstverpflichtung leer; zu einer bestimmten Erkenntnis kann man sich nicht verpflichten. Verzichtet man andererseits auf das kognitive Moment des Verstehens, dann geht es nicht mehr um die Entscheidung für eine bestimmte *Sprachregel,* sondern um die Festlegung einer *Handlungsnorm:* Der Richter verpflichtet sich, in allen Fällen, in denen die fragliche Norm einschlägig ist, konsistent zu entscheiden, also beispielsweise bei Verletzungen, die dem Opfer mittels einer Säure beigebracht wurden, nach § 224 Abs. 1 Nr. 2 StGB („gefährliches Werkzeug") zu verurteilen. Der Richter, der eine gesetzliche Regel „konkretisiert", nimmt nicht eine „Bedeutungsfestsetzung" vor, sondern formuliert selbst eine Entscheidungsnorm.

215 Dass die Idee einer Bedeutungsfestsetzung in Fällen der Konkretisierung von Vorgaben Dritter in die Irre führt, kann folgendes Beispiel verdeutlichen: Wenn ein Vater kurz vor seinem Tod den Wunsch äußert, sein Sohn möge sich einem naturwissenschaftlichen Studiengang widmen, und der Sohn, der diesen Wunsch erfüllen will, daraufhin das Studium der Physik aufnimmt, so wird man nicht sagen können, er habe damit die Bedeutung des Begriffs „naturwissenschaftliches Fach" in der Äußerung seines Vaters „festgesetzt". Der Sohn trifft eine Entscheidung im Rahmen des durch den Wunsch seines Vaters Vorgegebenen. Nicht anders liegt es bei der „Anwendung" eines Rechtssatzes, der die konkrete Entscheidung nicht vollständig determiniert, durch den Richter.

225 *Koch/Rüßmann*, Begründungslehre, S. 119.
226 Näher *Neumann*, Positivistische Rechtsquellenlehre, S. 149. Zum normativen Charakter der (sog.) semantischen Regeln vgl. auch *Günther*, Der Sinn für Angemessenheit, S. 291; *Alexy*, Normenbegründung, S. 62.
227 *v. Savigny*, Grundkurs im wissenschaftlichen Definieren, S. 23.

Natürlich unterscheiden sich beide Fälle insofern, als der Richter gehalten ist, eine allgemeine Regel zu formulieren, die die Norm konkretisiert; und mit dem **Universalisierbarkeitsprinzip** wird die Forderung nach Angabe von Wortgebrauchsregeln denn auch begründet.[228] Aber das Universalisierbarkeitsprinzip fordert lediglich, dass der Richter seine Entscheidung überhaupt an Regeln orientiert; dass es sich dabei gerade um semantische Regeln handeln müsse, wird jedenfalls vom Universalisierbarkeitsprinzip nicht festgelegt. 216

### dd) Semantik und Pragmatik

#### (1) Abgrenzung

Im Anschluss an Arbeiten, in denen die Bedeutung der Pragmatik bei der Konkretisierung von Rechtsnormen hervorgehoben wird,[229] haben *Koch* und *Rüßmann* den Bereich semantischer Interpretationen später erheblich eingeschränkt. So wird nicht länger an der Auffassung festgehalten, Gesetzesbegriffe wie „besonderer Einzelfall" würden durch die Angabe der Voraussetzungen, unter denen ein besonderer Einzelfall anzunehmen ist, semantisch interpretiert. *Koch/Rüßmann* wollen hier jetzt eher von einer *pragmatischen* Interpretation sprechen.[230] 217

Dieser Einschränkung ist zuzustimmen.[231] Als semantische Interpretation wird man die Konkretisierung eines Begriffs nur insoweit anerkennen können, als ihre Verbindlichkeit schon aufgrund der Regelkompetenz des ‚native speakers' eingesehen werden kann, sich also aufgrund der Kenntnis der einschlägigen Sprachregeln ergibt. Bei der Konkretisierung des Begriffs „besonderer Einzelfall" wie auch bei der Konkretisierung des Gleichheitssatzes ist aber ein *Regelwissen* erforderlich, das *über die bloße Sprachkompetenz hinausreicht.* 218

#### (2) Beispiel: „Besonderer Einzelfall"

Das lässt sich verdeutlichen, wenn man eine Norm, die Ausnahmen für einen „besonderen Einzelfall" zulässt, mit einer Regelung vergleicht, die eine Abweichung von der Norm immer und nur dann zulässt, wenn eine bestimmte Instanz das befürwortet. In beiden Fällen wird von der Norm lediglich ein *Verfahren* festgelegt: Bei der Regelung, die auf den „besonderen Einzelfall" abstellt, die *Suche nach Gründen*, die eine Ungleichbehandlung bzw. eine Ausnahme rechtfertigen könnte, bei der letzteren Bestimmung die *Anfrage* bei der zuständigen Instanz. 219

Diese Parallelisierung könnte dazu beitragen, ein *Missverständnis* aufzulösen, das die Diskussion um die Möglichkeit belastet, einer Norm einen **semantischen Gehalt** abzusprechen, ihr aber gleichzeitig einen **pragmatischen Gehalt** zuzuerkennen. *Rödig* hält es unter anderem deshalb für problematisch, einem semantisch gehaltlosen Rechtsatz gleichwohl einen pragmatischen Gehalt zubilligen zu wollen, weil die Möglichkeit, den fraglichen Rechtssatz als Aufforderung zur Befolgung eines bestimmten Verfahrens 220

228 *Alexy*, Theorie, S. 279.

229 *Podlech*, Gehalt und Funktion, S. 85 ff.; *Schlink*, Juristische Methodik, S. 98 ff.; *Neumann*, Rechtsontologie, S. 66 ff. Grundlegend zum „Übergang" von der Semantik zur Pragmatik *Christensen/Kudlich*, Theorie, S. 181 ff.

230 *Koch/Rüßmann*, Begründungslehre, S. 157.

231 Krit. zu dieser Berücksichtigung der pragmatischen Dimension bei *Koch/Rüßmann* aber *Bung*, Subsumtion, S. 85 ff.

(Suche nach guten Gründen für die Ungleichbehandlung) zu verstehen, offenbar einen entsprechenden semantischen Gehalt der Norm voraussetze.[232]

221 Aber die Frage, ob ein Rechtssatz hinsichtlich des zur Beurteilung eines Falles einzuschlagenden *Verfahrens* informativ (und insofern semantisch gehaltvoll) ist, muss von der ganz anderen Frage getrennt werden, ob der Rechtssatz *insofern* informativ (semantisch gehaltvoll) ist, als er *bestimmte Sachverhalte ausschließt.* Das zweite Beispiel (Anfrage bei der zuständigen Instanz) verdeutlicht diesen Sachverhalt: Während man bei einer Norm, die für „Ausnahmefälle" Abweichungen von der Regel zulässt, immerhin den Versuch unternehmen könnte, die Bestimmung des Ausnahmebereichs als Feststellung oder Festsetzung der Bedeutung von „Ausnahmefall" zu interpretieren, ist eine solche Möglichkeit im zweiten Beispiel von vornherein ausgeschlossen. In beiden Fällen ist aber neben der Sprachkompetenz zusätzliches Wissen erforderlich: im zweiten Beispiel Kenntnis der Entscheidung der zuständigen Instanz, im ersteren Fall eine Regelkompetenz, die es erlaubt, sinnvoll Ausnahmetatbestände zu formulieren. Dazu ist die Kenntnis nichtsprachlicher Regeln erforderlich.

222 Diese Regeln können, und das ist entscheidend, von den sprachlichen Regeln scharf getrennt sein. In heutigen mitteleuropäischen Rechtskulturen ist klar, dass ein **Ausnahmefall** nicht deshalb vorliegt, weil der von der Entscheidung Betroffene ein guter Freund des Richters ist. Es sind aber Rechtsordnungen denkbar, in denen die enge Beziehung zwischen Richter und Partei einen guten Grund für eine Entscheidung darstellt, die von der Regel abweicht. Gleichwohl wäre es wenig sinnvoll, zu sagen, das Wort „Ausnahmefall" habe in einer Rechtsordnung, die persönliche Beziehungen als einen „Ausnahmefall" anerkennt, eine andere Bedeutung (einen anderen semantischen Gehalt) als in Rechtsordnungen, in denen das nicht der Fall ist. Unterschiedlich ist lediglich der Gehalt *der außersprachlichen* Regeln, auf die der Begriff verweist.

223 Ähnliches gilt für den Begriff der „guten Sitten". Die Frage, ob ein Rechtsgeschäft gegen die guten Sitten verstößt, entscheidet sich nicht aufgrund der semantischen Interpretation des Begriffs der guten Sitten, sondern bei der Identifikation der entsprechenden vorrechtlichen Normen.[233]

### (3) Semantik und Pragmatik der „Wortlautgrenze"

224 Die Abgrenzung der semantischen Regeln nach dem Gesichtspunkt, ob bestimmte Deutungen allein aufgrund der Sprachkompetenz akzeptiert oder verworfen werden können, oder ob dazu weitere Informationen bzw. Regelkompetenzen erforderlich sind, ist geeignet, die Bedeutung semantischer Regeln bei der „Anwendung" von Gesetzen erheblich zu relativieren. Denn in den wenigsten Fällen ist es möglich, rechtliche Probleme allein (anhand der Gesetze und) aufgrund der allgemeinen Sprachkompetenz zu entscheiden.

225 Auch für die Diskussion zur Verfügbarkeit einer **Wortlautgrenze** gilt die Einsicht der linguistischen Pragmatik, dass Sprachregeln keine ideale, sondern nur eine soziale Existenz haben. Das bedeutet: es gibt, rechtstheoretisch gesehen, keine Wortlautgrenze jenseits der *Vorstellungen*, die in der Sprachgemeinschaft über die Grenze des möglichen Wortsinns („Wortlautgrenze") herrschen. Es bedeutet aber nicht, dass die Beru-

232 *Rödig*, Rezension von Podlech, Gehalt und Funktion des allgemeinen verfassungsrechtlichen Gleichheitssatzes, S. 251.
233 *Stamatis*, Argumenter en droit, S. 217.

fung auf die Wortlautgrenze in der juristischen Diskussion sinnlos wäre. Dies aus zwei Gründen:

Zum einen gibt es Konstellationen, in denen die Anwendung einer Norm auf einen bestimmten Fall von den *anerkannten* Sprachregeln *offensichtlich* nicht mehr gedeckt wäre. Man mag darüber streiten, ob eine „Bande" auch aus zwei Personen bestehen kann;[234] eine Einzelperson stellt sicher keine „Bande" dar (auch nicht im Sinne der §§ 242 Abs. 1 Nr. 2, 260 Abs. 1. Nr. 2 und anderer Tatbestände des StGB). Der Verweis auf eine „Wortlautgrenze" dürfte in derartigen Fällen allerdings ohne argumentative Funktion sein; denn dem Vertreter einer abweichenden Auffassung würde man schlicht sprachliche Inkompetenz attestieren. – Dass diese Fälle einer klar gegen den Wortlaut verstoßenden Auslegung bzw. Anwendung eines Gesetzes nicht als Beleg dafür herangezogen werden können, dass es eine vorgegebene, ideal existierende Grenze des möglichen Wortsinns geben würde, sollte keiner Hervorhebung bedürfen. Es geht um explizite oder implizite Regeln des praktischen Sprachgebrauchs, nicht um ideale Entitäten. 226

Dies bedeutet auch, dass diese Regeln Änderungen unterworfen sind. Die Sperre, die sprachliche Regeln zu einem bestimmten Zeitpunkt gegenüber der Zuordnung von bestimmten Fallkonstellationen zu bestimmten Normen und Begriffen errichten, kann im Laufe der Zeit überwunden werden. Allerdings setzen die sprachlichen Regeln als implizite Standards einer kollektiven Praxis Änderungen einen gewissen, zumindest zeitweiligen Widerstand entgegen. Man kann insoweit von einer „Viskosität" sprachlicher Regeln reden (**„Viskositätsthese"**).[235] 227

Zum andern gehört die Behauptung, eine bestimmte Auslegung bzw. Anwendung des Gesetzes verstoße gegen dessen Wortlaut, zu den unverzichtbaren juristischen Argumentationstopoi in einer rechtsstaatlichen Ordnung, insbesondere im Bereich des Strafrechts (Analogieverbot, Art 103 Abs. 2 GG). Auch mit dieser Feststellung ist eine „Existenzbehauptung" im Sinne der Annahme einer vorgegebenen Wortlautgrenze nicht verbunden. Es handelt sich um eine „regulative Idee", analog der Vorstellung einer „einzig richtigen Entscheidung" (dazu § 9 Rn. 26 ff.). Die Faktenbasis für den Einsatz dieses Arguments bildet der Umstand, dass sich regelmäßig konsensfähig beurteilen lässt, welche von mehreren möglichen Auslegungsalternativen dem Wortlaut besser entspricht. Das Verdikt „Verstoß gegen den Wortlaut" ist dann nichts anderes als die Behauptung, dass die fragliche Auslegungsalternative mit den anerkannten Sprachregeln in einer Weise kollidiere, die mit dem **Analogieverbot** nicht mehr vereinbar sei. 228

Die zunehmende Skepsis gegenüber einer auf Semantik gegründete Wortlautgrenze erscheint folglich begründet.[236] Auch der ambitionierte und scharfsinnige Versuch von *Klatt*, unter Rückgriff auf *Brandom*[237] für die Wortlautgrenze eine neue kommunikationstheoretische Basis zu schaffen,[238] dürfte daran nichts ändern.[239] Für die 229

234 Dazu und zur Änderung der Rechtsprechung des Bundesgerichtshofs in dieser Frage ausf. *Christensen/Kudlich*, Theorie, S. 380 ff.

235 Dazu schon *Neumann*, Sprache und juristische Argumentation, S. 134. Näher § 9 Rn. 81 ff.

236 Exemplarisch: *Christensen*, Was heißt Gesetzesbindung?, S. 283 ff.; *Gast*, Juristische Rhetorik, Rn. 759; *Sourlas*, Zum argumentativen Charakter rechtlicher Begründungen, S. 416.

237 *Brandom*, Making It Explicit.

238 *Klatt*, Die Wortlautgrenze.

239 Krit. zu diesem Versuch *Becker*, Was bleibt?, S. 66 ff.; *Kudlich/Christensen*, Wortlautgrenze, S. 128 ff.; *Kuntz*, Grenze zwischen Auslegung und Rechtsfortbildung, passim. Diff. *Barth*, Sprachliche Bedeutung, S. 223 ff.

Theorie der juristischen Argumentation erscheint ein pragmatischer Ansatz wie er den topisch-rhetorischen Ansätzen (unten § 3) zugrunde liegt und beispielsweise von der „Strukturierenden Rechtslehre" verfolgt wird,[240] realistischer und fruchtbarer als ein semantisches Modell, das auf die Feststellung oder Festsetzung von Wortbedeutungen fixiert ist.[241]

#### c) Exkurs: Kritik der Unterschätzung der Semantik

230 Während die Vertreter eines semantischen Modells typischer Weise dazu neigen, die Determinationskraft sprachlicher Regeln bei der Entscheidung von Rechtsfällen zu *überschätzen*, finden sich auf der Gegenseite Vorstellungen, die auf einer *Unterschätzung* der Leistungsfähigkeit von Normformulierungen bei der Rechtsanwendung beruhen. Dies ist der Fall, wenn behauptet wird, dass sich die „Rechtssemantik ... permanent mit jedem neu zu entscheidenden Fall fortentwickelt"[242]. Denn diese Behauptung wäre nur haltbar, wenn man den jeweiligen Stand der Rechtssemantik davon abhängig machen würde, welche konkreten Fälle einer Norm zugeordnet worden sind.

231 Dies aber wäre wiederum nur dann möglich, wenn eine Beziehung zwischen der Sprache („Rechtssemantik") und den individuellen Sachverhalten existieren würde. Aber eine solche Beziehung besteht jenseits einer ontologischen Interpretation der Extension von Begriffen bzw. Sätzen nicht. Die **Fortentwicklung der Rechtssemantik** kann nur in einer Änderung oder Ergänzung der *sprachlichen Formulierung der* rechtlichen Regeln bestehen. Das bedeutet: Fälle, die anhand des anerkannten Regelsystems entschieden werden können, tangieren die Rechtssemantik nicht.

232 Richtig ist natürlich, dass jeder Fall eine Entscheidung darüber verlangt, *ob* er anhand des verfügbaren Regelsystems entschieden werden kann. Aber wenn diese Frage bejaht wird, ist eine Fortentwicklung der „Rechtssemantik" nicht erforderlich. Exemplarisch: wenn erstmals der Fall eines Handy-Diebstahls strafgerichtlich zu entscheiden ist, sind semantische Korrekturen überflüssig. Dass das Handy nach den schon zuvor anerkannten Regeln eine „Sache" iSd § 242 StGB darstellt, ist völlig unproblematisch. Anders, wenn es erstmals darum geht, ob die Entnahme von elektrischem Strom als „Wegnahme einer Sache" gewertet werden kann. Hier muss die Rechtssemantik in der Tat ergänzt werden, und dies unabhängig davon, ob die Frage bejaht oder verneint wird. Denn auch die Behauptung, elektrischer Strom sei *keine* Sache im Sinne des Diebstahltatbestands, formuliert eine bisher im dogmatischen Instrumentarium nicht präsente Regel.

### 3. Sprachkritik als Kritik juristischer Argumentationen

#### a) Verdinglichung von Rechtsbegriffen

233 Ausgangspunkt der sprachtheoretisch ansetzenden Kritik rechtsdogmatischer Argumentationen ist der Verdacht, dass ein unreflektiertes Sprachverständnis **Verdinglichungen** nahelegt, die zu wertungsmäßig nicht ausgewiesenen argumentativen Übergängen in der juristischen Argumentation führen.[243] Die Aussagestruktur rechtsdog-

---

240 *Müller/Christensen*, Juristische Methodik, Rn. 209 ff.; *Busse*, Juristische Semantik; *Christensen*, Was heißt Gesetzesbindung?; *Christensen/Kudlich*, Theorie.

241 Vgl. auch *Stamatis*, La concrétisation pragmatique; *ders.*, Argumenter en droit.

242 *Becker*, Was bleibt, S. 68. Näher dazu unter § 9 Rn. 79 ff.

243 *Herbert*, Rechtstheorie als Sprachkritik; *D. Horn*, Rechtssprache und Kommunikation; *Neumann*, Rechtsontologie; *Rodingen*, Ansätze; *Seibert*, Von Sprachgegenständen zur Sprache von juristischen Gegenständen.

matischer Sätze verführt dazu, diese als Beschreibungen rechtlicher Sachverhalte statt als abgekürzte Handlungsanweisungen zu interpretieren. Sprachkritik ist in diesem Sinne zugleich **Ontologiekritik.**[244]

Rechtsdogmatische Begriffe und rechtsdogmatische Sätze stehen für Antworten auf 234 bestimmte praktische Fragen – auf Fragen, wie bei bestimmten Sachverhaltskonstellationen entschieden werden soll.[245] Rechtsdogmatische Begriffe sind deshalb jedenfalls prinzipiell *eliminierbar*, nämlich dadurch, dass die Handlungsanweisungen („Rechtsfolgen“) unmittelbar an die Struktur eines Lebenssachverhalts („tatbestandsmäßige Voraussetzungen“) geknüpft werden.[246] Geht der Bezug eines rechtsdogmatischen Begriffs zu einer praktischen Frage verloren, so ist der Begriff nur noch interpretierbar, wenn er als Bezeichnung einer rechtlichen Wesenheit verstanden wird. Dieser Fall, dass der Bezug eines Begriffs zu einer praktischen Frage verlorengeht, kann sich ergeben, wenn die Frage, die dem Begriff korrespondiert, inzwischen legislativ entschieden wurde.

### b) Beispiele

Exemplarisch lässt sich das zunächst an dem Begriff der „Juristischen Person“ verdeut- 235 lichen.[247]

Die Frage, ob die oHG eine juristische Person sei, kann für die Frage stehen, ob sie im Zivilprozess parteifähig sein soll. Wird diese Frage ausdrücklich entschieden, der oHG etwa durch gesetzliche Vorschrift die Parteifähigkeit eingeräumt, so wird die Frage, ob die oHG eine juristische Person sei, gegenstandslos; sie kann nach der gesetzlichen Entscheidung *de lege lata* nicht mehr sinnvoll gestellt werden.

Wird sie dennoch gestellt, so signalisiert das ein **ontologisches Verständnis** rechtsdog- 236 matischer Begriffe. Die Parteifähigkeit wird dann rechtsontologisch als *Konsequenz* und erkenntnistheoretisch als *Indiz* der Eigenschaft, eine juristische Person zu sein, betrachtet. Die Argumentation lautet dann etwa: Dafür, dass die oHG als juristische Person zu betrachten sei, spreche ihre Parteifähigkeit. Die Parteifähigkeit ist aber – immer unter Ausblendung möglicher anderer praktischer Fragen – kein *Indiz* für die juristische Persönlichkeit, sondern mit dieser identisch.

Wer das verkennt, macht die *Funktion* des Begriffs „Juristische Person“, seine *Rolle,* 237 zum *Kriterium* seiner Anwendung und ist damit gezwungen, die entstandene Leerstelle mit der *theoretischen Entität* ‚Juristische Person‘ zu füllen. Denn auf die Frage „Was meinst Du mit der Frage, ob die oHG eine juristische Person sei?“, kann nach Ausscheiden der Antwort „Ich meine damit, ob sie parteifähig ist“, nur noch die Antwort erfolgen „Ich meine damit, ob sie eine juristische Person ist“.

Das Prädikat “x ist eine juristische Person“ muss in diesem Fall als Bezeichnung einer 238 Eigenschaft von x interpretiert werden, d. h. die Trennung der Frage nach der Eigen-

244 Dazu *Gast*, Juristische Rhetorik, Rn 1179 ff.; *Grasnick*, Ontologie versus Rhetorik. – Zur ontologiekritischen Komponente des rhetorischen Ansatzes näher § 3 Rn. 1 ff.

245 Dazu *Lübbe-Wolff*, Rechtsfolgen und Realfolgen, S. 25 ff., 40 ff.

246 Zur Eliminierbarkeit von Rechtsbegriffen *Hart*, Definition and Theory; *Lübbe-Wolff*, ebd., S. 59 f.; *Neumann*, Rechtsontologie, S. 53 ff. m.w.N.; *Philipps*, Tû-Tû 2.

247 Vgl. schon *Neumann*, Rechtsontologie, S. 81 f. (im Folgenden teilweise wörtlich übernommen). Ähnlich *Aarnio*, Sentence (dazu *Herbert*, Rechtstheorie als Sprachkritik, S. 166 ff). Vgl. auch *Röhl*, Allgemeine Rechtslehre, 1995, S. 481 ff. (in spätere Auflagen nicht übernommen).

schaft, eine juristische Person zu sein, von der korrespondierenden praktischen Frage führt zwangsläufig zur Hypostasierung des Begriffs zu einer theoretischen Entität.

239 Das gleiche gilt für den Fall, dass dem Begriff *mehrere Fragen* korrespondieren. Der Begriff des ‚*delictum sui generis*' beispielsweise bezeichnet einerseits das Problem der Anwendbarkeit einer Qualifikation des Grundtatbestandes des fraglichen Delikts, andererseits die Frage der Strafbarkeit des Teilnehmers. Dadurch werden beide Probleme in der Weise verbunden, dass die Antwort auf die eine Frage die Entscheidung der anderen präjudiziert. Diese Verbindung der beiden Fragen ist, da sie sich weder auf eine gesetzgeberische Entscheidung noch auf Gerechtigkeitserwägungen stützen kann, willkürlich; gleichwohl erscheint sie in der hier kritisierten Argumentation als notwendig. Es wird offenbar eine gegenüber Gesetzgeber und Rechtsanwender *autonome Gesetzmäßigkeit* des Rechts vorausgesetzt, die bestimmte, nach Gesetzeslage und Gerechtigkeitsgesichtspunkten mögliche Kombinationen von Entscheidungen ausschließt.

240 Exemplarisch zeigt sich die Einschränkung von Argumentations- und Entscheidungsmöglichkeiten durch eine begriffsrealistische Interpretation der /Rechtssprache dort, wo sogenannte **Doppelwirkungen** aus „logischen" Gründen verworfen werden.[248] Die Behauptung, die Anfechtung eines nichtigen Rechtsgeschäfts sei logisch unmöglich, versteht die Begriffe „Anfechtung" und „Nichtigkeit" nicht funktional, sondern substantiell, d. h. analog zu den Begriffen, die physische Gegenstände oder Sachverhalte bezeichnen. Bisher noch nicht geklärt ist allerdings die Frage, wo die Grenze zwischen der auch für die juristische Argumentation verbindlichen „Logik der Sprache" und begriffsrealistischen Positionen verläuft; dieser Punkt harrt noch weiterer Aufhellung.

248 Nachweis bei *Neumann*, Rechtsontologie, S. 47 m. Fn. 206. Ausführlich *Herbert*, Doppelwirkungen.

# § 3 Der topisch-rhetorische Zugang zur juristischen Argumentation

## I. Juristische Topik als Theorie der juristischen Argumentation

### 1. Ausgangspunkt einer topischen Argumentationstheorie

1 In der **Topik** geht es um die Gesichtspunkte („Topoi"), die bei der Erörterung eines Problems für oder gegen einen bestimmten Lösungsvorschlag vorgebracht werden können. Insofern befasst sich die juristische Topik der Sache nach mit Fragen der juristischen Argumentation.

2 Dieser *Bezug von Topik auf Argumentation* blieb in der Arbeit, die für die neuere Topik-Diskussion in der Rechtstheorie grundlegend wurde,[1] zunächst noch latent. Die akzentuierte Gegenüberstellung von „topischem" und „systematischem" Rechtsdenken ließ juristische Topik zunächst als Gegenentwurf zur herrschenden juristischen Methodenlehre erscheinen.

3 In einer späteren Auflage von „Topik und Jurisprudenz" wurde der Zusammenhang von Topik und Argumentation indes expliziert und die Perspektive einer „fortentwickelten, zeitgenössischen rhetorischen Argumentationstheorie" entworfen.[2] Anzuknüpfen sei an die formale Topik, also an die Analyse der topischen Struktur juristischen Redens. Hier sei zentral der Gesichtspunkt der Situationsbezogenheit der Argumentation; die neue Hinwendung zur Rhetorik beruhe in erster Linie auf dem Versuch, „alle Argumentation aus der Redesituation verständlich zu machen."[3]

4 Zur Verdeutlichung greift *Viehweg* auf die in der neueren Semiotik etablierte Unterscheidung zwischen **Syntax**, **Semantik** und **Pragmatik** zurück.[4] Versteht man unter „Syntax" die Beziehung zwischen Zeichen, unter „Semantik" die Beziehung zwischen Zeichen und dem Gemeinten und unter „Pragmatik" den situativen Zusammenhang, in dem die Zeichen benutzt werden, dann bezieht sich Rhetorik auf die pragmatische Dimension. Die rhetorische Perspektive bedeutet demzufolge eine Revision der „uns heute geläufigen Denkpraxis", in der der syntaktisch-semantische Aspekt dominiert.[5]

5 Das nichtsituative semantische Denkmuster birgt die Gefahr von Ontologisierungen, die sich in der Jurisprudenz in der Vorstellung konstanter Wortbedeutungen und rechtlicher Gegenstände realisiert. Für eine pragmatische Analyse stellt sich demgegenüber die Aufgabe, den Kommunikationsvorgang selbst zum Gegenstand der Forschung zu machen. Ansatzpunkte sieht *Viehweg* in neueren metalogischen, sprachkritischen und ethischen Überlegungen:

6 In der Logik zeichne sich mit der Konzeption einer „dialogischen Logik" eine Hinwendung zur pragmatischen Denkweise ab.[6] Eine neuere sprachkritische Richtung behaupte den Vorrang der direktiven Funktion der Sprache vor der deskriptiven und analysiere die Verdinglichungen, die aus der sprachlichen Bevorzugung des Aussagemusters

1 *Viehweg*, Topik und Jurisprudenz, 1953 (5. Aufl. 1974).
2 *Viehweg*, Topik und Jurisprudenz, 5. Aufl. 1974, S. 111.
3 Ebd.
4 Grundlegend *Morris*, Foundations of the Theory of Signs.
5 *Viehweg*, Topik und Jurisprudenz, S. 111 ff.
6 Ebd. S. 116 m. Hinw. auf *Kamlah/Lorenzen*, Logische Propädeutik, Bd. 1, 1967 (jetzt: 3. Aufl. 2016) und *Kuno Lorenz*, Elemente der Sprachkritik, 1970.

resultieren.[7] Schließlich thematisiere die Philosophie kommunikative Pflichten, die sich „aus der wiedergewonnenen Redebezogenheit gleichsam von selbst ... ergeben".[8]

7 Diese Ansätze zu einer Theorie der juristischen Argumentation sind von *Viehweg* selbst,[9] von *Ottmar Ballweg* (Rn. 10 ff.), *Hubert Rodingen* (Rn. 48 ff.), *Thomas Seibert* (Rn. 41 ff.), *Katharina Sobota* (jetzt: *Gräfin v. Schlieffen*, Rn. 23 ff.), *Waldemar Schreckenberger* (Rn. 15 ff.) und anderen[10] ausgebaut und weitergeführt worden.[11] Dabei lassen sich bei gemeinsamem Ausgangspunkt unterschiedliche Forschungsschwerpunkte erkennen (dazu unten).

8 Den gemeinsamen Ausgangspunkt bilden die Überzeugung vom *Vorrang der Pragmatik* gegenüber Syntax und Semantik, die Hervorhebung der *Situationsgebundenheit* der Argumentation und die **Kritik der Ontologisierungen**, zu denen ein naives Sprachverständnis tendiert. Diese Gesichtspunkte sind in allen Arbeiten, die den Ansatz *Viehwegs* weiterführen, präsent.[12] Unterschiede ergeben sich aus der Art und Weise, in der die von *Viehweg* formulierte Aufgabe der „Analyse der Redesituation"[13] in Angriff genommen wird.

9 Soweit zwischen Argumentation i. e.S. und Rhetorik unterschieden wird, bereiten die genaue Grenzziehung ebenso wie die Bewertung der „nichtargumentativen" Rhetorik Schwierigkeiten. In Anlehnung an einen eingespielten Sprachgebrauch schlägt *Katharina Sobota* vor, die Abgrenzung nach dem Kriterium der Rationalität vorzunehmen: „Während das Argument auf den ‚Kopf' des Zuhörers zielt, wendet sich die (rhetorische, U.N.) Figur an sein ‚Herz'"[14]. Rhetorische Figuren werden ausdrücklich, wenngleich in Anführungszeichen, als „irrationale" Überzeugungsmittel qualifiziert, vor deren Kritik aber zu bedenken sei, dass „das Streben nach Sinn, Gewissheit und Gerechtigkeit in eine Dimension verweist, die mit rationalen Mitteln nur ungenügend zu erfassen ist"[15].

### 2. „Analytische Rhetorik" (Ottmar Ballweg)

10 Die analytische Rhetorik, mit deren Ausarbeitung *Ballweg* sich befasste, dient der „Aufschlüsselung komplexer Sprachsysteme rhetorischen Charakters", wie sie im Recht, aber auch in anderen Gesellschafts- und Kulturbereichen zu finden sind.[16] Im Mittelpunkt der Analysen der Rechtssprache steht die Diagnose einer „essentialistischen" Begrifflichkeit und eines „realistischen Begriffsverständnisses" der Rechts-

7 Ebd. S. 117 m. Hinw. auf *Rodingen*, Ansätze, sowie *Seibert*, Von Sprachgegenständen zur Sprache von juristischen Gegenständen.
8 Ebd. S. 118 m. Hinw. auf *Kambartel*, Was ist und soll Philosophie?, 1968.
9 *Viehweg*, Notizen zu einer rhetorischen Argumentationstheorie; *ders.*, Schritte zu einer rhetorischen Rechtstheorie; ders., Rhetorik, Sprachpragmatik, Rechtstheorie; *ders.*, Antirhetorische und rhetorische Kontrolle rechtlicher Argumentationen.
10 *Garrn*, Zur Rationalität rechtlicher Entscheidungen; *ders.*, Zur rechtspraktischen Bedeutung einer Theorie der juristischen Rhetorik; *Gast*, Rechtserkenntnis und Gewaltstrukturen; *ders.*, Juristische Rhetorik.
11 Zur Bedeutung der Topik für die Renaissance der Argumentationstheorie siehe auch *N. Horn*, Einführung in die Rechtswissenschaft und Rechtsphilosophie, 6. Aufl. 2016, Rn. 384. Vgl. auch *Bayer*, Moderne Rechtsanwendung.
12 Exemplarische Darstellung bei *Weirauch*, Rhetorik, S. 121 ff.
13 *Viehweg*, Topik und Jurisprudenz, S. 114.
14 *Sobota*, Rhetorisches Seismogramm, S. 232.
15 Ebd., S. 237.
16 *Ballweg*, Entwurf einer analytischen Rhetorik, S. 232. Eine ebenso präzise wie kompakte Darstellung des Ansatzes von *Ballweg* findet sich bei *v. Schlieffen*, Zur Analytischen Rhetorik von Ottmar Ballweg.

dogmatik.[17] *Ballweg* stellt diese juristischen Ontologisierungsphänomene in einen Zusammenhang mit dem disziplinären Charakter und der Funktion der Jurisprudenz. Unter Jurisprudenz wird „das gesamte juristische Handlungs- und Entscheidungssystem unter Einschluss der mit ihm verbundenen Lehre“ verstanden.[18] Im Verhältnis zur Jurisprudenz sind Rechtswissenschaft und Rechtsphilosophie auf einer Metaebene zu lokalisieren; die Denkweise der Jurisprudenz ist *Gegenstand* von Rechtswissenschaft und Rechtsphilosophie.[19] Diese Denkweise ist geprägt durch **Entscheidungszwang** und durch **Begründungszwang**:[20]

Das Rechtssystem darf die Entscheidung einer Streitfrage nicht unter Berufung auf das Schweigen des Gesetzes verweigern; es muss für jeden Fall eine rechtliche Lösung geben. Auf der anderen Seite wird gefordert, dass jede Entscheidung begründet wird. Der Jurist sieht sich daher gezwungen, „sich einer Sprache zu bedienen, die ihn in die Lage versetzt, auf alles und jedes eine Antwort geben zu können. Und sollte dieses Sprachsystem an einer Stelle schweigen, muss er trotzdem reden, also interpretieren.“[21] Diese Interpretierbarkeit gewährleisten Essentialismus und Ontologismus.[22] Die Rechtsbegriffe werden verstanden, als würden sie per se auf einen Sachverhalt zutreffen bzw. nicht zutreffen; das ermöglicht es, den konkreten Anforderungen des Entscheidungs- und Begründungszwangs gerecht zu werden. 11

Der Forderung nach *begründetem* Entscheiden wird mithilfe der Rechtsdogmatik genügt. Die Rechtsdogmatik ist „ein außer Frage gestelltes Meinungsgefüge zur Herbeiführung von Entscheidbarkeit im Bereich juristischen Wertens“[23]. Die Kennzeichnung als *„Meinungsdenken“* beinhaltet, dass es in der Jurisprudenz nicht um Erkenntnis geht; Meinungsdenken hat nach rhetorischer Auffassung keine Erkenntnis-, sondern nur eine Verständigungsfunktion.[24] Seine Rationalität liegt (allein) in seiner institutionalisierten Diskutierbarkeit. Im Bereich des Meinungsmäßigen kann Rationalität nicht gegen Autorität ausgespielt werden; zwischen beiden besteht eine enge Beziehung.[25] 12

Der meinungsmäßige Charakter ist kennzeichnend für das nicht-wissenschaftliche, nicht auf Erkenntnis, sondern auf Verständigung gerichtete Denken, das *Ballweg* als „prudentiell“ bezeichnet. Die Entscheidung zwischen Wissenschaft (scientia, episteme) einerseits und prudentia (phronesis) andererseits ist sprachtheoretisch von erheblicher Bedeutung, weil, so *Ballweg*, die Wissenschaftssprache und der prudentielle Sprachgebrauch unterschiedliche semiotische Strukturen aufweisen. 13

Die Differenz zwischen Wissenschaftssprache und prudentiellem Sprachgebrauch resultiert daraus, dass zwar in einer formalisierten Wissenschaftssprache, nicht aber in der umgangssprachlichen Fachsprache (beispielsweise der Jurisprudenz) das Subjekt in seiner Beziehung zu den Zeichen (Pragmatik) wie zu den Objekten eliminiert wer- 14

17 *Ballweg*, Rechtsphilosophie als Grundlagenforschung, S. 45; *ders.*, Phronetik, Semiotik und Rhetorik, S. 28; *ders.*, Analytische Rhetorik als juristische Grundlagenforschung, S. 50 f.
18 *Ballweg*, Rechtsphilosophie als Grundlagenforschung, S. 44.
19 Ebd., S. 46.
20 *Ballweg*, ebd., S. 45; *ders.*, Analytische Rhetorik als juristische Grundlagenforschung, S. 49 f.
21 *Ballweg*, Ein wissenschaftstheoretisches Lehrschema, S. 256.
22 Ebd., S. 257; ferner *ders.*, Analytische Rhetorik als juristische Grundlagenforschung, S. 50 f.
23 *Ballweg*, Rechtsphilosophie als Grundlagenforschung, S. 45; *ders.*, Analytische Rhetorik als juristische Grundlagenforschung, S. 47.
24 *Ballweg*, Phronetik, Semiotik und Rhetorik, S. 32.
25 Ebd., S. 48; ausführlich zu diesem Zusammenhang *N. Horn*, Rationalität und Autorität in der juristischen Argumentation, S. 144 f.

den kann.[26] In der Wissenschaftssprache gelingt die Aufhebung der Subjektbeziehung sowohl zu den Zeichen als auch zu den Objekten.[27] Dagegen bleiben in der umgangssprachlich ausgerichteten Fachsprache beide Beziehungen virulent, weil sie sich einer verbindlichen Normierung entziehen. Dies ist zugleich eine Bedingung dafür, dass dem Interpretationszwang genügt werden kann, wenn die Situation es erfordert:

> „Um diese Beziehungen, die Ein- und Auswirkungen zu speichern und zu transferieren, bedarf es eines besonderen Vokabulars, das auch alle situativen Veränderungen auffangen kann, das also interpretierbar ist. Man bedient sich dazu in unseren Breiten mit Vorteil einer reifizierenden, essentialistischen Begrifflichkeit in ontologisierender Sprechweise“.[28]

### 3. „Rhetorische Semiotik“ (Waldemar Schreckenberger)

15 *Schreckenberger* unternimmt in seiner Arbeit „Rhetorische Semiotik“[29] den Versuch, aus den von Topik und Rhetorik zur Verfügung gestellten Kategorien ein Instrumentarium zur Analyse juristischer Argumentationen zu gewinnen. Beabsichtigt ist eine „Analyse von Texten des Grundgesetzes und von rhetorischen Grundstrukturen der Argumentation des Bundesverfassungsgerichts“ (Untertitel). Die von *Schreckenberger* sogenannte rhetorische Semiotik „fragt nach den zeichentheoretischen Eigenschaften, Funktionen und Voraussetzungen der Rechtssprache“; sie ist, da sie in der Argumentation einen „Kernbereich der juristischen und rechtswissenschaftlichen Tätigkeit sieht ... primär argumentationstheoretische Forschung“[30].

16 Als methodischer Bezugsrahmen dient auch bei *Schreckenberger* das von *Morris* entwickelte Zeichenmodell (dazu Rn. 4) mit seiner Aufteilung in Syntax, Semantik und Pragmatik. Ebenso wie *Viehweg* und *Ballweg* betont *Schreckenberger* die Bedeutung der kommunikativen Situation: „Generelle und lexikalische ‘Bedeutungen' eines Zeichens sind immer nur Feststellungen über die bedingte Wahrscheinlichkeit eines möglichen individuellen Zeichengebrauchs.“[31] Daraus ergibt sich, als weitere Übereinstimmung, der **Vorrang der Pragmatik** vor Syntax und Semantik.[32]

17 Die Unterscheidung zwischen *Semantik* und *Pragmatik* verbindet *Schreckenberger* mit der zwischen *Objektsprache* und *Metasprache*. Ein objektsprachlicher Zeichengebrauch liegt vor, „wenn eine Beziehung zu einzelnen oder zu Klassen von außersprachlichen Daten hergestellt wird, die sinnlich wahrnehmbar oder auch umgangssprachlich identifizierbar sind“. Demgegenüber gehören „Ausdrücke mit einem gegenständlichen Sinn ohne objektsprachlichen Bezug“ der Metasprache an.[33]

#### a) Semantik und Pragmatik der Menschenwürde-Garantie (Art. 1 Abs. 1 GG)

18 Die analytische Potenz der rhetorischen Semiotik wird zunächst anhand der sprachtheoretischen Untersuchung von zwei Verfassungstexten erprobt. Die Analyse der verfassungsrechtlichen Garantie der Menschenwürde („Die Würde des Menschen ist unantastbar“, Art. 1 Abs. 1 Satz 1 GG) führt zu dem Ergebnis, dass der Ausdruck

26 *Ballweg*, Phronetik, Semiotik und Rhetorik, S. 69.
27 Ebd., S. 58.
28 Ebd., S. 70.
29 *Schreckenberger*, Rhetorische Semiotik.
30 Ebd., S. 13.
31 *Schreckenberger*, Rhetorische Semiotik, S. 40.
32 Ebd., S. 44.
33 Ebd., S. 39.

„Würde des Menschen" eines objektsprachlichen Sinnes entbehre; er bezeichne „nicht einen bestimmten objektsprachlich identifizierbaren Gegenstand". Der Ausdruck habe daher metasprachlichen Charakter.[34] Da der Begriff „unantastbar" objektsprachlich gebraucht werde, verstoße die Formulierung „die Würde des Menschen ist unantastbar" gegen die semantische Regel, dass ein Ausdruck nicht zwei verschiedenen semantischen Ebenen (Objektsprache und Metasprache) angehören darf;[35] sie sei daher *semantisch sinnlos*. Da es nicht möglich sei, aus semantisch sinnlosen Ausdrücken im Wege der Deduktion sinnvolle Sätze zu gewinnen, erscheine das Verdikt der Leerformel berechtigt, wenn man lediglich die semantische Struktur der Formulierung berücksichtige.

Eine solche Deutung vernachlässigt jedoch, so *Schreckenberger*, die *pragmatische Dimension*. Die semantische Sinnlosigkeit des Ausdrucks habe nicht seine semiotische Bedeutungslosigkeit zur Folge, weil ihm als „metasprachlichem Indikator" eine pragmatisch-operative Bedeutung zukomme. Die Formulierung „die Würde des Menschen ist unantastbar" verweise auf einen ideengeschichtlichen, durch die humanistische Tradition gestifteten Kontext.[36] Insofern eigne dem Text des Art. 1 Abs. 1 Satz 1 des GG ein gewisser pragmatisch-operativer Wert, der ihn befähige, im Rahmen der Verfassungsdogmatik gewisse, wenn auch begrenzte Garantie- und Steuerungsfunktionen zu übernehmen. Die wichtigste kommunikative Funktion liege aber in dem affektiven und appellativen Wert des Ausdrucks, in der Legitimations- und Symbolfunktion der Bestimmung.[37] 19

### b) Semantik und Pragmatik der Garantie der freien Entfaltung der Persönlichkeit (Art. 2 Abs. 1 GG)

Zu einem entsprechenden Ergebnis führt die rhetorisch-semiotische Analyse des Art. 2 Abs. 1 GG („Jeder hat das Recht auf die freie Entfaltung seiner Persönlichkeit, soweit er nicht die Rechte anderer verletzt und nicht gegen die verfassungsmäßige Ordnung oder das Sittengesetz verstößt"). Auch das Wort „Persönlichkeit" sei ein metasprachliches Zeichen, der Text des Art. 2 Abs. 1 GG sei daher wegen der Vermischung unterschiedlicher Sprachebenen semantisch sinnlos. Wie im Falle des Art. 1 Abs. 1 Satz 1 GG, so könne auch bei Art. 2 Abs. 1 GG eine semiotisch sinnvolle Struktur allein in der pragmatischen Dimension gefunden werden.[38] 20

### c) Vorrang der Pragmatik in der Rechtsprechung des BVerfG

Der **Vorrang der Pragmatik** vor Syntax und Semantik, der bei der Rekonstruktion des semiotischen Gehalts von Art. 1 Abs. 1 Satz 1 GG und Art. 2 Abs. 1 GG diagnostiziert wurde, bestätigt sich, so *Schreckenberger*, in den Analysen von *Argumentationen des Bundesverfassungsgerichts*. Sprachschemata wie „Einheit der Rechtsordnung" oder „Rechtsstaatsprinzip" finden danach als metasprachliche Indikatoren Verwendung. Für das Schema „Rechtsstaatsprinzip" beispielsweise sei eine semantische Deutungsvorschrift nicht verfügbar;[39] seine Bedeutung liege darin, dass es „den semiotischen 21

34 Ebd., S. 66.
35 Ebd., S. 67.
36 Ebd., S. 86 f.
37 Ebd., S. 87.
38 Ebd. S. 106.
39 Ebd., S. 240.

Bezug zu den in die Rechtssprache integrierten bürgerlichen Staats- und Verfassungstheorien und ihren Traditionen" herstelle.[40] Als Fazit ergibt sich in der Argumentation des Bundesverfassungsgerichts gegenüber der rechtstheoretischen Tradition „eine deutliche Akzentverschiebung von der Syntax zur Pragmatik der Rechtssprache".[41]

### d) Pragmatik und Gesetzesbindung

22 Ebenso wie die analytische Rhetorik (oben Rn. 10 ff.) versteht sich auch die rhetorische Semiotik als analytische Disziplin, die allerdings „zu inhaltlichen Fragen von Recht und Moral" (nur) „in praktischer Hinsicht Stellung nimmt"[42]. In bewusster Distanz zu allen Versuchen, universell verbindliche Modelle des juristischen Diskurses zu entwickeln, betont sie die Situationsgebundenheit der Argumentation, die Rolle des Richters und die Bedeutung der Analyse praktischer juristischer Kommunikationen.[43] Diese Hinwendung zur Pragmatik und zu den „rhetorischen Prozessen der Rechtspraxis" beinhaltet nicht den Verzicht auf die Forderung nach einer Bindung der richterlichen Entscheidung an den Gesetzestest. Die von der Rechtsrhetorik akzentuierte Einsicht in die Unmöglichkeit einer schlichten Anwendung des Rechts ist „kein Alibi für eine Art richterlicher Gesinnungspraxis".[44]

### 4. Das „Enthymem" (Katharina v. Schlieffen)

### a) „Enthymem" als „Argument"

23 Der Ansatz der Analytischen Rhetorik wird von *Katharina von Schlieffen* (zuvor: *Katharina Sobota*) aufgenommen und vertieft. *v. Schlieffen* greift insbesondere auf die von *Aristoteles* in der „Topik" und der „Rhetorik" entwickelten Kategorien zurück, um das Instrumentarium der Analytischen Rhetorik zu erweitern und zu verfeinern. Eine zentrale Rolle kommt dabei dem aristotelischen Begriff des *Enthymems* zu, der eine der Schlüsselkategorien in *v. Schlieffens* rhetorisch-analytischem Modell bildet. Das **Enthymem,** das gelegentlich als (durch das Weglassen der *praemissa maior*) verkürzter Syllogismus dargestellt werde, wird unter Berufung auf die „neuere Rhetorikforschung" in einem umfassenderen Sinne verstanden.[45] Es kann im Wesentlichen mit dem Begriff des „Arguments" gleichgesetzt werden.[46]

24 Diese Ablösung von dem traditionellen Modell des „verkürzten Syllogismus" lässt das aristotelische Enthymem als zentrale analytische Kategorie im Ansatz *von Schlieffens* aus zwei Gründen als besonders geeignet erscheinen. Zum einen wird eine Bindung an Regeln (Allsätze) vermieden, die im Modell des Syllogismus jedenfalls in der *praemissa maior* (bei *Aristoteles* auch in der *praemissa minor* sowie in der *conclusio*) auftreten. Dies ist deshalb von Bedeutung, weil *Regeln* nach den Analysen *v. Schlieffens* in der juristischen Argumentation eine wesentlich bescheidenere Rolle spielen, als allgemein angenommen wird (dazu nachstehend). Zum andern lässt sich mithilfe des so verstandenen Begriffs des Enthymems dem (unbestreitbaren) Befund Rechnung tragen, dass Rechtswissenschaft und Rechtspraxis keineswegs nur mit zwingenden, sondern auch

40 Ebd., S. 243.
41 Ebd., S. 397.
42 *Schreckenberger*, Notizen über rhetorische Semiotik, S. 349.
43 Ebd., S. 356 ff.
44 Ebd., S. 357. Vgl. auch *Schreckenberger*, Rhetoric and Law.
45 *v. Schlieffen*, Wie Juristen begründen, S. 112 f.
46 *v. Schlieffen*, Zur topisch-pathetischen Ordnung juristischen Denkens, S. 422.

(und überwiegend) mit lediglich plausiblen Argumenten operieren. *v. Schlieffen* verweist in diesem Zusammenhang auf die Kennzeichnung des Enthymems als eine „aus sozialen Erfahrungen und überzeugenden, wahrscheinlichen Gemeinsätzen (Endoxa) schließende Argumentation“[47] bei *Aristoteles*.[48]

Die Arbeiten *v. Schlieffens* heben sich von anderen Texten der Viehweg-Schule dadurch ab, dass sie sich nicht darauf beschränken, ein theoretisches Modell juristischen Argumentierens zu entwickeln, sondern dieses Modell auch als Instrument zur systematischen Analyse von juristischen Texten, insbesondere von Urteilsbegründungen, erproben. Diese Textanalysen sind teilweise außerordentlich differenziert; sie rechtfertigen den Begriff des „Rhetorischen Seismogramms“, den *v. Schlieffen* verwendet.[49] Zwei Grundthesen[50] lassen sich herausdestillieren. Zum einen die bereits erwähnte These, dass *Regeln* in der juristischen Argumentation eine wesentlich geringere Rolle spielen, als überwiegend angenommen wird. Zum andern die Einschätzung, dass die Bedeutung von „pathetischen“ Elementen, also von Formulierungen, die sich nicht an den Verstand, sondern an das Herz des Adressaten wenden,[51] erheblich unterschätzt werde. 25

### b) „Regellose“ Rechtsprechung?

Die Frage, welche Bedeutung dem **Bezug auf Regeln** in Urteilsbegründungen tatsächlich zukommt, ist deshalb schwer zu beantworten, weil manche Regeln in der Argumentation nicht explizit formuliert, gleichwohl aber (implizit) behauptet werden. Es ist deshalb häufig eine Frage der angemessenen Rekonstruktion der Urteilsbegründung, ob man an einem bestimmten Punkt der Argumentation eine Regel lokalisiert oder nicht. Grundsätzlich wird man hier mit *v. Schlieffen* darauf abzustellen haben, ob sich *sinnvolle* Übergangsregeln bilden lassen.[52] Allerdings führt der entsprechende Versuch nicht immer zu konsensfähigen Ergebnissen. Das lässt sich anhand eines von mir schon früher aufgegriffenen[53] Beispiels einer Urteilsbegründung zu einer verwaltungsgerichtlichen Entscheidung verdeutlichen, bei der sich nach Auffassung *von Schlieffens keine* sinnvolle Übergangsregel bilden lässt: 26

Der Fall: Ein 59jähriger ehemaliger Taxifahrer, der das Abitur an einem Abendgymnasium nachgeholt hat, beantragt für sein geplantes Medizinstudium eine Förderung nach dem Bundesausbildungsförderungsgesetz (BaföG). Die einschlägigen Bestimmungen finden sich in § 10 Abs. 3 Satz 1 und 2 BaföG. 27

§ 10 Abs. 3 Satz 1 BaföG: „Ausbildungsförderung wird nicht geleistet, wenn der Auszubildende bei Beginn des Ausbildungsabschnitts, für den er Ausbildungsförderung beantragt, das 30. Lebensjahr … vollendet hat“; 28

47 So – paraphrasierend – *v. Schlieffen*, Argumentationstheoretisches und Rhetorisches Rechtsdenken, S. 381.
48 Zu Ursprung und Ideengeschichte des „Enthymems“ näher *Adeodato*, The Rhetorical Syllogism (Enthymeme) in Judicial Argumentation.
49 *Sobota*, Rhetorisches Seismogramm.
50 Detaillierte Darstellung der anhand der Analysen gewonnenen Thesen bei *v. Schlieffen*, Zur topisch-pathetischen Ordnung juristischen Denkens. – Zu den verwendeten Analysetechniken und -schemata § 8 Rn. 19 ff.
51 *v. Schlieffen*, Zur topisch-pathetischen Ordnung juristischen Denkens, S. 408.
52 *v. Schlieffen*, Wie Juristen begründen, S. 112.
53 *Neumann*, Das Enthymem in der Theorie der juristischen Argumentation.

29 § 10 Abs. 3 Satz 2 BaföG: „Satz 1 gilt nicht, wenn der Auszubildende die Zugangsvoraussetzungen für die zu fördernde Ausbildung … an … einem Abendgymnasium erworben hat".

30 Nach dem Wortlaut des Gesetzes hätte der Antragsteller (die sonstigen Voraussetzungen unterstellt) hier einen Anspruch auf Förderung, da der Ausschlusstatbestand von § 10 Abs. 3 Satz 1 (Überschreiten der Altersgrenze von 30 Jahren) in Hinblick darauf, dass der Antragsteller das Abitur an einem Abendgymnasium abgelegt hat, gemäß Satz 2 vorliegend nicht eingreift. Gleichwohl hat das Gericht den Antrag abgewiesen. Begründung:

> „Unter Berücksichtigung der Zielsetzung des Gesetzes, den j u n g e n Menschen zu fördern, und der Erwartung des Gesetzgebers, dass der Betreffende zumindest eine nicht völlig bedeutungslose Zeit berufstätig sein kann, ist nach Auffassung der Kammer die Bestimmung des § 10 Abs. 3 BaföG teleologisch dahin gehend zu reduzieren, dass die Ausbildungsförderung jedenfalls dann zu versagen ist, wenn der Auszubildende bei Abschluss seiner Ausbildung voraussichtlich das 65. Lebensjahr vollendet und damit die allgemeine Altersruhegrenze erreicht hat."[54]

31 Bei dem Versuch, die Argumentation des Gerichts als logisch schlüssige Ableitung (nach dem Modell des *modus ponens*) zu rekonstruieren, bildet *von Schlieffen* u. a. die Regelhypothese

(R 1) „Wenn die Altersgrenze nicht aufzuheben ist → steht § 10 Abs. 3 Satz 1 der Bewilligung entgegen"[55]

und zeigt, dass sie sich als allgemeine Regel nicht aufrechterhalten ließe. Da bei Personen, die die Altersgrenze von 30 Jahren nicht überschritten haben, diese Grenze nicht aufzuheben sei, würde die Prämisse bei Anwendung auf diesen Personenkreis „zum Nonsens"[56]. Das trifft zu. Man wird die Regelprämisse deshalb folgendermaßen zu rekonstruieren haben:

(R 2) „Wenn die Altersgrenze *überschritten und* nicht aufzuheben ist → steht § 10 Absatz 3 Satz 1 der Bewilligung entgegen".

32 Es dürfte nicht zweifelhaft sein, dass das Gericht ebendies gemeint hat. Dass die Altersgrenze im vorliegenden Fall überschritten war, konnte bei einem 59jährigen Antragsteller als unproblematisch vorausgesetzt werden.

33 Auch hinsichtlich des zentralen Entscheidungskriteriums der Kammer, dass die Förderung dann zu versagen sei, wenn der Auszubildende bei Abschluss seiner Ausbildung voraussichtlich die allgemeine Altersgrenze von 65 Jahren erreicht habe, scheint mir eine rationale Rekonstruktion des Urteils zu einem anderen Ergebnis zu führen, als *von Schlieffen* letztlich annimmt. Erwogen, aber nicht akzeptiert wird von ihr eine Regelhypothese

(R 3) „Nur wer Aussicht hat, nach der Ausbildung erwerbstätig zu sein, hat einen Anspruch auf Ausbildungsförderung".

---

54 Zitiert nach *von Schlieffen*, Wie Juristen begründen, S. 110 (unter Weglassung von Unterstreichungen bei Formulierungen, die nach Ansicht der Autorin auf „Figuren" hindeuten).

55 Ebd., S. 111.

56 Ebd., S. 112.

Diese Regel, die das Urteil im Wesentlichen tragen würde, wird mit der Begründung verworfen, sie werde vom Gericht nicht formuliert.[57] Demgegenüber hätte ich keine Bedenken, ebendiese Regel (R 3) aus dem Text der Urteilsbegründung herauszulesen. Sie ist nahezu eine Paraphrase der Formulierung des Gerichts, Ausbildungsförderung sei „jedenfalls dann zu versagen, wenn der Auszubildende bei Abschluss seiner Ausbildung das 65. Lebensjahr vollendet und damit die allgemeine Altersgrenze erreicht hat". Jedenfalls dann, wenn man mit *von Schlieffen* das – aus meiner Sicht überzeugende – Kriterium zugrunde legt, ob sich „sinnvolle" Übergangsregeln bilden lassen, wird man hier eine logische „Lücke" in der Urteilsbegründung zu verneinen haben. Denn: auch wenn (R 3) im Urteilstext nicht ausdrücklich formuliert wurde – dass es sich um eine „sinnvolle" Übergangsregel handelt, wird sich kaum bestreiten lassen. 34

Das Beispiel zeigt, dass sich über die Frage, an welchen Punkten eine Urteilsbegründung auf Regeln rekurriert, jedenfalls in manchen Fällen trefflich streiten lässt.[58] Nicht zu bestreiten sein dürfte das Ergebnis der Urteilsanalysen *von Schlieffens*, nämlich: dass das logische (deduktive) Modell der tatsächlichen Komplexität von Urteilsbegründungen auch nicht annähernd gerecht wird.[59] 35

Aus einer normativen Perspektive ist allerdings daran festzuhalten, dass jede Urteilsbegründung sich zumindest auf *eine* Regel stützen muss, genauer: dass sie zumindest *eine* Regel *formulieren* muss, als deren Konsequenz sich die konkrete Entscheidung darstellen lässt. Die Subsumtion hat die Struktur einer regelorientierten Fallentscheidung. Das bedeutet nicht, dass diese Entscheidung aus Regeln deduktiv abgeleitet werden könnte; es besagt aber, dass das Urteil argumentativ auf Regeln bezogen werden muss.[60] 36

Das generalisierende Moment, das für alle Begründungen im Bereich des Normativen konstitutiv ist, und das in dem Erfordernis eines Regelbezugs exemplarisch zum Ausdruck kommt, findet auch bei *v. Schlieffen* jedenfalls in neueren Arbeiten explizit Anerkennung.[61] Die in diesem Zusammenhang unter terminologischem Rückgriff auf *Kant* getroffene Unterscheidung zwischen (grob gesprochen: ausnahmefeindlicher) „Universalität" einerseits, für Einschränkungen und Ausnahmen offener „Generalität" andererseits[62] macht zutreffend darauf aufmerksam, dass dogmatische Regeln in der juristischen Argumentation Modifikationen unterworfen sind. Selbst Gesetzesnormen sind nicht in Stein gemeißelt; sie können durch restriktive oder extensive Interpretation in ihrer Reichweite verändert, ggf. auch als verfassungswidrig oder europarechtswidrig verworfen werden. 37

---

57 Ebd., S. 111.

58 *Dieter Simon* bezweifelt in seiner Kritik an *von Schlieffens* Argumentationsmodell die Möglichkeit einer „regellosen" Urteilsbegründung mit dem Argument, dass jede Begründung der Struktur „q weil p" eine Regel impliziere (*Simon*, Alle Quixe sind Quaxe, S. 699). Letzteres dürfte zutreffen, wenn man die „Regel" nicht als logischen Allsatz, sondern als Übergangsregel („Schlussregel") im Sinne *Toulmins* versteht (dazu oben § 2 Rn. 51). *Von Schlieffen* selbst interpretiert die Ergebnisse ihrer Urteilsanalysen im Modell *Toulmins* eher im Sinne des Befunds, dass die (Übergangs-)Regel häufig durch die Verwendung eines „allgemein begründenden Hintergrundsatzes" als „Backing" ersetzt wird (*von Schlieffen*, Wie Juristen begründen, S. 113).

59 So – mit Bezug auf das deduktive Begründungsmodell bei *Koch/Rüßmann* – ausdrücklich *v. Schlieffen*, Subsumtion als Darstellung, S. 406 ff.

60 Näher *Neumann*, Subsumtion als regelorientierte Fallentscheidung.

61 *v. Schlieffen*, Argumentationstheoretisches und Rhetorisches Rechtsdenken, S. 388 ff.

62 Ebd., S. 390.

### c) Logos, Ethos, Pathos

38 Die zweite zentrale These lautet, dass rhetorische Figuren „nicht nur ausnahmsweise, sondern ganz allgemein ein wichtiges juristisches Überzeugungsmittel darstellen".[63] Rhetorische Figuren einerseits, „argumentative Überzeugungsversuche" andererseits werden dabei einander gegenübergestellt.[64] Hinsichtlich der Kategorisierung greift *v. Schlieffen* auf die Unterscheidung von **Logos, Ethos** und **Pathos** bei *Aristoteles* zurück,[65] die folgendermaßen charakterisiert wird: „Logos zielt gleichsam auf den Kopf, Pathos ins Herz und Ethos berührt die soziale Haut der Zuhörer"[66]. Rhetorische Figuren sind dem Bereich des Pathos zuzuordnen; zu ihnen gehören beispielsweise Metaphern, aber auch die doppelte Verneinung („Litotes") oder die Umstellung des üblichen Satzbaus („Inversion"). Argumentative Stützungen (Enthymeme) fallen dagegen in die Gebiete von Logos und Ethos. Als Beispiele für Logos-Argumente werden u. a. „Kodifikation-, Dogmen- oder Alltagsargumente" genannt; in den Bereich des Ethos fällt das Autoritätsargument, ebenso die Angabe einer Quelle.[67]

39 Unter Verwendung dieser Kategorien erfolgt nicht nur eine Typisierung der in einer Urteilsbegründung verwendeten Begründungselemente; es wird auch der Ablauf der Argumentation in Form einer Parallelführung von „Logoskurve", „Ethoskurve" und „Pathoskurve" rekonstruiert.[68] Die Analyse zeigt, so *v. Schlieffen*, typische Verlaufsmuster.[69] Insgesamt sind es 18 substanzielle Thesen, die auf die Analyse von 50 Urteilen in der „Ersten Hagener Studie zu Rhetorik und Rechtsmethodologie"[70] gestützt werden.

40 Einwände gegen die Analysen *v. Schlieffens* und ihrer Mitarbeiter/innen werden hinsichtlich einer mangelnden Trennschärfe der verwendeten Kategorien erhoben.[71] Aus der Sicht eines normativen Ansatzes der Argumentationstheorie wäre zu fragen, ob das Wohlwollen, das *v. Schlieffen* Entscheidungsbegründungen entgegenbringt,[72] die Argumente („Enthymeme") durch rhetorische Figuren ersetzen, begründet ist;[73] denn immerhin wird letzteren, im Unterschied zu den „rationalen" argumentativen Überzeugungsversuchen, „Irrationalität" bescheinigt.[74] – Das Verdienst, die verbreitete Existenz rhetorischer Elemente in Urteilsbegründungen detailliert und überzeugend nachgewiesen zu haben, ist den Analysen *v. Schlieffens*, ungeachtet aller denkbaren methodologischen und normativen Einwände, nicht abzusprechen.

## 5. „Semiotik des Rechts" (Thomas Seibert)

41 Auch die Arbeiten von *Thomas Seibert* nehmen ihren Ausgang bei der Analyse von Sprach- und Argumentationsmustern der juristischen Praxis, beziehen aber neben

63 *Sobota*, Rhetorisches Seismogramm, S. 232.
64 Ebd., S. 232: „Rhetorische Figuren, und damit nicht-argumentative Überzeugungsversuche, sind ein fester Bestandteil der juristischen Methode."
65 Ebenso *Gast*, Rhetorik, Rn. 7 ff. u. ö.
66 *v. Schlieffen*, Ordnung, S. 408.
67 Ebd., S. 409 ff.
68 Ebd., S. 412 (exemplarisch).
69 Ebd., S. 416 (zur „Pathoskurve").
70 Ebd., S. 407.
71 Ausführliche Kritik bei *Wohlrapp*, Argumente stehen in einem Text nicht wie Gänseblumen in der Wiese herum.
72 Vgl. etwa *Sobota*, Rhetorisches Seismogramm, S. 237.
73 Entsprechende Zweifel bei *Wohlrapp*, Argumente, S. 554.
74 *Sobota*, Rhetorisches Seismogramm, S. 237 (der Begriff in Anführungszeichen).

Urteilsbegründungen schwerpunktmäßig die Interaktionen der Prozessbeteiligten mit ein.[75] Inzwischen hat *Seibert* diese Analysen zu einem umfassenden „Entwurf einer allgemeinen Rechtslehre" weiterentwickelt, der den Titel „Die Lehre vom Rechtszeichen" trägt.[76] Dieses Modell einer allgemeinen Rechtslehre integriert Elemente einer Theorie der juristischen Argumentation, führt aber über deren Zuständigkeitsbereich weit hinaus. Im Folgenden geht es um die spezifisch argumentationstheoretischen Analysen *Seiberts*, für die in erster Linie seine früheren Arbeiten stehen.

*Seibert* wendet sich, wie auch andere Vertreter/innen eines topisch-rhetorischen Ansatzes, gegen den „verbreitete(n) Vorrang normierter Semantik gegenüber empirischer Pragmatik" in der Rechtswissenschaft.[77] Die „pragmatische" Einsicht in die Situationsgebundenheit der Argumentation führt zwangsläufig zu einer Kritik an Sprachmustern, die eine Bedeutungsinvarianz sprachlicher Äußerungen nahelegen. Das Aussagemodell suggeriere eine vorgegebene Zuordnung von Gegenständen und Eigenschaften und verdecke damit die pragmatische Dimension der Sprache.[78] Da die Sprache der juristischen Dogmatik ganz überwiegend dem Aussagemuster folgt, wird sie zum Gegenstand einer pragmatisch orientierten Sprachkritik. Hervorgehoben wird der „Abstraktionsabstand" zwischen „logisch-pragmatischen" Sätzen, in denen Verständigung tatsächlich erfolgt, und den „deduktiv-systematischen" Sätzen der Rechtswissenschaft.[79] Während sich die Semantik allein auf den *Text* konzentriere und damit die Beziehung zwischen den Kommunikationspartnern um den Preis des Verlusts an Realität ausklammere,[80] thematisiere ein sprachpragmatischer Ansatz neben dem Inhaltsaspekt auch und vordringlich den *Handlungsaspekt* juristischer Argumentation. 42

*Seibert* knüpft an die Einsicht der **Sprechakttheorie** an, dass sprachliche Äußerungen als Handlungen zu interpretieren sind, mit denen etwas getan (z. B. beschrieben, empfohlen, gewarnt) wird. Diese Handlungsdimension sprachlicher Äußerungen gehe in den „scheinbar sprecherlos und bezugsfrei in der Rechtswelt ‚schweben(den)'" Argumentationen etwa der Revisionsgerichte verloren.[81] Urteilsbegründungen bauen, im Gegensatz zur alltäglichen Handlungspraxis, auf invariant gehaltenen Propositionen auf.[82] 43

Demgegenüber ist der Handlungsaspekt etwa in anwaltlichen Schriftsätzen noch präsent; hier lassen sich Sprechhandlungen wie „erwidern", „befragen", „sich einlassen", „bestreiten", „beantragen" identifizieren. Diese Handlungen sind in unterschiedlichem Maße institutionell eingebunden: so ist anhand fachspezifischer Regeln darüber zu entscheiden, ob ein „Bestreiten" im technischen Sinne vorliegt oder nicht. Gemeinsam ist den Beispielen, dass sie ausdrücklich die *Subjektbeziehung* thematisieren; die Sprechbeziehung kann als zeichenvermittelte Relation zwischen Dialogführer/Proponent ($S_p$) und Dialoggegner/Opponent ($S_o$) rekonstruiert werden nach dem Schema 44

$$S_p - Z - S_o$$

75 Exemplarisch: *Seibert*, Gerichtsrede.
76 *Seibert*, Die Lehre vom Rechtszeichen.
77 *Seibert*, Aktenanalysen, S. 16.
78 *Seibert*, Von Sprachgegenständen, S. 43 ff.
79 *Seibert*, Fachsprache.
80 *Seibert*, Entwicklung, S. 282.
81 *Seibert*, Argumentationsbeispiele, S. 325.
82 Ebd., S. 329.

45 Bestreitet der Angeklagte ($S_p$) vor Gericht ($S_o$) die Berechtigung eines Betrugsvorwurfs, indem er behauptet, einer angeblich geschädigten Firma nicht eine zweckgebundene Verwendung des von dieser gewährten Darlehens zugesagt zu haben, dann vollzieht er die **Sprechhandlung des Leugnens**; die Bedeutung des Zeichens Z liegt insoweit nicht auf der Ebene der Gegenstände, über die gesprochen wird (Darlehen, Zweckbindung), sondern auf der Metastufe der Interaktion zwischen den Beteiligten. „Die semiotische Schreibweise verdeutlicht, dass die Zeichenbedeutung (O) einer argumentativen Handlungsbeziehung sich oft auf 'Meta-Situationen' bezieht“[83]. Es ergibt sich damit ein gestuftes semiotisches Schema:

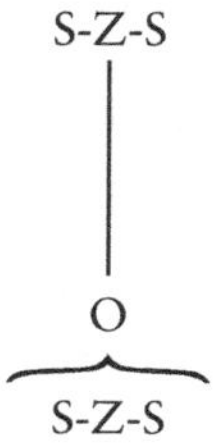


In Anwendung auf das Beispiel:

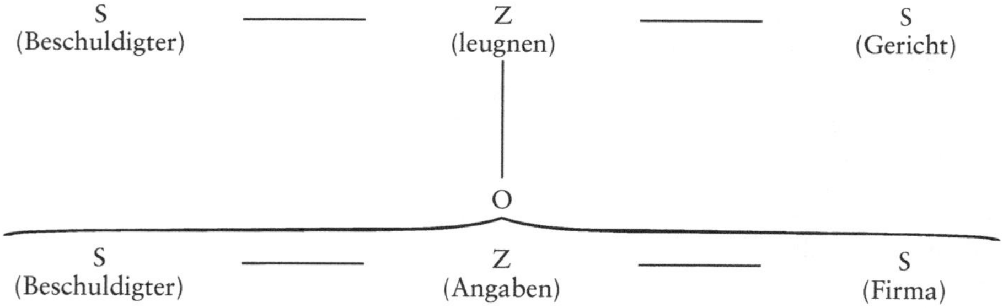


46 Dogmatische Urteilsanalysen beschränkten sich regelmäßig auf die Inhaltsbeziehung Z-O; die Beziehungen S-Z-S umschreiben auf beiden Ebenen „das ‚Dunkelfeld' einer pragmatisch orientierten, rechtlichen Argumentationstheorie“.[84] Der Versuch, dieses Dunkelfeld im Wege einer exemplarischen Textanalyse zu erhellen, offenbare eine Kluft zwischen situationsgebundenen Sprechhandlungen und juristischen Argumentationen. Diese resultiere aus der „kognitiven Verarbeitung“ der durch die Beziehungen S-Z und Z-S umschriebenen Handlungsrichtungen, also ihrer Reduktion auf die Beziehungen O-Z und Z-O. Wie *Seibert* anhand einer Beispielsanalyse zeigt,[85] lassen sich mithilfe dieses Modells die pragmatischen Strukturen von Urteilsbegründungen rekonstruieren und – beispielsweise – verdeckte Wertungen identifizieren.

47 *Seiberts* sprachpragmatischer Ansatz reicht, wie schon erwähnt, über die Analyse juristischer Texte hinaus. *Seibert* versteht den Begriff der Pragmatik im weiteren Sinne, als „Stichwort für ein Kommunikationsmodell“[86], und bezieht dementsprechend die

83 Ebd., S. 326.
84 Ebd., S. 338.
85 Ebd., S. 341 ff.
86 *Seibert*, Aktenanalysen, S. 12.

konkreten sprachlichen Interaktionen in rechtlichen Handlungsbereichen mit ein.[87] Die pragmatisch ansetzende Theorie juristischen Argumentierens erweitert sich damit zu einer Handlungstheorie, zu einer Theorie von Handlungssequenzen.[88] *Seibert* untersucht den Prozess der Herstellung sozialer Wirklichkeit im Verlauf typischer Interaktionen in rechtlich strukturierten Handlungsbereichen.[89] Soziale Wirklichkeit ist dann das Ergebnis der Verwendung bestimmter Deutungsschemata. Daraus resultiert die Bedeutung von Institutionen für den Bereich rechtlichen Handelns: Institutionalisierungen stellen Deutungsschemata bereit, anhand deren soziales Geschehen interpretiert wird.[90]

### 6. Argumentationstheorie als Gesellschaftstheorie (Hubert Rodingen)

*Seibert* diagnostiziert hinter dem „verbreitete(n) Vorrang normierter Semantik gegenüber empirischer Pragmatik" in Übereinstimmung mit *Friedrich Müller*[91] politische und gesellschaftstheoretische Gründe.[92] Den damit hergestellten Bezug der Sprachphilosophie zur *Gesellschaftstheorie* entfaltet *Rodingens* „Pragmatik der juristischen Argumentation". Sprachphilosophie *ist* für *Rodingen* **Gesellschaftstheorie**, weil Sprachfügungen die Deutung sozialen Geschehens präformieren. *Rodingen* zeigt, wie die von Juristen bevorzugten Sprachfügungen „Objektzurechnung", also: Zurechnung der Entscheidung zur Sachlage, nicht zu den Präferenzen des Entscheidenden, nahelegen. Er konstatiert eine sprachlich bedingte Ontologisierung sozialer Handlungen für den gesamten Bereich der Rechtsdogmatik: „Aussagen ohne Objektbezug wie die Rechtsdogmatik ... werden zur Ontologie"[93] 48

Die soziale Funktion einer solchen **Fachontologie** liegt auf der Hand: Sie entlastet diejenigen, die juristische Entscheidungen zu treffen haben, von Verantwortung und lenkt die Kritik der konkreten Entscheidung auf allgemeine Rechtsinstitute und -normen ab, die in ihrer Allgemeinheit schwerlich in Frage gestellt werden können. Rechtsontologie hat, mit einem Wort, Legitimationsfunktion. In den kräftigeren Formulierungen von *Rodingen* lautet dieser Befund: Mit der juristischen Dogmatik „wird der naive Ontologismus eingeübt, wird der kindische Glaube an unverrückbare Wert- und Normwelten genährt und mit ihr Untertanenhörigkeit und Begriffsstutzigkeit".[94] 49

Im Bereich des Strafrechts führt die Kritik dieses „naiven Ontologismus", der Begriffe wie „Schuld" und „Verantwortung" als Bezeichnung von Entitäten versteht, zur Position des sogenannten **‚labeling-approach'**, der zufolge Kriminalität keine Eigenschaft von Personen oder Handlungen ist, sondern von der Gesellschaft bzw. ihren Institutionen „zugeschrieben" wird.[95] 50

*Rodingen* sieht in dieser Auffassung eine Renaissance von *Feuerbachs* Religionskritik: Wie *Feuerbach* erkannt habe, dass nicht der Mensch ein Werk Gottes, sondern umgekehrt Gott ein Werk des Menschen ist, so habe der ‚labeling-approach' aufgedeckt, 51

87 Ausf. *Seibert*, Gerichtsrede.
88 *Seibert*, Aktenanalysen, S. 41 ff.
89 Näher dazu *Seibert*, Gerichtsrede; *ders.*, Zeichen, Prozesse.
90 Zu den Begriffen der „Institution" und der „Institutionalisierung" vgl. *Seibert*, Aktenanalysen, S. 15; *ders.*, Zur Einführung, S. 183 ff.
91 *Fr. Müller*, Recht, Sprache, Gewalt 1. Aufl. 1975, S. 18 ff.
92 *Seibert*, Aktenanalysen, S. 16.
93 *Rodingen*, Ansätze, S. 182.
94 *Rodingen*, Pragmatik, S. 153.
95 Ebd., S. 123.

dass nicht die Schuld des Täters dessen Verurteilung, sondern umgekehrt dessen Verurteilung seine Schuld „bedinge“. Freilich werde allein durch diese Umkehrung die „Satz- und Schlussförmigkeit“ des behaupteten Zusammenhangs, die für *Rodingen* der Ursprung des juristischen Übels ist, nicht berührt. Diese Struktur aber sei im Rahmen der Wissenschaft nicht zu durchbrechen.

52 Der zuschreibende Charakter des strafrichterlichen Schuldurteils hat neben der erkenntniskritischen auch eine – bei *Rodingen* dominierende – *sozialkritische* Dimension. Denn die **Askriptivität** (der *zuschreibende* Charakter) der strafrechtlichen Begriffe bedeutet natürlich nicht, dass die Schuldzuschreibung nach Zufallskriterien erfolgen würde. Vielmehr sind, so die These des ‚labeling-approach‘, maßgebend für das Urteil die Deutungs- und Erwartungsschemata der Urteilenden.

53 Diese Schemata aber sollen schichtspezifische Differenzierungen in dem Sinne aufweisen, dass kriminelles Verhalten eher von Angehörigen der Unterschicht (von *Rodingen* als „Hauptschicht“ bezeichnet) als von „Mittelschichtlern“ erwartet wird. Wenn es richtig ist, dass sich das Persönlichkeitsprofil eines Diebes im Urteil des Richters kaum von dem eines Hilfsarbeiters, dafür aber sehr klar von dem eines leitenden Angestellten unterscheidet,[96] dann ist zu vermuten, dass die Überrepräsentation der Unterschicht in den Kriminalstatistiken jedenfalls auch eine Folge schichtspezifischen Sanktionsverhaltens der Justiz ist. Hier, im Bereich der gesellschaftlichen Reaktion auf Verhaltensweisen, die als abweichend definiert werden, lässt sich die gesellschaftstheoretische Dimension einer ontologiekritischen Sprachanalyse exemplarisch verdeutlichen.

### 7. Juristische Rhetorik und juristische Hermeneutik (Fritjof Haft)

54 Ebenso in der Tradition von Topik und neuer Rhetorik wie auch in der Tradition der juristischen Hermeneutik steht die „Juristische Rhetorik“ von *Fritjof Haft*, die sich allerdings eher mit dem praktisch-technischen Aspekt der juristischen Argumentation als mit deren rechtstheoretisch bedeutsamen Strukturen befasst.[97] *Haft* betont, insoweit in Übereinstimmung mit der juristischen Hermeneutik, die Bedeutung des **Vorverständnisses** (Vorurteils) für die juristische Entscheidung.[98] Vorurteile seien „unvermeidlich, notwendig und nicht a priori negativ zu bewerten“[99]. Möglich sei dagegen die Aufhellung der Vorurteilsstrukturen.[100] Sie sei zugleich notwendig, um die Chance eines Konsenses zwischen den Verfahrensbeteiligten zu begründen, Die Möglichkeit eines *Konsenses* ist für *Hafts* „Juristische Rhetorik“ deshalb von besonderer Bedeutung, weil sie als letztes Richtigkeitskriterium bei der juristischen Fallbeurteilung fungiert.[101]

55 Der daraus resultierende Verzicht auf eine in der Sache liegende Richtigkeit[102] entspricht der von *Haft* zustimmend zitierten Auffassung, dass es eine „neutrale“ Sprache nicht gibt, dass auch die simpelste Aussage rhetorisch ausgerichtet ist.[103] Gleichwohl hebt *Haft* hervor, dass die „neue“ Rhetorik nicht ornamental, sondern funktional

96 Ebd., S. 96.
97 *Haft*, Juristische Rhetorik.
98 Ebd., S. 20, 83; *ders.*, Strafrecht und Rhetorik, S. 718.
99 *Haft*, Strafrecht und Rhetorik, S. 719.
100 Ebd., S. 718 f.
101 *Haft*, Juristische Rhetorik, S. 20, 145 f.
102 Krit. dazu und zu *Hafts* rhetorischem Ansatz insgesamt *Hoerster*, Vorurteil, S. 665 ff. Krit. auch *D. Simon*, Schwarz und Weiß, S. 15 ff.
103 *Haft*, Strafrecht und Rhetorik, S. 720. Ebenso *ders.*, Juristische Rhetorik, S. 96.

sei,[104] dass es hier nicht um schönes, sondern um „gutes, der Sache angemessenes" Reden gehe.[105] Der Versuch, Kriterien für die der Sache angemessene Argumentation zu entwickeln, wird im Rahmen der „Juristischen Rhetorik" nicht unternommen. Gefragt wird vielmehr, „wie man als Jurist einen anderen praktisch überzeugt".[106] Die Antwort lautet: Durch Darbietung geordneter Strukturen und das Anführen von Vergleichsfällen.[107]

## 8. Rhetorik und Sachlichkeit des Juristen

Rhetorik steht, jedenfalls in der hier und heute dominierenden ideengeschichtlichen Tradition, in dem Verdacht, statt auf eine möglichst objektive Verständigung über die Sache auf eine manipulative Beeinflussung des Gesprächspartners zu zielen. Dass dies nicht dem Selbstverständnis der neueren rhetorischen Ansätze in der Rechtstheorie entspricht, dürfte in den vorstehenden Darstellungen deutlich geworden sein. 56

Das Problem, wie das Verhältnis zwischen **Sachlichkeit/Objektivität** einerseits, Rhetorik andererseits in der juristischen Argumentation zu bestimmen ist, ist damit aber nicht gelöst. Es resultiert daraus, dass die Rhetorik auf eine andere Dimension der Sprache und des Redens abzielt als die Modelle „objektbezogener" Argumentation. Veranschaulichen lässt sich das Nebeneinander beider Dimensionen durch folgende Überlegungen: 57

Man kann zum einen, von der Erwägung ausgehend, dass Reden schon immer Reden *über etwas* ist, Kommunikation und Argumentation in erster Linie als Verständigung über eine als gegeben gedachte Sache interpretieren. Im Idealfall ist die Verständigung dann vollständig durch die Strukturen des Gegenstands dieser Verständigung determiniert. Im Bereich des Rechtsdenkens entspricht dieser Perspektive die Vorstellung eines vorgegebenen Gesetzesinhalts, der durch Auslegung zu erkennen ist. Die hinreichende Erkenntnisfähigkeit aller Diskussionspartner unterstellt, ist die Verständigung (der Konsens) dann als Folge der – notwendigerweise übereinstimmenden – richtigen Erfassung der Gesetzesinhalte garantiert. 58

Man kann andererseits, davon ausgehend, dass Reden immer Reden *miteinander* ist, die Interaktion zwischen den beteiligten *Personen* ins Zentrum stellen. Das ist der Weg der Rhetorik.[108] Diese Perspektive ermöglicht es, die Annahme eines präexistenten Gegenstandes der Rede ggf. als Fiktion zu entlarven. Die rhetorische Sicht hat deshalb typischerweise eine ontologiekritische Dimension (dazu schon oben Rn. 5). 59

Komplementär verliert diese Perspektive dort ihre Berechtigung, wo das richtige Ergebnis der Diskussion durch vorgegebene Sachstrukturen festgelegt ist. „Ontologie ist das Gegenteil von Rhetorik. Rhetorik kann nur erlaubt sein im ontologiefreien Feld"[109] Rhetorik zielt auf Einverständnis, auf Konsens, nicht auf Objekterkenntnis. Daraus resultiert ein Spannungsverhältnis der Rhetorik zur Rechtsdogmatik,[110] soweit diese sich als Erkenntnis versteht. Der juristischen Rhetorik korrespondiert deshalb 60

104 *Haft*, Juristische Rhetorik, S. 17.
105 *Haft*, Juristische Hermeneutik und Rechtsrhetorik, S. 96.
106 Ebd., S. 98.
107 Ebd. Zur „Fallbezogenheit" des Rechts *Haft*, Juristische Rhetorik, S. 13.
108 *Gast*, Juristische Rhetorik, Rn. 5, 34 u. ö.
109 *Gast*, Juristische Rhetorik, 1988, S. 285. In der Präsentation, nicht in der Konzeption teilw. anders jetzt *Gast*, 5. Aufl. 2015 (vgl. insbes. Rn. 1179 ff.).
110 *Dorndorf*, Juristische Rhetorik.

eine ontologiekritische Auffassung, der zufolge der Gehalt von Rechtstexten der Interpretation nicht vorausliegt, sondern durch diese konstituiert wird.

61 Diese **Gegenüberstellung von Ontologie und Rhetorik** hat natürlich idealtypischen Charakter. In der Rechtspraxis bleibt das Problem, inwieweit der rhetorisch gestiftete Konsens *gegenstandsangemessen* sein kann und sein muss. Soweit Rhetorik nicht nur auf Überredung, sondern auf Überzeugung abzielt,[111] setzt sie die Möglichkeit einer sachbezogenen Argumentation voraus. Rhetorisch überholt wird die Gegenüberstellung von Rhetorik und Sachlichkeit in der Kennzeichnung der Sachlichkeit als „rhetorischer Kunst der Juristen".[112]

## II. Die „Neue Rhetorik" (Chaim Perelman)

### 1. Ausgangspunkt

62 Die unter dem Namen **„Neue Rhetorik"** (nouvelle rhétorique) bekannt gewordene Argumentationstheorie[113] verdankt ihre Entwicklung einer ursprünglich ganz andersartigen Zielsetzung ihres Urhebers. Untersuchungen über Fragen der *Gerechtigkeit* hatten *Perelman* frühzeitig zu dem Problem der *Begründbarkeit von Werturteilen* geführt. Die Suche nach einem Maßstab zur rationalen Beurteilung der scheinbar völlig willkürlichen und logisch unbestimmten Werturteile hatte zum Ziel, eine *Logik der Werturteile* zu entdecken – komplementär zu der von *Frege* ausgearbeiteten mathematischen Logik.[114]

63 Für das weitere Schicksal dieses Unternehmens wurde entscheidend, dass *Perelman* nicht den Versuch unternahm, einen Kalkül der Werturteile zu *konstruieren;* ein solcher Versuch hätte vermutlich zur Entwicklung eines „evaluativen" Logiksystems geführt, das der Realität der juristischen Argumentation nicht nähergekommen wäre als die heute vorliegenden, im Einzelnen unterschiedlichen deontischen Systeme. Der Plan zielte auf die *Entwicklung, nicht* auf die *Erfindung* einer **Logik der Werturteile**; auf die Rekonstruktion, nicht auf die Konstruktion logischer Zusammenhänge. Dementsprechend wählten *Perelman* und seine Mitarbeiterin *Olbrechts-Tyteca* als Forschungsmethode die Analyse von Texten, in denen es um die Begründung von Werturteilen geht.[115]

64 Das Ergebnis dieser breit angelegten Untersuchungen war die Erkenntnis,

> „dass es gar keine spezifische Logik der Werturteile gab, sondern dass das, wonach wir suchten, in einer sehr alten und nun vergessenen und geringgeschätzten Disziplin entwickelt worden war: in der Rhetorik, der alten Kunst des Überzeugens und Überredens."[116]

---

111 *Perelman*, Reich der Rhetorik, S. 26. Dazu Rn. 74 ff.

112 *Sobota*, Sachlichkeit.

113 Zur Konzeptualisierung der „nouvelle rhétorique" als Argumentationstheorie *Kopperschmidt*, Was ist neu an der *Neuen Rhetorik*?, S. 14 ff. Überblick bei *Feteris*, Fundamentals, S. 48–61. Detaillierte Analysen zum Projekt und zur Wirkungsgeschichte der „neuen Rhetorik" in: Kopperschmidt (Hrsg.), Die neue Rhetorik. Studien zu Chaim Perelman, 2006.

114 *Perelman*, Juristische Logik, S. 134 f.

115 *Perelman/Olbrechts-Tyteca*, La nouvelle rhétorique. Traité de l'argumentation (1958), 3. Aufl. 1976. Deutsch: Die neue Rhetorik. Eine Abhandlung über das Argumentieren, 2004.

116 *Perelman*, Reich der Rhetorik, S. 3.

So, wie die Suche nach dem Seeweg nach Indien zur (Wieder-)Entdeckung Amerikas führte, so die Suche nach einer Logik der Werturteile zur Wiederentdeckung der Rhetorik.

### 2. Begriff „Rhetorik“

Das Zitat verdeutlicht, dass *Perelman* den Begriff der *Rhetorik* ohne den abwertenden Beiklang verwendet, der ihm heute durchgehend anhaftet. Das Verständnis der Rhetorik als einer wenig seriösen Disziplin, die bestenfalls der ornamentalen Ausstattung der Argumentation, schlimmstenfalls der bewussten Manipulation des Gegenübers dient, bedeutet, so *Perelman*, eine entstellende Verkürzung der tatsächlichen Funktion der Rhetorik, eine Verengung auch gegenüber dem antiken Begriff der Rhetorik, wie er bei *Aristoteles* und bei *Cicero* Verwendung findet. 65

Im Gegensatz zu der auf das Ornamentale restringierten Rhetorik geht es der „nouvelle rhétorique“ nicht um die Verpackung, sondern um den *Gehalt von Argumenten.* Ausgangspunkt ist die Einsicht, dass sich rationale Argumentation nicht auf deduktives oder induktives Folgern beschränkt.[117] Auch über **Werte**, die den eigentlichen Gegenstandsbereich von Argumentation, Dialektik und Rhetorik bilden,[118] lässt sich *rational* diskutieren. Werte und Handlungen unterfallen dem Bereich der **praktischen Vernunft.** 66

In dieser Auffassung, dass auch über Normen und Entscheidungen rational diskutiert werden kann, liegt die Grundthese der „Neuen Rhetorik“. Als Inbegriff praktischer Vernunft, als Paradigma für die Ausarbeitung eines Konzepts praktischer Rationalität interessiert den Philosophen *Perelman* das Recht.[119] Im Bereich praktischer Vernunft kommt der Argumentation eine zentrale Funktion zu.[120] Wo es um unmittelbare Erkenntnis, um evidente Wahrheit geht, hat Argumentation keinen Platz; so kann es in der Mathematik nur Beweise, nicht aber Argumentationen geben. Umgekehrt lässt sich die Vernünftigkeit von Wertungen argumentierend begründen, nicht aber beweisen. 67

Der Unterschied zwischen einem **Beweis** und einer **Argumentation** liegt vor allem in der unterschiedlichen Kraft der Folgerung: Während sich bei einem Beweis die Konklusion aus den Prämissen zwingend ergibt, formulieren die zur Stützung einer These herangezogenen Argumente lediglich gute Gründe für deren Anerkennung.[121] Mit anderen Worten: Wer die Prämissen eines Beweises akzeptiert, muss auch die Konklusion akzeptieren; dagegen zwingt die Anerkennung der sachlichen Richtigkeit von Argumenten nicht notwendig zur Anerkennung der fraglichen These. Ob jemand den Schritt von den Argumenten zu der durch sie gestützten Behauptung vollzieht oder nicht, ist in diesem Sinne seine Sache. 68

### 3. Bedeutung des Auditoriums

Das hat die Konsequenz, dass die Argumentation im Gegensatz zum Beweis *personengebunden* ist;[122] der Argumentierende muss sich auf sein **Auditorium** einstellen. Welche Argumente welches Auditorium überzeugen, ist zunächst eine Frage der Empirie 69

117 *Perelman*, Gerechtigkeit, S. 134 f.
118 *Perelman*, Reich der Rhetorik, S. 162.
119 *Perelman*, Le raisonnement juridique, S. 6.
120 *Perelman*, Reich der Rhetorik, S. 17.
121 Ebd., S. 56.
122 Ebd., S. 12, 163 f.; ferner *Perelman*, Juristische Logik, S. 17; *ders.*, Justice, Law and Argument, S. 135.

– ebenso wie die Frage, welche Typen von Argumenten in bestimmten Argumentationsbereichen tatsächlich Verwendung finden. Diese Fragen gehören zum Gegenstandsbereich einer *deskriptiven Theorie der Argumentation;* die Untersuchungen von *Perelman* und *Olbrechts-Tyteca* haben durch die Klassifikation von Argumenten und die Strukturanalyse von Argumentationen diese Theorie wesentlich gefördert.

70 Für eine Konzeption, die ihren Ursprung in der Behauptung hat, rationale Argumentation sei nicht auf deduktive und induktive Folgerungen beschränkt, und die die Bedeutung der *praktischen* Vernunft akzentuiert,[123] muss indes eine *normative Frage* im Vordergrund stehen: die Frage, anhand welcher Kriterien sich die rationale Argumentation von der rhetorischen Verführung unterscheiden lässt, was also das *Überzeugen* vom *Überreden,* was das bloß *wirksame* von dem *gültigen Argument* trennt.

71 Diese Kriterien können in einer Theorie, die den Bezug jeder Argumentation zu dem angesprochenen *Publikum* hervorhebt, nicht in irgendwelchen Eigenschaften der Argumente selbst gefunden werden. Andernfalls würden die Argumente isoliert, „monologisiert“; die von *Perelman* hervorgehobene Notwendigkeit eines geistigen Kontakts zwischen dem Redner und seinem Publikum[124] wäre an einem wesentlichen Punkt suspendiert. Der *Wert eines Arguments* muss deshalb anhand des *Publikums* bestimmt werden, das es überzeugt.[125]

72 Zum Prüfstein der Rationalität einer Argumentation wird damit die Zustimmung eines Auditoriums, das nur durch rationale Argumente überzeugt werden kann. *Perelman.* bezeichnet dieses Auditorium als das **universale Auditorium**; es ist „der Inbegriff der Rationalität“.[126] Die Zustimmung des universalen Auditoriums ist das Kriterium für die Rationalität der Argumentation.[127]

73 Mithilfe des Modells des universalen Auditoriums[128] lässt sich auch die Grenze zwischen *Überreden* und *Überzeugen* markieren. Eine Rede, die sich an eine *besondere Zuhörerschaft* wendet, will *überreden,* während zu *überzeugen* versucht, wer sich um die Zustimmung des *universalen Auditoriums* bemüht.[129] Entsprechend ergibt sich die Unterscheidung zwischen einem *gültigen* und einem nur *wirksamen Argument.*[130]

74 Allerdings ist die Grenze zwischen **Überzeugen** und **Überreden**, wie *Perelman* und *Olbrechts-Tyteca* hervorheben,[131] häufig nicht scharf zu ziehen. Dem entspricht, dass die Unterscheidung zwischen *Argumentation* und *ornamentaler Rhetorik* nicht allgemeingültig vorgenommen werden kann.[132] Argumentativ ist eine Redefigur, wenn ihre Verwendung in dem fraglichen Kontext als normal erscheint; andernfalls wird sie als Stilfigur wahrgenommen.[133]

75 Die Unmöglichkeit, Argumentation und ornamentale Rhetorik objektiv, d. h. ohne Bezug auf die Reaktion des Auditoriums, voneinander zu unterscheiden, hat ihren

123 *Perelman*, Juristische Logik, S. 133; *ders.*, Justice, Law and Argument, S. 32.
124 *Perelman*, Reich der Rhetorik, S. 18.
125 *Perelman/Olbrechts-Tyteca*, La nouvelle rhétorique, S. 432.
126 *Perelman*, Juristische Logik, S. 164.
127 Ebd., S. 141; ferner *Perelman*, Justice, Law and Argument, S. 71 ff.; *Perelman/Olbrechts-Tyteca*, La nouvelle rhétorique, S. 40.
128 Ausführlich zu diesem Modell *Kopperschmidt*, Die Idee des „universalen Publikums“, S. 227 ff.
129 *Perelman*, Reich der Rhetorik, S. 26; *Perelman/Olbrechts-Tyteca*, La nouvelle rhétorique, S. 208.
130 *Perelman*, ebd., S. 142; *Perelman/Olbrechts-Tyteca*, ebd., S. 613 f.
131 *Perelman/Olbrechts-Tyteca*, ebd., S. 38.
132 Vgl. dazu *Weinberger*, Jurisprudenz, S. 565.
133 *Perelman*, Reich der Rhetorik, S. 46; *ders.*, Juristische Logik, S. 159.

Grund darin, dass es *die* eine und vollständig angemessene Beschreibung des Wirklichen nicht gibt.[134] Zumindest für den Bereich der sozialen Wirklichkeit lässt sich diese Feststellung kaum bestreiten; eine Beschreibung sozialer Wirklichkeit enthält in aller Regel zugleich eine Deutung und damit eine Bewertung.

### 4. Universalität und historische Relativität von Argumentationsstandards

*Perelmans* „Neue Rhetorik" erhält ihr charakteristisches Gepräge durch den Versuch, 76
die Einsicht in die historische und gesellschaftliche Bedingtheit substantieller (d. h. nicht-deduktiver und nicht-induktiver) Argumentationen einerseits, und die Behauptung, dass rationale Argumentation nicht auf deduktives und induktives Folgern beschränkt ist. andererseits, auf einen Nenner zu bringen. Die Schwierigkeit, das Rationalitätspostulat und die Erkenntnis der historischen und gesellschaftlichen Relativität von Argumentationsstandards in ein ausbalanciertes Verhältnis zu bringen, dürfte für gewisse **Inhomogenitäten** in der Theorie *Perelmans* verantwortlich sein, die sich in der Mehrdeutigkeit des Begriffs des universalen Auditoriums spiegeln:[135]

Denn einerseits hebt *Perelman* hervor, dass die Beschaffenheit auch des universalen 77
Auditoriums historisch und kulturspezifisch variiert;[136] auf der anderen Seite wird das universale Auditorium mit der Gesamtheit aller vernünftigen Wesen[137] bzw. mit der „aufgeklärten Menschheit"[138] gleichgesetzt. Man kann diese Unklarheit kritisch vermerken; wichtiger erscheint indes die zugrundeliegende Einsicht, dass eine realistische Theorie der Argumentation sowohl dem Rationalitätspostulat als auch der historischen und gesellschaftlichen Relativität von Argumentationsstandards und -prämissen Rechnung zu tragen hat.

*Perelman* hat sich in seinen Arbeiten zu Zwecken der allgemein-philosophischen Ana- 78
lyse immer wieder auf rechtliche Argumentationen bezogen;[139] komplementär haben seine Analysen der juristischen Argumentationstheorie (als Gebiet der Rechtstheorie) wichtige Anregungen gegeben.[140] Ebenso wie *Toulmin* repräsentiert *Perelman* eine philosophische Richtung, die wesentlich zur Überwindung des traditionellen Modells einer logisch-deduktiven Urteilsbegrünung beigetragen hat.

134 *Perelman*, Reich der Rhetorik, S. 47 ff.
135 Dazu und zum Folgenden *Alexy*, Theorie, S. 204 ff.
136 *Perelman/Olbrechts-Tyteca*, La nouvelle rhétorique, S. 43 f.
137 *Perelman*, Gerechtigkeit, S. 153.
138 *Perelman*, Betrachtungen, S. 221.
139 Explizit beispielsweise: *Perelman*, Juristische Logik; *ders.*, Recht und Rhetorik; *ders.*, Das Vernünftige und das Unvernünftige im Recht.
140 Exemplarisch: *Feteris*, Fundamentals; *Kalinowski*, Le rationel; *Seibert*, Rhetorische Rechtstheorie. Überblick bei *Van Eemeren*, Argumentationstheorie nach der *Neuen Rhetorik*, S. 374–376.

# § 4 Argumentation im Modell der „Strukturierenden Rechtslehre"

1 Die maßgeblich von *Friedrich Müller* ausgearbeitete „Strukturierende Rechtslehre" ist ein besonders fruchtbarer Boden für eine Theorie der juristischen Argumentation. Denn sie interpretiert die richterliche Entscheidung als *Konstruktion* – nicht nur des Urteils, sondern auch der *Rechtsnorm*, auf die dieses Urteil zurückgeführt wird. Die Rechtsnorm wird nicht *gefunden*, sondern im Verfahren *hergestellt*. Verabschiedet wird von der Strukturierenden Rechtslehre damit die Vorstellung, es gehe bei der richterlichen Entscheidungsfindung um die methodologisch angeleitete *Erkenntnis* des Gehalts einer als vorgegeben zu denkenden Rechtsnorm (Gesetzesnorm). *Gesetzesbindung* kann damit nicht mehr als Relation zwischen Urteil und einer präexistenten Rechtsnorm gedacht werden; sie resultiert als Ergebnis einer Argumentation, die sich auf das Gesetz als „Ausgangs- und Zurechnungsgröße der Entscheidung" bezieht,[1] diesen Bezug aber in der konkreten Entscheidungsbegründung allererst herstellt. Die Argumentation gewinnt damit für die Legitimation der Entscheidung eine konstitutive Bedeutung.

## I. Positionen

### 1. Kritik des semantischen Modells der Gesetzesbindung

2 Der zugrundeliegende sprachtheoretische Ansatz markiert eine Gegenposition zu dem „semantischen" Modell, das die **Gesetzesbindung** als Bindung an und durch semantische Regeln konzipiert. „Der Weg vom Normtext zur Rechtsnorm ist gerade nicht als Anwendung objektiver semantischer Regeln zu verstehen."[2] Scharfe (und berechtigte) Kritik erfährt insbesondere eine begriffsrealistische, ontologisierende Semantik.[3] Die der Strukturierenden Rechtslehre zuzuordnenden oder ihr nahestehenden Autoren betonen im Anschluss an *Wittgenstein* zu Recht, dass die „Bedeutung" von Wörtern durch deren Gebrauch in der Sprachpraxis konstituiert wird, dass in diesem Sinne also **Semantik in Pragmatik fundiert** ist. Der elaborierte Versuch von *Matthias Klatt*, im Anschluss an *Robert Brandoms* großes Werk „Making it Explicit"[4] die Semantik als Garant der **„Wortlautgrenze"** zu rehabilitieren,[5] wird als Rückfall in ein „vorpragmatisches" Sprachverständnis kritisiert.[6] Zudem sei es problematisch, gerade *Brandom* als Kronzeugen für die Reanimation der Semantik heranziehen zu wollen: „Während Brandom konsequent Semantik aus der Pragmatik entwickelt, unterwirft Klatt genau umgekehrt die Pragmatik wieder der Semantik".[7] Die „Gleichsetzung des Diskurses bei Brandom mit dem sprachanalytischen Diskurs bei Alexy" sei „fehlerhaft".[8]

3 Die Kritik, die *Kudlich* und *Christensen* hier an einer Position üben, die Semantik der Pragmatik „vorordnet", verdient grundsätzlich Zustimmung. Fragwürdig ist aber der Vorwurf, dass *Klatt* deshalb einem „vorpragmatischen Verständnis" verhaftet blei-

1 *Christensen*, Paradoxie, S. 93.
2 *Müller/Christensen*, Juristische Methodik, Rn. 256.
3 Besonders nachdrücklich *Busse*, Juristische Semantik.
4 *Brandom*, Making it Explicit.
5 *Klatt*, Theorie der Wortlautgrenze.
6 *Kudlich/Christensen*, Wortlautgrenze, S. 142.
7 *Kudlich/Christensen*, ebd., S. 132. Zur Frage, inwieweit sich *Klatt* zu Recht auf *Brandom* beruft, vgl. auch *Barth*, Sprachliche Bedeutung im juristischen Diskurs (mit der These, dass spätere Arbeiten von *Brandom* eine tragfähigere Grundlage für *Klatts* Kritik des Bedeutungsskeptizismus bereitstellen würden).
8 *Kudlich/Christensen*, Wortlautgrenze, S. 130.

be, weil er „den Regelplatonismus der Koch/Alexy-Semantik“ übernehme.[9] Versteht man unter **„Regelplatonismus“** die Auffassung, dass Regeln eine ideale, nicht durch gesellschaftliche Kommunikation vermittelte Existenz haben und sich unmittelbar auf Sachverhalte beziehen, dann wäre keiner der genannten Autoren einer regelplatonistischen Position zuzuordnen.[10]

## 2. Konstruktivismus

### a) Regelskeptizismus

Die Vertreter der „Strukturierenden Rechtslehre“ ihrerseits lassen wiederholt eine radi- 4
kal **regelskeptische Position** hinsichtlich der vom Gesetzgeber verabschiedeten Normen (Normtexte) erkennen.[11] Zwar wurde die in der siebten Auflage der „Juristische(n) Methodik“ formulierte These, ohne die Tätigkeit des „Rechtsarbeiters“ (Rechtsanwenders) bliebe „der Normtext ein Stück Papier, bedeckt mit Druckerschwärze, allenfalls bedeckt mit Chiffren“[12], in der nachfolgenden Auflage nicht wiederholt.[13] Es bleibt aber dabei, dass das Gesetz *vor* der Tätigkeit des Rechtsarbeiters ein „zur Entscheidung des anstehenden Falles ‚von sich aus‘ nichts sagende(s) Zeichen“[14] ist. Und auch in anderen Arbeiten der Strukturierenden Rechtslehre bleibt die These präsent, dass die Rechtsnorm zu dem Zeitpunkt, in dem der Jurist mit der Prüfung des Sachverhalts beginne, „noch nicht vorhanden“ sei.[15] Die Ansicht, dass die Rechtsnorm (lediglich) unfertig und konkretisierungsbedürftig sei, wird als „unzulängliche Problemformulierung“ der Hermeneutik beanstandet. Mit dieser radikalen Bedeutungsskepsis steht die Feststellung in einem gewissen Spannungsverhältnis, damit solle nicht gesagt sein, „dass dem vom Gesetzgeber geschaffenen Normtext keinerlei Bedeutung zukäme“.[16]

### b) Herstellung der Norm durch Argumentation

Gleichgültig, wie strikt die These zu nehmen ist, dass die Norm zu Beginn der Rechts- 5
arbeit noch nicht vorhanden ist: Fest steht, dass es in dem Modell der Strukturierenden Rechtslehre eine zentrale Aufgabe des „Rechtsarbeiters“ ist, die relevante Norm (anhand des Normtextes) zu erstellen. Daraus resultiert, wie bereits festgestellt, die Bedeutung juristischen Argumentierens. Die Norm steht nicht am Beginn der **Rechtsarbeit**, sondern ist deren Ergebnis. Da die Norm auf den Normtext zurückgeführt werden muss, bedeutet dies zugleich, dass die Strukturierende Rechtslehre „die wörtliche Bedeutung [eines Gesetzesbegriffs, U.N.] an das Ende der Argumentation stellt“.[17] Damit wird das Verhältnis von „Bedeutung“ und Interpretation im Verhältnis zu den

9 *Kudlich/Christensen*, ebd., S. 142.

10 Exemplarisch *Alexy*, Juristische Interpretation, S. 85.

11 Diese Feststellung bezieht sich auf die Behauptung, vor dem Einsetzen der „Rechtsarbeit“ sei eine dem Gesetzestext zuzuordnende Rechtsnorm noch nicht vorhanden (dazu sogleich im Text). Dass die Strukturierende Rechtslehre sich grundsätzlich (nicht nur vom Regelplatonismus, sondern auch) vom Regelskeptizismus distanziert, betont zu Recht *Coendet*, Dialektik, S. 46 (m. Hinw. auf *Müller/Christensen/Sokolowski*, Rechtstext und Textarbeit, 1997, S. 75).

12 *Müller*, Juristische Methodik, 7. Aufl. 1997, Rn. 531.

13 *Müller/Christensen*, Juristische Methodik, Band 1, 8. Aufl. 2002, Rn. 531.

14 Ebd.

15 *Christensen/Kudlich*, Theorie richterlichen Begründens, 2001, S. 177.

16 *Christensen/Kudlich*, Theorie, S. 177. Relativierend jetzt auch *Christensen*, Textualismus: „Ein Normtext hat ... keine wörtliche Bedeutung. Aber deswegen hat er nicht gar keine Bedeutung“ (S. 169).

17 *Kudlich/Christensen*, Wortlautgrenze, S. 137 m. Hinw. auf *Müller/Christensen/Sokolowski*, Rechtstext und Textarbeit, S. 29 ff.

logisch-semantischen Ansätzen umgekehrt: Die „Bedeutung“ eines Ausdrucks ist nicht mehr Mittel der Interpretation, sondern deren Resultat.

### 3. Der „semantische Kampf“ der Parteien

6 In die Argumentationsanalyse wird von der Strukturierenden Rechtslehre nicht nur der Umgang des Richters mit dem Normtext (und dem Fall), sondern auch die Interaktion zwischen den Verfahrensbeteiligten einbezogen. Ausgangspunkt ist der Kampf der Parteien um das Recht, der als Kampf um die Bedeutung des einschlägigen Gesetzestextes und damit als **„semantischer Kampf“** interpretiert wird.[18] Zwar wird anerkannt, dass hinter dem Kampf um *Bedeutungen* der Kampf um *Regeln* steht;[19] und hinzuzufügen wäre, dass hinter dem Kampf um Regeln wiederum der Kampf um *Interessen* sichtbar wird. Gleichwohl wird die forensische Auseinandersetzung zwischen den Parteien auf den „semantischen Kampf“ zugespitzt, um nicht zu sagen: reduziert. Der Rechtsstreit sei wesentlich ein Streit über die Sprache;[20] der Konflikt zwischen den Parteien wird in diesem Sinne als Auseinandersetzung zwischen verschiedenen Lesarten der Norm durch die Parteien verstanden.[21]

7 Da die Strukturierende Rechtslehre eine „Bedeutung“ des Normtextes als mögliches Kriterium für die Unterscheidung zwischen einer „richtigen“ und einer „falschen“ Lesart der Norm nicht anerkennt, führt dieses Modell des Gegeneinanders unterschiedlicher Lesarten zu dem Ergebnis, dass beide Parteien gleich gute Gründe für ihre jeweiligen Lesarten haben können.[22] Dieser Befund wird teilweise, unter Verweis auf *Lyotard*,[23] zu dem in der postmodernen Rechtstheorie vertrauten **„Paradoxon“ der richterlichen Entscheidung** zugespitzt: Zur Entscheidung stehe, angesichts der von *Lyotard* diagnostizierten „Inkommensurabilität“ der Sprachspiele/Lesarten, letztlich Unentscheidbares.[24]

8 Angesichts dieses Ausgangsszenarios ruht auf der juristischen Argumentation eine erhebliche Last. Sie soll einerseits die unterschiedlichen Lesarten des Textes durch die Parteien berücksichtigen, andererseits die konstruierte Norm gemäß den methodischen Regeln des juristischen Handwerks an den Normtext zurückbinden. Aus dieser doppelten Aufgabe resultiert, wenn ich richtig sehe, ein Nebeneinander zweier unterschiedlicher (nicht notwendig: unvereinbarer) Ansätze.

9 Zum einen wird auf die Topoi der juristischen Methodenlehre zurückgegriffen,[25] die jetzt allerdings nicht mehr als Wegweiser zur Erkenntnis einer (fiktiven) „wirklichen“ Bedeutung der Norm, sondern als Elemente einer *lege artis* vorgenommenen Konstruktion der Norm erscheinen. Zum andern greift die Strukturierende Rechtslehre in neueren Arbeiten auf ein detailliert ausgearbeitetes Modell der allgemeinen Argumentationstheorie zurück, das geeignet erscheint, als Muster zur Rekonstruktion und zur Strukturierung auch juristischer Argumentationen zu dienen.

18 *Christensen*, Paradoxie, S. 16.
19 *Christensen*, ebd.
20 *Christensen/Sokolowski*, Krise der Kommunikation, S. 107.
21 *Christensen/Kudlich*, Gesetzesbindung, S. 21 ff.
22 Ebd.
23 Insbes. *Lyotard*, Der Widerstreit, 1987.
24 *Christensen/Kudlich*, Gesetzesbindung, S. 21 ff.
25 *Müller/Christensen*, Methodik, passim; *Christensen/Kudlich*, Theorie richterlichen Begründens, S. 359–429.

## 4. Referenz: Das Argumentationsmodell *Wohlrapps*

Dieses ebenso anspruchsvolle wie „realistische" (d. h. an der Praxis von Argumentationen orientierte) Modell,[26] auf das in verschiedenen Arbeiten innerhalb[27] wie auch außerhalb[28] der Strukturierenden Rechtslehre Bezug genommen wird, kann hier nicht im Einzelnen rekonstruiert werden. Ich beschränke mich auf die Strukturen und Elemente, die *Wohlrapps* Ansatz aus der Sicht der Rechtstheoretiker als besonders attraktiv für eine Theorie der juristischen Argumentation erscheinen lassen.[29] 10

Das betrifft zunächst den Ausgangspunkt, die agonale Struktur der Situation, in der Argumentation stattfindet. *Wohlrapp* lokalisiert die Argumentation, um deren Analyse es ihm geht, nicht im „wissenschaftlichen Traktat", sondern im Disput, exemplarisch in der politischen Diskussion und – eben – in der Gerichtsverhandlung.[30] Es betrifft zweitens den Übergang vom Meinen zum „thetischen" Reden, der sich vollzieht, wenn eine Meinung zu verteidigen ist: Dieser Übergang findet sich in der juristischen Praxis, in der Meinungen und Positionen in rechtliche Kategorien übersetzt werden müssen, in geradezu idealtypischer Form.[31] Weiterhin entspricht auch *Wohlrapps* Modell einer wechselseitigen Beeinflussung von These und Argumenten („retroreflexive Struktur" des Argumentationsprozesses) der Praxis juristischen Argumentierens, in der nicht nur Argumente in Hinblick auf die vertretene Position zu formulieren sind, sondern auch – umgekehrt – die These gegebenenfalls in Hinblick auf die verfügbaren Argumente umformuliert werden muss.[32] 11

Schließlich spiegelt *Wohlrapps* Modell der Argumentation als Abfolge der Schritte des *Behauptens*, des *Begründens* und des *Widerlegens* die Struktur (auch) juristischer Argumentationen. Nach diesem Modell ist eine argumentativ gültige Version der These dann erreicht, wenn sie argumentativ gestützt wurde *und* die Einwände gegen sie widerlegt oder aber (durch Modifikation der These) integriert wurden.[33] Geltung wird somit als Einwand-Freiheit verstanden. Sie ist relativ zum Stand des Diskurses, also „revisibel". Sie ist ferner nicht mit der tatsächlichen Akzeptanz gleichzusetzen.[34] Eine These kann akzeptiert werden, ohne zu gelten, und gültig sein, ohne akzeptiert zu werden.[35] 12

Es liegt auf der Hand, dass sowohl die Relativität der „Geltung" als auch ihre Differenzierung gegenüber der Akzeptanz wesentliche Elemente der forensischen Argumentation treffen. Die „Geltung" des Rechtssatzes, der die Entscheidung trägt, ist in einem doppelten Sinn relativ. Dieser Rechtssatz kann einerseits im Instanzenzug verworfen, andererseits in späteren Verfahren revidiert werden. Dass die vom Gericht für gültig erachtete Rechtsmeinung nicht der Auffassung der Parteien entsprechen muss, bedarf keiner Hervorhebung. 13

26 *Wohlrapp*, Begriff des Arguments; *ders.*, Argumentative Geltung; *ders.*, Die diskursive Tendenz.
27 Vgl. etwa *Christensen/Kudlich*, Theorie richterlichen Begründens, S. 241 ff.; *Kudlich*, Einfluss des Strafverteidigers, S. 237 ff.
28 *Coendet*, Rechtsvergleichende Argumentation, S. 94–119 u. ö.
29 Ich folge hier weitgehend der Darstellung bei *Kudlich*, Einfluss des Strafverteidigers.
30 *Wohlrapp*, Argumentative Geltung, S. 282 (dazu *Kudlich*, Einfluss des Strafverteidigers, S. 237).
31 Dazu *Kudlich*, ebd., S. 239.
32 Ebd., S. 240 f.
33 Ebd., S. 238.
34 Ebd., S. 239.
35 Dazu *Christensen/Kudlich*, Theorie richterlichen Begründens, S. 245.

## II. Diskussion

### 1. Leistungen der Strukturierenden Rechtslehre

14 Vor einer kritischen Auseinandersetzung[36] mit einzelnen Positionen der Strukturierenden Rechtslehre ist festzuhalten:

Der Strukturierenden Rechtslehre kommt nicht nur das Verdienst zu, dass sie die Vorstellung von der **„Rechtsfindung" als Erkenntnis** eines angeblichen „wirklichen" Gehalts des Gesetzes einer finalen Kritik unterzogen hat. Sie hat diesem Ansatz auch ein detailliert ausgearbeitetes Modell einer methodengeleiteten Konstruktion der Entscheidung und der diese tragenden Rechtsnorm entgegengesetzt. Hinter die Einsicht, dass die konkrete, die Entscheidung tragende Norm nicht in dem Gesetzestext wie in einem Behältnis verborgen liegt, sondern das Ergebnis einer Konstruktion und damit eines Arbeitsprozesses ist, sollten Rechtstheorie und juristische Methodenlehre nicht zurückfallen dürfen. In gleicher Weise verbindlich sollte, entgegen allen dezisionistischen Versuchungen, die Feststellung sein, dass diese Konstruktion nicht willkürlich, sondern methodengeleitet zu erfolgen habe. Wenn die Strukturierende Rechtslehre hinsichtlich der hier zu beachtenden Konstruktionsvorgaben in den meisten Punkten auf Kriterien zurückgreift, die der traditionellen juristischen Methodenlehre vertraut sind, so ändert dies nichts an der grundsätzlichen Umstrukturierung der Perspektive. Denn diese Kriterien (z. B. Topoi der Auslegung) werden nicht mehr als Hinweise auf einen als vorgegeben gedachten Inhalt des Gesetzes, sondern als **Konstruktionsanweisungen** verstanden.

15 In diesem Zusammenhang verdient die Kritik der Strukturierenden Rechtslehre an begriffsrealistischen Vorstellungen in logisch-semantischen Ansätzen der juristischen Argumentationstheorie Hervorhebung. Auch wenn sich darüber streiten lässt, ob der Vorwurf des **„Begriffsrealismus"** tatsächlich in allen Punkten, an denen er von Vertretern der Strukturierenden Rechtslehre erhoben wird, berechtigt ist:[37] Die in nahezu allen Arbeiten der Strukturierenden Rechtslehre präsente Kritik an einer realistischen Semantik ist nicht nur sprach- und erkenntnistheoretisch überzeugend; sie entspricht angesichts der Nachweisbarkeit zahlreicher derartiger Positionen in Rechtstheorie und juristischer Methodenlehre auch einem dringenden Desiderat.

### 2. Kritik

16 Nicht überzeugend erscheinen mir die von der Strukturierenden Rechtslehre verfochtenen Positionen in folgenden Punkten:

#### a) Elemente des postmodernen Irrationalismus („Widerstreit")

17 Die Rekonstruktion des Streits zwischen den Parteien als unauflösbarer „Widerstreit" im Sinne *Lyotards* scheint eine rationale Rekonstruktion der forensischen Argumentation eher zu erschweren als zu erleichtern. Die These der Inkommensurabilität der Sprachspiele führt zu der Konsequenz, dass der Widerstreit nicht angemessen entschieden werden kann.[38] Im Rahmen der Strukturierenden Rechtslehre wird daraus teilwei-

---

36 Kritik etwa bei *Klatt*, Theorie der Wortlautgrenze, S. 102–114; *Siedenburg*, Kommunikative Kraft, S. 148–154.

37 Vgl. oben Rn. 3. Zu undifferenziert m. E. der von *Busse* gegenüber Vertretern der juristischen Hermeneutik erhobene Vorwurf, sie hielten an einer realistischen Semantik fest (*Busse*, Juristische Semantik, S. 81 ff.).

38 *Lyotard*, Widerstreit, S. 9.

se die Konsequenz gezogen, dass auch nach Abarbeitung aller Einwände gegen die Rechtsauffassung, die das Urteil trägt, das „Unrecht … nicht verschwunden" sei.[39]

18 An anderer Stelle wird von der Strukturierenden Rechtslehre allerdings eingeräumt, dass der dekonstruktivistische Ansatz *Lyotards* nicht im Verhältnis eins zu eins in die Rechtstheorie und die Theorie der juristischen Argumentation übernommen werden könne.[40] Zu fragen wäre indes, ob der **postmoderne Irrationalismus** *Lyotards* mit der rationalen Argumentationsanalyse, der das Modell *Wohlrapps* verpflichtet ist, vereinbart werden kann. *Wohlrapp* selbst jedenfalls ist der Auffassung, dass *Lyotards* Behauptungen, „dass (a) Heterogenität [der Argumente, U.N.] der Normalfall bei Diskursen und (b) das Problem grundsätzlich nicht lösbar sei … theatralische und resignative Übertreibungen der Verhältnisse" darstellen.[41]

### b) Überbetonung des „semantischen Kampfes"

19 Die Interpretation der Rechtsarbeit als „Spracharbeit" hebt zutreffend einen wesentlichen Aspekt der juristischen Tätigkeit hervor, lässt aber einen anderen, nicht weniger zentralen Teil in den Hintergrund treten: die Rechtsarbeit als Konstruktion und Begründung *rechtlicher Regeln*. Selbstverständlich ist es richtig, dass rechtliche Regeln, sofern sie nicht im Stadium habitueller Regeln verharren, sprachlich formuliert werden müssen. Das ändert aber nichts daran, dass es bei der juristischen Argumentation um die Bildung und Handhabung **rechtlicher Regeln** geht, nicht aber um **Sprachschöpfungen.** Wenn formuliert wird, im Prozess würden „gegensätzliche Rechtsmeinungen in einen semantischen Kampf um die Bedeutung des Gesetzestextes" eintreten,[42] so ist das in vielen Fällen zutreffend. Es gilt aber nicht für alle Fälle. Der Streit kann sich auch um dogmatische Regeln drehen, die nicht – oder jedenfalls nicht ohne Gewaltsamkeit – an den Gesetzestext zurückgebunden werden können.

20 Geht es etwa um die Frage, ob sich uneingeschränkt auf rechtfertigenden Notstand (Notstandshilfe) berufen kann, wer die Gefahr für den Dritten in vorwerfbarer Weise verursacht hat, dann lässt sich die Auseinandersetzung darüber nicht als semantischer Streit interpretieren. Das gilt selbst dann, wenn man das Problem in § 34 Satz 2 StGB lokalisiert und damit als Frage der „Angemessenheit" der Notstandshandlung behandelt. Denn niemand – außer vielleicht einem Vertreter einer radikal extensional konzipierten Semantik – wird behaupten wollen, dass die Vertreter der *einen* Auffassung dem Begriff der „Angemessenheit" des Mittels in § 34 Satz 2 StGB eine andere „Bedeutung" verleihen würden als die der Gegenmeinung (dazu, dass es hier nicht um Fragen der Semantik geht, vgl. oben § 2 Rn. 211). Es geht hier um alternative Rechtsregeln (die, nochmals gesagt, natürlich sprachlich formuliert werden müssen), nicht aber um semantische Alternativen.

21 Die Deutung der prozessualen Auseinandersetzung als **„semantischer Kampf"** wird in gleicher Weise überzogen, wenn auch der Streit um den *Sachverhalt*, der typischerweise im Mittelpunkt forensischer Auseinandersetzung steht, hier eingeordnet wird. Die dafür gegebene Begründung, es gehe „vor allem" um einen „Bezeichnungskonflikt",[43] dürfte allenfalls für einen Bruchteil der Auseinandersetzung um das tatsächlich Ge-

39 *Christensen/Sokolowski*, Krise der Kommunikation, S. 153.
40 *Christensen/Kudlich*, Theorie richterlichen Begründens, S. 93–105.
41 *Wohlrapp*, Begriff des Arguments, S. 305 m. Fn. 4.
42 *Christensen*, Paradoxie, S. 16.
43 *Christensen*, Paradoxie, S. 77; vgl. auch *Christensen/Kudlich*, Theorie richterlichen Begründens, S. 165.

schehene zutreffen. Natürlich kann es zentral um einen „Bezeichnungskonflikt" gehen, wenn man sich darüber einig ist, was tatsächlich geschehen ist. So kann in einer Auseinandersetzung über die zivilrechtliche oder strafrechtliche Haftung für einen missglückten Rettungseinsatz, der durch eine Gefährdungshandlung des Beklagten oder Angeklagten veranlasst wurde, darüber gestritten werden, ob der Rettungseinsatz (dessen Ablauf unstreitig ist) „mutig" oder aber „leichtsinnig" war. Aber im Regelfall geht es um die Frage, was tatsächlich geschehen ist. Hat das Kündigungsschreiben den Mieter erreicht? War der Angeklagte zur Tatzeit am Tatort? In allen diesen Fällen geht es nicht um Bezeichnungskonflikte, sondern um einander ausschließende Behauptungen über das tatsächliche Geschehen – bei völliger Übereinstimmung hinsichtlich der sprachlichen Bezeichnung der Geschehens-Alternativen.[44]

22 Eine Überdehnung der semantischen Komponente der juristischen Regelbildung liegt schließlich auch der Kritik zugrunde, die von der Strukturierenden Rechtslehre an der **subjektiven Auslegungslehre** geübt wird. Selbstverständlich kann man gegen die subjektive Auslegung gewichtige Argumente anführen, und ebenso selbstverständlich ist der **„Wille des Gesetzgebers"**, auf den die Verfechter der subjektiven Auslegung typischerweise rekurrieren, eine Konstruktion. Die Kritik aber, dass nach der subjektiven Auslegungslehre die „Bedeutung eines Textes" so zustande komme, „dass der Textproduzent irgendwelche bedeutungsverleihende Akte ausführt",[45] dürfte die Dinge verzeichnen. Der Gesetzgeber tätigt weder intentional noch objektiv irgendwelche „bedeutungsverleihenden Akte", sondern: er legt Verhaltensregeln fest, denen er eine bestimmte Funktion zuerkennt. Die Fixierung auf das Problem der „Textbedeutung" verstellt den Blick auf den rechtspolitischen Kontext, in dem diese Regeln stehen und der in dem Begriff des „Willens des Gesetzgebers" präsent bleibt.

23 Dass dieser „Wille des Gesetzgebers" eine Konstruktion ist, bedeutet nicht, dass er ohne Gehalt wäre. Denn ebenso wie bei der Konstruktion der Rechtsnorm durch den Rechtsarbeiter gilt, dass „Konstruktion" nicht „Willkür" bedeutet. Konstruktionselemente lassen sich typischerweise beim Blick in die Gesetzesmaterialien, bei größeren Projekten auch mithilfe der Re-Konstruktion einer parallelen gesellschaftlichen Debatte identifizieren. Mit sprachtheoretischen Argumenten lässt sich die Theorie der subjektiven Auslegung nicht erledigen.

### c) Nochmals: „Regelskeptizismus"

24 Der dritte und letzte Punkt betrifft die Position des **Regelskeptizismus**, die die Strukturierende Rechtslehre jedenfalls in manchen ihrer Aussagen (dazu oben Rn. 4) gegenüber rechtlichen wie auch gegenüber sprachlichen Regeln einnimmt.[46] Die „Bedeutung" des Gesetzes soll sich, wie dargestellt, erst in der Tätigkeit des Rechtsarbeiters konstituieren, der sich lediglich einer zu bearbeitenden „Zeichenkette" gegenübersieht.[47] Der „Rechtsarbeiter" hat danach nicht lediglich einem Rohbau genauere architektonische Strukturen zu verleihen, sondern das ganze Gebäude von Grund auf zu errichten. Dass seine Tätigkeit teilweise als „Konkretisierung" bezeichnet wird, steht

44 Allerdings kann die Frage, welche Tatsachen im Prozess zu berücksichtigen sind, von rechtlichen Regeln abhängen (Stichwort: Beweisverbote), die ihrerseits umstritten sein können (zutreffend *Kudlich*, Einfluss des Strafverteidigers, S. 235 m. Fn. 12).

45 *Christensen*, Paradoxie, S. 35; ebenso *ders*., Textualismus, S. 153.

46 Krit. dazu *Barth*, Sprachliche Bedeutung im juristischen Diskurs, S. 218 ff.

47 *Müller/Christensen*, Juristische Methodik, Rn. 533.

dem nicht entgegen; denn: „Unveränderlich vorgegeben ist der Konkretisierung nur der Normtext als Zeichenkette."[48]

Aber diese Sichtweise isoliert den Rechtsarbeiter und das Verfahren von dem **sozialen Kontext**, in dem es stattfindet. Es versetzt den Richter und die Parteien sozusagen auf einen anderen Planeten, auf dem sie mit dem Fall, dem Gesetzbuch und den methodischen Regeln alleingelassen sind. Tatsächlich aber fügen sich Verfahren und Entscheidung in einen sozialen Zusammenhang ein, der durch Traditionen, Ideologien, dogmatische Regeln und Regeln der Sprache strukturiert wird. Selbstverständlich wird die Entscheidung durch diese Faktoren zumindest in vielen Fällen nicht determiniert; dies klar herausgearbeitet zu haben, bleibt ein Verdienst der Strukturierenden Rechtslehre. Und ebenso selbstverständlich sind Traditionen, Ideologien, dogmatische und sprachliche Regeln Veränderungen unterworfen. Aber man schüttet das Kind mit dem Bade aus, wenn man daraus die Konsequenz zieht, diese Faktoren bei der Rekonstruktion der Situation des „Rechtsarbeiters" (vor „Arbeitsbeginn") auszublenden. 25

Allerdings ist hier zu berücksichtigen, dass die sprachlichen und rechtlichen Regeln, die bei der Rekonstruktion der Situation des Richters vor Arbeitsbeginn ausgeblendet werden, als methodologisch oder verfassungsrechtlich begründete Regeln seiner Konstruktionsarbeit wieder ins Spiel kommen.[49] So steht der sprachtheoretisch fundierte Regelskeptizismus einer Hochschätzung der grammatischen Auslegung ebenso wenig entgegen wie der Anerkennung einer (für den Regelfall als „Normprogrammgrenze" konzipierten) **„Wortlaut"grenze.**[50] Aber es bleibt die Frage, wie sich diese Regeln begründen lassen, wenn es lediglich darum geht, eine Entscheidung an eine bestimmte *Zeichenkette* zurückzubinden.[51] Verfassungsrechtliche Vorgaben, auf die Vertreter der Strukturierenden Rechtslehre hier verweisen, können sich nur auf das Ziel der Respektierung einer rechtlichen Regel beziehen (wie vage diese auch immer sei), nicht auf die einer Bedeutungs-losen Zeichenkette. 26

48 *Christensen/Kudlich*, Theorie richterlichen Begründens, S. 177.
49 Von einer dem Dekonstruktivismus verpflichteten Position aus dazu krit. *Goebel*, Rechtsgespräch, S. 133.
50 *Müller/Christensen*, Methodik, Rn. 448 (Schreibweise „Wortlaut'grenze" dort).
51 Ähnliche Kritik bei *Coendet*, Dialektik, S. 56 ff.

## § 5 Juristische Argumentation im Modell des praktischen Diskurses

1 Für eine Theorie der juristischen Argumentation, die die Extreme des juristischen Determinismus einerseits, des Irrationalismus und des Dezisionismus andererseits vermeiden will,[1] kann die Richtigkeit der Entscheidung alternativ nach zwei verschiedenen Gesichtspunkten bestimmt werden. Die Richtigkeit kann zum einen eine Funktion der Qualität der *Argumente* sein, die für sie vorgebracht werden können. Sie kann andererseits als Funktion der Bedingungen verstanden werden, unter denen eine Entscheidung für eine bestimmte Norm getroffen wird. Theorien, die die letztere Position einnehmen, können als *prozedurale Theorien* der Argumentation bezeichnet werden.

2 Eine **prozedurale Theorie der juristischen Argumentation** hat *Robert Alexy* in seiner grundlegenden Arbeit „Theorie der juristischen Argumentation"[2] entworfen und in mehreren Arbeiten dargestellt und präzisiert.[3] *Alexys* Entwurf knüpft – trotz einiger Bezüge zu *Perelmans* Theorie der Argumentation[4] und zur „Theorie der Beratung" der Erlanger Schule[5] – vor allem an *Habermas*' groß angelegte **Theorie des praktischen Diskurses** an.[6] Das gilt, ungeachtet der Differenzen zwischen *Habermas* und *Alexy* insbesondere zur Sonderfallthese (dazu unten Rn. 133), auch für spätere Arbeiten *Alexys* zur juristischen Argumentationstheorie.[7]

3 Die diskurstheoretisch fundierte Theorie der juristischen Argumentation hat seit ihren Anfängen in den siebziger Jahren des letzten Jahrhunderts verschiedene Entwicklungsphasen durchlaufen. Nach ihrer Grundlegung durch *Robert Alexy* erfuhr sie eine Ergänzung durch ein Modell, das in dem Bereich des Rechts ebenso wie in dem der Moral zwischen Normbegründungsdiskursen einerseits, Normanwendungsdiskursen andererseits differenziert. Einen Meilenstein der Entwicklung markiert schließlich die Ausarbeitung einer diskurstheoretisch ansetzenden Philosophie des Rechts durch *Jürgen Habermas* in seinem 1992 veröffentlichten Werk „Faktizität und Geltung".

4 Die nachfolgende Rekonstruktion folgt dem zeitlichen Ablauf dieser Entwicklung. Im Anschluss an eine knappe Darstellung der wahrheits- und erkenntnistheoretischen Grundlagen in den Arbeiten von *Habermas* aus den siebziger Jahren (I) wird zunächst *Alexys* „Theorie des rationalen juristischen Diskurses" thematisiert (II), nachfolgend *Klaus Günthers* Konzeption der Anwendungsdiskurse (III) und schließlich die Funktion der juristischen Argumentation im Rahmen von *Habermas*' eigenem rechtsphilosophischen Modell (IV).

### I. Theorie des praktischen Diskurses (Habermas I)

5 Voraussetzung einer jeden normativen Theorie der Begründung von Normen ist die Annahme, dass sich innerhalb der Menge aller denkbaren Normen bestimmte Normen auszeichnen lassen. Nicht festgelegt ist damit, nach welchem Kriterium diese von den

1 Zu diesem Anliegen der Diskurstheorie *Alexy*, Idee einer prozeduralen Theorie, S. 102.
2 *Alexy*, Theorie der juristischen Argumentation.
3 *Alexy*, Idee einer prozeduralen Theorie; *ders.*, Probleme der Diskurstheorie.
4 Dazu *Alexy*, Theorie der juristischen Argumentation, S. 197 ff.
5 Ebd., S. 178.
6 Relativiert wird dieser Bezug zu *Habermas* bei *Bäcker*, Begründen und Entscheiden, S. 40 m. Fn. 9.
7 Die Behauptung, *Alexy* habe sich in der zweiten Auflage seiner „Theorie der juristischen Argumentation" von *Habermas* distanziert und der Transzendentalpragmatik *Karl Otto Apels* zugewendet (*Haft/Hilgendorf*, Juristische Argumentation, S. 418 [unter Bezug auf eine terminologische Bemerkung *Alexys*]; ähnlich *Hilgendorf*, Zur transzendentalpragmatischen Begründung von Diskursregeln, S. 185), ist m. E. irreführend.

nicht ausgezeichneten Normen abzugrenzen sind. In Betracht kommen die Kriterien der Gerechtigkeit, der Vernünftigkeit und der Wahrheit (Richtigkeit). Diese Kriterien sind von unterschiedlicher Trennschärfe.

„*Gerechtigkeit*" und „*Vernünftigkeit*" sind *komparative Begriffe*. Eine Norm $N^2$ kann gerechter und vernünftiger sein als eine Norm $N^1$, aber ungerechter und unvernünftiger als eine Norm $N^3$. Die Kriterien der Gerechtigkeit und der Vernünftigkeit strukturieren den Bereich aller denkbaren Normen daher in Form von Reihen, die durch die denkbar ungerechteste bzw. unvernünftigste einschlägige Norm einerseits, die denkbar gerechteste und vernünftigste andererseits begrenzt wird. 6

Demgegenüber hat das Kriterium der **Wahrheit** ausschließenden Charakter. Die Auszeichnung einer Norm als „wahr" bedeutet für alle konkurrierenden Normen die undifferenzierte Verwerfung als „unwahr". Die Differenzierungsleistung des Kriteriums der Wahrheit ist demnach erheblich größer als die der Gerechtigkeit oder der Vernünftigkeit. Eine Theorie, die Normen Wahrheit zuerkennt, ist eine starke Theorie und dementsprechend einem erheblichen Legitimationsdruck ausgesetzt. 7

Welchen Begründungsanforderungen eine solche Theorie im Einzelnen genügen muss, entscheidet sich allerdings erst bei der Interpretation des zugrundeliegenden *Wahrheitsbegriffs*. Versteht man Wahrheit im Sinne der **Korrespondenztheorie** als Übereinstimmung von Aussage und Sachverhalt, so resultiert ein naturrechtliches System als vorgegeben gedachter Normen, das zu heute kaum akzeptablen ontologischen Voraussetzungen zwingt. Anders, wenn man statt der Übereinstimmung einer Aussage mit der Wirklichkeit ihre Zustimmungsfähigkeit, den potenziellen Konsens aller zum Kriterium der Wahrheit macht (**Konsenstheorie**). In diesem Falle wäre lediglich zu begründen, dass der potenzielle Konsens aller als vernünftiges Kriterium für die Wahrheit einer Norm akzeptiert werden kann. 8

### 1. Konsenstheorie der Wahrheit

Inwieweit die grundsätzliche Kritik, die *Habermas* ursprünglich an der Korrespondenztheorie geübt hat,[8] für den Bereich deskriptiver Aussagen (konstativer Sprechakte) überzeugend ist, kann hier dahingestellt bleiben. *Habermas* selbst hat sie inzwischen für diesen Bereich relativiert.[9] Soweit es um die Frage der *Wahrheitsfähigkeit von Normen* geht, kommt die Korrespondenztheorie von vornherein nicht ernsthaft in Betracht. Begründet werden muss nicht, dass Normen nicht im Sinne der Korrespondenztheorie wahr bzw. falsch sind, sondern: dass Normen überhaupt sinnvoll Wahrheit und Falschheit zugeschrieben werden kann. Da Aussagen unstreitig wahrheitsfähig sind, könnte die Begründung durch den Nachweis erfolgen, dass zwischen Aussagen einerseits, Normen andererseits in den für die Frage der Wahrheitsfähigkeit relevanten Punkten Übereinstimmung besteht. 9

Um das zu zeigen, greift *Habermas* auf die **Theorie der Sprechakte** zurück. Daraus resultiert ein Perspektivenwechsel, der für die Frage der Wahrheitsfähigkeit von Normen entscheidend ist. Denn thematisiert wird jetzt nicht mehr der semantische Gehalt von Aussagen einerseits, Normen andererseits, sondern der *Anspruch* der mit diesem semantischen Gehalt korrespondierenden konstativen bzw. regulativen *Sprechakte*. Unter dem Gesichtspunkt des Anspruchs, der mit einer Äußerung verbunden ist, lassen 10

8 *Habermas*, Wahrheitstheorien, S. 215 ff.
9 *Habermas*, Richtigkeit versus Wahrheit, S. 288 ff.

sich aber Behauptungen (konstative Sprechakte) einerseits, regulative Sprechakte (Befehle, Aufforderungen, Verbote etc.) andererseits durchaus parallelisieren: Sowohl mit Behauptungen als auch mit Anweisungen ist ein *Geltungsanspruch* verbunden; denn in beiden Fällen wird der Anspruch erhoben, dass der Sprechakt berechtigt sei.

11 Versteht man Wahrheit in diesem Sinne als **Geltungsanspruch**, den wir mit Äußerungen verbinden,[10] dann ist es nur noch eine Frage der *Terminologie,* ob man hinsichtlich des Geltungsanspruchs, der mit *normativen* Äußerungen verbunden ist, den Begriff der *Wahrheit* oder den der *Richtigkeit* verwendet.[11]

12 Wenn „Richtigkeit“ und „Wahrheit“ einen einzulösenden Geltungsanspruch bezeichnen, dann müssen sich „wahre“ bzw. „richtige“ Normen ähnlich begründen lassen wie wahre Aussagen.[12] Die Thematisierung und Prüfung problematisch gewordener Geltungsansprüche erfolgt im *Diskurs*: Während in kommunikativen Handlungen die in Äußerungen implizierten Geltungsansprüche stillschweigend vorausgesetzt werden, dient der Diskurs der Klärung der Berechtigung dieser Ansprüche. Geht es um den Geltungsanspruch von Behauptungen, so handelt es sich um einen **theoretischen Diskurs**; die Klärung der Berechtigung normativer Äußerungen erfolgt demgegenüber im **praktischen Diskurs.** Ob eine Behauptung berechtigt ist, ob also die fragliche Aussage begründet werden kann und insofern wahr ist, entscheidet sich nach dem Ergebnis des Diskurses. Begründet ist eine Aussage dann, wenn alle potenziellen Gesprächspartner ihr zustimmen würden. „Die Bedingung für die Wahrheit von Aussagen ist die potenzielle Zustimmung aller anderen“[13].

### 2. Logik des Diskurses

13 Gegen die **Konsenstheorie der Wahrheit** lassen sich nach Einschätzung von *Habermas* zwei zentrale Einwände erheben. Zum einen liegt gegenüber allen pragmatischen Wahrheitstheorien, die sich nicht auf das Verhältnis Aussage/Wirklichkeit, sondern auf den Verständigungsprozess zwischen Kommunikationsteilnehmern beziehen, der Einwand nahe, dass sie die Wahrheit einer Aussage mit der Methode ihrer Gewinnung verwechseln. Zum anderen ist der *faktische Konsens,* die zwischen Gesprächsteilnehmern tatsächlich erzielte Einigung, als Wahrheitskriterium offensichtlich untauglich;[14] andernfalls könnte zwischen Wahrheit und kollektivem Irrtum nicht unterschieden werden.

14 Gewichtiger, und unter argumentationstheoretischem Aspekt allein bedeutsam, ist der zweite Einwand. Er zwingt dazu, nicht jeden beliebigen, sondern lediglich einen *begründeten Konsens* als Wahrheitskriterium zuzulassen. „Begründet“ soll ein Konsens dann heißen, wenn er auf der Kraft des besseren Argumentes beruht. Der **vernünftige Konsens** unterscheidet sich von dem trügerischen durch die Qualität der ihn tragenden Argumente. Damit stellt sich die Frage, worin die konsenserzielende Kraft des Arguments besteht.

---

10 *Habermas*, Wahrheitstheorien, S. 212.

11 Von der Wahrheitsfähigkeit praktischer Fragen spricht *Habermas*, Theorie der Gesellschaft, S. 241; ebenso *ders.*, Legitimationsprobleme, S. 140 ff. Die Unterscheidung zwischen der Wahrheit konstativer und der Richtigkeit regulativer Sprechakte ist durchgeführt etwa bei *Habermas*, Wahrheitstheorien, S. 219 ff.; vgl. dazu *Alexy*, Theorie der juristischen Argumentation, S. 134.

12 *Habermas*, Wahrheitstheorien, S. 226.

13 Ebd., S. 219.

14 Ebd., S. 239.

Die Antwort von *Habermas* lautet: 15

> „Die Konsenstheorie der Wahrheit beansprucht den eigentümlich zwanglosen Zwang des besseren Arguments durch formale Eigenschaften des Diskurses zu erklären."[15]

Die Vernünftigkeit, die Begründetheit wird damit zu einer Funktion prozeduraler Regeln:

> „Ein vernünftiger Konsens kann von einem trügerischen in letzter Instanz allein durch Bezugnahme auf eine ideale Sprechsituation unterschieden werden".[16]

„Ideal" nennt *Habermas* eine Sprechsituation,

> „in der Kommunikationen nicht nur nicht durch äußere kontingente Einwirkungen, sondern auch nicht durch Zwänge behindert werden, die sich aus der Struktur der Kommunikation selbst ergeben".[17]

Das setzt voraus, dass eine Reihe von strukturellen Bedingungen erfüllt ist. Diese Bedingungen werden durch die folgenden, von *Alexy* im Anschluss an *Habermas* formulierten[18] und von *Habermas* übernommenen[19] **Diskursregeln** festgelegt: 16

1.1 Jedes sprach- und handlungsfähige Subjekt darf an Diskussionen teilnehmen.

1.2 a) Jeder darf jede Behauptung problematisieren.
b) Jeder darf jede Behauptung in den Diskurs einführen.
c) Jeder darf seine Einstellungen, Wünsche und Bedürfnisse äußern.

1.3 Kein Sprecher darf durch innerhalb oder außerhalb des Diskurses herrschenden Zwang daran gehindert werden, seine in 1.1 und 1.2 festgelegten Rechte wahrzunehmen.

Der durch diese Regeln beschriebene **ideale Diskurs** ist, wie *Habermas* einräumt, in realen Diskussionen allenfalls approximativ zu verwirklichen. Gleichwohl ist er nicht bloßes Konstrukt. Denn in jedem realen Diskurs werden die Bedingungen des idealen Diskurses unterstellt – unabhängig davon, ob und in welchem Ausmaß diese Unterstellung im konkreten Fall kontrafaktischen Charakter hat.[20] Diese Unterstellung hat die Bedeutung eines Vorgriffs auf die ideale Sprechsituation, der im realen Kommunikationsvorgang wirksam ist und zugleich einen Maßstab liefert, an dem jeder faktisch erzielte Konsens daraufhin überprüft werden kann, ob er ein hinreichendes Indiz für einen begründeten Konsens darstellt.[21] 17

Wenn der – Wahrheit verbürgende – vernünftige Konsens durch die Bezugnahme auf die ideale Sprechsituation und damit auf prozedurale Faktoren (formale Eigenschaften des Diskurses) definiert wird, so bedeutet dies nicht, dass die Konsenstheorie der Wahrheit (im Sinne von *Habermas*) den substantiellen Gesichtspunkt der Struktur und der Qualität der den Konsens tragenden Argumentationen ausblenden könnte. Der begründete Konsens soll ja gerade dadurch gekennzeichnet sein, dass er allein von der 18

15 Ebd., S. 240.
16 Ebd., S. 257.
17 Ebd., S. 255.
18 *Alexy*, Theorie des praktischen Diskurses, S. 370; vgl. auch *dens.*, Theorie der juristischen Argumentation, S. 240.
19 *Habermas*, Diskursethik, S. 99.
20 Ebd., S. 102.
21 *Habermas*, Wahrheitstheorien, S. 258.

„Kraft des besseren Argumentes" getragen wird.[22] Das wirft die Frage auf, wie sich der prozedurale und der substantielle Gesichtspunkt als Kriterien des wahrheitsverbürgenden Konsenses zueinander verhalten.[23]

19 In der ursprünglichen, der bisherigen Darstellung zugrundeliegenden Konzeption von *Habermas* dominiert der prozedurale Aspekt. Das entscheidende Kriterium für die Vernünftigkeit eines Konsenses liefert der Bezug auf die **ideale Sprechsituation.** In späteren Arbeiten räumt *Habermas* dem substantiellen Gesichtspunkt ein größeres Gewicht ein.[24] Die Bedingungen, die als Bestimmungen einer idealen Sprechsituation beschrieben werden können, werden jetzt einer anderen Ebene von Argumentationsvoraussetzungen zugeordnet als die Regeln, die über die Qualität von Argumentationen entscheiden. *Habermas* unterscheidet:

a) Die logische Ebene der Produkte (d. h. von Argumentationen),
b) die dialektische Ebene der Prozeduren, und
c) die rhetorische Ebene der Prozesse.

20 Auf der *ersten Ebene* werden *logische und semantische Regeln* ohne ethischen Gehalt vorausgesetzt. Als Beispiele nennt *Habermas* die von *Alexy* aufgestellten Regeln:

1.1 Kein Sprecher darf sich widersprechen.
1.2 Jeder Sprecher, der ein Prädikat F auf einen Gegenstand a anwendet, muss bereit sein, F auf jeden anderen Gegenstand, der a in allen relevanten Hinsichten gleicht, anzuwenden.
1.3 Verschiedene Sprecher dürfen den gleichen Ausdruck nicht mit verschiedenen Bedeutungen benutzen.[25]

21 Auf der *dialektischen Ebene der Prozeduren* geht es um die pragmatischen Voraussetzungen kooperativer Wahrheitssuche; als Beispiele nennt *Habermas*, wiederum im Anschluss an *Alexy*, die Regeln:

2.1 Jeder Sprecher darf nur das behaupten, was er selbst glaubt.
2.1 Wer eine Aussage oder Norm, die nicht Gegenstand der Diskussion ist, angreift, muss hierfür einen Grund angeben.

22 Unter *Prozessaspekten* schließlich ist die argumentative Rede ein Kommunikationsvorgang, der mithilfe bestimmter Regeln vor Verzerrungen geschützt werden muss. Auf dieser Ebene sind die oben dargestellten Bedingungen der idealen Sprechsituation zu lokalisieren.

23 Zur Klärung der Struktur von Argumenten greift *Habermas* auf das Argumentationsschema *Toulmins*[26] zurück, das sowohl auf theoretische als auch auf praktische Diskurse Anwendung finden soll. In *praktischen Diskursen* geht es um die Rechtfertigung von Geboten bzw. Bewertungen (C) mithilfe von Gründen (D); der Übergang von den Gründen (D) zu den Geboten bzw. Wertungen (C) wird durch die Einführung von Handlungs- bzw. Bewertungsnormen oder -prinzipien ermöglicht, die als Schlussregeln

22 Ebd., S. 240.
23 Zu diesem Problem *Alexy*, Probleme der Diskurstheorie, S. 119 f.; *Arthur Kaufmann*, Verfahren der Rechtsgewinnung, S. 21 ff.; *Neumann*, Interpretation des forensischen Diskurses, S. 424.
24 *Habermas*, Theorie des kommunikativen Handelns, Bd. 1, S. 47; *ders.*, Diskursethik, S. 98 f.
25 *Habermas*, Diskursethik, S. 97.
26 Oben § 2 Rn. 32. „W" („warrant") entspricht in der dortigen, an der deutschen Übersetzung orientierten Darstellung; „SR" („Schlussregel"), „B" („backing") entspricht „S" („Stützung").

(W) dienen und die ihrerseits durch Hinweise auf „Folgen und Nebenfolgen der Normenanwendung für die Erfüllung allgemeiner Bedürfnisse" (B) begründet werden.[27]

24 Der entscheidende argumentative Schritt in diesem Schema liegt für *Habermas* in dem Übergang von B (backing, hier: Bedürfnisse etc.) zu W (warrant, hier: Bewertungsnormen oder -prinzipien). Im theoretischen Diskurs, in dem beispielsweise die Annahme von Gesetzeshypothesen (W) durch Beobachtungen (B) gerechtfertigt wird, gewährleistet diesen Übergang das *Induktionsprinzip*. Für den *praktischen Diskurs* übernimmt das **Universalisierbarkeitsprinzip** die entsprechende Funktion. Danach sind nur Normen zugelassen, die in ihrem Geltungsbereich allgemeine Anerkennung finden können. Der Grundsatz dient dazu, Normen mit partikularem Inhalt oder Geltungsbereich als nicht konsensfähig auszuschließen.[28]

25 Mit dieser Explikation gibt *Habermas* dem Universalisierbarkeitsprinzip (UP), das bei der Begründung von moralischen wie auch von juristischen Wertungen und Geboten eine entscheidende Rolle spielt, eine spezifische Ausprägung. Denn bei allen Differenzen, die zwischen den verschiedenen Fassungen des Universalisierbarkeitsprinzips festzustellen sind, besteht ganz überwiegend Einigkeit, dass dieses Prinzip einer monologischen Anwendung fähig ist, d. h., dass mit seiner Hilfe der Einzelne prüfen kann, ob eine Norm als verbindliche moralische Norm akzeptiert werden kann oder nicht. Demgegenüber verbindet *Habermas* das Universalisierbarkeitsprinzip mit der Konsenstheorie der Wahrheit und der Theorie der idealen Sprechsituation und gelangt damit zu einer Fassung, die eine monologische Anwendung dieses Prinzips ausschließt.[29]

26 Diese Fassung des Universalisierbarkeitsprinzips reicht über den Verallgemeinerungsgrundsatz, der im *Toulmin*-Schema als „Brückenprinzip" für den Übergang von B (backing) zu W (warrant) erforderlich ist, erheblich hinaus. Sie resultiert nicht aus der Struktur von Argumenten, sondern aus den Regeln, die auf der Ebene der Argumentation (als Prozess) die Bedingungen für einen Diskurs festlegen. Diese Regeln haben nach *Habermas* den Charakter unausweichlicher Präsuppositionen.[30] Wer überhaupt den ernsthaften Versuch unternehme, normative Geltungsansprüche diskursiv einzulösen, lasse sich intuitiv auf Verfahrensbedingungen ein, die einer impliziten Anerkennung des Universalisierungsprinzips gleichkommen.[31]

27 Da es hier um pragmatische Bedingungen der Möglichkeit von Argumentationen geht, spricht *Karl-Otto Apel* von transzendentalpragmatischen Bedingungen bzw. Voraussetzungen; er verbindet mit dieser Herleitung den Anspruch einer Letztbegründung der entsprechenden Regeln.[32] *Habermas* sieht die Voraussetzungen einer transzendentalen Deduktion im Sinne *Kants* nicht als gegeben an und bestreitet deshalb den Letztbegründungsanspruch der transzendentalpragmatischen Herleitung. Terminologisch findet die skeptischere Position von *Habermas* Ausdruck in der Ersetzung des Begriffs der „Transzendentalpragmatik" durch den der „Universalpragmatik".[33]

27 *Habermas*, Wahrheitstheorien (1973), S. 245.
28 *Habermas*, Wahrheitstheorien, S. 251; *ders.*, Diskursethik, S. 73.
29 *Habermas*, Diskursethik, S. 76.
30 Ebd., S. 100.
31 Ebd., S. 103.
32 *Apel*, Apriori der Kommunikationsgemeinschaft; *ders.*, Problem der philosophischen Letztbegründung; *ders.*, Sprechakttheorie.
33 *Habermas*, Was heißt Universalpragmatik?, S. 198 ff.

### 3. Rezeption in der Rechtstheorie

28 Die Arbeiten von *Habermas* fanden im rechtsphilosophischen Schrifttum zunächst nur ein verhaltenes Echo. Zwar wurde die Idee einer Wahrheitsfähigkeit praktischer Fragen aufgegriffen,[34] und das Modell des herrschaftsfreien Diskurses diente als Kontrastfolie für eine **Kritik des Strafverfahrens**, die die Asymmetrie, die ungleiche Verteilung der Kommunikationschancen im Strafverfahren zum Thema machte.[35] Insgesamt aber war der Eindruck vorherrschend, für juristische Probleme sei aus der Theorie der idealen Sprechsituation nur wenig zu gewinnen.[36] Diese Zurückhaltung des rechtstheoretischen Schrifttums gründete sich vor allem auf die institutionellen Zwänge des Gerichtsverfahrens, die es verbieten, die Interaktion im Prozess als eine Form der Kommunikation zu interpretieren, die unter dem Anspruch kooperativer Wahrheitssuche steht.[37] *Habermas* selbst hatte das Gerichtsverfahren deutlich vom Diskurs abgehoben und dem Bereich strategischen Handelns zugewiesen.[38]

29 Eine Änderung der bis zu diesem Zeitpunkt eher zurückhaltenden Einschätzung der rechtsphilosophischen Relevanz der Diskurstheorie vollzog sich mit *Robert Alexys* „Theorie der juristischen Argumentation" (1978). *Alexy* unternahm erstmals den Versuch, den juristischen Argumentations- und Entscheidungsprozess auf der Basis der Diskurstheorie zu rekonstruieren (II). Später hat *Klaus Günther* in Weiterführung des diskurstheoretischen Ansatzes ein Modell erarbeitet, das es mit der Unterscheidung von Begründungsdiskursen einerseits, Anwendungsdiskursen andererseits ermöglicht, dem Prinzip der Normorientierung juristischen Argumentierens und Entscheidens differenziert Rechnung zu tragen (III). Inzwischen hat *Habermas* selbst eine groß angelegte „Diskurstheorie des Rechts und des demokratischen Rechtsstaats" vorgelegt, auf die hier nur unter dem Gesichtspunkt der juristischen Argumentation eingegangen werden kann (IV). Heute sind die Arbeiten von *Habermas* zur juristischen Argumentation fester Bestandteil auch der von Fachjuristen geführten rechtsphilosophischen Diskussion.[39]

## II. Theorie des rationalen juristischen Diskurses (Alexy)

### 1. Darstellung

30 Die Theorie des allgemeinen rationalen Diskurses, die *Alexy* als Grundlage einer Theorie der juristischen Argumentation entwickelt, stimmt in ihren fundamentalen Voraussetzungen mit der Diskurstheorie von *Habermas* überein.[40] *Alexy* teilt die Annahme von *Habermas*, dass auch normative Aussagen wahr oder falsch bzw., in der von *Alexy* bevorzugten Terminologie, *richtig* oder falsch sein können.[41] Vorausgesetzt wird damit die Möglichkeit, auch praktische Fragen grundsätzlich argumentativ zu

34 *J. Schmidt*, Wahrheitsbegriff.

35 *Rottleuthner*, Zur Soziologie richterlichen Handelns, S. 82 f.; *ders.*, Rechtswissenschaft als Sozialwissenschaft, S. 158 f.

36 *Struck*, Zur Theorie der juristischen Argumentation, S. 118.

37 *H.L. Schreiber*, Bedeutung des Konsenses.

38 *Habermas*, Theorie der Gesellschaft, S. 201.

39 Mit unterschiedlicher Tendenz: *Bäcker*, Begründen und Entscheiden; *Engländer*, Diskurs als Rechtsquelle?; *Gril*, Möglichkeit praktischer Erkenntnis; *Huang*, Verhältnis; *Lieber*, Diskursive Vernunft; *Martins*, Flüchtige Grenzen; *Niesen/Eberl*, Demokratischer Positivismus.

40 Ausf. zu Übereinstimmungen und Differenzen *Gril*, Möglichkeit praktischer Erkenntnis.

41 *Alexy*, Theorie der juristischen Argumentation, S. 222 m. Fn. 5; *ders.*, Idee einer prozeduralen Theorie, S. 178; *ders.*, Die Doppelnatur des Rechts, S. 394 f.

entscheiden. Begründet wird diese Auffassung mit dem Hinweis auf die Tatsache, dass auch mit Wert- und Verpflichtungsurteilen der **Anspruch auf Richtigkeit** verbunden ist, und mit der Behauptung, dass in den Diskussionen, in denen dieser Anspruch begründet werden soll, zwischen guten und schlechten Gründen, zwischen gültigen und ungültigen Argumenten unterschieden werden könne.[42]

Die Rationalität der Argumentation wird, so die zweite Voraussetzung, durch die Verwendung eines Systems von Regeln und Argumentformen praktischen Argumentierens garantiert, die eine bestimmte Prozedur festlegen: 31

> „Eine normative Aussage N ist richtig genau dann, wenn sie das Ergebnis der Prozedur P sein kann".[43]

Diese Bindung der Richtigkeit einer Aussage an das Verfahren, in dem sie gewonnen wird, kennzeichnet die Theorie *Alexys* als *prozedurale Theorie*. 32

### a) Argumentationsregeln

Kernprobleme einer solchen prozeduralen Theorie sind Auswahl und Begründung der Regeln, deren Befolgung die Richtigkeit des Ergebnisses garantieren soll. *Alexy* unterscheidet fünf Regelgruppen und eine Gruppe von Argumentformen, die zusammen die „Regeln des allgemeinen rationalen praktischen Diskurses" bilden sollen: 33

Die *erste Gruppe* formuliert „Grundbedingungen für die Rationalität sprachlicher Kommunikationen", in denen es um die Richtigkeit normativer Aussagen geht.[44] Diese „Grundregeln" fordern Widerspruchsfreiheit (1.1), Aufrichtigkeit (1.2), die Bereitschaft zum situationsunabhängigen Gebrauch deskriptiver und evaluativer Ausdrücke (1.3) und die Gemeinsamkeit des Sprachgebrauchs zwischen verschiedenen Sprechern. 34

Die *zweite Regelgruppe* knüpft an die Begründungsbedürftigkeit normativer Behauptungen in rationalen praktischen Diskursen an. Die erste Regel dieser Gruppe formuliert die *Begründungspflicht* des Sprechenden explizit: 35

> „Jeder Sprecher muss das, was er behauptet, auf Verlangen begründen, es sei denn, er kann Gründe anführen, die es rechtfertigen, eine Begründung zu verweigern".[45]

Die Überlegung, dass derjenige, der es unternimmt, eine Behauptung zu begründen, zumindest vorgibt, den anderen als gleichberechtigten Diskussionspartner zu akzeptieren, führt zu den Forderungen der *Gleichberechtigung*, der *Freiheit der Themenwahl* und der *Zwanglosigkeit*: Jeder, der sprechen kann, darf am Diskurs teilnehmen (2.1). Ferner: Jeder darf jede Behauptung problematisieren, jede Behauptung in den Diskurs einführen und seine Einstellungen, Wünsche und Bedürfnisse äußern (2.2). An der Wahrnehmung dieser Rechte darf niemand durch innerhalb oder außerhalb des Diskurses herrschenden Zwang gehindert werden. 36

Spezifische Begründungspflichten bzw. Freistellungen von Begründungspflichten formulieren die *Argumentationslastregeln*. Begründungspflichten treffen denjenigen, der Personen ungleich behandeln will (3.1), der in der Diskussion nicht thematisierte 37

---

42 *Alexy*, Theorie der juristischen Argumentation, S. 222.

43 *Aarnio/Alexy/Peczenik*, Grundlagen der juristischen Argumentation, S. 41; ebenso *Alexy*, Idee einer prozeduralen Theorie, S. 178.

44 *Aarnio/Alexy/Peczenik*, Grundlagen der juristischen Argumentation, S. 43.

45 *Alexy*, Theorie der juristischen Argumentation, S. 239.

Normen angreift (3.2) oder sonst Diskussionsbeiträge einbringt, die sich nicht auf die vorangegangene Diskussion beziehen (3.4). Umgekehrt ist derjenige, der ein Argument angeführt hat, nur bei einem Gegenargument zu weiteren Argumenten verpflichtet (3.3).[46]

38 Spezifiziert werden die an eine rationale Begründung zu stellenden Anforderungen in den *Begründungsregeln.* Eine erste Untergruppe dieser Regeln stellen die verschiedenen Varianten des *Universalisierbarkeitsprinzips* dar: Jeder muss die Konsequenzen einer Regel, auf die er eine normative Aussage stützt, auch für den Fall akzeptieren können, dass er sich in der Situation dieser Person befindet (5.1.1). Die Konsequenzen jeder Regel für die Befriedigung der Interessen eines jeden Einzelnen müssen von allen akzeptiert werden können (5.1.2), und schließlich muss jede Regel offen und allgemein lehrbar sein (5.1.3).

39 Eine *zweite Untergruppe* bilden zwei Regeln, die der kritischen Überprüfung der Herausbildung normativer Überzeugungen dienen: Die den moralischen Auffassungen der Sprecher zugrundeliegenden Überzeugungen müssen der Überprüfung der *historisch-gesellschaftlichen Genese* (5.2.1) und der *individuell-psychischen Genese* (5.2.2) standhalten können. Der Gewährleistung praktischer Relevanz des praktischen Diskurses dient schließlich das *Realisierbarkeitsgebot*: Die faktisch gegebenen Grenzen der Realisierbarkeit sind einzuhalten (5.3).

40 Die Möglichkeit, im Rahmen des praktischen Diskurses Tatsachenfragen, terminologische Probleme und das Verfahren des Diskurses selbst zu thematisieren, gewährleisten die *Übergangsregeln*: Es ist jederzeit jedem Sprecher möglich, in einen theoretischen (6.1), einen sprachanalytischen (6.2) oder einen diskurstheoretischen (6.3) Diskurs überzugehen.

41 Von den Regeln des Diskurses unterscheidet *Alexy* die *Argumentformen*, die praktische Diskurse kennzeichnen. Unterschieden werden: die Begründung singulärer normativer Aussagen durch Regeln (4.1) und Hinweise auf Folgen (4.2), die Begründung von Regeln durch Hinweise auf Folgen (4.3) und durch Regeln (4.4) sowie die Begründung von absoluten (4.5) und bedingten Präferenzrelationen (4.6) zwischen Regeln und Prinzipien.[47]

42 Das System von Regeln und Argumentformen, das den allgemeinen rationalen praktischen Diskurs im Sinne *Alexys* kennzeichnet, erzwingt einige Wert- und Verpflichtungsurteile als *„diskursiv notwendig"* und schließt einige andere als *„diskursiv unmöglich"* aus. Dazwischen liegt der breite Bereich des diskursiv Möglichen, der Fälle also, in denen ohne Verstoß gegen Diskursregeln zwei miteinander unvereinbare normative Aussagen begründet werden können.

43 Inwieweit die Grenzen zwischen diesen drei Bereichen auf den Zeitpunkt des Diskurses und die Diskursteilnehmer relativ sind, wird nicht ganz deutlich. Einerseits wird die Institution der Sklaverei ohne Einschränkungen als Beispiel diskursiver Unmöglichkeit genannt;[48] auf der anderen Seite hebt *Alexy* ausdrücklich hervor, dass die Strukturierung des Bereichs denkbarer Entscheidungen nach den Gesichtspunkten des diskursiv

46 Ebd., S. 242 ff.
47 Ebd., S. 245 ff.
48 Ebd., S. 256.

Notwendigen, des diskursiv Möglichen und des diskursiv Unmöglichen eine Funktion auch des Zeitpunkts der Entscheidung und der teilnehmenden Individuen sein kann.[49]

Die Tatsache, dass die Regeln des Diskurses einen weiten Raum des *non liquet*, des diskurstheoretisch Möglichen lassen, zwingt zur Einführung von Regeln, die es erlauben, eine Entscheidung zwischen zwei unvereinbaren, aber in gleicher Weise diskursiv möglichen Lösungen zu treffen. An diesem Punkt kommen die rechtlichen Regeln ins Spiel: „Die Grenzen des allgemeinen praktischen Diskurses begründen die Notwendigkeit rechtlicher Regeln".[50] 44

Diese Regeln, die Regeln des Rechts, werden als Ergänzung bzw. Modifikation der Regeln des allgemeinen Diskurses gedacht, nicht als Alternative zu ihnen. Der juristische Diskurs ist nach *Alexy* ein *Sonderfall* des allgemeinen praktischen Diskurses.[51] Mit dieser Behauptung wird die rechtswissenschaftliche Tätigkeit dem Bereich praktischer Vernunft zugeordnet: Es geht im Bereich rechtlichen Entscheidens um vernünftiges Urteilen, nicht um die Erkenntnis als vorgegeben gedachter Regelungen. 45

### b) Rechtfertigung (Begründung) von Urteilen

*Alexy* unterscheidet im Anschluss an *Wróblewski*[52] zwischen der **internen** und ***der* externen Rechtfertigung** des juristischen Urteils. Die interne Rechtfertigung erfordert, dass die Entscheidung aus den angeführten Prämissen logisch folgt. Gegenstand der externen Rechtfertigung ist dagegen die Richtigkeit dieser Prämissen.[53] 46

#### aa) Interne Rechtfertigung

Die einfachste Form der internen Rechtfertigung hat die Struktur 47

(J. 1.1) (1) $(x)(Tx \rightarrow ORx)$

(2) $Ta$

(3) $ORa$

zu lesen:

(1) Für alle x (= alle natürlichen oder juristischen Personen) gilt: Wenn x die Tatbestandsvoraussetzung der Norm (1) erfüllt, soll x R tun.

(2) Die (natürliche oder juristische) Person a hat den Tatbestand der *Norm (1) erfüllt.*

(3) a soll R tun.

Aus diesem Schema ergeben sich für die *interne Rechtfertigung* der Entscheidung zwei Anforderungen, die *Alexy* als selbstständige Regeln formuliert: 48

49 *Alexy*, Idee einer prozeduralen Theorie, S. 182.
50 *Alexy*, Theorie der juristischen Argumentation, S. 275.
51 Ebd., S. 32, 38, 261 ff.
52 *Wróblewski*, Legal Syllogism.
53 *Alexy*, Theorie der juristischen Argumentation, S. 273 ff.

(J.2.1) Zur Begründung eines juristischen Urteils muss mindestens eine universelle Norm angeführt werden.

(J.2.2) Das Urteil muss aus mindestens einer universellen Norm zusammen mit weiteren Aussagen logisch folgen.[54]

49 Beide Regeln sollen Konkretisierungen des *Universalisierbarkeitsprinzips* darstellen: (J.2.1) trägt dem Erfordernis Rechnung, aufgrund einer Regel zu entscheiden. Die Regel (J.2.2) ergibt sich nach *Alexy* aus dem Universalisierbarkeitsprinzip, weil ohne ihre Beachtung beliebige Konklusionen mit der angeführten Regel kompatibel wären.

50 Das Schema (J. 1.1) genügt zur Rekonstruktion der internen Rechtfertigung nur in den (seltenen) Fällen, in denen die Norm ohne Zwischenschritte auf einen Sachverhalt (Sa) „angewendet“ werden kann. In allen anderen Fällen ist eine „Entfaltung“ der Norm durch die Formulierung von „Wortgebrauchsregeln“ [(1) - (4)] erforderlich. Die Struktur (J. 1.1) erweist sich damit als Sonderfall der allgemeinen Form der internen Rechtfertigung:

(1) $(x)(Tx \rightarrow ORx)$

(2) $(x)(M_1x \rightarrow Tx)$

(3) $(x)(M_2x \rightarrow M_1x)$

(4) $(x)(Sx \rightarrow Mnx)$

(5) $Sa$

(6) $ORa$

51 Die Anzahl der Schritte wird durch die folgenden Regeln festgelegt:

(J.2.3) Immer dann, wenn zweifelhaft ist, ob a ein T ist, oder wenn zweifelhaft ist, ob a ein M ist, ist eine Regel anzugeben, die diese Frage entscheidet.

(J.2.4) Es sind so viele Entfaltungsschritte erforderlich, dass man zu solchen Ausdrücken gelangt, von denen nicht mehr streitig ist, dass sie auf den fraglichen Fall zutreffen.

(J.2.5) Es sind möglichst viele Entfaltungsschritte anzugeben.

52 Diese Regeln sichern, so *Alexy*, insofern ein gewisses Maß an Rationalität, als sie die explizite Formulierung von Prämissen erzwingen, die sonst vielleicht versteckt bleiben würden und als sie über die Forderung nach Angabe universeller Prämissen zur Konsistenz des Entscheidens und damit zu Gerechtigkeit und Rechtssicherheit beitragen. Diese Rationalität sei allerdings „relativ auf die Rationalität der Prämissen“.[55] Die Entscheidung über die Rationalität eines Urteils falle auf dem Gebiet der externen Rechtfertigung.

#### bb) Externe Rechtfertigung

53 *Alexys* Auflistung der Argumentformen der **externen Rechtfertigung** entspricht im Kern den Auslegungskriterien, die von der juristischen Methodenlehre angeboten werden. So werden als Formen der Auslegung semantische, genetische, teleologische,

54 Ebd., S. 275.
55 Ebd., S. 273.

historische, komparative und systematische Auslegung unterschieden. Für die Verwendung dieser Argumentformen gelten die folgenden Regeln:

(J.6) Jede der zu den canones der Auslegung zu rechnenden Argumentformen ist zu sättigen.

(J.7) Argumente, die eine Bindung an den Wortlaut des Gesetzes oder den Willen des historischen Gesetzgebers zum Ausdruck bringen, gehen anderen Argumenten vor, es sei denn, es lassen sich vernünftige Gründe dafür anführen, den anderen Argumenten den Vorrang einzuräumen.

(J.8) Die Bestimmung des Gewichtes von Argumenten verschiedener Formen hat nach Gewichtungsregeln zu erfolgen.

(J.9) Alle Argumente der zu den canones der Auslegung zu rechnenden Form, die möglicherweise vorgebracht werden könnten, sind zu berücksichtigen.

Zu den Regeln und Formen der externen Rechtfertigung gehören ferner die Regeln 54
und Formen der *empirischen Argumentation*, die Regeln der *dogmatischen Argumentation*, die allgemeinsten Regeln der *Präjudizienverwendung* und schließlich spezielle juristische Argumentformen wie die Analogie, das *argumentum e contrario* und das *argumentum a fortiori*.

Die Regeln und Formen der juristischen Argumentation verdrängen die praktische 55
Argumentation nicht, sondern bleiben durchgängig von ihr abhängig.[56] Deshalb und wegen der strukturellen Übereinstimmung von Regeln und Formen des juristischen Diskurses mit denen des allgemeinen praktischen Diskurses ist die Einordnung des juristischen Diskurses als *Sonderfall* des allgemeinen praktischen Diskurses *Alexy* zufolge gerechtfertigt.

## 2. Diskussion

*Alexys* Versuch, die juristische Argumentation als **Sonderfall** des allgemeinen prakti- 56
schen Diskurses und damit die Jurisprudenz als einen besonderen Bereich der praktischen Vernunft zu erweisen, wirft eine Reihe von Fragen auf, an denen sich eine lebhafte Diskussion entzündet hat.[57] Im Zentrum dieser Auseinandersetzung stehen zum einen die *Sonderfallthese*, zum andern die Begründung der Theorie des juristischen Diskurses als *prozedurale Theorie*.

### a) Sonderfallthese

Soweit das Verständnis des juristischen Diskurses als *Sonderfall* des allgemeinen prak- 57
tischen Diskurses zur Diskussion steht, lassen sich zwei Problemkreise unterscheiden. Zum einen geht es um die Frage, ob die *Gerichtsverhandlung* (als besondere institutionelle Ausprägung juristischer Erörterungen) als Diskurs verstanden werden kann (aa); zum anderen ist zu erörtern, ob die Besonderheiten der juristischen Argumentation es nicht unabhängig von spezifischen institutionellen Restriktionen verbieten, juristische Diskussionen als (Sonder-)Fall des allgemeinen praktischen Diskurses zu interpretieren (bb).

---

56 Ebd., S. 351.

57 Ausführliche und kritische Erörterung bei *Engländer*, Diskurs als Rechtsquelle?

### aa) Der Prozess als praktischer Diskurs

58 Dass die spezifischen Bedingungen, unter denen forensisches Handeln und Argumentieren steht, es nicht erlauben, das Prozessgeschehen am Maßstab des idealen Diskurses zu messen, war bis zum Erscheinen der Arbeit von *Alexy* praktisch nicht umstritten. Zwei Umstände vor allem sprechen gegen einen derartigen Versuch:

59 Zum einen ist die Ausübung von *Verfahrensherrschaft* für **Gerichtsverfahren** konstitutiv; die Befugnisse des Richters zur Verfahrensleitung lassen sich weder ihrer Idee noch ihrem Umfang nach auf das Maß dessen reduzieren, das zur realen Durchführung eines Diskurses erforderlich ist.[58] Zum anderen wird die Argumentation der von dem Prozess unmittelbar Betroffenen wie auch ihrer Beistände in aller Regel mehr von dem Interesse an einem günstigen Ausgang des Verfahrens als von der Intention kooperativer Wahrheitssuche geprägt. Diese Prägung der forensischen Argumentation durch *Parteiinteressen* veranlasst auch *Alexy*, die Auseinandersetzung vor Gericht nicht als Diskurs im Sinne einer zwanglosen und unbegrenzten Kommunikation zu bewerten.[59]

60 Wenn er gleichwohl die Einordnung des Prozesses in den Bereich des strategischen Handelns[60] ablehnt, so deshalb, weil auch im Prozess die Beteiligten *beanspruchten*, vernünftig zu argumentieren:

> „Sie geben zumindest vor, dass ihre Argumente so beschaffen sind, dass sie unter idealen Bedingungen Zustimmung finden würden. Zur theoretischen Erfassung ihrer Argumentation ist die Diskurstheorie daher nicht nur geeignet, sondern sogar erforderlich.“[61]

Dieser notwendige Bezug auf ideale Bedingungen begründe eine „Zwischenstellung“ des Prozesses zwischen Diskurs und strategischem Handeln.

61 Aufgrund der Überlegungen *Alexys* hat *Habermas* seine ursprüngliche Auffassung, die strategisch bestimmte Interaktion der Parteien vor Gericht sei mit dem Anspruch kooperativer Wahrheitssuche, unter dem der Diskurs stehe, nicht zu vereinbaren, zunächst revidiert. In der „Theorie des kommunikativen Handelns“ betrachtet er „juristische Argumentation in allen ihren institutionellen Ausprägungen als Sonderfall des praktischen Diskurses“.[62]

62 Ob der von *Alexy* betonte „notwendige Bezug“ des forensischen Disputes auf ideale Bedingungen dessen Zuordnung zu dem Anwendungsbereich des praktischen Diskurses trägt, ist indes zweifelhaft.[63] Die Behauptung der Vernünftigkeit, der Konsensfähigkeit der eigenen Argumente ist auch eine notwendige Bedingung erfolgreichen strategischen Handelns; die Offenlegung der eigenen Interessen, das unverbrämte Anmelden egoistischer Ansprüche mindert deren Realisierungschance ganz erheblich. Wer Lohnerhöhungen durchsetzen (verhindern) will, muss etwa behaupten, diese seien gerecht (nicht gerecht), volkswirtschaftlich sinnvoll (sinnwidrig) etc. Lässt man das strategisch geschickte Vorgeben konsensfähiger Argumente als Kriterium für die Zuordnung eines Disputs zu dem Bereich des praktischen Diskurses genügen, so verwischt sich der Un-

58 Ähnlich *Engländer*, ebd., S. 147. Gegen diesen Einwand *Bäcker*, Begründen und Entscheiden, S. 277 m. Fn. 377.
59 *Alexy*, Theorie der juristischen Argumentation, S. 271.
60 So *Habermas*, Theorie der Gesellschaft, S. 200 f.
61 *Alexy*, Theorie der juristischen Argumentation, S. 271.
62 *Habermas*, Theorie des kommunikativen Handelns, Bd. 1, S. 62 m. Fn. 63. Zur aktuellen, wiederum kritischen Stellungnahme von *Habermas* zur Sonderfallthese vgl. unten Rn. 133.
63 Statt vieler: *Kudlich*, Einfluss des Strafverteidigers, S. 236.

terschied zwischen Diskurs und strategischem Handeln bis zur Unkenntlichkeit.[64] Der ursprünglichen Einschätzung des Gerichtsverfahrens durch *Habermas* dürfte daher der Vorzug zu geben sein.[65]

### bb) Die juristische Argumentation als praktischer Diskurs

Eine ganz andere Frage ist, ob die juristische Argumentation, soweit sie von institutionellen Zwängen und persönlichen Interessen weitestgehend entlastet ist, als Sonderfall des praktischen Diskurses akzeptiert werden kann. An diesem Punkt erst entscheidet sich die Frage, ob die Jurisprudenz als besonderes Feld der praktischen Vernunft gedacht werden kann.[66] Wenn sich die **ideale juristische Argumentation** als Sonderfall des praktischen Diskurses erweist, dann können institutionell bedingte Verzerrungen diesen Befund nicht mehr prinzipiell in Frage stellen. 63

*Alexy* formuliert selbst drei mögliche **Einwände gegen die Sonderfallthese:** 64

> „Es kann behauptet werden, dass es in juristischen Diskussionen (1) nicht um praktische Fragen geht, dass (2) kein Anspruch auf Richtigkeit erhoben wird oder dass (3) dieser Anspruch zwar erhoben wird, die in juristischen Diskussionen geltenden Einschränkungen es aber nicht rechtfertigen, sie als ‚Diskurse' zu bezeichnen."[67]

Den Einwand, dass es in juristischen Diskussionen nicht um praktische Fragen gehe (erster Einwand), hält *Alexy* für leicht entkräftbar: Zwar gehe es in juristischen Diskussionen auch um Tatsachenfeststellungen, zu denen etwa auch „Beschreibungen des geltenden Rechts" und „Prognosen zukünftigen Richterverhaltens" zu rechnen seien. Daneben gebe es aber „die auf die Lösung praktischer Fragen bezogene juristische Argumentation", die nicht nur in der Praxis, sondern auch in der Rechtswissenschaft eine zentrale Rolle spiele.[68] Dies, so die Folgerung *Alexys*, rechtfertige die Kennzeichnung der juristischen Diskussion als *Sonderfall des praktischen Diskurses.* 65

Hier scheint allerdings eine nähere Betrachtung angezeigt. Die dogmatische juristische Diskussion hat unstreitig insofern „praktischen" Charakter, als es ihr letztlich um die Wahl von Handlungsalternativen geht. Die Entscheidung dogmatischer Streitfragen präjudiziert, sofern sie akzeptiert wird, die durch richterliches Urteil erfolgende Gestaltung sozialer Sachverhalte in einer bestimmten Fallgruppe. Dieser praktische Aspekt verleiht der juristischen Diskussion aber ebenso wenig den Charakter eines praktischen Diskurses wie die Tatsache, dass Ausflugspläne von Wetterprognosen beeinflusst werden, der gemeinsamen meteorologischen Analyse. Für den praktischen Diskurs ist wesentlich nicht, dass von ihm die Wahl von Handlungsalternativen tatsächlich gesteuert 66

---

64 Ähnlich *Engländer*, Diskurs als Rechtsquelle?, S. 144 ff. Nach *Martins* (Flüchtige Grenzen, S. 326) wird diese Kritik durch das von *Alexy* und *Bäcker* vorgebrachte Argument entkräftet, dass im Rahmen des gerichtlichen Verfahrens Überschneidungen zwischen den „Handlungsformen" des Diskurses über praktische Fragen einerseits, strategischem Handeln andererseits möglich seien. Das soll hier nicht ausgeschlossen werden. Festzuhalten ist aber, dass das strategisch motivierte *Vorgeben* konsensfähiger Argumente dem Prozess nicht (auch nicht partiell) den Charakter eines Diskurses verleiht. Selbst der zivilprozessuale Vergleich ist typischerweise ein interessenbasierter Kompromiss, nicht aber das Ergebnis einer erfolgreichen gemeinsamen Suche nach dem gerechten Ergebnis.

65 Ebenso *Krawietz*, Juridisch-institutionelle Rationalität des Rechts, S. 438.

66 *Alexy*, Theorie der juristischen Argumentation, S. 359.

67 Ebd., S. 263.

68 Ebd., S. 264.

wird, sondern: dass diese als solche unter Präferenzgesichtspunkten diskutiert werden. Entscheidend ist, dass handlungsrelevante Fragen *als praktische* erörtert werden.[69]

67 Das bedeutet allerdings auch: Dort, wo dogmatische Theorien oder naheliegende Gesetzesinterpretationen offen mit Rücksicht darauf verworfen werden, dass die praktischen Folgen wertungsmäßig nicht akzeptabel wären, geht es um Elemente eines praktischen Diskurses. Das Meteorologie-Beispiel soll lediglich verdeutlichen, dass man den juristischen Diskurs nicht *deshalb* als praktischen Diskurs interpretieren kann, weil seine Ergebnisse unmittelbar (Gerichtsverfahren) oder mittelbar (Regelbildung in der Rechtswissenschaft) zu ganz erheblichen praktischen Konsequenzen führen können – bis hin zu einem langjährigen Freiheitsentzug oder zur Vernichtung der wirtschaftlichen Existenz einer Person.[70] Es geht um die Frage, wie argumentiert wird, nicht darum, welche Folgen die Argumentation hat.

68 In welchem quantitativen Verhältnis in juristischen Argumentationen Elemente des praktischen Diskurses zu solchen des theoretischen stehen, wäre im Wege umfassender Urteilsanalysen zu klären. Vorweg lässt sich immerhin feststellen: Wenn Rechtsdogmatik die Funktion hat, **Wertungsfragen** in **Erkenntnis- oder Wahrheitsfragen** zu transformieren,[71] dann ist die rechtsdogmatische Diskussion jedenfalls grundsätzlich als theoretischer und nicht als praktischer Diskurs zu verstehen. Natürlich ist einzuräumen, dass in juristischen Argumentationen auch offene Wertungen eine bedeutsame Rolle spielen.[72] Aber ganz überwiegend sind Wertungen in theoretische Argumentationen eingebunden. Der Richter stützt sein Urteil auf eine – behauptete – richtige *Erkenntnis*, nicht unmittelbar auf die Sachgerechtigkeit der Entscheidung selbst. Es geht hier nach dem Selbstverständnis der Rechtsdogmatik[73] jedenfalls auch um theoretische, nicht (nur) um praktische Richtigkeit.

69 Damit ist der zweite mögliche Einwand gegen die Sonderfallthese angesprochen. *Alexy* weist hier zu Recht darauf hin, dass bei richterlichen Entscheidungen und in juristischen Argumentationen ein Anspruch auf Richtigkeit erhoben wird. Fraglich ist allerdings, ob es sich wirklich um einen **Anspruch auf praktische Richtigkeit** handelt.

70 *Alexy* gesteht zu, dass sich der in juristischen Diskursen erhobene Anspruch deutlich von dem des allgemeinen praktischen Diskurses unterscheidet:

> „Es wird nicht beansprucht, dass die behauptete, vorgeschlagene oder als Urteil verkündete normative Aussage schlechthin vernünftig ist, sondern nur, dass sie im Rahmen der geltenden Rechtsordnung vernünftig begründet werden kann".[74]

---

69 Dazu schon *Neumann*, Neuere Schriften, S. 211 ff.

70 Die Parallele zur Wetterprognose gilt naturgemäß nicht für die Fälle, in denen eine dogmatische Theorie aufgegeben wird, weil sie zu inakzeptablen Ergebnissen führt. Für diese Fälle (und nur für diese) greift das Argument von *Alexy*, eine Wetterprognose bleibe richtig, gleichgültig, ob man sich mit der Vereitelung eines Ausflugsplans abfinden könne (*Alexy*, Theorie der juristischen Argumentation, Nachwort 1991, S. 428). Zur Frage der Reichweite der Parallele vgl. auch *Bäcker*, Begründen und Entscheiden. S. 213 ff. sowie *Grabowski*, Sonderfallthese, S. 378.

71 *Esser*, Vorverständnis, S. 101.

72 Dazu *Neumann*, Notwendigkeit und Grenzen von Idealisierungen im Rechtsdenken, S. 82.

73 Gegen die Relevanz dieses Gesichtspunkts *Alexy*, Theorie der juristischen Argumentation (Nachwort), S. 428.

74 Ebd., S. 256.

Dies bedeutet, dass die Vernünftigkeit der juristischen Argumentation und Entscheidung relativ auf die vorgegebene (als vorgegeben gedachte) Rechtsordnung ist.[75] Damit aber erhält der Begriff der Vernünftigkeit einen anderen Sinn. „Vernünftigkeit" bedeutet jetzt nicht mehr: im Diskurs ausweisbare sachliche Stimmigkeit, sondern entweder theoretische Richtigkeit i. S. der richtigen Erkenntnis der Rechtsordnung, oder aber eine relative, d. h. im Rahmen des von der Rechtsordnung eröffneten Entscheidungsspielraums zu ermittelnde sachliche Stimmigkeit. 71

Dieser Unterschied zwischen **theoretischer** und **praktischer Richtigkeit** wird in dem Beispiel, das *Alexy* zur Begründung der Behauptung eines der richterlichen Entscheidung immanenten Richtigkeitsanspruchs ursprünglich anführt, nicht deutlich. *Alexy* meint, dass ein Urteilsspruch wie „Im Namen des Volkes, Herr N. wird, obwohl hierfür keine guten Gründe sprechen, zu zehn Jahren Freiheitsentzug verurteilt" nicht nur aus moralischen Gründen fehlerhaft sei. Seine Fehlerhaftigkeit gleiche eher der einer Äußerung wie: „Die Katze liegt auf der Matte, aber ich glaube es nicht".[76] 72

Die Parallelisierung beider Äußerungen ist zunächst deshalb problematisch, weil es sich bei dem Urteilsspruch um einen explizit performativen Sprechakt handelt. Die zu vergleichende Äußerung wäre daher zu formulieren: „Ich behaupte, dass die Katze auf der Matte liegt, aber ich glaube es nicht." Diese Äußerung aber ist nicht notwendig fehlerhaft im außermoralischen Sinne. Der Sprecher kann damit sagen wollen, dass er lügt, er kann auch zum Ausdruck bringen, dass er versuchsweise eine Hypothese aufstellt etc. 73

Zum andern blieb zunächst unklar, worauf sich in dem von *Alexy* angeführten Urteilsspruch die „guten Gründe" beziehen sollen. Geht es um gute Gründe für die **Gesetzmäßigkeit** (d. h. dafür, dass die Entscheidung dem Gesetz entspricht), oder aber für die **sachliche Angemessenheit** der Entscheidung?[77] Wie weit beides nach der Einschätzung des Richters auseinanderfallen kann, verdeutlicht der bekannte Ausspruch eines Strafrichters: „Ich verurteile Sie zu drei Jahren Gefängnis in der festen und von Gott eingegebenen Überzeugung, dass das, was Sie brauchen, ein dreiwöchiger Aufenthalt an der See ist." Mit dieser Äußerung bestreitet der Richter explizit die sachliche Angemessenheit seines Urteils; zugleich behauptet er implizit dessen Gesetzmäßigkeit. 74

Ich meine nicht, dass diese Äußerung in einem außermoralischen (oder selbst in einem moralischen) Sinne fehlerhaft ist. Man sollte den politischen und gesellschaftlichen Druck, der den Richter nötigt, sich mit den Vorschriften des positiven Rechts zu identifizieren, nicht zu logischen oder sprachtheoretischen Notwendigkeiten überhöhen. Nur wer – anders als *Alexy* – bereit wäre, die Möglichkeit unvernünftiger Gesetze (oder auch nur die Möglichkeit, dass die Entscheidung unter Gesetzesbindung im Einzelfall zu unvernünftigen Ergebnissen führen kann) schlechthin zu bestreiten, könnte zu dem Ergebnis gelangen, der fragliche Urteilsspruch sei in einem außermoralischen Sinne fehlerhaft. 75

Bei dieser Interpretation der „guten Gründe" als Gründe für die sachliche Angemessenheit des Urteils würde die Behauptung der sprachlichen Fehlerhaftigkeit des Urteils 76

75 Dazu und zu den daraus resultierenden Problemen auch *Hilgendorf*, Argumentation in der Jurisprudenz, S. 114 ff.

76 *Alexy*, Theorie der juristischen Argumentation, S. 266.

77 Eine mangelnde Trennung beider Richtigkeitskriterien bei Alexy beanstandet *Engländer*, Zur begrifflichen Möglichkeit des Rechtspositivismus, S. 444. In diesem Sinne auch *Hilgendorf*, Argumentation in der Jurisprudenz, S. 114 f.

auf eine nicht unproblematische Verknüpfung von Sprachregeln mit sozialen Rollen bzw. Institutionen hinauslaufen. Nicht rollenkonformes Sprachverhalten wird dann mit dem Stigma der Fehlerhaftigkeit bedacht.[78] Der von *Alexy* angeführte Urteilsspruch gleicht in allen relevanten Punkten einer Preisverleihung, die mit den Worten vorgenommen wird: „Ich verleihe Ihnen den Fritz-Müller-Gedächtnispreis, obwohl Sie ihn nicht verdient haben."[79] Auch hier enttäuscht der Redner die an ihn gerichteten Erwartungen und „fällt aus der Rolle". Damit wird der Verleihungsakt aber nicht sprachlich fehlerhaft. Die Äußerung verletzt nicht sprachliche, sondern soziale Regeln.

77 In einer späteren Modifikation des Beispiels werden die „guten Gründe" der ursprünglichen Fassung nicht auf die sachliche Angemessenheit des Urteils, sondern auf dessen Übereinstimmung mit dem geltenden Recht bezogen. Das fiktive Urteil lautet jetzt:

> „Im Namen des Volkes, Herr N. wird, was eine falsche Interpretation des geltenden Rechts ist, zu zehn Jahren Freiheitsentzug verurteilt".[80]

78 Konkretisiert man die „guten Gründe" in diesem Sinne als Gründe für die **Gesetzmäßigkeit** der Entscheidung, wäre das fiktive Urteil in der Tat fehlerhaft, und dies nicht nur in einem moralischen Sinne. Zwar ist auch in diesem Falle die Äußerung nicht widersprüchlich, denn der Richter sagt lediglich, dass seine Entscheidung mit dem Gesetz nicht vereinbar ist. Aber er enttäuscht mit dieser Behauptung in der Tat nicht nur moralische Erwartungen hinsichtlich seiner persönlichen Integrität, sondern auch institutionelle Erwartungen, also Erwartungen, die durch die Institution des Rechtssystems begründet werden.[81]

79 Liegt somit ein „performativer Widerspruch" vor, wie *Alexy* annimmt? In einem strikten Sine wohl nicht. Der Begriff des performativen Widerspruchs wird in der Sprachphilosophie typischerweise für Sprechakte verwendet, die einen Widerspruch aufweisen, der einem logischen Widerspruch nahekommt.[82] Kennzeichnend ist insofern, dass ein Element des Sprechaktes den anderen neutralisiert – so wie der Zusatz: „Aber ich glaube es nicht" die Behauptung: „Die Katze liegt auf der Matte" neutralisiert. Ein anderes Beispiel wäre die Äußerung: „Ich verspreche dir hiermit, dich morgen zu besuchen, aber ich werde es nicht tun." Der Akt des Versprechens misslingt hier, weil der Nachsatz den Vordersatz dementiert.

80 Demgegenüber kann man nicht behaupten, dass in *Alexys* Beispiel der performative Akt des Verurteilens misslingen würde. Wie *Alexy* zutreffend feststellt, ist es keineswegs notwendig, dass der mangelnde Anspruch auf Richtigkeit (Gesetzmäßigkeit) dem Urteil den Charakter einer gültigen richterlichen Entscheidung nimmt. Der Sprechakt des Aburteilens ist folglich nicht misslungen, ein performativer Widerspruch im strik-

78 Ebenso *Engländer*, Diskurs als Rechtsquelle?, S. 46.

79 Diese Parallelisierung, die sich schon in meiner Rezension zu *Alexys* „Theorie der Juristischen Argumentation" findet (*Neumann*, Neuere Schriften, S. 213), bezieht sich ausdrücklich auf die *ursprüngliche* Fassung von *Alexys* Beispiel, nicht auf die (erst später erfolgte) Modifikation (dazu sogleich im Text). Ungenau insoweit die (auf meine Rezension bezogene) Darstellung bei *Bäcker*, Begründen und Entscheiden, S. 237.

80 *Alexy*, Theorie der juristischen Argumentation, Nachwort, S. 429. Ebenso schon *ders.*, Kritik des Rechtspositivismus, S. 20. Zu Bedeutung und Gewicht dieser Modifikation *Grabowski*, Juristic Concept of the Validity of Statutory Law, S. 41.

81 Näher dazu und zum Folgenden *Neumann*, Notwendigkeit, S. 73.

82 Zum Begriff des performativen Widerspruchs vgl. *Gatzemeier*, Philosophie als Theorie der Rationalität, Bd. 2, S. 31 ff.

ten Sinne liegt nicht vor.[83] Ich würde deshalb vorschlagen, hier von einem performativen Widerspruch in einem schwachen Sinne zu sprechen.[84]

Das Problem, in welchem Verhältnis „vernünftige" und „gesetzmäßige" Entscheidung stehen, kehrt wieder bei der Frage der Relation zwischen den Regeln des praktischen Diskurses einerseits, den juristischen Auslegungsregeln andererseits. Wenn man nicht eine prästabilierte Harmonie zwischen dem „vernünftigen" und dem nach den Regeln der Gesetzesinterpretation gewonnenen Ergebnis annehmen will, dann müssten die **Auslegungsregeln** mit den **Diskursregeln** koordiniert werden. Es überrascht deshalb, wenn *Alexy*, nachdem er die Regeln des allgemeinen praktischen Diskurses souverän aus den Bedingungen sprachlicher Kommunikation überhaupt und begründeten Redens im Besonderen entwickelt hat, die gängigen Auslegungskanones der juristischen Methodenlehre bereitwillig als „Regeln und Formen des juristischen Diskurses" (genauer: der externen Rechtfertigung im Rahmen des juristischen Diskurses) übernimmt.[85] 81

*Alexys* Versuch einer Vermittlung beider Regelgruppen[86] wirft erhebliche Probleme auf. Wenn man mit *Alexy* an den Auslegungskriterien des Wortlauts und des Willens des historischen Gesetzgebers nicht nur festhält, sondern ihnen für den Regelfall auch die Präferenz gegenüber dem Gesichtspunkt des vernünftigen Zwecks einräumt,[87] kann eine Übereinstimmung von „vernünftiger" und dem geltenden Recht entsprechender Entscheidung – überspitzt formuliert – nur zufälligen Charakter haben.[88] 82

*Alexy* selbst konzediert, dass eine „unbeschränkte Vernünftigkeit des juristischen Entscheidens ... die Vernünftigkeit der Gesetzgebung voraussetzen" würde[89] und dass die Realisierung von Vernunft und Gerechtigkeit auch im „Teilgebiet" des Rechts nur im Rahmen einer vernünftigen und gerechten Ordnung der Gesellschaft möglich wäre.[90] Was hier als Grenze der Vernünftigkeit juristischen Diskutierens erscheint, stellt deren Möglichkeit m.E. aber generell in Frage. Denn die Vernünftigkeit einer Argumentation relativ zu einem **unvernünftigen Gesetz** ist nicht ein Weniger, sondern etwas qualitativ anderes als die materielle Vernünftigkeit einer nach den Regeln des rationalen praktischen Diskurses gefundenen Entscheidung.[91] 83

Daran ändert auch die Überlegung nichts, dass die Notwendigkeit, in den juristischen Diskurs besondere Regeln der juristischen Argumentation einzuführen, ihrerseits in einem praktischen Diskurs begründet werden kann.[92] Denn die speziellen Regeln und Formen des juristischen Diskurses (der externen Rechtfertigung) gewährleisten unter der Bedingung *unvernünftiger Gesetze* auch nicht eine beschränkte, approximative inhaltliche Rationalität der Entscheidung, sondern, zugespitzt formuliert, allenfalls ein gewisses Gleichmaß und eine gewisse Berechenbarkeit der Unvernunft. 84

83 Ebenso *Engländer*, Diskurs als Rechtsquelle?, S. 42 ff.
84 So tendenziell schon *meine* Rezension zu Alexy, Begriff und Geltung des Rechts, in: Protosoziologie 6 (1994), S. 244; ebenso *Neumann*, Notwendigkeit, S. 73.
85 Dazu *Tugendhat*, Zur Entwicklung von moralischen Begründungsstrukturen.
86 *Alexy*, Theorie der juristischen Argumentation, S. 349 ff.
87 Ebd., S. 305.
88 Ähnlich *Stamatis*, Argumenter en droit, S. 224 f.
89 *Alexy*, Theorie der juristischen Argumentation, S. 351.
90 Ebd., S. 359.
91 Zust. *Habermas*, Faktizität und Geltung, S. 285. Ähnlich *Braun*, Diskursethische Normenbegründung, S. 258, und *Osterkamp*, Juristische Gerechtigkeit, S. 109 f. Antikritik bei *Alexy*, Zur Kritik des Rechtspositivismus, S. 26 und *dems.*, Theorie der juristischen Argumentation, Nachwort, S. 426 ff.
92 *Alexy*, Theorie der juristischen Argumentation, S. 350.

85 Mit dieser Feststellung soll nicht bestritten werden, dass die besonderen Regeln der juristischen Argumentation dazu genutzt werden können, das Ausmaß der Unvernunft eines unvernünftigen Gesetzes in Grenzen zu halten, etwa im Wege einer objektiv-teleologischen Auslegung oder durch Rückgriff auf geeignete dogmatische Konstruktionen. Auch in diesem Fall aber ist das zentrale Richtigkeitskriterium, das der Argumentation zugrunde liegt, die *Gesetzmäßigkeit*. Der Vernunft kann nur dadurch ein Reservat gesichert werden, dass man versucht, die weniger unvernünftige Interpretation bzw. Entscheidung als die „gesetzmäßige" zu erweisen.[93]

86 Es bleibt deshalb dabei, dass der praktische Diskurs einerseits, der juristische andererseits unterschiedliche Zielorientierungen haben („Vernünftigkeit" einerseits, „Gesetzmäßigkeit" andererseits),[94] und dass es deshalb problematisch ist, den juristischen Diskurs als Sonderfall des praktischen zu kennzeichnen.[95]

87 Damit soll, nochmals gesagt, nicht bestritten werden, dass Argumenten praktischer Vernünftigkeit in juristischen Argumentationen eine erhebliche Bedeutung zukommt (dazu oben Rn. 68); und es ist das Verdienst der Arbeiten *Alexys*, dass sie diesen auch von anderen Autoren (*Esser*, *Kriele*) aufgewiesenen Zusammenhang in einer breit fundierten Theorie der juristischen Argumentation begründen.

88 Es spricht aus meiner Sicht auch nichts dagegen, die **Vernünftigkeit der Entscheidung** als eine (neben der Gesetzmäßigkeit) **zweite „Richtigkeitsvorgabe"** zu bezeichnen.[96] Das gilt insbesondere dann, wenn man maßgeblich auf die gesellschaftlichen Erwartungen abstellt, die an die Justiz (und die der Justiz „vorarbeitende" Rechtsdogmatik) gerichtet werden. Wichtig ist aber, im Blick zu behalten, dass zwischen Gesetzmäßigkeit auf der einen, sachlicher Richtigkeit auf der anderen Seite ein klares Rangverhältnis besteht.

89 Dies zeigt das Beispiel des unvernünftigen Gesetzes, an das der Richter gebunden bleibt, mit aller Deutlichkeit. *Alexy* bestätigt diese Vorrangrelation mit der Feststellung, im Falle des unvernünftigen oder ungerechten Gesetzes könne die diskursive

---

93 Ein aktuelles Beispiel aus der deutschen Gesetzgebung ist hier der im Jahre 2015 in das Strafgesetzbuch eingefügte § 217 StGB, der die sogenannte „geschäftsmäßige" (auf Wiederholung gerichtete) Förderung der Selbsttötung unter Strafe stellte und damit nach seinem Wortlaut auch die Konstellationen erfasste, in denen Ärzte schwer und unheilbar kranken Patienten auf deren Bitte hin Hilfe beim Suizid leisten, um ihnen ein menschenwürdiges Sterben zu ermöglichen (und sie möglicherweise vor einem qualvollen Tod zu bewahren). In der Strafrechtswissenschaft bestand und besteht weitestgehend Einigkeit, dass es sich um ein „unvernünftiges", nicht sachlich, sondern ideologisch motiviertes Gesetz handelte. Umstritten war die Frage, ob man versuchen sollte, die möglichen negativen Auswirkungen dieses Gesetzes (das inzwischen vom Bundesverfassungsgericht in BVerfGE 153, 182 für verfassungswidrig erklärt wurde) durch restriktive Interpretation zu mildern, oder ob es vorzugswürdig sei, diese Auswirkungen in aller Schärfe zu kennzeichnen, um die Unvernunft des Gesetzes in ein helles Licht zu rücken.

94 Ähnlich *Christensen/Kudlich*, Theorie richterlichen Begründens, S. 65: „Die richterliche Entscheidung beansprucht nicht konsensfähige Vernünftigkeit im Sinne der Theorie des praktischen Diskurses, sondern Zurechenbarkeit zu den Normtexten der geltenden Rechtsordnung."

95 *Bäcker*, der antritt, diesen Einwand zu „widerlegen" (*Bäcker*, Begründen und Entscheiden, S. 233), bestätigt ihn indirekt, wenn er schreibt, es handele sich bei dem rechtlichen Anspruch auf Richtigkeit „um einen Anspruch auf allgemeine praktische Richtigkeit, der durch den Anspruch auf Gesetzmäßigkeit beschränkt ist" (ebd.). Denn der durch die Formulierung nahe gelegte Vorrang der praktischen Richtigkeit wird durch den Inhalt der Aussage dementiert: Die „Gesetzmäßigkeit" bestimmt den Spielraum, der für die Berücksichtigung des praktisch Richtigen bleibt. Das Vernünftige kann nur im Rahmen des Gesetzmäßigen berücksichtigt werden, nicht etwa das Gesetzmäßige nur im Rahmen des Vernünftigen.

96 So bereits *Neumann*, Wahrheit statt Autorität, S. 378. *Bäcker* weist mit Recht darauf hin, dass insoweit eine Parallele zu *Alexys* These der zwei Dimensionen der Richtigkeit rechtlicher Entscheidungen und Interpretationen besteht (*Bäcker*, Begründen und Entscheiden, S. 267 m. Fn. 342). Zu den Unterschieden sogleich im Text.

Rationalität „nicht mehr den Inhalt der Entscheidung bestimmen".[97] Wenn *Alexy* die Entscheidung, die auf einer korrekten Anwendung eines unvernünftigen oder ungerechten Gesetzes beruht, gleichwohl als „rechtlich fehlerhaft" bewertet,[98] so erscheint das problematisch. Denn wenn – was *Alexy* nicht bestreitet – die Entscheidung in diesem Fall rechtlich richtig ist, weil und soweit sie das geltende Recht korrekt anwendet, verstrickt man sich in einen Widerspruch, wenn man sie zugleich als rechtlich fehlerhaft bezeichnet – die konsistente Verwendung der Begriffe „rechtlich korrekt" und „rechtlich fehlerhaft" vorausgesetzt. Selbstverständlich kann und sollte man bei der Bewertung dieser Entscheidung festhalten, dass sie insofern unbefriedigend ist, als sie auf einem ungerechten oder unvernünftigen Gesetz basiert. Das aber wäre eine rechtsethische und rechtspolitische Kritik *de lege lata*, nicht eine rechtsdogmatische oder rechtsethische Kritik *de judicio lato*.

#### cc) Zwischenbilanz

*Alexys* **„Sonderfallthese"** hat im rechtstheoretischen Schrifttum eine intensive Diskussion ausgelöst.[99] *Alexy* selbst hat sie in Auseinandersetzung mit kritischen Stimmen im Schrifttum mehrfach verteidigt.[100] Hinsichtlich ihrer Bewertung wird man zunächst zwischen dem ***strukturellen*** Aspekt einerseits, dem *normativen* andererseits unterscheiden müssen.[101] 90

Soweit es um die *tatsächliche Struktur* rechtlichen Argumentierens geht, dürfte es richtig sein, die Frage nicht auf eine scharfe Alternative zuzuspitzen, sondern die Antwort im Sinne eines „mehr oder weniger" zu formulieren. Es geht dann nicht um ein „Ja" oder „Nein" zu dieser These, sondern um die Frage, *inwieweit* zwischen dem rechtlichen und dem allgemein-praktischen Diskurs Parallelen, und inwieweit zwischen ihnen Differenzen bestehen. Dass Argumente der praktischen Richtigkeit auch im rechtlichen Diskurs eine wichtige Rolle spielen, dürfte nicht zu bestreiten sein (dazu oben). 91

Hinsichtlich des *normativen* Aspekts ist *Alexy* zunächst darin zuzustimmen, dass Rechtsentscheidungen in der Praxis nicht nur unter den Anforderungen der Gesetzeskonformität und der dogmatischen Stimmigkeit stehen, sondern auch praktisch vernünftig sein sollten.[102] Gleichwohl gibt es unter normativen Gesichtspunkten gegen die Sonderfallthese erhebliche Einwände. 92

Diese Einwände betreffen nicht die Argumentationsstruktur, sondern das Ziel des Diskurses. Der **praktische Diskurs** zielt auf die **Vernünftigkeit**, der **juristische** auf die **Gesetzmäßigkeit** der Entscheidung. Die Zuordnung des Rechtsdiskurses zum praktischen Diskurs (als dessen „Sonderfall") impliziert damit zugleich, dass der Rechtsdiskurs *primär* an dem Ziel des gerechten Ergebnisses orientiert ist und die Gesetzesbindung 93

97 *Alexy*, Theorie der juristischen Argumentation, Nachwort 1991, S. 433.
98 Ebd., S. 433; ferner *Alexy*, Kritik, S. 26. Ausf. dazu *Osterkamp*, Juristische Gerechtigkeit, S. 107 ff.
99 Zustimmend etwa: *Bäcker*, Entscheiden und Begründen, S. 207–286; *Hartwig*, Sonderfallthese; *Paroussis*, Theorie des juristischen Diskurses, S. 24 ff (mit differenzierter, auch den Einwänden Rechnung tragender Argumentation); *Pavlakos*, The Special Case Thesis. Kritisch (mit unterschiedlicher Stoßrichtung) etwa *Grabowski*, Sonderfallthese; *Hilgendorf*, Argumentation in der Jurisprudenz, S. 109 ff.; *Günther*, Critical Remarks, S. 149 ff.
100 Vgl. etwa *Alexy*, Special Case Thesis, S. 374 ff. u. ö.
101 Näher dazu *Neumann*, Notwendigkeit und Grenzen von Idealisierungen im Rechtsdenken, S. 82 f.
102 *Neumann*, Wahrheit im Recht, S. 32 sowie oben Rn. 87 f.

lediglich eine begrenzende Funktion übernimmt.[103] Damit suggeriert die Sonderfallthese, wie *Habermas* konstatiert, „eine irreführende, weil von Konnotationen des Naturrechts noch nicht gänzlich befreite Subordinierung des Rechts unter die Moral“[104]. Juristische Diskurse „brauchen nicht ... auf dem Wege einer umfangslogischen Einschränkung von moralischen Inhalten abgegrenzt zu werden. Sie bilden keine Fälle von moralischen Argumentationen ... Sie sind vielmehr *von Haus aus* auf das demokratisch gesatzte Recht bezogen ...“[105].

94 Das kann nicht bedeuten, dass es keine moralischen Grenzen rechtlichen Entscheidens und Argumentierens geben könnte.[106] Aber auch dort, wo eine solche Grenze markiert werden soll, muss sich die Argumentation explizit auf die rechtliche (und nicht nur: die moralische) Richtigkeit des Ergebnisses berufen. Der Richter kann nicht schlicht mit der Begründung gegen das Gesetz entscheiden, dass dieses ungerecht sei. Er muss den Gesichtspunkt der Ungerechtigkeit in ein Argument gegen die *Geltung* des Gesetzes umschmieden, also beispielsweise auf die **Radbruchsche Formel** zurückgreifen.

95 Ebenso kann er ein veraltetes, aber noch geltendes Gesetz nicht einfach deshalb vernachlässigen, weil es nach seiner Auffassung der technischen oder sozialen Entwicklung der Gesellschaft nicht mehr gerecht wird. Auch in diesem Fall muss er ein spezifisch rechtliches Argument in Anspruch nehmen, beispielsweise auf das Rechtsprinzip der „richterlichen Rechtsfortbildung“ zurückgreifen (sofern diese in der Rechtsordnung anerkannt ist). Argumente, die sachlich dem praktischen Diskurs zugehören, müssen also in *spezifisch rechtliche* Argumente transformiert werden, damit sie zur Begründung einer rechtlichen Entscheidung herangezogen werden können.

96 In diesen Überlegungen spiegelt sich ein Befund, der insbesondere von Seiten der Systemtheorie verschiedentlich konstatiert worden ist[107] und den man als das **Midas-Phänomen** des Rechtsdenkens bezeichnen könnte.[108] So wie nach der Sage dem phrygischen König Midas alles zu Gold wurde, was er berührte, so wird dem Juristen alles, worauf er seine Entscheidung stützt, zu Recht. Das Recht kann seine kategoriale Eigenständigkeit gegenüber der Moral deshalb auch dort wahren, wo es sich an moralischen „Inhalten“ orientiert.

### b) Basis: Die Theorie des allgemeinen praktischen Diskurses

97 Die Diskussion der *„Sonderfallthese“* betrifft zunächst allein die Frage nach dem Verhältnis von juristischem und allgemeinem praktischen Diskurs. Die Frage nach der Tragfähigkeit einer auf die Theorie des allgemeinen praktischen Diskurses gegründeten

---

103 Krit. insoweit auch *Martins*, Flüchtige Grenzen, S. 327: „Gesetzesbindung ist ... Teil der Existenzbedingungen juristischer Diskurse als solcher. Das Gesetz ist keine Einschränkung als vielmehr wesentliches Thema des juristischen Diskurses.“

104 *Habermas*, Faktizität und Geltung, S. 286. *Habermas* sieht hier die Gefahr, dass der Entscheidungsspielraum des Richters zulasten der Rechtssetzungskompetenz des demokratisch legitimierten Parlaments ausgeweitet wird (*Habermas*, A Short Reply, S. 447). Zur Einschätzung der Sonderfallthese in früheren Arbeiten von *Habermas* vgl. *Huang*, Verhältnis, S. 149 ff.

105 Habermas, Faktizität und Geltung, S. 287. Zustimmend zu *Habermas*' Kritik an der Sonderfallthese *Osterkamp*, Juristische Gerechtigkeit, S. 110 ff. Verteidigung gegen diese Kritik bei *Alexy*, Doppelnatur des Rechts, S. 403 f.

106 Dazu und zum Folgenden näher *Neumann*, Notwendigkeit und Grenzen von Idealisierungen, S. 84 f.

107 *Luhmann*, Das Recht der Gesellschaft, 1993, S. 76 ff.; *Teubner*, Altera Pars Audiatur, S. 210 ff.

108 So schon *Kelsen*, Reine Rechtslehre, 2. Aufl. 1960, S. 282.

Theorie der juristischen Argumentation führt indes weiter; sie betrifft zugleich das Fundament, *Alexys* Theorie des allgemeinen praktischen Diskurses, selbst.[109]

Diskussionsbedürftig erscheinen insoweit vor allem zwei Punkte. Der *erste Punkt* betrifft die Frage der **Wahrheitsfähigkeit von Normen**; hier wird eine kognitivistische Position *Alexys* behauptet und vom Standpunkt des Nonkognitivismus aus kritisiert.[110] Der *zweite Punkt* bezieht sich auf die **Möglichkeit einer prozeduralen Theorie der rationalen juristischen Argumentation.** Bezweifelt wird, dass prozedurale Regeln, dass Regeln des Diskurses die Wahrheit bzw. die objektive Richtigkeit des Diskursergebnisses sicherstellen könnten.[111] Diese Kritik richtet sich, teilweise explizit,[112] zugleich gegen die Konsenstheorie der Wahrheit in der Ausgestaltung, die sie in der Diskurstheorie von *Habermas* erfahren hat. 98

### aa) Wahrheitsfähigkeit von Normen

Soweit die Kritik sich gegen eine „kognitivistische" Position in *Alexys* Theorie richtet, enthält sie aus meiner Sicht eine Überakzentuierung der „objektivistischen" Komponente in der Auffassung *Alexys*. Der Behauptung, *Alexy* verbinde „eine (nur) prozedural fundierte Konzeption der Rationalität mit der Einlösung von *Wahrheitsverbürgung im Sinne endgültiger Perpetuierung*".[113], lässt sich etwa die Feststellung *Alexys* kontrastieren, „dass ein Urteil über die Richtigkeit einer Entscheidung (außer im Bereich der diskursiven Notwendigkeit) stets vorläufigen Charakter hat, d. h. widerlegt werden kann".[114] Das Ergebnis des Diskurses ist, so *Alexy*, „weder nur relativ noch nur objektiv".[115] Auch im idealen Diskurs hat die Annahme der verfahrensunabhängigen Existenz einer einzig richtigen Antwort auf jede praktische Frage keinen Platz.[116] Aus *Alexys* Kieler Antrittsvorlesung, in der er ausdrücklich einen Standpunkt zwischen kognitivistischen Positionen einerseits, subjektivistischen andererseits bezieht,[117] kann man ein Bekenntnis zu einem ethischen Kognitivismus wohl nicht herauslesen.[118] Richtig ist aber, dass die Theorie *Alexys* in diesem Punkt mit einer konsequent relativistischen Position unvereinbar ist. 99

### bb) Probleme einer prozeduralen Theorie der juristischen Argumentation

Gewichtiger erscheinen die Vorbehalte gegenüber dem Vorschlag, die Richtigkeit einer Norm durch das hypothetische Ergebnis eines bestimmten *Entscheidungsverfahrens* zu definieren. Die Kritik *Tugendhats* und *Weinbergers* lässt sich in diesem Punkt auf den 100

109 Dass die Theorie *Alexys*, ungeachtet ihrer maßgeblichen Prägung durch die Diskurstheorie von *Habermas*, als eine „eigenständige" Theorie gesehen werden muss, betont zu Recht *Bäcker*, Begründen und Entscheiden, S. 40 m. Fn. 9 (unter Hinweis auf *Gril*, Möglichkeit praktischer Erkenntnis, S. 14).

110 *Weimar*, Rechtserkenntnis und erkenntniskritische Rechtswissenschaft, S. 99 ff.; *Weinberger*, Logische Analyse als Basis der juristischen Argumentation, S. 194. Ebenso *Hilgendorf*, Argumentation in der Jurisprudenz, S. 111, der die Position *Alexys* hinsichtlich des erkenntnistheoretischen Status' der Diskursregeln später aber für „unklar" erklärt (*Hilgendorf*, Moralphilosophie und juristisches Denken, S. 407 m. Fn. 54). Vgl. auch *Hilgendorf*, Zur transzendentalpragmatischen Begründung von Diskursregeln, S. 183 ff.

111 *Weinberger*, ebd., S. 195; *Tugendhat*, Zur Entwicklung von moralischen Begründungsstrukturen, S. 5 ff.

112 *Tugendhat*, ebd.

113 *Weimar*, Rechtserkenntnis, S. 100.

114 *Alexy*, Theorie der juristischen Argumentation, S. 358.

115 *Alexy*, Idee einer prozeduralen Theorie der juristischen Argumentation, S. 184; *ders.*, Ota Weinbergers Kritik der diskurstheoretischen Deutung juristischer Rationalität, S. 151.

116 Ebd. S. 150.

117 *Alexy*, Rechtssystem und praktische Vernunft, S. 230.

118 So aber *Hilgendorf*, Argumentation in der Jurisprudenz, S. 111.

gemeinsamen Nenner bringen, dass **Rationalität** nicht ein Problem der Diskursform, sondern des **Gehalts bzw. der Begründung der Entscheidung** ist. Im Einzelnen ergeben sich zwischen den Stellungnahmen *Weinbergers* (1) und *Tugendhats* (2) indes erhebliche Unterschiede.

101 (1) *Weinberger* bestreitet bereits *Alexys* Ausgangspunkt, nämlich die Möglichkeit, die Frage der Rationalität juristischen Argumentierens und Entscheidens als Problem der *praktischen Vernunft* zu interpretieren.[119] Für *Weinberger* ist Vernunft „keine Quelle praktischer Erkenntnis, sondern nur eine rational-operative Kapazität".[120] Aus der Sicht eines in dieser Weise restringierten Rationalitätsbegriffs muss der Versuch, „so etwas wie ein Gesetzbuch der praktischen Vernunft" zu formulieren,[121] als ein wunderliches Unternehmen erscheinen.[122]

102 Die Diskursregeln können, so *Weinberger*, die Wahrheit bzw. die objektive Geltung des Diskursergebnisses nicht sicherstellen;[123] sie vermögen nicht einmal zu gewährleisten, dass überhaupt gute Gründe ins Spiel gebracht wurden.[124] Die Entscheidungen am Ende des Diskurses seien **Willensäußerungen**, keine Richtigkeitsurteile.[125] Im Einzelnen beanstandet *Weinberger* die Vermengung logischer mit moralischen Postulaten und die Festlegung inhaltlicher Konzeptionen unter dem Deckmantel von Diskursregeln.[126]

103 Der Vorwurf der Vermengung logischer mit moralischen Postulaten bezieht sich darauf, dass *Alexy* zu den Grundregeln des allgemeinen praktischen Diskurses auch die Forderung nach subjektiver Aufrichtigkeit jedes Sprechers zählt (oben Rn. 21). Die Integrierung dieser Forderung in die Gruppe der Regeln, deren Geltung „Bedingung der Möglichkeit jeder sprachlichen Kommunikation" sein soll, „in der es um Wahrheit oder Richtigkeit geht"[127], ist auch bei anderen Autoren auf Kritik gestoßen.[128] Wohl zu Recht, denn die bewusste Übernahme der Rolle des *advocatus diaboli* beispielsweise muss die Voraussetzungen einer wahrheitsorientierten Kommunikation auch dann nicht zerstören, wenn sie für die anderen Teilnehmer nicht erkennbar ist.

104 Aber auch dann, wenn jemand aus moralisch zweifelhaften Gründen gegen seine wahre Überzeugung argumentiert, sind diese Voraussetzungen nicht betroffen. Auch mit einem Diskursteilnehmer, der aus Feigheit oder Opportunismus seine wirkliche Auffassung verbirgt, ist ein praktischer Diskurs möglich – vorausgesetzt, dass seine Argumentation im Übrigen den Grundbedingungen der Rationalität sprachlicher Kommunikation genügt. Indes berührt diese Kritik *Alexys* Theorie nur am Rande, nicht grundsätzlich. Ihr ließe sich durch die schlichte Eliminierung der fraglichen Regel Rechnung tragen.

105 Gewichtiger erscheint *Weinbergers* zweiter Einwand, der am Beispiel der von *Alexy* formulierten Argumentationslastregel „Wer eine Person A anders als eine Person B

119 Vgl. auch *Weinberger*, Basic Puzzles of Discourse Philosophy, S. 172 ff. Ausf. zu *Weinbergers* Kritik *Bäcker*, Begründen und Entscheiden, S. 187–191.
120 *Weinberger*, Logische Analyse, S. 194.
121 *Alexy*, Theorie der juristischen Argumentation, S. 35.
122 Metakritik bei *Alexy*, Ota Weinbergers Kritik der diskurstheoretischen Deutung juristischer Rationalität, S. 143 ff.
123 *Weinberger*, Logische Analyse, S. 195.
124 Ebd., S. 193.
125 Ebd.
126 Vgl. auch *Weinberger*, Der Streit um die praktische Vernunft, S. 30 ff.
127 *Alexy*, Theorie der juristischen Argumentation, S. 234.
128 *Gröschner*, Theorie und Praxis der juristischen Argumentation, S. 172; *Tugendhat*, Zur Entwicklung von moralischen Begründungsstrukturen, S. 6.

behandeln will, ist verpflichtet, dies zu begründen" exemplifiziert wird.[129] Diese Regel entziehe jedenfalls in der ihr von *Alexy* verliehenen inhaltlichen Deutung die Frage, ob materielle Gleichheit gefordert werden solle, von vornherein der Diskussion. Materielle Gleichheitspostulate aber seien „keine a-priori-Postulate der Vernunft, sondern materielle Postulate einer moralischen Einstellung".[130]

Die Berechtigung dieses Einwands kann hier nicht im Einzelnen diskutiert werden. Kaum zu bestreiten ist, dass die von *Alexy* formulierten **Diskursregeln nicht inhaltlich indifferent** sind, dass sie bestimmte sachliche Regeln begünstigen. Aufschlussreich ist insofern, dass *Alexys Argumentationslastregel* nach seiner eigenen Einschätzung weitgehend der Interpretation des pragmatischen Gehalts des *verfassungsrechtlichen Gleichheitssatzes* (also einer positiv-rechtlichen Regel) durch *Podlech* entspricht.[131] 106

Ob man diesen Zusammenhang von Diskurs- und Sachregeln kritisch gegen die Theorie *Alexys* wenden kann, hängt allerding davon ab, wie hoch man die Leistungsfähigkeit der praktischen Vernunft bei der Begründung von inhaltlichen Regeln einschätzt. Sieht man in der Vernunft mit *Weinberger* nur eine „rational-operative Kapazität",[132] so müssen alle inhaltlichen Regeln zur Disposition der Diskursteilnehmer stehen. Auch eine bloße Begünstigung bestimmter inhaltlicher Konzeptionen durch die Regeln des Diskurses ist dann unzulässig. Anerkennt man dagegen die Möglichkeit einer vernunftmäßigen Begründung *inhaltlicher Regeln*, so verliert die Affinität zwischen bestimmten Diskurs- und bestimmten Sachregeln alles Bedenkliche. 107

(2) Im Gegensatz zu *Weinberger* stimmt *Tugendhat* mit *Alexy* hinsichtlich der Möglichkeit, Wertungen und Normen rational zu begründen, überein.[133] Die Kritik *Tugendhats* bezieht sich zum einen auf die schlichte Übernahme der von der juristischen Methodenlehre vorgegebenen Standards der rechtswissenschaftlichen Argumentation bei *Alexy*, zum anderen, und das ist der Hauptpunkt der Kritik, auf die diskursethische Deutung, die *Alexy* im Anschluss an *Habermas* der rationalen Begründung von Normen verleiht. 108

Die Tatsache, dass alles Denken und insofern auch alles Begründen sprachlich ist, rechtfertige noch nicht die Entscheidung für einen diskursethischen Ansatz; denn innerhalb der sprachlichen Regeln müsse zwischen den *pragmatischen Regeln*, die nur Relevanz für die Verständigung unter mehreren haben (und die insofern als Diskursregeln bezeichnet werden können), und den *semantischen Regeln*, die für die monologische wie für die dialogische Argumentation in gleicher Weise gelten, unterschieden werden. 109

Diese Unterscheidung werde sowohl von *Habermas* als auch von *Alexy* nicht berücksichtigt – mit der Konsequenz, dass von beiden Autoren das Prinzip der Begründung von Aussagesätzen missverstanden werde.[134] Die **Regeln zur Begründung von Aussagesätzen** seien nicht **pragmatische**, sondern **semantische Regeln**: „Einen theoretischen Satz verstehen, heißt wissen, wie er zu verifizieren, d. h. zu begründen ist".[135] *Tugend-* 110

129 *Alexy*, Theorie der juristischen Argumentation, S. 243.
130 *Weinberger*, Logische Analyse, S. 198.
131 *Alexy*, Theorie der juristischen Argumentation, S. 243. Dass einige Diskursregeln „einen moralischen Gehalt aufweisen", ist nach *Alexy* – gegen *Weinberger* – kein Einwand gegen die Diskurstheorie (*Alexy*, Probleme der Diskurstheorie, S. 112).
132 So *Weinberger*, Logische Analyse, S. 194 (s. schon oben Rn. 101).
133 *Tugendhat*, Zur Entwicklung von moralischen Begründungsstrukturen, S. 3.
134 Ebd., S. 7.
135 Ebd., S. 8.

*hat* bekennt sich damit zu einer verifikationistischen Version der Korrespondenztheorie der Wahrheit und gegen die von *Habermas* ursprünglich (vgl. oben Rn. 9 ff.) auch im Bereich theoretischer Aussagesätze herangezogene Konsenstheorie. Jedenfalls für *theoretische Aussagesätze* würden sich die Konsenstheorie der Wahrheit und die Auffassung, dass die Begründungsregeln als Diskursregeln aufzufassen seien, als unhaltbar erweisen.[136]

111 Auch bei der **Begründung normativer oder evaluativer Aussagen** komme die entscheidende Rolle **semantischen Regeln** zu. So ergibt sich für *Tugendhat* das *Universalisierbarkeitsprinzip* (in der Form: Richtig [gerecht] ist eine Norm nur, wenn ihr alle zustimmen können) aus der Semantik des Wortes „gerecht".[137] Pragmatische Regeln wie die, dass alle gleichberechtigt an dem Diskurs teilnehmen dürften, hätten demgegenüber nur die Funktion, die aus der Beteiligung mehrerer an der Diskussion resultierenden zusätzlichen Verzerrungsmöglichkeiten auszuschalten. Auch die Bedeutung, die nach der insofern übereinstimmenden Auffassung von *Habermas* und *Tugendhat* bei der rationalen Begründung von Normen dem Konsens der Beteiligten zukommt, resultiert für *Tugendhat* aus der Semantik des Wortes „gerecht",[138] nicht aus Regeln des Diskurses bzw. einer allgemeinen Konsenstheorie der Wahrheit.

112 Wenngleich die Regeln des Diskurses somit das Prinzip der rationalen Ethik nicht zu begründen vermöchten, so könne der Diskurs doch eine spezifische „Durchführungsweise" des Moralprinzips kennzeichnen. Es ist die These von *Tugendhat*, „dass sich als Diskurs eine nicht selbstständige, aber gleichwohl höhere Stufe der moralischen Begründungsprozedur definieren lässt".[139] Die Diskursmoral kennzeichnet in dem von *Tugendhat* und seinen Mitarbeitern entwickelten Stufenmodell der Entwicklung formal-rationaler Ethiken (rigide Vernunftmoral – flexible Vernunftmoral – Diskursmoral) die späteste und höchste Stufe.[140] Sie sichert zum einen, durch Kontrolle seitens der Betroffenen, die Unparteilichkeit des Entscheidungsverfahrens, und garantiert zum anderen, dass im dezisionistischen Bereich nicht ohne Anhörung der Betroffenen entschieden wird.[141]

113 *Alexys* Diskurstheorie des Rechts hat international große Resonanz und weithin Anerkennung gefunden.[142] Teilweise wurde sie von seinen Schülern weiterentwickelt.[143] Pointierte Kritik findet sich etwa bei *Engländer*,[144], *Gril*[145] und *Hilgendorf*.[146] *Alexy* selbst hat diese Theorie inzwischen zu einer allgemeinen Strukturtheorie des Rechts ausgebaut.[147]

136 *Tugendhat*, ebd., S. 8.
137 Ebd., S. 10.
138 Ebd., S. 11.
139 Ebd., S. 12.
140 Ebd., S. 1.
141 Gegen die Reduktion der Funktion des realen Diskurses auf die Gewährleistung von Partizipation aber *Habermas*, Diskursethik, S. 78 ff.
142 Vgl. etwa *Feteris*, Advancing Reason to Its Further Borders, S. 679–686.
143 Vgl. insbes. *Bäcker*, Begründen und Entscheiden, 2. Aufl. 2012 (ausf. dazu – mit Bezug auf die Vorauflage – *Martins*, Flüchtige Grenzen, S. 322 ff.).
144 *Engländer*, Diskurs als Rechtsquelle?
145 *Gril*, Möglichkeit praktischer Erkenntnis.
146 *Hilgendorf*, Argumentation in der Jurisprudenz, S. 109 ff., 186 ff.
147 Insbes. *Alexy*, Begriff und Geltung des Rechts; *ders.*, Theorie der Grundrechte; *ders.*, Doppelnatur des Rechts.

## III. Begründungsdiskurse und Anwendungsdiskurse

### 1. Bedeutung der Unterscheidung

Nach dem Diskursmodell von *Habermas* sind diejenigen Handlungsnormen gültig, denen alle Betroffenen mit Rücksicht auf die Konsequenzen, die sich aus der allgemeinen Befolgung der Norm für ihre Interessen ergeben, zustimmen können.[148] Diese Voraussetzung garantiert noch nicht, dass die jeweilige Norm sich in jedem Einzelfall, für den sie gilt, auch als angemessen erweist. Das ist der Grundgedanke des von *Klaus Günther* entwickelten Modells, demzufolge die Begründungsdiskurse, in denen über die Gültigkeit einer Norm entschieden wird, durch **Anwendungsdiskurse** ergänzt werden müssen, die sich auf die Frage beziehen, ob die Norm in einem konkreten Einzelfall anwendbar ist oder nicht.[149] 114

Das Problem, auf dessen Lösung die Unterscheidung von Begründungsdiskursen und Anwendungsdiskursen zielt, stellt sich nur dann, wenn die Angemessenheit der moralischen oder rechtlichen Entscheidung in einem konkreten Fall etwas anderes ist – oder jedenfalls etwas anderes sein kann – als die Entscheidung des Falles anhand einer gültigen und für den Fall einschlägigen Handlungsnorm. Diese Möglichkeit resultiert auf einem „postkonventionellen" Niveau der Moralentwicklung daraus, dass hier die moralische Bewertung einer Handlung nicht allein anhand ihrer Regelkonformität erfolgt.[150] 115

*Günther* verdeutlicht das Problem anhand des berühmten **Lügen-Beispiels** bei *Kant*:[151] Das generelle Verbot, zu lügen, lässt sich als geltende Norm erweisen, weil (verkürzt formuliert) alle Menschen ein Interesse haben, nicht belogen zu werden. Gleichwohl ist die von *Kant* gezogene Konsequenz, der Mörder dürfe nicht durch eine Lüge von der Spur seines Opfers abgebracht werden, inakzeptabel. Sie vernachlässigt Besonderheiten der konkreten Situation, die für die Antwort auf die Frage, welche Handlung in dieser Situation moralisch geboten ist, relevant sind. 116

Ganz allgemein gilt: Über die Angemessenheit einer Norm in einer konkreten Situation kann nur unter Berücksichtigung aller relevanten Situationsmerkmale entschieden werden. Dies ist bei der Entscheidung über die Geltung der Norm im Begründungsdiskurs schon deshalb nicht möglich, weil sich nicht alle künftigen Anwendungssituationen vorhersehen lassen.[152] 117

Soweit die Relevanz von Situationsmerkmalen für die moralische oder rechtliche Entscheidung durch Normen festgelegt wird, stellt sich das Problem der Angemessenheit einer Norm in einer konkreten Situation in Form der Aufgabe, eine bestehende **Kollision geltender Normen** in Hinblick auf diesen Fall aufzulösen. Soweit nicht schon ein Widerspruch zwischen den Normen selbst besteht, sondern die Kollision aus einer bestimmten Situation resultiert, wäre es unangemessen, diesen Konflikt dadurch zu lösen, dass man einer dieser Normen die Geltung abspricht: 118

---

148 *Habermas*, Diskursethik, S. 75 f.

149 *Günther*, Sinn für Angemessenheit; *ders.*, Universalistische Normbegründung und Normanwendung, S. 48 ff.; *ders.*, Warum es Anwendungsdiskurse gibt, S. 379 ff. Ausf. dazu *Lieber*, Diskursive Vernunft und formelle Gleichheit, S. 260–304.

150 Zu dem zugrundeliegenden Modell der Entwicklung von Stufen des moralischen Bewusstseins *Kohlberg*, Moralentwicklung. Zu Kohlberg *Eckensberger*, Anmerkungen zur Beziehung zwischen Recht und Moral, S. 19 ff.

151 *Günther*, Sinn für Angemessenheit, S. 46 ff.

152 Ebd., S. 51; *Habermas*, Faktizität und Geltung, S. 266.

> „Die Normkollision lässt sich nicht als ein Konflikt von Geltungsansprüchen rekonstruieren, weil die kollidierenden Normen … erst in einer konkreten Situation in Relation treten."[153]

119 Vielmehr erfolgt die Auflösung für den konkreten Fall in einem „Anwendungsdiskurs", in dem unter dem Gesichtspunkt der „Kohärenz" des Normensystems[154] entschieden wird, welche Norm „unbeschadet ihrer Gültigkeit (…) hinter einer anderen, nämlich der 'angemessenen' Norm zurücktreten" muss.[155]

### 2. Diskussion

120 *Günthers* Konzeption, die von *Habermas* aufgenommen worden ist,[156] hat große Resonanz gefunden[157] und eine intensive und kontroverse Diskussion ausgelöst. Außer Frage steht, dass die Unterscheidung zwischen der Rechtfertigung einer Norm einerseits, der Rechtfertigung ihrer Anwendbarkeit auf eine konkrete Situation andererseits unter der Voraussetzung der Existenz von Normen, die situativ kollidieren können, sinnvoll ist. Umstritten ist dagegen, ob die **Unterscheidung zwischen Anwendungs- und Begründungsdiskursen** diskurstheoretisch gerechtfertigt ist, ob sich also signifikante Unterschiede in der Argumentationsstruktur nachweisen lassen, die die Zuweisung der Anwendungsdebatte zu einer eigenständigen Diskursform tragen können.

#### a) Alternative: Ausnahmeklausel im Begründungsdiskurs

121 *Günther* kann hier zunächst darauf verweisen, dass bei Anwendungsdiskussionen die korrekte Bewertung eines Einzelfalls im Vordergrund steht, also eine Begründung singulärer präskriptiver Sätze zu leisten ist, während in Begründungsdiskursen die Geltung universeller Normen thematisiert wird.[158] Dem lässt sich allerdings entgegenhalten, dass sich auch der Anwendungsdiskurs, soweit es um die normative Relevanz von Merkmalen der konkreten Situation geht, nicht auf Singuläres, sondern auf generalisierbare Kriterien bezieht: *Kant* hat nur dann das (moralische) Recht, den verfolgten *Constant* durch eine Lüge vor seinem potenziellen Mörder zu retten, wenn jeder in einer entsprechenden Situation dieses Recht hat. Die „Gründe, die für Relevanzbehauptungen von Situationsmerkmalen in (sogenannten) 'Anwendungsdiskursen' angeführt werden können", repräsentieren „direkt oder indirekt immer Verallgemeinerbarkeiten von Betroffeneninteressen"[159]. Dementsprechend kann in Begründungsdiskursen *grundsätzlich* auf alle genuinen Anwendungssituationen Bezug genommen werden.[160]

122 Der Unterschied zwischen Anwendungs- und Begründungsdiskurs resultiert insofern aus einem unterschiedlichen Informationsstand der Teilnehmer des einen und der Teil-

153 *Günther*, ebd., S. 300.
154 Ebd., S. 300; *Günther*, Ein normativer Begriff der Kohärenz, S. 163 ff.
155 *Habermas*, Faktizität und Geltung, S. 266.
156 Ebd., S. 265 ff., 285 f.
157 Exemplarisch: *Alexy*, Normenbegründung und Normanwendung, S. 52 ff.; *Christensen/Kudlich*, Theorie richterlichen Begründens, S. 85 ff.; *Forgó/Somek*, Nachpositivistisches Rechtsdenken, S. 336 ff.; *Kettner*, Warum es Anwendungsfragen, aber keine „Anwendungsdiskurse" gibt, S. 365 ff.
158 *Günther*, Warum es Anwendungsdiskurse gibt, S. 379 ff.
159 *Kettner*, Warum es Anwendungsfragen, aber keine „Anwendungsdiskurse" gibt, S. 375; dazu *Günther*, Warum es Anwendungsdiskurse gibt, S. 386.
160 *Günther*, Sinn für Angemessenheit, S. 51; dazu *Alexy*, Normenbegründung und Normanwendung, S. 68 f.

nehmer des anderen Diskurses. Die Teilnehmer des Begründungsdiskurses können den Fall, der später zu entscheiden sein wird, nicht vorhersehen. Da aber das Informationsdefizit der Teilnehmer des Begründungsdiskurses für diesen nicht wesentlich ist, sondern nur zufälligen Charakter hat, könnte man die Diskussion um die richtige Entscheidung des Einzelfalls auch in anderer Weise rekonstruieren.

So ließe sich argumentieren: Da es nicht um den singulären Fall, sondern um einen Fall mit einer bestimmten Struktur geht, also um die normative Relevanz von Situationsmerkmalen, treten die Beteiligten in einen *Begründungsdiskurs* ein, in dem zu klären ist, anhand welcher Norm der konkrete Fall zu entscheiden wäre. – Diese Rekonstruktion hätte insbesondere den Vorteil, dass die unter dem Gesichtspunkt der Kohärenz zu führende Diskussion um die „angemessene" Auflösung einer **Normenkollision**, die sich notwendigerweise auf universelle (Meta-)Normen bezieht, ihren argumentationslogischen Ort innerhalb des Begründungsdiskurses finden würde. Die zur angemessenen Entscheidung des konkreten Falles erforderliche Norm ließe sich dann mithilfe der Einfügung einer **Ausnahmeklausel** formulieren und in einem Begründungsdiskurs rechtfertigen.[161] 123

### b) Probleme der Ausnahmeklausel

Eine solche Rekonstruktion der Anwendungsdiskussion, die in der Tat eine argumentationslogische Unterscheidung zwischen Begründungs- und Anwendungsdiskursen erübrigen würde, ließe allerdings ein Problem ungelöst, aus dem sich ein starkes Argument für das differenzierte Modell *Günthers* ergibt.[162] Denn die Modifikation der Norm im Wege der Einfügung einer Ausnahmeklausel („Man darf nicht lügen, es sei denn, die Lüge diene der Rettung eines Menschenlebens") destruiert die Geltung der ursprünglichen, uneingeschränkten Norm – mit der Konsequenz, dass diese im Anwendungsbereich der Ausnahmeklausel jegliche moralische Relevanz verliert.[163] 124

Argumentationstheoretisch formuliert: Die Einfügung der Ausnahmeklausel hat die Konsequenz, dass die Tatsache, dass die lebensrettende Äußerung eine Lüge ist, nicht einmal mehr als Argument gegen ihre moralische Zulässigkeit berücksichtigt werden kann. Die Norm „Man darf nicht lügen, es sei denn, die Lüge diene der Rettung eines Menschenlebens" unterscheidet sich unter den hier relevanten Aspekten strukturell nicht von der Norm „Kraftfahrer sollen bei ‚Rot' anhalten, es sei denn, ein Verkehrspolizist signalisiere ‚Fahren'". 125

Die Bedeutung der Ausnahmeklausel ist aber unter moralischen wie unter argumentationstheoretischen Gesichtspunkten eine andere. Dass die Ampel auf ‚Rot' steht, ist in der konkreten Situation normativ völlig irrelevant; es ist kein „Gegenargument" dagegen, den Handzeichen des Polizisten zu folgen. Dagegen bleibt das **generelle Lügenverbot** auch dann, wenn es letztlich hinter dem Gebot der Lebensrettung oder dem Verbot der Lebensvernichtung zurücktreten muss, auch in der konkreten Situation **ein Argument gegen die lebensrettende Lüge.**[164] Das gilt jedenfalls dann, wenn man dem Lügenverbot einen deontologischen Sinn unterlegt. Versteht man es in einem handlungsutilitaristischen Sinne als bloße Faustformel, so besteht unter normativen 126

161 *Alexy*, ebd., S. 63.
162 Zum Folgenden näher *Neumann*, Die Geltung von Regeln, Prinzipien und Elementen, S. 123 ff.
163 Dazu *Günther*, Warum es Anwendungsdiskurse gibt, S. 386.
164 Dazu *Günther*, Universalistische Normbegründung und Normanwendung, S. 46 f.

Gesichtspunkten kein Unterschied zu dem Ampel-Beispiel.[165] Ob *Günthers* Differenzierung zwischen Anwendungs- und Begründungsdiskursen sich in der weiteren Auseinandersetzung letztlich als gerechtfertigt erweisen wird, bleibt abzuwarten.[166] Jedenfalls hat sie der Diskussion zur diskurstheoretischen Rekonstruktion von einzelfallbezogenen normativen Argumentationen interessante Anstöße gegeben.

### IV. Theorie des juristischen Diskurses (Habermas II)

127 Inzwischen hat *Habermas* im Rahmen seines rechtsphilosophischen *opus magnum*[167] selbst eine Theorie des juristischen Diskurses ausgearbeitet, mit der er der Eigenständigkeit des Rechts in höherem Maße Rechnung trägt als in früheren Arbeiten.

#### 1. Darstellung

128 Den rechtsphilosophischen Hintergrund bildet die Anerkennung des Rechts als eines institutionell eigenständigen und gegenüber der Moral weitgehend autonomen, aber gleichwohl einer diskurstheoretischen Deutung zugänglichen Normenkomplexes. Ihr korrespondiert die Ausdifferenzierung des Diskursprinzips in ein **moralspezifisches Universalisierungsprinzip** (U) und ein **rechtsspezifisches Demokratieprinzip**, das sich „der Verschränkung von Diskursprinzip und Rechtsform verdankt"[168].

> „Indem das Diskursprinzip rechtliche Gestalt annimmt, verwandelt es sich in ein Demokratieprinzip".[169]

Dieses Prinzip besagt, dass

> „nur die juridischen Gesetze legitime Geltung beanspruchen dürfen, die in einem ihrerseits rechtlich verfassten diskursiven Rechtssetzungsprozess die Zustimmung aller Rechtsgenossen finden können".[170]

129 Damit sind die Weichen gestellt für ein verfahrensorientiertes Rechtsverständnis, das *Habermas* als prozedurales Rechtsparadigma dem liberalen wie dem sozialstaatlichen Paradigma gegenüberstellt. Unter dem Gesichtspunkt der Legitimation von Recht gibt es unter den Bedingungen einer pluralistischen Gesellschaft und nach Verabschiedung der religiös oder metaphysisch fundierten Naturrechtsmodelle keine Alternative:

> „Die einzige nachmetaphysische Quelle der Legitimität bildet offensichtlich das demokratische Verfahren der Rechtserzeugung".[171]

130 Unter argumentationstheoretischem Aspekt ist hier von Bedeutung, in welchem Verhältnis die argumentativen, auf die Idee der richtigen Entscheidung bezogenen prozeduralen Elemente zu den nicht-argumentativen (Legitimation durch Abstimmung) stehen. *Habermas* stellt hier den sachlich-argumentativen Aspekt in den Vordergrund,

---

165 Gegen einen solchen „situationsabhängigen moralischen Opportunismus" *Günther*, Warum es Anwendungsdiskurse gibt, S. 389.

166 Ein weiterer Einwand, der auszuräumen wäre, betrifft die Schwierigkeit, die relevanten (und damit im „Anwendungsdiskurs" zu berücksichtigenden) Umstände eines Falles überzeugend abzugrenzen (dazu *Christensen/Kudlich*, Theorie richterlichen Begründens, S. 89).

167 Habermas, Faktizität und Geltung.

168 Ebd., S. 154.

169 Ebd., S. 670.

170 Ebd., S. 141.

171 Ebd., S. 662.

interpretiert also das rechtlich institutionalisierte Verfahren funktional als Weg zur Erzielung vernünftiger Ergebnisse. Die legitimierende Kraft des Verfahrens beruht auf der Freisetzung kommunikativer Rationalität:

> „ ...das demokratische Verfahren ermöglicht das freie Flottieren von Themen und Beiträgen, Informationen und Gründen, sichert der politischen Willensbildung einen diskursiven Charakter und begründet damit die fallibilistische Vermutung, dass verfahrensgerecht zustandegekommene Resultate mehr oder weniger vernünftig sind".[172].

Die Tatsache, dass rechtliche Entscheidungen durch die Gesamtheit der für sie relevanten Argumente nicht eindeutig festgelegt werden, verbietet es für *Habermas* indessen, ihre Legitimation allein auf die Qualität dieser Argumente zu stützen. Für die Akzeptabilität richterlicher Urteile bedeutet das, dass sie „nicht nur von der Qualität der Argumente, sondern von der Struktur des Argumentationsprozesses abhängig" ist.[173] Eine Theorie der juristischen Argumentation darf sich daher nicht auf die logisch-semantische Diskussion beschränken, sondern hat die pragmatische Dimension der *prozeduralen Bedingungen* des Austauschs der Argumente mit einzubeziehen.[174] Nur unter dieser Voraussetzung lasse sich auch die in *Dworkins* monologischem Ansatz nicht überzeugende **These der einzig richtigen Entscheidung** aufrechterhalten: 131

> „Die Rationalitätslücke zwischen der bloß plausibilisierenden Kraft eines einzelnen substantiellen Grundes und der im Prinzip stets unvollständigen Folge von Argumenten einerseits, der Unbedingtheit des Anspruchs auf die ‚einzig richtige' Entscheidung andererseits, wird durch das *argumentative Verfahren* der kooperativen Wahrheitssuche idealiter geschlossen".[175]

Wie für das demokratische Verfahren der Rechtssetzung ist auch für den gerichtlichen Prozess kennzeichnend eine Verschränkung des institutionalisierten Verfahrens mit den argumentativen Kommunikationsabläufen.[176] 132

Hinsichtlich der „Sonderfallthese" ergibt sich aus der Aufspaltung des Diskursprinzips in ein moralspezifisches Universalisierungsprinzip und ein rechtsspezifisches Demokratieprinzip, dass sie das damit festgelegte Verhältnis von Recht und Moral nicht trifft. Die These erledige sich, „sobald man mit jener parallelen Ausdifferenzierung von Recht und Moral ernst macht, die auf dem postkonventionellen Begründungsniveau eintritt".[177] 133

## 2. Diskussion

Die gegenüber dem Ansatz der Diskurstheorie erhobenen grundsätzlichen Einwände, die sich insbesondere gegen den Anspruch praktischer Erkenntnis (Kognitivismus-Problem) richten, können hier nicht referiert werden.[178] Soweit sie sich speziell gegen eine diskurstheoretisch ansetzende Theorie der (juristischen) Argumentation richtet, betrifft die Kritik hauptsächlich drei Punkte. 134

---

172 Ebd.
173 Ebd., S. 277.
174 Ebd., S. 276 ff.
175 Ebd., S. 279.
176 Näher dazu *Neumann*, Zur Interpretation des forensischen Diskurses, S. 23 ff.
177 *Habermas*, Faktizität und Geltung, S. 286.
178 Dazu etwa *Keuth*, Erkenntnis oder Entscheidung; *Engländer*, Diskurs als Rechtsquelle?

### a) Konsens als Richtigkeitskriterium

135 Der erste bezieht sich auf die Rolle des (idealen, potenziellen) Konsenses als Kriterium der sachlichen Richtigkeit des Arguments bzw. der Entscheidung. Insbesondere *Weinberger* hat gegen *Habermas* und nahestehende Autoren eingewandt, man müsse zwischen sachlich **guten Gründen** einerseits, der **überzeugenden Wirkung** von Argumenten andererseits unterscheiden. Deshalb könne man entgegen *Habermas* für die Richtigkeit nicht auf das Ergebnis des Diskurses (Konsens) abstellen.[179]

136 Diese, in ähnlicher Form auch von anderen Autoren erhobene Kritik unterscheidet nicht hinreichend zwischen der faktischen, situativen, und der potenziellen, unter idealisierten Bedingungen zu erzielenden Überzeugungskraft eines Arguments. Sofern sie sich auch gegen das Richtigkeitskriterium des *potenziellen* Konsenses wendet, lässt sie offen, wie man ein gutes Argument von einem schlechten – oder weniger guten – anders abgrenzen will als durch die Bezugnahme auf seine potenzielle Konsensfähigkeit.

### b) Argumentative *versus* prozedurale Richtigkeit

137 Gewichtiger ist der zweite Einwand: Auch wenn man grundsätzlich anerkennt, dass die Qualität eines „guten" Arguments sich in dem Kriterium seiner Konsensfähigkeit operationalisieren lässt, bleibt die genaue Struktur des Verhältnisses von argumentativer und prozeduraler, auf institutionalisierte Verfahren bezogener Richtigkeit klärungsbedürftig.[180]

138 Auf entsprechende Einwände hin hat *Habermas* das **Verhältnis von prozeduraler und argumentativer Korrektheit** des Ergebnisses durch die Unterscheidung von „Gültigkeit" und „rationaler Akzeptabilität" einer Entscheidung präzisiert. Auch gegenüber verfahrensgerecht zustande gekommenen Entscheidungen, die als solche den Anspruch auf „rationale Akzeptabilität" erheben können, bleibt die Möglichkeit, unter Berufung auf substantielle Gründe „die Differenz zwischen einem ‚gültigen' und einem (im gegebenen institutionellen Rahmen) ‚rational akzeptablen' Ergebnis geltend (zu) machen."[181]

### c) Normative Produktivität von Kommunikationsstrukturen?

139 Ein zentrales Problem der Diskursethik ist schließlich die Begründung normativer Regeln aus den Bedingungen rationaler Argumentation.[182] Die Kritik, die an diesem Punkt ansetzt, ist von *Gril* zusammenfassend dargestellt und weitergeführt worden.[183] Bestritten wird zum einen die Alternativlosigkeit verständigungsorientierter Rede; neben ihr stehe gleichberechtigt das erfolgsorientierte, strategische Argumentieren, das eine implizite Anerkennung der Diskursregeln nicht bedinge.[184] Zum anderen treffen Begriff und Funktion des „allgemeinen Interessen" im Universalisierungsprinzip (U) auf Kritik: der einzelne, auf dessen Zustimmung es für die konsensuelle Ermittlung

179 *Weinberger*, Zur Theorie der politischen Argumentation, S. 163 ff.
180 *Kaufmann*, Verfahren der Rechtsgewinnung, S. 22 ff.
181 *Habermas*, Einbeziehung des Anderen, S. 343.
182 *Habermas*, Diskursethik, S. 104.
183 *Gril*, Möglichkeit praktischer Erkenntnis; *ders.*, Alexys Version einer transzendental-pragmatischen Begründung der Diskursregeln.
184 *Gril*, Möglichkeit praktischer Erkenntnis, S. 68 ff. Krit. zu dieser Gleichstellung *Bäcker*, Begründen und Entscheiden, S. 55 ff.

des allgemeinen Interesses ankommt, müsse sich bei seiner Entscheidung bereits an ebendiesem allgemeinen Interesse orientieren.[185]

Der letztere Einwand betrifft einen spezifischen Aspekt des Verhältnisses von prozeduraler und substantieller „Richtigkeit" von Normen und Entscheidungen. – Neben der Frage nach dem Gewicht dieser Einwände tritt die nach möglichen alternativen Begründungen moralischer Normen. Die Zurückführung auf egoistische Interessen versagt insoweit, als sie nur den „schwachen" (nach eigener Einschätzung: verletzbaren), nicht aber den „starken" Egoisten in normative Ketten zu legen vermag. Ob die Verbindung eines transzendentalpragmatischen Ansatzes mit einer auf empirische Interessen abstellenden Argumentation[186] eine stabile Fundierung leisten kann, bedarf weiterer Diskussion.[187] 140

185 *Gril* ebd. S. 92 ff.

186 So *Alexy*, Diskurstheorie und Menschenrechte, S. 127 ff.

187 Krit. *Gril*, Möglichkeit praktischer Erkenntnis, S. 138 ff.; *ders.*, Alexys Version einer transzendental-pragmatischen Begründung der Diskursregeln, S. 206 ff.

# § 6 Weitere Modelle der rationalen juristischen Argumentation

1 Die nachfolgend erörterten Modelle einer rationalen juristischen Argumentation repräsentieren im Verhältnis zueinander, wie auch zu der vorstehend diskutierten Argumentationstheorie *Alexys*, eigenständige Ansätze. Gleichwohl bestehen in zahlreichen Punkten Übereinstimmungen, die hinsichtlich der Ansätze von *Aarnio*, *Alexy* und *Peczenik* auch in der Ko-Autorschaft einer Arbeit über die Grundlagen der juristischen Argumentationstheorie Ausdruck gefunden haben.[1] Auch mit der Argumentationstheorie *MacCormicks* ergeben sich zahlreiche Berührungspunkte.

## I. „Deductive justification" und „second order justification" (Neil MacCormick)

2 Die Frage, welche Bedeutung der praktischen Vernunft im juristischen Denken und der juristischen Argumentation zukommt, steht im Zentrum mehrerer rechtstheoretischer Arbeiten von *Neil MacCormick*.[2] *MacCormick* geht von einem **zweistufigen Modell der Begründung** (justification) juristischer Entscheidungen aus: Auf der ersten Stufe wird die Entscheidung deduktiv abgeleitet (das entspricht der „internen Rechtfertigung" bei *Alexy*), auf der zweiten (second order justification) geht es um die Rechtfertigung der Prämissen der Deduktion („externe Rechtfertigung" bei *Alexy*).[3]

### 1. Universalität der Prämissen

3 Auch auf der ersten Ebene wird die Rationalität der Entscheidungsbegründung nicht durch deren deduktive Struktur als solche, sondern durch die *Universalität der Prämissen* gewährleistet.[4] Dass die Rechtfertigung juristischer Entscheidungen in allen Fällen unter Rückgriff auf universelle Prämissen zu erfolgen hat, ergibt sich als Konsequenz der Forderung des Prinzips der formalen Gerechtigkeit, die es gebietet, Gleiches gleich zu behandeln. Die Berücksichtigung dieses Prinzips ist eine unverzichtbare Bedingung rationaler juristischer Argumentation.[5]

### 2. Begründung der Prämissen

4 Sie ist allerdings nur eine notwendige, nicht aber eine hinreichende Bedingung. Die Frage der Vernünftigkeit der Begründung juristischer Urteile entscheidet sich letztlich erst auf der zweiten Stufe der Rechtfertigung, bei der *Begründung der Prämissen*. Die Frage, auf welche Weise die Prämissen der Entscheidungsbegründung gerechtfertigt werden können, betrifft zunächst die Klassifikation der zulässigen Argumente.

1 *A. Aarnio./R. Alexy/A. Peczenik*, The Foundation of Legal Reasoning, in: Rechtstheorie 12 (1981), S. 133–158, 257–279, 423–448. Deutsch: Grundlagen der juristischen Argumentation, in: R. Alexy/W. Krawietz (Hrsg.), Metatheorie juristischer Argumentation, 1983, S. 9–87.

2 *MacCormick*, Legal Reasoning and Legal Theory; *ders.*, The Artificial Reason and Judgement of Law; *ders.*, Coherence in Legal Justification; *ders.*, Rhetoric and the Rule of Law. – Zusammenfassende Darstellung bei *Feteris*, Advancing Reason to Its Further Borders, S. 665–673.

3 Zu den Übereinstimmungen zwischen beiden Autoren vgl. *Alexys*, Rezension, Rechtstheorie 11 (1980), S. 120 ff. sowie *MacCormick*, Coherence in Legal Justification.

4 Näher dazu *MacCormick*, Rhetoric and the Rule of Law, S. 99 ff.

5 *MacCormick*, Legal Reasoning and Legal Theory, S. 73 ff.

### a) Klassifikation der Argumente

5 *MacCormick* unterscheidet hier die Argumente, die sich auf rechtliche oder tatsächliche *Folgen* der Entscheidung beziehen (konsequentialistische Argumente) von solchen, die eine Rückbindung der Entscheidung an die *geltende Rechtsordnung* intendieren. Diese Rückbindung wird negativ durch das Erfordernis der Verträglichkeit mit den geltenden Regeln des Rechtssystems (Konsistenz), positiv durch die Forderung der Stützung der Prämisse durch ein allgemeines Rechtsprinzip oder die Analogie zu einer anerkannten Rechtsregel (Kohärenz) gewährleistet. Für die Auswahl der Prämissen sind also sowohl **allgemein-praktische (konsequentialistische)** als auch **spezifisch juristische Gesichtspunkte** maßgebend.

### b) Rangfolge und Interferenz

6 Damit stellt sich die Frage nach dem Verhältnis zwischen den Argumenten unterschiedlichen Typs. Diese Frage betrifft zum einen das Problem der *Rangfolge*, zum anderen den Gesichtspunkt eines möglichen *inhaltlichen Zusammenhangs* zwischen den konsequentialistischen Argumenten einerseits und den Konsistenz- bzw. Kohärenzargumenten andererseits. Konsequentialistische Argumente beziehen sich dabei nicht (im Sinne des Handlungsutilitarismus) auf die Folgen der singulären Entscheidung, sondern (im Sinne des Regelutilitarismus) auf die Folgen, die sich aus der generellen Anwendung der Regel auf parallel gelagerte Fälle ergeben.[6]

7 Das Problem der Rangfolge wird in dem Modell *MacCormicks* zunächst durch eine Spezifizierung der Funktionen relativiert. *Kohärenz- und Konsistenzargumente* bestimmen den Bereich des rechtlich Möglichen; innerhalb dieses Bereichs wird die Entscheidung aufgrund *konsequentialistischer Argumente* getroffen.[7] Konsequentialistische Argumente einerseits, Kohärenz- und Konsistenzargumente andererseits stehen damit in einem Verhältnis der funktionalen Ergänzung.

8 Eine weitere Abschwächung des Rangfolgeproblems ergibt sich aus der inhaltlichen Verzahnung von Argumenten unterschiedlichen Typs. Eine innere Abhängigkeit der konsequentialistischen Argumente von den Kohärenzargumenten resultiert aus der Notwendigkeit, im Rahmen einer konsequentialistischen Argumentation Folgen nicht nur zu prognostizieren, sondern auch zu bewerten; denn als Bewertungsmaßstab fungieren jedenfalls auch die fundamentalen Prinzipien der Rechtsordnung.

9 Umgekehrt wird der Inhalt der Rechtsprinzipien nicht allein durch die in einer Rechtsordnung geltenden Rechtsregeln festgelegt, sondern teilweise aufgrund allgemeiner praktischer Erwägungen bestimmt.[8] Auch im Rahmen der Konsistenzprüfung spielen allgemeine praktische Argumente eine wesentliche Rolle. Zwar können sie von dem Erfordernis, dass die Entscheidung mit bindenden Rechtsregeln verträglich sein muss, nicht dispensieren; wohl aber besteht die Möglichkeit, aufgrund praktischer Erwägungen im Wege des **‚distinguishing'**, **‚explaining'** oder **‚overruling'** Raum für die favorisierte Regel in der Rechtsordnung zu schaffen.

---

6 *MacCormick*, Rhetoric and the Rule of Law, S. 101 ff.
7 Ebd., S. 127, 162, 188.
8 Ebd., S. 166.

### 3. Sonderfall-These

10 Als Fazit für die Einschätzung der juristischen Argumentation ergeben sich zwei Feststellungen. Zum einen: Die juristische Argumentation ist ein *Sonderfall* der allgemeinen moralischen Argumentation: „legal reasoning is a special, highly institutionalized and formalized, type of moral reasoning".[9] Zum andern: Die juristische Argumentation wird von der Vernunft zwar gesteuert, aber nicht determiniert. Die **Grenzen der Vernunft** in der juristischen Argumentation markieren im Modell *MacCormicks* die **konsequentialistischen Argumente** mit den von ihnen vorausgesetzten Wertungen, während die Konsistenz- und Kohärenzargumente die Rolle der Vernunft in der juristischen Argumentation verdeutlichen.[10] Die Ausgrenzung der konsequentialistischen Argumente aus dem Bereich der praktischen Vernunft stößt teilweise auf Widerspruch.[11]

## II. Theorie der Sprünge (Aleksander Peczenik)

11 Die Erkenntnis, dass die juristische Argumentation im Wesentlichen auf nichtdeduktiven Folgerungen beruht, bildet den Ausgangspunkt von *Peczeniks* **Theorie der Transformationen** („Sprünge")[12] im Recht.[13] Unter einer Transformation versteht *Peczenik* einen begründeten, aber **nichtdeduktiven** Übergang im Bereich menschlichen Wissens und menschlicher (begründeter) Wertungen. Eine Transformation (T) von p zu q findet genau dann statt, wenn

a) die Wahrheit (oder Geltung etc.) von p als hinreichender Grund angegeben wird, um q zu bestätigen, und

b) p nicht deduktiv q nach sich zieht.[14]

Die einfachste Formel für eine Transformation ist $<pTq>$. Falls p und q aus mehr als einer Aussage bestehen, ergibt sich eine kompliziertere Formel: $<(p^1 ..., p_m T q_i, ..., q_n>$.

12 Transformationen erfolgen nicht *ad hoc*, sondern aufgrund von *Regeln*, die vorhanden sind oder aber neu formuliert werden müssen. Transformationsregeln sind materielle Folgerungsregeln; sie entsprechen den Folgerungsregeln *Toulmins*. Dass sie materiellen Charakter haben, bedeutet, dass **analytische Regeln als Folgerungsregeln nicht in Betracht kommen.**[15] Führt eine analytische Folgerungsregel zusammen mit p *logisch zwingend* zu q, so liegt *keine Transformation* vor. Dagegen spielt es keine Rolle, dass Transformationen (nichtdeduktive Schritte) durch Hinzufügen einer nichtanalytischen Folgerungsregel in deduktive Folgerungen überführt werden könnten. Eine solche Umformung ist nämlich immer möglich; der nichtdeduktive Übergang von p zu q wird durch Hinzufügen der Prämisse p → q zu einer deduktiven Folgerung vervollständigt:

$$\begin{array}{c} p \\ p \rightarrow q \\ \hline q \end{array}$$

9 Ebd., S. 272.
10 Ebd., S. 271.
11 *Alexy*, Rezension, Rechtstheorie 11 (1980), S. 127.
12 Zur Terminologie *Peczenik*, Grundlagen der juristischen Argumentation, S. 5/6 m. Fn. 4.
13 Übersichtliche Darstellung bei *Feteris*, Advancing Reason to Its Further Borders, S. 693–701. Vertiefend *Klatt*, Aleksander Peczenik über die Rationalität der juristischen Argumentation.
14 *Peczenik*, Grundlagen, S. 5; *Aarnio/Alexy/Peczenik*, The Foundation of Legal Reasoning, S. 137.
15 *Peczenik*, Grundlagen, S. 8.

Die **Dominanz nichtdeduktiver Folgerungen** bedeutet, dass die Rechtfertigung rechtlicher Konklusionen im Wesentlichen auf Argumentationen gestützt werden muss, die keinen logisch zwingenden Charakter haben. Das heißt aber nicht, dass eine Rechtfertigung einer rechtlichen Konklusion i.S. einer Angabe hinreichender Gründe nicht möglich wäre.[16] Ob eine Begründung hinreichend ist oder nicht, hängt von dem Anspruch ab, der an eine Rechtfertigung gestellt wird. 13

*Peczenik* unterscheidet unter diesem Gesichtspunkt die *im Rechtskontext hinreichende* von der *tiefgehenden Rechtfertigung*. Die im Rechtskontext hinreichende Rechtfertigung gründet auf der bestehenden juristischen Tradition, der Rechtsideologie, die ihrerseits einer tiefgehenden Rechtfertigung bedarf.[17] Die Stufung bei den Rechtfertigungsmodi lässt sich unter Verwendung des von *Toulmin* entwickelten Schemas wie folgt darstellen:[18] 14

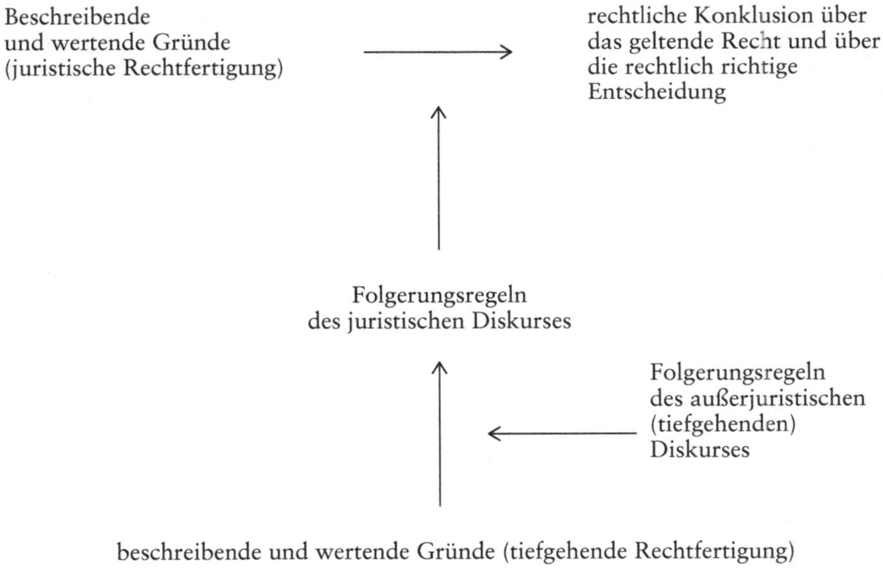


## 1. Die im Rechtskontext hinreichende Rechtfertigung

Die im Rahmen der juristischen Rechtfertigung verwendeten (nichtdeduktiven) Folgerungen können einen „Sprung" innerhalb des Rechts oder aber einen Sprung von der Welt des sozialen Geschehens in die des Rechts markieren. *Peczenik* unterscheidet deshalb, einer terminologischen Anregung von *Alexy* folgend,[19] zwischen der *Transformation in das Recht* und der *Transformation innerhalb des Rechts*. 15

16 Ebd., S. 1.
17 Ebd.
18 Ebd., S. 2.
19 Vgl. *Aarnio/Alexy/Peczenik*, The Foundation of Legal Reasoning, S. 142 m. Fn. 22.

### a) Transformation in das Recht

16 Der Begriff **„Transformation in das Recht"** bezieht sich auf den Übergang von sozialen Fakten bzw. einem nichtjuristischen Sollen zu einem juristischen Sollen:[20] Bestimmte soziale Geschehensabläufe (Abstimmung im Parlament etc.) werden als Handlungen gedeutet, die geltendes Recht und rechtliche Verbindlichkeit konstituieren. Da die rechtliche Qualität und die rechtliche Verbindlichkeit aus den sozialen Fakten nicht deduktiv begründet werden können, handelt es sich um eine Transformation im oben gekennzeichneten, substantiellen Sinne.

17 Eine solche Transformation muss auch derjenige vollziehen, der – wie die Anhänger rechtsrealistischer Positionen – den Begriff des „rechtlichen Sollens" ablehnt bzw. nur metasprachlich verwendet. Denn auch der Rechtsrealist sieht sich gezwungen, Rechtsquellen, wie Gesetze oder Präjudizien, zu identifizieren. Allerdings kommt an diesem Punkt die analytische Unterscheidung zwischen der **„Kategorie-Transformation"** und der **„Kriterien-Transformation"** ins Spiel. Die Kategorie-Transformation begründet die Verbindlichkeit des Rechts, das Sollen; die Kriterien-Transformation dagegen leistet die Identifikation des geltenden Rechts.[21] Der Vertreter einer Position des Rechtsrealismus kann zwar die „Kategorie-Transformation" zum rechtlichen Sollen, nicht aber die „Kriterien-Transformation" zum geltenden Recht verwerfen, wenn er nicht das schwierige Leben eines Juristen führen will, der nicht weiß, was geltendes Recht ist.[22]

18 Die Frage, *nach welchen Regeln* die Transformation in das Recht zu vollziehen ist, führt in die Diskussion zwischen naturrechtlichen, rechtspositivistischen und rechtsrealistischen Positionen, die im Rahmen einer Theorie juristischen Argumentierens nicht detailliert geführt werden kann. Im Ergebnis läuft *Peczeniks* Auffassung hier auf eine komplexe Theorie hinaus, die moralische, reale und normlogische Kriterien verbindet und eine eigenständige Position im Streit der unterschiedlichen Richtungen markiert.

### b) Transformationen innerhalb des Rechts

19 Während die *Transformation in das Recht* den rechtlichen Charakter und die rechtliche Verbindlichkeit des Normensystems insgesamt, der Verfassung und möglicherweise einiger Quellen begründet, geht es bei der *Transformation innerhalb des Rechts* darum, untergeordneten Rechtsquellen und konkreten rechtlichen Sollensurteilen Geltung zu verleihen.[23] Unter Verzicht auf eine vollständige Klassifizierung lassen sich unterscheiden: (1) die Begründung des Rechtsquellencharakters einer bestimmten Rechtsquelle (z. B. Präjudizien) aus einer anderen (z. B. Verfassung) („Rechtsquellen-Transformation", „*source transformation*"), (2) die Herleitung einer ungeschriebenen Rechtsregel oder eines Rechtsprinzips aus einer Rechtsquelle („Allgemeine Norm-Transformation", „*general norm transformation*") und (3) die Begründung konkreter rechtlicher Sollensurteile anhand von Rechtsquellen, ungeschriebenen rechtlichen Regeln und Prinzipien („Einzelne Norm-Transformation", „*decision transformation*". Ein „einfaches Modell rechtlicher Transformationen" hat die Struktur p $T^1qT_2r$, wobei bedeutet:

---

20 Ebd., S. 142.
21 Näher zu dieser Unterscheidung *Feteris*, Advancing Reasons to Its Further Borders, S. 695 f.
22 Ebd., S. 142 ff.; vgl. auch *Peczenik*, Grundlagen, S. 23.
23 *Peczenik*, Grundlagen, S. 55 (Erläuterung der Symbole wörtlich übernommen).

p = Fakten und nicht-rechtliche Werte;

$T^1$ = Transformation in das Recht (mit zwei Aspekten: $T_1^1$ = Kategorietransformation und $T_1^2$ = Kriterientransformation);

q = die rechtliche Geltung (der rechtliche Charakter) des Normensystems als Ganzheit, dessen Verfassung und einige unabhängige Rechtsquellen;

$T_2$ = Transformation innerhalb des Rechts, d. h. $T_2^1$ (die Quellentransformation), $T_2^2$ (die Allgemeine Norm-Transformation) oder $T_2^3$ (die Einzelne Norm-Transformation)

r = die rechtliche Geltung anderer Rechtsquellen, ungeschriebener (geltender) Rechtsregeln und Rechtsprinzipien und konkreter Behauptungen, die rechtliches Sollen ausdrücken.[24]

(1) Die **Quellentransformation** (**source transformation**): Alle rechtlichen Gründe sind Rechtsquellen im weitesten Sinn.[25] Rechtliche Gründe sind entweder *Sachgründe* oder *Autoritätsgründe*.[26] Innerhalb der Sachgründe lassen sich Zielgründe und Richtigkeitsgründe unterscheiden. Autoritätsgründe sind dadurch gekennzeichnet, dass ihre Kraft nicht auf ihrem Inhalt, sondern auf anderen Gründen beruht. 20

Der Begriff der „Rechtsquellen-Transformation" bezeichnet den Übergang von primären zu sekundären Rechtsquellen. Die Unterscheidung zwischen primären und sekundären Rechtsquellen bestimmt sich danach, ob zur Identifikation der Rechtsquelle auf andere Rechtsquellen Bezug genommen werden muss; wenn ja, handelt es sich um eine sekundäre, sonst um eine primäre Rechtsquelle. Eine primäre Rechtsquelle ist die Verfassung eines Staates;[27] demgegenüber sind die meisten Gesetze und Präjudizien sekundäre Rechtsquellen.[28] Sofern die Aussage über die rechtliche Geltung der sekundären Rechtsquellen nicht logisch aus den primären Rechtsquellen folgt, beinhaltet der Übergang eine Transformation. 21

Mit der Einteilung der Rechtsquellen in primäre und sekundäre überschneidet sich die Klassifikation nach dem Grad ihrer Verbindlichkeit. Unter diesem Gesichtspunkt ist entscheidend, ob Rechtsquellen herangezogen werden *müssen, sollen* oder *dürfen*. Muss-Quellen sind Gesetze und im Bereich des Common Law Präzedenzfälle.[29] Als Soll-Quellen nimmt *Peczenik* für das schwedische Recht Präjudizien, Gesetzgebungsmaterialien und in gewissen Fällen die Sitte an.[30] Darf-Quellen sind etwa die juristische Fachliteratur oder ausländische Gesetze. 22

(2) Die **Allgemeine Norm-Transformation** (**general norm transformation**): Während die Quellen-Transformation der Identifikation von Rechtsquellen dient, konkretisiert die Allgemeine-Norm-Transformation deren Gehalt. Da die „Auslegung" eines Gesetzes sich nicht in einer Deduktion aus diesem Gesetz erschöpft, handelt es sich auch hier um eine Transformation in dem oben gekennzeichneten Sinn. 23

---

24 Ebd., S. 56.
25 Ebd., S. 59.
26 Näher dazu *Peczenik*, On Law and Reason, S. 313 ff.
27 *Aarnio/Alexy/Peczenik*, The Foundation of Legal Reasoning, S. 150.
28 Ebd., S. 151.
29 Näher *Peczenik*, On Law and Reason, S. 319 ff.
30 *Peczenik*, Grundlagen, S. 61.

24 *(3) Die Einzelne Norm-Transformation (decision transformation).* Eine Folgerung ist dann eine Einzelne Norm-Transformation, wenn

- sie ein konkretes rechtliches Sollensurteil herbeiführt,
- ihre Prämissen eine allgemeine Rechtsnorm enthalten, die eine Rechtsquelle darstellt oder aus einer Rechtsquelle deduktiv oder im Wege einer Allgemeinen Norm-Transformation abgeleitet ist,
- es nicht möglich ist, das konkrete rechtliche Sollensurteil aus dieser allgemeinen Rechtsnorm und der Sachverhaltsbeschreibung zu deduzieren.[31]

### 2. Die tiefgehende Rechtfertigung

25 **Die im Rechtskontext hinreichende Rechtfertigung** ist relativ auf die von der Rechtswissenschaft akzeptierten Regeln der juristischen Argumentation; diese Regeln werden im Rahmen der juristischen Begründungspraxis nicht problematisiert. Die Frage, ob diese Art und Weise der juristischen Rechtfertigung ihrerseits gerechtfertigt werden kann, verlagert das Problem der Legitimation nicht nur auf eine höhere Stufe, sondern verleiht ihm auch einen anderen, grundsätzlicheren Charakter. Bei der **„tiefgehenden Rechtfertigung"** wird gefragt, ob die juristische Argumentation „an sich", ob sie absolut gerechtfertigt werden kann.

26 Zuständig für die Beantwortung der Frage ist deshalb eine universelle Instanz, das Forum der Vernunft. Die Prüfungsfragen, denen sich die Rechtswissenschaft vor diesem Forum zu stellen hat, betreffen die Wissenschaftlichkeit der juristischen Disziplin, die Rationalität der juristischen Argumentation und die ideologische Basis des juristischen Wissens.

#### a) Wissenschaftlichkeit der Rechtswissenschaft

27 Die **Rechtsdogmatik** erfüllt, so *Peczenik*, viele für eine **Wissenschaft** typische Bedingungen; sie ist intersubjektiv, schafft Verallgemeinerungen und zieht einfachere Theorien komplizierteren vor.[32] Weiterhin ist der Unterschied zwischen Theorien und Daten in der Rechtswissenschaft ebenso von Belang wie in den empirischen Wissenschaften. Schließlich lassen sich wissenschaftstheoretische Modelle wie das von *Lakatos* oder das von *Sneed* auch für die Rechtswissenschaft fruchtbar machen.[33]

28 Auf der anderen Seite kann sich die Rechtswissenschaft nicht, wie die Naturwissenschaften, auf die Formulierung wahrheitsfähiger Theorien beschränken. Die „Theorien" der Rechtswissenschaft verhalten sich zu ihrem Gegenstandsbereich anders als naturwissenschaftliche Theorien:

> „Wenn eine wissenschaftliche Beschreibung nicht der Welt entspricht, ist die Beschreibung falsch und die Welt ändert sich nicht. Eine juristische ‚Beschreibung', die nicht den rechtlichen Quellen entspricht, kann aber das Recht verändern. *Communis error facit ius.*"[34]

31 Ebd., S. 80.
32 Ebd., S. 136.
33 Ebd., S. 148 ff.
34 Ebd., S. 142. Zu diesem Gesichtspunkt schon oben (§ 1 Rn. 26).

*Peczenik* führt diese Asymmetrie zwischen den **Naturwissenschaften** einerseits, der **Rechtswissenschaft** andererseits auf die besondere Rolle zurück, die *Wertungen* in der Rechtsdogmatik spielen. Die Bedeutung von Wertungen in der Rechtswissenschaft begründet auch einen wesentlichen Unterschied zwischen der naturwissenschaftlichen und der juristischen *Induktion*. Während die Konklusion eines Induktionsschlusses im Bereich der Naturwissenschaften eine Vermutung über das Bestehen einer Gesetzmäßigkeit ausdrückt, formuliert die Konklusion einer juristischen Induktion nicht eine Vermutung, sondern eine Norm. Auch die Basis, auf der ihre Rechtfertigung beruht, hat normativen Charakter; so wird der Induktionsschluss im Bereich der Rechtsdogmatik beispielsweise mit dem Prinzip der formalen Gerechtigkeit begründet.[35] 29

Die Rechtsdogmatik weist demnach sowohl eine deskriptive als auch eine normative Komponente auf; sie stellt „eine Mischung von deskriptiven Theorien über die Rechtsquellen und normativen Moraldoktrinen" dar.[36] Diese Januskopfigkeit erklärt die Tatsache, dass bei der im Rechtskontext hinreichenden Rechtfertigung nichtdeduktive Schritte eine ungewöhnlich große Rolle spielen; die Anpassung zweier unterschiedlicher Arten von „Theorien" ist ohne Sprünge nicht möglich.[37] 30

## b) Rationalität der juristischen Argumentation

Jede Argumentation, die Anspruch auf **Rationalität** erheben will, muss den Forderungen der **Generalität** und der **Stützung** („Unterstützung") der vorgebrachten Behauptungen genügen. Dabei meint die Forderung der *Generalität* die Möglichkeit, in der Argumentation auftretende Beschreibungen und Wertungen generell zu formulieren; für moralische Wertungen bzw. Normen entspricht diese Forderung dem Universalisierbarkeitsprinzip. Das Postulat der *Stützung* bedeutet, dass für Beschreibungen wie für Wertungen gute Gründe vorgebracht werden müssen; die Ausdrücke „p unterstützt q" und „p ist ein guter Grund für q" sind synonym. Wenn p q unterstützt, dann stellt p eine partielle Rechtfertigung von q dar.[38] Generalität und Unterstützung können nicht gleichzeitig maximiert werden; die Optimierung der Rationalität bedeutet deshalb, das optimale Verhältnis von Generalität und Unterstützung zu erreichen.[39] 31

Die juristische Rechtfertigung vermag diesen beiden (elementaren) Anforderungen, die an eine rationale Argumentation zu stellen sind, zu genügen: Die Allgemeinheit der Gesetze und das Gerechtigkeitsprinzip gewährleisten in weitem Umfang die *Generalität* rechtsdogmatischer Sätze. *Gestützt* werden juristische Argumentationen zum einen durch Rechtsquellen, zum anderen durch moralische Normen und Prinzipien. Allerdings lassen diese minimalen Rationalitätsbedingungen der juristischen Argumentation noch einen außerordentlich weiten Spielraum. So eröffnen sie eine Vielzahl von Möglichkeiten, die einzelnen Rationalitätskriterien in ein optimales Gleichgewicht zu bringen.[40] 32

35 Ebd., S. 145.
36 Ebd., S. 1. Ausf. dazu *Peczenik*, On Law and Reason, Kap. 1 („The Dilemma of Legal Reasoning: Moral Evaluation or Description of the Law?"), S. 17–46.
37 Ebd.
38 Ebd., S. 170 f. Ausführlich zu Peczeniks Begriff der juristischen Rationalität und zur Theorie der „Sprünge" bei Peczenik *Klatt*, Alexander Peczenik über die Rationalität der juristischen Argumentation, S. 187–200.
39 Ebd., S. 178 f. Vereinfacht rekonstruiert: Je allgemeiner die Stützung formuliert ist, desto weniger spezifisch ist sie für die fragliche Fallkonstellation, und desto geringer ist damit der Grad der Unterstützung.
40 Ebd., S. 182.

33 Der Jurist, der sich dieses Optimum zum Ziel setzt, orientiert sich dabei notwendig an der Idee *praktischer Richtigkeit.* Diese Idee praktischer Richtigkeit ist Voraussetzung dafür, dass die Frage nach dem „Warum" einer Norm oder einer Wertung sinnvoll gestellt werden kann. *Peczenik* weist damit die Position einer radikal-subjektiven Werttheorie zurück, von der aus die Idee praktischer Richtigkeit nicht akzeptabel erscheint,[41] wendet sich andererseits aber auch überzeugend gegen eine objektivistische Werttheorie.[42]

### c) Rechtsideologie

34 Die Regeln der praktischen Vernunft sind zu schwach, als dass sie für eine tiefgehende Rechtfertigung juristischer Argumentationen ausreichen würden. Eine solche Rechtfertigung kann nur erfolgen unter Bezug auf eine „reichhaltigere Kumulierung von Überzeugungen und Verpflichtungen, die in unserer Kultur für selbstverständlich angesehen werden".[43]

35 Die Möglichkeiten einer rationalen *tiefgreifenden* Rechtfertigung juristischer Argumentationen ist damit relativ auf ein Basissystem, das über die Kriterien rationalen bzw. nichtrationalen Begründens entscheidet. Diese Relativität ist nicht spezifisch für die juristische Argumentation; rationaler Diskurs und rationaler Konsens sind generell nur vor dem Hintergrund eines gemeinsamen Systems von Handlungen, Auffassungen, Begriffen etc. möglich.[44] Verfechter unterschiedlicher Systeme können einander nicht *überzeugen,* sondern allenfalls *überreden. Peczenik* greift hier mit geringen Modifikationen auf *Wittgensteins* Konzeption der **Lebensform** zurück. Zwei Personen gehören dann derselben Lebensform an,

> „wenn ihre Systeme sich in einem solchen Verhältnis kausaler Abhängigkeit und relevanter Ähnlichkeit befinden, dass sie es zuwege bringen, die *meisten relevanten* Themen ihres jeweiligen Lebens *in rationaler Weise* zu *diskutieren.*"[45]

36 Zur Lebensform gehört als besonderer Teil der kulturellen Tradition einer Gesellschaft auch die **Rechtsideologie.**[46] Sie bildet im Bereich des Rechts das Basissystem, dessen Annahmen sozial nicht in Frage gestellt werden können.[47] Die Rechtsideologie enthält, worauf *Peczenik* im Anschluss an *Dworkin* hinweist, etwa Rechtsprinzipien, die für den Rechtsanwender verbindlich sind, obwohl sie keiner der anerkannten Rechtsquellen zu entnehmen sind.[48] Der Ursprung eines Prinzips liegt, wie *Peczenik Dworkin* zitiert,

> „nicht in einer besonderen Entscheidung irgendeiner Legislative oder eines Gerichts ..., sondern in einem Gefühl der Angemessenheit, das sich in der Gesamtheit der Berufsgenossen und in der Allgemeinheit im Laufe der Zeit entwickelt hat".[49]

41 Ebd., S. 185.
42 Ebd., S. 157 ff.
43 Ebd., S. 197.
44 Ebd., S. 201, 207 f.
45 Ebd., S. 208.
46 Ebd., S. 213.
47 Ebd., S. 211.
48 Ebd., S. 215.
49 Ebd., S. 215/216.

Die Rechtsideologie einer bestimmten Gesellschaft ist eine soziale Realität; allerdings gibt die Rede von *der* Rechtsideologie das gesellschaftliche Phänomen nur in modellhafter Verkürzung wieder. Die Rechtsideologie ist 37

> „kein konsistentes und kohärentes System von deskriptiven und normativen Überzeugungen (und Behauptungen), sondern eher eine sich stets wandelnde Anhäufung von Überzeugungen (Behauptungen), die sich zum Teil (nie aber vollständig) in vielen verschiedenen Systemen unterbringen lassen, die in sich kohärent, gegenseitig aber inkohärent sind".[50]

Die juristische Argumentation weist, so das vorläufige Fazit von *Peczenik*, strukturelle Ähnlichkeiten mit anderen Arten von Argumentationen auf. Das gilt insbesondere auch hinsichtlich der Zirkelstruktur (bzw. Spiralstruktur) der juristischen Rechtfertigung; denn alle Arten von Argumentation sind nur innerhalb einer „Erfahrungsspirale" zu rechtfertigen.[51] 38

Besonderheiten ergeben sich dagegen hinsichtlich der transzendentalen Bedingungen der juristischen Argumentation. Während theoretische (z. B. naturwissenschaftliche) Argumentationen *Wahrheit* i. S. der Korrespondenztheorie, und moralische Argumentationen *praktische Richtigkeit* voraussetzen, erfordert die juristische Argumentation die Annahme einer „ontologisch gesehen rätselhaften Mischung aus beiden".[52] Vom praktischen Standpunkt aus sind die Ähnlichkeiten zwischen der juristischen Argumentation einerseits, den anderen Arten der Argumentation andererseits indes wichtiger als der Unterschied in den transzendentalen Voraussetzungen.[53] Eine tiefgehende Rechtfertigung von Argumentationen ist auf dem Gebiet des Rechts ebenso möglich wie in anderen Bereichen der menschlichen Erfahrung. 39

Innerhalb unserer Lebensform lassen sich verschiedene Ideologien (Moraltheorien) rechtfertigen.[54] Das zwingt den einzelnen zu einer Entscheidung, zu der Wahl einer bestimmten Ideologie. *Peczenik* selbst bekennt sich zu einer komplexen Ideologie, die sowohl individuelle als auch transpersonale Werte berücksichtigt.[55] Unter den individuellen Werten kommt der Gerechtigkeit eine besondere Bedeutung zu; im Einzelnen nennt *Peczenik* die Prinzipien 40

(M1) Menschen, die in wesentlicher Hinsicht gleich sind, sollen gleich behandelt werden;

(M2) Menschen, die in wesentlicher Hinsicht schwach sind, sollen geschützt werden, und

(M3) Rechte sollen geschützt werden.

Die Forderung nach Berücksichtigung *transpersonaler* Werte lässt sich in dem Werturteil zusammenfassen, 41

> „dass Recht und juristische Argumentation von einem Standpunkt aus besser sind, wenn sie den kulturellen Fortschritt fördern, als wenn sie dies nicht tun".[56]

50 Ebd., S. 220.
51 Ebd., S. 225.
52 Ebd.
53 Ebd.
54 Ebd., S. 229.
55 Ebd., S. 230 f.
56 Ebd., S. 239.

42 *Peczenik* konzediert, dass der Begriff des „kulturellen Fortschritts" – trotz der Benennung der einzelnen Komponenten, nämlich: Steigerung der intellektuellen, der moralischen und der ästhetischen Leistungsfähigkeit – unbestimmt bleibt, räumt aber in Übereinstimmung mit *Alexy* der Entwicklung einer inhaltlichen Theorie des kulturellen Fortschritts gute Chancen ein.

## III. Wahrheit und Konsens (Aulis Aarnio)

### 1. Wahrheitsfähigkeit und Begründbarkeit von Aussagen

43 Die Frage, in welcher Weise und in welchem Grade Aussagen der Rechtsdogmatik *begründet* werden können, steht in engem Zusammenhang mit der Frage ihrer *Wahrheitsfähigkeit.* Behauptungen, die wahr oder falsch sein können, lassen sich in einem sehr starken Sinne begründen, nämlich durch den Nachweis ihrer Wahrheit. Ist man bereit, den Aussagen der Rechtsdogmatik die Werte „wahr" und „falsch" zuzuerkennen, so können sie prinzipiell abschließend gerechtfertigt werden; Zweifel an der Richtigkeit einer *wahren rechtsdogmatischen Behauptung* müssten als Folgen einer defizitären Erkenntnis gewertet werden. Ist man dazu nicht bereit, so stellt sich die Frage, in welchem Sinne man überhaupt von der Gültigkeit einer rechtsdogmatischen Behauptung sprechen kann.

44 *Aulis Aarnio*, der die Frage der **Wahrheitsfähigkeit rechtsdogmatischer Behauptungen** zum Ausgangspunkt seiner Erörterung der juristischen Begründung macht,[57] hält eine differenzierende Beantwortung für erforderlich.[58] Aufgabe der Rechtsdogmatik ist, so *Aarnio*, einerseits die Klärung der Inhalte der Rechtsordnung, andererseits die Systematisierung von rechtlichen Begriffen und Normen.[59]

45 Soweit sie sich mit der Klärung des Inhalts der Rechtsordnung befasst, formuliert die Rechtsdogmatik Normbehauptungen der Struktur „das in der Rechtsordnung x geltende Recht enthält die Norm y".[60] Für die Frage der *Wahrheitsfähigkeit* müssen **drei Typen von Normbehauptungen** unterschieden werden: Die Normbehauptung kann sich zum einen darauf beschränken, die Existenz eines bestimmten *Gesetzeswortlauts* zu behaupten; derartige Normbehauptungen mit der Struktur „der Gesetzestext enthält den Satz p" können wahr oder falsch sein. Zum anderen kann eine Normbehauptung einem Gesetzestext einen *bestimmten Inhalt* zuordnen. Die Wahrheitsfähigkeit derartiger Normbehauptungen von der Struktur „der Satz P, der in dem Gesetzestext enthalten ist, hat den Inhalt I" hängt nach *Aarnio* davon ab, ob der Bedeutungsinhalt des Gesetzestextes vage ist oder nicht. Insofern ist also eine weitere Differenzierung erforderlich.

46 Ist der Bedeutungsgehalt des Gesetzes nicht vage, so ist die Normbehauptung wahr, wenn der Gesetzestext den Inhalt besitzt, den sie ihm zuschreibt. Ist der Gesetzestext dagegen vage (mehrdeutig, evaluativ offen, unvollständig), so ist die entsprechende Normbehauptung jedenfalls nicht in dem gleichen Sinne wahrheitsfähig. Bezeichnet man wahrheitsfähige Behauptungen als Propositionen, so lassen sich *Normpropositionen* und *Normstellungnahmen* unterscheiden. Akzeptiert man diese Klassifikation, so

57 *Aarnio*, Argumentation Theory – and Beyond, S. 385 ff.; *Aarnio/Alexy/Peczenik*, The Foundation of Legal Reasoning, S. 423 ff.

58 Zusammenfassende Darstellung von *Aarnios* Modell der juristischen Argumentation bei *Feteris*, Advancing Reasons for Its Further Borders, S. 686–693.

59 *Aarnio/Alexy/Peczenik*, ebd. S. 424.

60 Ebd., S. 425 (Wiedergabe hier vereinfacht).

konzentriert sich das Problem der Wahrheitsfähigkeit rechtsdogmatischer Behauptungen auf die Frage, ob bzw. in welchem Sinne auch Normstellungnahmen wahrheitsfähig sind.

47 Begründbar erscheint die Annahme der Wahrheitsfähigkeit von Normbehauptungen, die sich auf einen nicht eindeutigen Gesetzesinhalt beziehen, auf der Basis einer *rechtsrealistischen Position.* Versteht man Normbehauptungen als Aussagen über gesellschaftliche Sachverhalte (die künftige Entscheidung des Richters, die Rechtsüberzeugung bestimmter Gruppen, die unter den Juristen herrschende Meinung), so teilen sie die Eigenschaft der Wahrheitsfähigkeit mit anderen Beschreibungen sozialer Fakten.

48 Diese Reduktion von Rechtsnormen auf Sachverhaltsbeschreibungen bzw. Prognosen ist jedoch, wie *Aarnio* in einer Auseinandersetzung mit einzelnen Spielarten des **Rechtsrealismus** nachweist, nicht haltbar.[61] Das gelte auch für die Theorie von +,[62] der zufolge die Behauptung der Geltung einer Norm mit der Behauptung synonym ist, die Norm werde von der Rechtsgemeinschaft als rechtmäßig akzeptiert. Diese Auffassung vermöge weder der Situation bei Inkrafttreten eines neuen Gesetzes noch den Fällen gerecht zu werden, in denen in einer Rechtsgemeinschaft weder eine einheitliche noch eine mehrheitliche Deutung einer Norm existiert.[63]

49 Die Möglichkeit, auf der Basis einer nichtrealistischen Rechtsauffassung die Wahrheitsfähigkeit von Normbehauptungen zu begründen, wird von *Aarnio* verworfen. Weder die Übereinstimmung mit der historischen Absicht des Gesetzgebers noch die mit seinem hypothetischen Willen könne als Kriterium der Wahrheit einer Normbehauptung herangezogen werden. Wahrheit i. S. der Übereinstimmung von Normbehauptung und Normsachverhalt sei im Bereich der Normstellungnahmen daher nicht erreichbar. Von einer **Wahrheit von Normstellungnahmen** könne nur in einem wesentlich schwächeren Sinne, nämlich unter Rückgriff auf die **Kohärenztheorie** der Wahrheit gesprochen werden. In diesem Sinne sei eine Normstellungnahme wahr genau dann, „wenn zwischen der Stellungnahme und dem Auslegungsmaterial, das zur Stützung derselben vorgebracht wird, Kohärenz besteht“[64]. Die Wahrheit von Normstellungnahmen ist damit relativ auf die Gründe, die für sie vorgebracht werden.

## 2. Der Konsens der Rechtsgemeinschaft

50 Die Schwäche, die Relativität dieser Art von „Wahrheit“ wirft die Frage auf, ob zwischen der Normstellungnahme $I_1$, die mit dem „Auslegungsmaterial“ (den Rechtsquellen) $S_i$ kohärent ist, und der ihr konträren Normstellungnahme $I_2$, die von dem Auslegungsmaterial Sj gestützt wird, überhaupt eine begründete Entscheidung möglich ist, oder ob die Relativität der Gültigkeit von Normstellungnahmen notwendigerweise zur Willkür führt. Die Antwort *Aarnios* lautet: Aufgrund rein normativer Erwägungen kann eine Vorzugsrelation zwischen $I_1$ und $I_2$ hier nicht begründet werden. Für diese Begründung ist der Rückgriff auf ein soziales Faktum erforderlich, nämlich auf den **Konsens der Rechtsgemeinschaft.** Dieser Konsens entscheidet darüber, welche Kombination von Rechtsquellen als Basis für die Auslegung akzeptiert wird. So wurden unter der Herrschaft der exegetischen Schule in der französischen Rechtspraxis ausschließlich Gesetzestexte (mit den zugehörigen „Materialien“) als Rechtsquellen anerkannt,

61 Ebd., S. 430 ff. Vgl. auch *Aarnio*, Denkweisen der Rechtswissenschaft, S. 214 ff.
62 *Niiniluoto*, On the Truth of Norm Propositions, S. 171 ff.; *ders.*, On Truth and Argumentation, S. 53 ff.
63 *Aarnio/Alexy/Peczenik*, The Foundation of Legal Reasoning, S. 432 f.
64 Ebd., S. 436.

während auf der anderen Seite die Freirechtsschule die Liste der möglichen Rechtsquellen nicht begrenzte.

51 Die Orientierung am Konsens der Rechtsgemeinschaft ist nicht in dem Sinne zu verstehen, dass damit ein Kriterium für die Wahrheit von Normstellungnahmen verfügbar wäre. *Aarnio* erteilt der **Konsenstheorie der Wahrheit** in diesem Zusammenhang eine ausdrückliche Absage.[65] Gleichwohl soll es nicht auf das faktische aktuale Akzeptieren, sondern auf die *Akzeptierbarkeit* der Auslegung ankommen; es muss gefordert werden, dass das Akzeptieren der Auslegung ein Ergebnis des rationalen Diskurses ist.[66] Damit soll gewährleistet werden, dass nicht ein zufälliger, möglicherweise durch Manipulation zustande gekommener, sondern nur ein *rationaler Konsens* über die Vorzugswürdigkeit einer Auslegung entscheidet.

52 Ein solcher Konsens ist nur unter bestimmten Voraussetzungen möglich. Diskutieren die Personen a und b über die Vorzugsrelation zwischen den Interpretationen $I_1$ und $I_2$, so ist eine (rationale) Einigung nur möglich, wenn

(i) a und b eine *gemeinsame Sprache* haben in dem Sinne, dass sie dieselben intersubjektiven Bedeutungsinhalte akzeptieren,

(ii) a und b über die gleiche empirische Sicht von der Welt verfügen, und

(iii) a und b eine hinreichende Menge an Werten teilen.[67]

53 Hinzu kommt die Forderung, dass der Konsens im Wege eines **rationalen Diskurses** erzielt wird (iv). Unter den drei erstgenannten Prämissen kommt der dritten (a und b müssen eine hinreichende Menge an Werten teilen) eine Schlüsselstellung zu. *Werte* sind der rationalen Erörterung zwar nicht vollständig entzogen; sie können bis zu einer gewissen Grenze für die Argumentation nutzbar gemacht werden – aber eben nur bis zu einer gewissen Grenze. Diese Grenze ist identisch mit der Grenze der **Lebensform** des Einzelnen. Rationale Argumentation kann die Grenze der Lebensform nicht überschreiten; der Übergang von einer Lebensform zur anderen ist nur im Wege der Überredung möglich.[68]

54 Zur Illustration dieses Sachverhalts greift *Aarnio* außer auf den von *Wittgenstein* entlehnten Begriff der Lebensform auch auf den in der rechtsphilosophischen Literatur geläufigeren Begriff des Auditoriums zurück. Als **Auditorium** bezeichnet *Aarnio* eine Gruppe von Menschen, auf die die Voraussetzungen der Prämissen (i-iv) zutreffen. Eine rationale Argumentation ist dann nur innerhalb *eines* Auditoriums möglich, während eine Diskussion zwischen verschiedenen Auditorien notwendigerweise nicht rational ist.[69] Die Grenze der einzelnen Lebensformen wie der einzelnen Auditorien darf allerdings nicht starr gesehen werden. Zwischen unterschiedlichen Lebensformen bzw. Auditorien kann es, so *Aarnio* im Anschluss an *Wittgenstein*, Familienähnlichkeiten geben, so dass die Teilnahme an einer Lebensform keine Frage des Entweder-Oder ist.[70] *Aarnio* beharrt aber darauf, dass eine rationale Einigung nur möglich ist, sofern

---

65 Ebd., S. 439.

66 Ebd.

67 Ebd., S. 440; *Aarnio*, Denkweisen der Rechtswissenschaft, S. 157 ff.

68 *Aarnio/Alexy/Peczenik*, The Foundation of Legal Reasoning, S. 442. Krit. insofern *Alexy*, Aarnio, Perelman und Wittgenstein, S. 121 ff.

69 *Aarnio*, ebd., S. 443.

70 Ebd., S. 444; *ders.* The Rational as Reasonable, S. 212 f.

den Diskutanten das „Bruchstück" der Lebensform, dem das Problem zugehört, gemeinsam ist.[71]

Das Modell eines *universalen* idealen Auditoriums (*Perelman*) wird abgelehnt.[72] Auch das ideale Auditorium bleibt als *partikulares* Auditorium durch spezifische kulturelle und soziale Faktoren bestimmt.[73] An die Stelle der Vorstellung von einer kultur- und gesellschaftsindifferenten, allen Menschen gemeinsamen (Rechts-)Vernunft, wie sie auch bestimmten diskurstheoretischen Modellen zugrunde liegt, treten die Standards einer kultur- und gesellschaftsrelativen Vernünftigkeit. 55

## IV. Das pragma-dialektische Modell

Auf der Grundlage der von *Van Eemeren* und *Grootendorst* ausgearbeiteten „pragma-dialektischen" Argumentationstheorie[74] haben *Feteris*[75] und andere ein Modell juristischen Argumentierens entwickelt, das – ebenso wie die Theorie, auf die sie referieren – sowohl der Analyse als auch der Bewertung von Argumentationen dienen soll. 56

### 1. Allgemein-argumentationstheoretischer Ansatz

Mit der Kennzeichnung der Theorie als „pragma-dialektisch" soll dem Umstand Rechnung getragen werden, dass Argumentationen einerseits zielorientierte Kommunikationsakte sind (**pragmatische Komponente**), andererseits durch den wechselseitigen Austausch und die kritische Bewertung von Gründen (**dialektische Komponente**) geprägt werden. 57

#### a) Stationen der Argumentation

Basis der Analyse wie der Kritik ist ein ideales Modell, das insbesondere eine bestimmte Abfolge von Stationen der Diskussion vorzeichnet: an die Phase der Exposition des Streitpunktes („confrontation stage") schließt die Eröffnungsphase („opening stage") an, in der die Diskutanten sich über die Diskussionsregeln, die Ausgangspunkte und die Bewertungsstandards verständigen. Die anschließende Phase („argumentation stage") ist die der eigentlichen argumentativen Auseinandersetzung. In der Schlussphase („concluding" stage") werden die Ergebnisse der Diskussion festgelegt. 58

#### b) Argumentationsregeln

Die Rationalität der Argumentation soll durch die Verbindlichkeit eines Sets von **Diskussionsregeln** („code of conduct for rational discussants") gewährleistet werden, die die Teilnehmer unter anderem verpflichten, ihren Standpunkt argumentativ zu verteidigen sowie den erfolgreich verteidigten Standpunkt eines anderen Diskussionsteilnehmers zu akzeptieren. Zur Beantwortung der intrikaten Frage, unter welchen Voraussetzungen ein Standpunkt erfolgreich argumentativ verteidigt wurde, wird eine Mehrzahl von Kriterien entwickelt. Das Verhältnis von rational-dialektischer zu rhe- 59

71 *Aarnio /Alexy/Peczenik*, The Foundation of Legal Reasoning, S. 444.

72 *Aarnio*, The Rational as Reasonable, S. 225. Zu Perelmans Modell des idealen Auditoriums oben § 3 Rn. 73 f.

73 *Aarnio*, ebd.

74 *Van Eemeren*, A Systematic Theory of Argumentation; *ders./Grootendorst*, Speech Acts in Argumentative Discussions.

75 *Feteris*, Rationality in Legal Discussions.; *dies.*, Fundamentals of Legal Argumentation, 1999. Zusammenfassend *dies.*, Advancing Reason to Its Further Borders, S. 701 ff. (die nachfolgenden Ausführungen schließen an diese zusammenfassende Darstellung an).

torisch-strategischer Argumentation („strategic manoeuvring") wird differenzierend bestimmt: Solange rhetorische Überzeugungsversuche in eine rational-dialektische Argumentation integriert sind, werden sie als konstruktiver Beitrag zu einer kritischen Diskussion anerkannt. Anders, wenn sie die Argumentation dominieren; in diesem Fall liege eine Verletzung der verbindlichen Diskussionsregeln vor.

### 2. Juristische Argumentation

60 Im Verhältnis zu den Strukturen der allgemeinen Argumentation, die in diesem Modell vorgezeichnet werden, weist **die juristische (forensische) Argumentation**, wie *Feteris* im Einzelnen darlegt, grundsätzliche Parallelen, aber auch gewichtige Differenzen auf. **Übereinstimmung** besteht zunächst hinsichtlich der Zielorientierung wie auch der dialektischen Struktur der Argumentation. Deutliche strukturelle Parallelen finden sich ferner hinsichtlich der einzelnen Phasen der Auseinandersetzung: Der Prozess beginnt mit der Darlegung der unterschiedlichen Standpunkte („confrontation stage"), beinhaltet die (weithin implizite, weil durch prozessuale Normen vorgegebene) Verständigung über Verfahrensregeln, erreicht einen zentralen Punkt in der argumentativen Auseinandersetzung („argumentative stage") und mündet schließlich in die Phase der Entscheidungsverkündung („concluding stage").

61 **Unterschiede** resultieren, so *Feteris*, aus der weitgehenden Formalisierung des forensischen Verfahrens sowie, vor allem, aus der Erweiterung des Kreises der Diskussionsteilnehmer um eine neutrale Person (Richter). Der Richter übernimmt teilweise Aufgaben, die in der außerjuristischen Argumentation den Diskutanten selbst obliegen (Sicherung der Einhaltung der Verfahrensregeln). Seine eigene Argumentation erschöpft sich nicht in der Kommunikation mit den anderen Verfahrensbeteiligten, sondern adressiert sich mit dem Urteil und der Urteilsbegründung auch an andere Institutionen und Agenten des Rechtssystems.

62 Hinsichtlich der Urteilsbegründung unterscheidet *Feteris* in Übereinstimmung mit anderen Autoren zwischen der einfachen Subsumtion eines Falles unter eine nicht umstrittene Rechtsregel einerseits, einer komplexeren Rechtfertigung, die auch eine Begründung für die herangezogene Rechtsregel (typischerweise: die gewählte Alternative unter mehreren möglichen Gesetzesinterpretationen) enthält („second-order justification), andererseits. Zu den einzelnen **Argumenttypen**, die bei der Interpretation des Gesetzes zu berücksichtigen sind, findet sich eine Mehrzahl von Untersuchungen seitens der Vertreter/Innen der pragma-dialektischen Theorie der juristischen Argumentation.[76] Hinsichtlich des Verhältnisses von rhetorisch-strategischer und rational-dialektischer Argumentation wird die Sichtweise des „allgemeinen" Ansatzes dieser Theorie übernommen (dazu oben). Aus Gründen der Rechtssicherheit habe der Richter grundsätzlich einer am Wortlaut orientierten Auslegung („literal interpretation") zu folgen, von der er sich nur dann entferne dürfe, wenn seine Entscheidung dabei im Rahmen des vom Gesetzgebers Gewollten bleibe.

---

76 Nachw. ebd., S. 707 m. Fn. 26, 27.

# § 7 Funktionsanalyse und Ideologiekritik der juristischen Argumentation

## I. Juristische Argumentation in systemtheoretischer Sicht (Luhmann)

Die Systemtheorie thematisiert die juristische Argumentation weder unter dem Gesichtspunkt „richtigen Argumentierens" (so die *normativen* Modelle der Argumentationstheorie), noch unter dem der tatsächlichen Strukturen juristischer Begründungen (so die *deskriptiv-analytischen* Ansätze). Sie fragt vielmehr nach der **Funktion der juristischen Argumentation.** Aus dieser Perspektive betrachtet erscheinen die bisherigen Modelle juristischen Argumentierens für *Luhmann* als defizitär: 1

> „Blickt man mit ausgeprägten Theorieinteressen auf das zurück, was in den vergangenen Jahrzehnten unter der Bezeichnung ‚Argumentationstheorie' Karriere gemacht hat, findet man wenig Hilfreiches".[1]

Der Kritik *Luhmanns* verfallen sowohl der Rückgriff auf „vernünftige" Prinzipien der rechtlichen und moralischen Argumentation („eines Prinzipienglaubens"), als auch die Tendenz zu einer prozeduralen Theorie der juristischen Argumentation („Impraktibilität einer Flucht in Verfahrensdirektiven").[2] Der Rekurs auf Prinzipien der Vernunft und der Moral widerstreitet mit ihrer Einbeziehung außerrechtlicher normativer Kriterien *Luhmanns* These von der „operativen Geschlossenheit des Rechtssystems", also der Behauptung „Nur das Recht selbst kann sagen, was Recht ist".[3] Das Modell des **operativ geschlossenen Rechtssystems** schließt eine unmittelbare rechtliche Relevanz der Moral aus.[4] 2

Aus Sicht der Systemtheorie ist juristisches Argumentieren im Zusammenhang mit der Notwendigkeit zu sehen, einerseits die Konsistenz („Redundanz"), andererseits die Flexibilität („Varietät") des Rechtssystems zu gewährleisten. Es geht, vereinfacht formuliert, um **Gleichbehandlung bzw. Ungleichbehandlung** im Verhältnis zu früheren Entscheidungen. Der Einzelfall muss im Kontext anderer Entscheidungen lokalisiert werden, „um eine Desintegration des Systems in eine bloße Menge von Einzelentscheidungen zu verhindern"[5]. Versteht man Gerechtigkeit als Gleichbehandlung („Gleich-Gerechtigkeit"), so lässt sich sagen: „Gerechtigkeit ist Redundanz"[6]. Dabei läuft die Argumentation, die Redundanz gewährleistet, nicht von der Regel auf den Fall, sondern vom Einzelfall zum Einzelfall.[7] Daraus resultiert die Bedeutung, die der Analogie im Rahmen der juristischen Argumentation zukommt. 3

Auf der anderen Seite muss das Rechtssystem, wiederum vereinfacht formuliert, die Möglichkeit der Ungleichbehandlung, der normativen Unterscheidung von Fallkonstellationen gewährleisten. Die Begriffe „Redundanz" und „Varietät" formulieren gegensätzliche Anforderungen an juristische Argumentation, die allerdings, so *Luhmann*, auf der Ebene der Argumentation selbst nicht in der Form eines „ständig wiederkehrenden Begründungswiderspruchs" erscheint, sondern durch ein Netzwerk von Regeln 4

1 *Luhmann*, Das Recht der Gesellschaft, S. 348.
2 Ebd.
3 Ebd., S. 50, 347.
4 Ebd., S. 78.
5 Ebd., S. 356.
6 Ebd.
7 Ebd., S. 349.

und Prinzipien verdeckt wird.[8] Gründe erzeugen Differenzen.[9] Indem sie sich (so verstehe ich *Luhmann*) auf bestimmte, von (beliebig?) vielen Differenzierungen beschränken, verschweigen sie etwas, nämlich ihre Redundanz.[10] Das führt zu der Frage der Ideologiekritik, der „Dekonstruktion" der juristischen Argumentation.[11]

5 Gründe müssen ihrerseits begründet werden. Soweit der eindeutige Wortsinn des Textes nicht ausreicht,[12] stellt sich die Frage nach den – wie man formulieren könnte – „Meta-Gründen" in der juristischen Argumentation. Hier tritt, so *Luhmann*, heute überwiegend die Beurteilung der **Folgen von Rechtsentscheidungen** an die Stelle der historisch überholten Berufung auf Gott, die Natur des Menschen oder die Vernunft.[13]

6 Dabei müsse allerdings zwischen systeminternen und systemexternen Folgen, zwischen *Rechtsfolgen* und *Realfolgen*, unterschieden werden.[14] Während die Berücksichtigung systeminterner Rechtsfolgen, bei der es sich lediglich um „die übliche Konsistenzpflege, ... die Vorsorge für ausreichende Redundanz" handele,[15] unproblematisch sei, stoße die Berücksichtigung der Realfolgen angesichts der Unsicherheit empirischer Prognosen auf erhebliche Bedenken.[16] Das ist nicht nur in dem Sinne zu verstehen, dass sich die entscheidungsrelevante Prognose als falsch erweisen kann. Vielmehr zwingt die unvermeidliche Unbestimmtheit des Zukünftigen zu einer Erweiterung der zweiwertigen Wahrheitskonzeption („wahr/unwahr") um einen dritten Wert („unbestimmt"), die mit der binären Codierung des Rechts („rechtmäßig/nicht rechtmäßig") konfligiert.[17]

7 Die Regeln für die Gleichbehandlung bestimmter und für die Ungleichbehandlung anderer Fallkonstellationen werden in dogmatischen Begriffen wie: „Verwaltungsakt", „Delegation", „Durchgriffshaftung" etc. gespeichert.[18] Rechtsbegriffe sind in diesem Sinne nichts anderes als Unterscheidungen.[19] Die geläufige Polemik gegen die Begriffsjurisprudenz ist deshalb aus der Sicht *Luhmanns* jedenfalls dann überzogen, wenn sie sich als Rebellion gegen Rechtsbegriffe präsentiert. Vielmehr drohe umgekehrt die von der Interessenjurisprudenz favorisierte Zentrierung des Begriffs des Interesses den Eigenwert des Rechts, das sich nicht in einer „größtmöglichen Interessenverwirklichung"[20] erschöpfe, zu vernachlässigen.

8 Systemtheoretisch lässt sich das Verhältnis von Interessen und dem Eigengewicht des Rechts als Verhältnis von Fremdreferenz und Selbstreferenz reformulieren.[21] Mit formalen Argumenten, die etwa auf verbindliche Texte Bezug nehmen, bezieht sich das System auf sich selbst, praktiziert also Selbstreferenz; mit substantiellen Argumenten, zu denen der Verweis auf Interessen gehört, praktiziert es Fremdreferenz. Die geläufige

8 Ebd., S. 361.
9 Ebd., S. 368.
10 Ebd., S. 370.
11 Ebd., S. 371.
12 Zur Bedeutung der Interpretation ebd., S. 362 ff.
13 Ebd., S. 377 ff.
14 Ebd., S. 380.
15 Ebd., S. 381.
16 Ebd., S. 381 ff. Dazu auch *Luhmann*, Rechtssystem und Rechtsdogmatik, sowie *ders.*, Argumentation. Eine Analyse ihrer Form, S. 19 ff.
17 Ebd., S. 383 f.
18 Ebd., S. 384 ff.
19 Ebd., S. 386.
20 Ebd., S. 392.
21 Ebd., S. 393 ff.

Formel von der Interessenabwägung als Rechtsprinzip gehört bei dieser Rekonstruktion ausschließlich zum Bereich der Fremdreferenz und verfällt deshalb der Kritik, denn: sie „leistet das nicht, was von jeder Entscheidung verlangt werden muss: die Vermittlung von Fremdreferenz und Selbstreferenz".[22] Aus der Sicht der Systemtheorie erscheint die Interessenabwägung als „trojanisches Pferd" jeder juristischen Dogmatik.[23]

Von Juristen und einigen Philosophen werde, so das ernüchternde Ergebnis der Analysen *Luhmanns* für die Argumentationstheorie, die Leistungsfähigkeit der juristischen Argumentation erheblich überschätzt. Insbesondere könne durch Argumentation die Ermittlung einer einzig richtigen Entscheidung nicht garantiert werden.[24]. Was letztlich die Entscheidung trage, seien – beispielsweise – Gerichtsgebrauch und Tradition. 9

## II. Postmoderne Kritik juristischer Argumentationen und Critical Legal Studies (CLS)

Normative Theorien der juristischen Argumentation beruhen auf der Voraussetzung, dass juristische Argumente grundsätzlich einer wertenden Beurteilung unterliegen. Besteht über die Lösung eines Rechtsproblems Streit, so ist demnach die Frage sinnvoll, welches die richtige, oder jedenfalls die besser begründete und damit vorzugswürdige Alternative darstellt. 10

Bestritten wird diese Voraussetzung von einer sowohl sprachkritisch als auch ideologiekritisch ansetzenden Richtung der neueren Rechtstheorie, die sich insbesondere in dem **Critical Legal Studies Movement** (CLS) in den Vereinigten Staaten formiert hat.[25] In ihrem regelskeptischen und sprachkritischen Ansatz trifft sich die Bewegung der CLS mit dem **dekonstruktivistischen Ansatz der "postmodernen" Philosophie.**[26] 11

Ausgangspunkt ist die unvermeidliche Unbestimmtheit des Rechts, die aus der von den „Dekonstruktivisten" betonten Vagheit von (Gesetzes-)Texten resultiert. Die Einsicht in das Fehlen einer vorgegebenen Textbedeutung führt zu einer Position des Regelskeptizismus, die das Modell regelkonformen Entscheidens als illusionär diskreditiert.[27] 12

Konkurrierende juristischen Entscheidungen und Argumentationen lassen sich damit nicht mehr unter dem Gesichtspunkt ihrer Übereinstimmung mit dem Gesetz beurteilen. Der Rückgriff auf allgemeine Rechtsprinzipien erweist sich als untauglich, weil sich die jeweils konkurrierenden Prinzipien nicht zu einer konsensfähigen Entscheidungsrichtlinie bündeln lassen.[28] Auslegungsregeln und dogmatische Klassifikationen strukturieren Alternativen der Argumentation, lassen aber die Entscheidung zwischen diesen Alternativen gerade offen. Die Option für das eine oder andere Prinzip, die eine oder die andere Lösungsalternative wird damit rechtlich beliebig und somit zum 13

22 Ebd., S. 398.
23 Ebd., S. 268.
24 Ebd., S. 402.
25 *Kelman*, A Guide to Critical Legal Studies; *David Kennedy*, The Dark Sides of Virtue; *ders.*, A World of Struggle. Überblick bei *Frankenberg*, Partisanen der Rechtskritik, und *Oberkofler*, Richterliche Tätigkeit im US-amerikanischen Rechtssystem. Zu den unterschiedlichen Richtungen innerhalb der CLS *Frankenberg*, ebd., S. 172 ff.
26 Exemplarisch *Derrida*, Gesetzeskraft, S. 20 ff. – Zum Einfluss des Dekonstruktivismus auf die CLS *Frankenberg*, ebd., S. 174; *Somek*, Haben Sie heute schon dekonstruiert?; *ders.*, Unbestimmtheit: Habermas und die Critical Legal Studies.
27 Vgl. *Derrida*, ebd., S. 46 ff.
28 Dazu *Somek*, Haben Sie heute schon dekonstruiert?, S. 205 ff.

Gegenstand politischer Entscheidung, folglich abhängig von der Ideologie des jeweils Entscheidenden bzw. seiner Gruppe.[29]

14 Mit dieser These des elementar politischen Charakters von Recht und rechtlichem Entscheiden wird der Vorstellung einer spezifischen Gültigkeit juristischer Argumente der Boden entzogen.[30] Die Gegenargumente können hier nur angedeutet werden.

15 Soweit aus der geläufigen, von den Dekonstruktivisten allerdings radikalisierten Kritik an der Idee einer vorgegebenen Textbedeutung radikal **regelskeptische Schlussfolgerungen** gezogen werden, handelt es sich um ein „non sequitur“: dass ein Text, der eine Regel formuliert, nicht *alle* Entscheidungen außer einer einzigen als nicht regelkonform ausschließt, bedeutet nicht, dass er *keine* Entscheidung als nicht regelkonform ausschließt. Dass Worten „Bedeutung“ nur im Rahmen einer Interpretationsgemeinschaft zukommt, ist nicht zu bestreiten. Soweit es sich bei unterschiedlichen Interpretationsgemeinschaften um soziale Gruppen handelt, die durch eine jeweils unterschiedliche Ideologie geprägt werden, kann eine Verständigung über die „richtige“ Interpretation eines Rechtstextes in der Tat durch inkompatible Deutungsmuster blockiert sein. Das Verhalten eines Streikbrechers ist aus der Sicht der einen Seite ein Akt der Freiheit, aus der der anderen eine Verletzung von Solidarität. Beide Beurteilungen lassen sich, obgleich logisch nicht unvereinbar, praktisch nicht auf einen Nenner bringen.

16 Daraus folgt aber wiederum nicht, dass alle rechtlichen Entscheidungen politischen Charakter (in diesem Sinne einer Entscheidung zwischen konträren sozialen Interessen und Ideologien) hätten. Ob die rechtliche Entscheidung angemessener anhand des „Konsensmodells“ (die rechtlichen Regeln dienen der Gesellschaft insgesamt) oder des „Konfliktmodells“ (die rechtlichen Regeln dienen bestimmten gesellschaftlichen Gruppen in ihrer Auseinandersetzung mit anderen Gruppen) zu interpretieren ist, hängt von einer Vielzahl von Faktoren ab, insbesondere dem betroffenen Rechtsgebiet und der Sozialstruktur der fraglichen Gesellschaft.

29 Statt aller: *Duncan Kennedy*, A Critique of Adjudication, S. 133 ff.
30 *Somek*, Haben Sie heute schon dekonstruiert?, S. 207.

# § 8 Analysen von Urteilsbegründungen

## I. Untersuchungen zur Rolle bestimmter Argumenttypen

In einem gewissen Kontrast zu der Vielzahl argumentationstheoretischer Entwürfe, die sich nur selektiv auf Texte der juristischen Praxis beziehen, stehen die bisher nur ansatzweise durchgeführten Versuche einer systematischen Analyse juristischer Argumentationen. Soweit derartige Versuche unternommen werden, befassen sie sich überwiegend mit der **Bedeutung bestimmter Argumenttypen** und Argumentationsstrukturen in der Rechtsprechung der oberen Bundesgerichte bzw. des Bundesverfassungsgerichts. Zu nennen sind hier etwa Untersuchungen über Tatsachenbehauptungen in der Rechtsprechung des Bundesverfassungsgerichts[1] und des Bundesgerichtshofs[2], aber auch von erstinstanzlichen Gerichten[3] sowie zur Argumentationspraxis der Zivilsenate[4] wie auch der Strafsenate[5] des BGH. Inzwischen liegen auch Untersuchungen zur Argumentationspraxis des Europäischen Gerichtshofs[6] sowie vergleichende Analysen zu den Strukturen von Urteilsbegründungen bei Gerichten unterschiedlicher Staaten bzw. Rechtskulturen vor.[7] Schon vor der Wende zur juristischen Argumentationstheorie hatte *Scheuerle* in mehreren Arbeiten die Verwendung bestimmter Argumenttypen in der juristischen Diskussion analysiert und kritisiert.[8] 1

Für das Verständnis der Besonderheiten der juristischen Argumentation besonders aufschlussreich sind die Analysen über die Bedeutung von **„Autoritätsargumenten"** einerseits,[9] zur Funktion von **Folgenargumenten** andererseits.[10] 2

Die juristische Argumentation ist zum einen in besonderem Maße autoritätsorientiert.[11] Das gilt nicht nur für die Bindung an die Autorität des Gesetzes, sondern auch hinsichtlich der Bedeutung von Präjudizen[12] und der „herrschenden Meinung"[13]. Auf der anderen Seite wird in zunehmendem Maße „konsequentialistisch", d. h. unter Bezug auf die zu erwartenden Folgen der Entscheidung argumentiert. Besonders nachdrücklich geschieht dies in der Rechtsprechung des Europäischen Gerichtshofs zum **„effet utile"**.[14] 3

1 *Philippi*, Tatsachenfeststellungen des Bundesverfassungsgerichts.
2 *Jost*, Soziologische Feststellungen; *ders.*, Tatsachenbehauptungen.
3 *Bürkle*, Richterliche Alltagstheorien. – Zur Struktur strafgerichtlicher Entscheidungen erster Instanz (aus der Perspektive der Rechtsrhetorik): *Johnston*, Die rhetorische Struktur erstinstanzlicher Strafentscheidungen.
4 *Seiler*, Höchstrichterliche Entscheidungsbegründungen und Methode im Zivilrecht; *Käding*, Argumentation des Bundesgerichtshofs in Mietsachen.
5 *Kudlich/Christensen*, Die Methodik des BGH in Strafsachen; *E. Simon*, Gesetzesauslegung im Strafrecht.
6 *Dederichs*, Die Methodik des EuGH.
7 *Bobek*, Comparative Reasoning in European Supreme Courts; *Cullmann*, Autoritätsargumente in der Rechtsprechung des deutschen Bundesverwaltungsgerichts und des englischen Court of Appeal.
8 *Scheuerle*, Zum Wesen des Wesens; *ders.*, Die Logik der Logik; *ders.*, Formalismusargumente.
9 *Cullmann*, Autoritätsargumente; *Drosdeck*, Die herrschende Meinung; *N. Horn*, Rationalität und Autorität in der juristischen Argumentation; *R. Zimmermann*, Relevanz einer herrschenden Meinung.
10 *Deckert*, Folgenorientierung in der Rechtsanwendung; *Hassemer*, Über die Berücksichtigung von Folgen bei der Auslegung der Strafgesetze; *Luhmann*, Rechtssystem und Rechtsdogmatik; *Lübbe-Wolff*, Rechtsfolgen und Realfolgen; *Sambuc*, Folgenerwägungen im Richterrecht; *Wälde*, Juristische Folgenorientierung; *Zhang*, Juristische Argumentation durch Folgenorientierung.
11 Krit. dazu etwa *Haba*, Rationalität der Autorität oder Autorität der Rationalität.
12 Differenziert dazu *Moral Soriano*, The Use of Precedents as Arguments of Authority, Arguments of Reason in Civil Law.
13 *Althaus*, Konstruktion der herrschenden Meinung; *Drosdeck*, Die herrschende Meinung; *R. Zimmermann*, Relevanz einer herrschenden Meinung.
14 Übersicht bei *T.M.J. Möllers*, Juristische Methodenlehre, § 5 Rn. 108 ff.

4 Die Probleme, die aus dieser Janusköpfigkeit[15] resultieren, reichen über eine Theorie der juristischen Argumentation hinaus. Sie betreffen Fragen einer funktionalen Theorie des Rechts[16] und belegen damit einmal mehr den Zusammenhang zwischen einer Theorie der juristischen Argumentation und einer allgemeinen Theorie des Rechts. Das gilt auch und insbesondere für die Frage des Verhältnisses von „Principle Arguments", die auf individuelle Rechte bezogen sind, und den am Gemeinwohl orientierten „Policy Arguments" bei *Ronald Dworkin*.[17]

5 Unter argumentationstheoretischem Aspekt bleiben diese Untersuchungen, so bedeutsam sie unter rechtstheoretischen Gesichtspunkten auch sein mögen, punktuell. Sie erhellen die Bedeutung bestimmter Argumenttypen, tragen aber zur Analyse von Strukturen der juristischen Argumentationspraxis nur wenig bei. Dafür wären umfassende und systematische Analysen eines hinreichend umfangreichen Urteilsmaterials erforderlich.

6 Voraussetzung für derartige Analysen ist die Verfügbarkeit eines Instrumentariums zur Rekonstruktion der formalen Struktur von Urteilsbegründungen. Derzeit stehen für diesen Zweck im Wesentlichen drei verschiedene Modelle zur Verfügung.

## II. Modelle zur Rekonstruktion von Urteilsbegründungen

### 1. Das logische Modell

7 Das erste Modell bedient sich zur Rekonstruktion juristischer Argumentationen der Mittel der **formalen Logik**, insbesondere der Aussagen- und der Prädikatenlogik.[18] Die Entscheidung für das logische Instrumentarium erfolgt nicht oder jedenfalls nicht vorwiegend unter technischen Gesichtspunkten; sie basiert vielmehr auf der Überzeugung, dass die Begründung eines Urteils in ihrem Kernbereich die Struktur einer Deduktion aus einer universellen Prämisse habe. Das bedeutet indessen nicht, dass die Fragwürdigkeit dieser Auffassung (dazu oben § 2 Rn. 13 ff.) notwendig die instrumentelle Tauglichkeit logischer Rekonstruktionen für die Vorbereitung von Urteilsanalysen tangieren müsste. Welche Technik zur Rekonstruktion von Urteilsbegründungen gewählt wird, ist eine Frage der Zweckmäßigkeit, nicht der Überzeugung von einer „logischen" oder einer „topischen" Struktur der juristischen Argumentation.

8 Für die Wahl logischer Kalküle spricht unter diesem Gesichtspunkt unter anderem die Tatsache, dass derartige Kalküle in vollständiger Ausarbeitung vorliegen und sich in anderen Wissenschaftsbereichen weitgehend bewährt haben. In der Tat lässt sich nicht bestreiten, dass die aussagen- bzw. prädikatenlogische Rekonstruktion von Urteilsbegründungen zu Zwecken der Urteilsanalyse nützlich sein kann. Die Darstellung der Argumentation unter Verwendung der Symbolik der Kalküle trägt zur Übersichtlichkeit bei; auch zwingt die „Übersetzung" der umgangssprachlichen Argumentation in die Sprache des Kalküls zur genauen Lektüre des Textes und eventuell auch zur Klärung sprachlicher Mehrdeutigkeiten.

---

15 Dazu *Klami*, Anti-Legalism; *Strömholm*, Analyse und Prognose; *Wróblewski*, Between Legalism and Finalism.

16 Unter diesem Aspekt: *Luhmann*, Rechtssystem und Rechtsdogmatik; *ders.*, Funktion des Rechts.

17 *R. Dworkin*, Taking Rights Seriously, S. 82; dazu etwa *Langenbucher*, Entwicklung und Auslegung von Richterrecht, S. 6 ff.

18 *Alexy*, Die logische Analyse juristischer Entscheidungen; *Koch*, Das Frankfurter Projekt zur juristischen Argumentation; *Koch/Rüßmann*, Juristische Begründungslehre, S. 48 ff.; *Rüßmann*, Zur Abgrenzung von Rechts- und Tatfrage.

Wenn die logische Rekonstruktion von Urteilsbegründungen gleichwohl als wenig 9
tauglich zur Vorbereitung differenzierter Analysen erscheint, so deshalb, weil das logische Raster zu grob ist, als dass es der tatsächlichen Struktur einer juristischen Argumentation auch nur annähernd gerecht werden könnte.[19] Der **Selektivität der logischen Rekonstruktion** fällt zwangsläufig ein großer Teil der Ausführungen in Urteilsbegründungen zum Opfer.[20] Natürlich hängt die Tauglichkeit eines Rekonstruktionsschemas von den Zwecken ab, die mit der Rekonstruktion verfolgt werden, insbesondere also von den Gesichtspunkten, unter denen die Argumentationsanalyse durchgeführt werden soll. Insofern kann und soll die Methode der logischen Rekonstruktion nicht *in toto* verworfen werden. Es ist aber zu betonen, dass mithilfe eines Instrumentariums, das es nicht erlaubt, die Argumentfunktion („x ist Argument für y") darzustellen, nutzbringende Vorarbeiten für anspruchsvollere Argumentationsanalysen kaum zu erbringen sein dürften.

## 2. Die juristische Argumentation als Netz von Argumenten: Pfeildiagramm

Die Überlegung, dass eine Urteilrekonstruktion, die eine Basis für differenzierte Argu- 10
mentationsanalysen bilden soll, auf dieser Argumentfunktion aufbauen und außerdem möglichst nahe an dem tatsächlichen Argumentationsverlauf der Urteilsbegründung bleiben muss, bildet den Hintergrund für die Entwicklung eines erheblich differenzierteren Analyseschemas, das im Rahmen zweier von der DFG geförderten Münchner Forschungsprojekte erarbeitet wurde.[21]

Die Forderung möglichst großer Nähe zum Argumentationsverlauf hat eine doppelte 11
Konsequenz. Zum einen müssen möglichst alle Folgerungsschritte in dem Schema ausweisbar sein; es dürfen also die kleinsten Argumentationseinheiten (Argumente) ihrerseits keine Folgerungsschritte mehr enthalten. Zum anderen ist der **Argumentbegriff** in Bezug auf die Intentionen des Autors zu bestimmen: Argument ist, was der Autor (das Gericht) als Argument vorbringt. Beiden Gesichtspunkten trägt die von *von Savigny* gegebene Definition Rechnung:

> „‚x ist ein Argument' trifft zu, wenn gilt: Ein Autor bringt x als Argument für/gegen etwas oder bringt etwas als Argument für/gegen x und x lässt sich nicht in Teile zerlegen, deren ersten der Autor als Argument für/gegen den zweiten bringt oder umgekehrt".[22]

In dieser Definition wird der Begriff „ein Autor bringt etwas als Argument für/gegen 12
x" als undefinierter Grundbegriff verwendet. Für eine hinreichend differenzierte Analyse ist neben der Grundrelation:

19 Ebenso *Atienza*, For a Theory of Legal Argumentation; ähnlich *Feteris*, Recent Development in Legal Argumentation Theory, S. 136.

20 *Rottleuthner*, Plädoyer für eine empirische Argumentationstheorie, S. 87.

21 „Die Rolle von nichtempirischen Argumenten in nicht rein empirischen Wissenschaften" (1971–1973; Leitung: *Eike v. Savigny*); „Argumentationstheoretische Aspekte höchstrichterlicher Rechtsprechungsänderungen" (1977–1980; Leitung: *Arthur Kaufmann, Ulfrid Neumann, Jochen Schneider*).

22 *v. Savigny*, Argumentation in der Literaturwissenschaft, S. 31; übernommen bei *Schroth*, Eine Methode der formalen Rekonstruktion von Gerichtsurteilen, S. 120.

1. „x bringt y als Argument für/gegen z“

die Einführung weiterer Grundbegriffe erforderlich, nämlich:

2. „x bringt y und y’ als gemeinsames Argument für/gegen z“,
3. „x bringt y als Argument dafür/dagegen, dass z mit u begründet/angegriffen werden kann“,
4. „x bringt y und y’ als gemeinsames Argument dafür/dagegen, dass z mit u begründet/angegriffen werden kann“.[23]

13 In Hinblick auf die Grundbegriffe 3. und 4. ist die Argumentdefinition entsprechend zu erweitern. Es ist möglich, weitere Grundbegriffe einzuführen, indem man danach differenziert, ob lediglich bestritten wird, dass u ein *zwingendes* Argument für/gegen z ist, oder ob die Eignung von u, z zu begründen, generell in Frage gestellt wird.[24]

14 Die resultierenden Argumentbeziehungen lassen sich symbolisch darstellen;[25] so steht etwa

| | | |
|---|---|---|
| 1 → 2 | *für:* | *1 ist selbstständiges Argument für 2* |
| 1 ⤙ 2 | *für:* | *1 ist selbstständiges Argument gegen 2* |
| 1 / 2 ≻– 3 | *für:* | *1 und 2 sind zusammen Argument für 3* |
| 2 → 3 (↑ 1) | *für:* | *1 ist Argument für die Begründung von 3 mithilfe von 2* |

15 Mithilfe entsprechender Symbole lässt sich nach Atomisierung und Durchnummerierung der Argumente, die in einer Urteilsbegründung verwendet werden, ein **Diagramm** erstellen, das die formale Struktur der Argumentation widerspiegelt.[26]

16 Das weitere Verfahren bei der Entscheidungsrekonstruktion hängt von der Zielsetzung der Analysen ab, deren Vorbereitung sie dienen soll. Geht es, wie in dem zweiten Münchner Forschungsprojekt, um die Ermittlung von *Rangfolgen* zwischen unterschiedlichen Argumenttypen, so ist zunächst eine *Klassifikation* der einzelnen Argumente erforderlich. In dem Münchner Projekt wurde unterschieden zwischen Wortlautargumenten, genetischen Argumenten, historischen Argumenten, Interessenargumenten, Prinzipienargumenten, teleologischen Argumenten, Argumenten der Verfassungswidrigkeit einer Regel, Rechtssicherheitsargumenten, Gerechtigkeitsargumenten, Folgenargumenten, Argumenten der Gesetzessystematik, Praktikabilitätsargumenten und paralogischen Argumenten.[27]

---

23 *v. Savigny*, ebd., S. 32; *Schroth*, ebd., S. 120.

24 *Schroth*, ebd., S. 121.

25 Näher dazu *v. Savigny*, ebd., S. 39; *Schroth*, ebd., S. 121 f.

26 Beispiele bei *Schroth*, Theorie und Praxis subjektiver Auslegung im Strafrecht, S. 144, und *Grewendorf*, Argumentation und Interpretation, S. 142–150. Ein differenziertes Modell zur Analyse juristischer Argumentationen, das teilweise an die Ergebnisse des Münchener Forschungsprojekts anknüpft, entwickelt *Atienza*, For a Theory of Legal Argumentation.

27 Vgl. *Schroth*, Eine Methode der formalen Rekonstruktion von Gerichtsurteilen, S. 122 f.; im Anschluss an das Münchner Projekt ähnlich *Dolder/Buser*, Klassifizierung von Argumentkombinationen in Gerichtsurteilen.

Zu beachten ist, dass die Angemessenheit der Klassifikation stets eine Funktion der Fragestellung ist und sich folglich bei anderen Forschungszielen eine ganz andere Klassifikation als tauglich erweisen kann.[28] 17

Zur Beantwortung der Frage, welche Argumente bzw. Argumenttypen sich typischerweise gegen welche Argumente (Argumenttypen) durchsetzen, ist weiterhin eine Operationalisierung der Überlegenheits-/Unterlegenheitsrelation erforderlich. Sie erfolgte im Münchner Projekt im Wege einer Definition der Begriffe „Gewinnerargumenttyp" und „Verliererargumenttyp".[29] 18

### 3. „Rhetorisches Seismogramm"

Parallelen zu dem Münchner Projekt der rationalen Rekonstruktion von juristischen Argumentationen weisen die Hagener Analysen von Urteilsbegründungen auf, die sich gleichfalls standardisierter Schemata und klassifizierender Kategorien bedienen. Ähnlichkeiten zeigen sich insbesondere hinsichtlich der Rekonstruktion der Urteilsbegründungen anhand von **„Stützungsbäumen"**,[30] die weitgehend den „Pfeildiagrammen" des Münchener Projekts entsprechen. Allerdings ergeben sich hinsichtlich der Zielsetzung wie auch des Analysedesigns erhebliche Unterschiede. 19

Die Analysen des Hagener Projekts dienen der Überprüfung der Hypothese der „Analytischen Rhetorik", dass Rechtstexte – und somit auch Urteilsbegründungen – rhetorischen Charakter haben, dass sie „wirkungsbezogen durch den Einsatz rhetorischer Mittel hergestellt" werden.[31] Das grundlegende Raster bildet die oben dargestellte Unterscheidung zwischen **Logos, Pathos** und **Ethos** (oben § 3 Rn. 38 ff.). Ebenso wie Pathos und Ethos wird auch der Einsatz des Logos als „rhetorisches Wirkmittel" gesehen.[32] Der Einsatz *rhetorischer Figuren* kennzeichnet aber den Bereich des Pathos[33] – hier wird der Begriff des „Rhetorischen" also in einem engeren Sinne verwendet. In den Bereich des Ethos fallen Begründungen, die an das Gemeinschaftsgefühl appellieren.[34] 20

Der jeweilige Anteil von Logos, Pathos und Ethos wird in einem rhetorischen Seismogramm erfasst, in dem Logos-, Pathos- und Ethoskurve der Urteilsbegründung gezeichnet werden.[35] Die Darstellung orientiert sich an der Abfolge der Begründungsschritte; sie erfasst damit die Dynamik der Urteilsbegründung und kann die Relation von Logos-, Pathos- und Ethos-Elementen nicht nur für das Urteil insgesamt, sondern auch hinsichtlich der einzelnen „Stationen" der Begründung wiedergeben. Sie zeigt auf, an welchen Punkten „Logos" oder aber „Pathos" (ggf.: Ethos) dominiert. 21

Ergänzt wird die Analyse durch eine Rekonstruktion der (Logos-)Argumentation, die darauf abzielt, die genaue Struktur der Argumentation wiederzugeben („was ist Argu- 22

28 Vgl. etwa die Kategorisierung bei *Rottleuthner*, Plädoyer für eine empirische Argumentationstheorie, S. 103 ff.
29 Näher dazu *Schroth*, Eine Methode der formalen Rekonstruktion von Gerichtsurteilen, S. 124.
30 Begriff und Beispiele bei *v. Schlieffen*, Zur topisch-pathetischen Ordnung juristischen Denkens, S. 428, 434 ff.
31 Ebd. S. 407.
32 Ebd. S. 427.
33 Ebd., S. 410.
34 Ebd., S. 409 m. Fn. 17.
35 Exemplarisch ebd., S. 412. Detailliert *Käding*, Die Argumentation des Bundesgerichtshofs in Mietsachen, S. 80, 90, 98 u. ö.

ment wofür?"). Als wiederkehrendes Muster in diesen „Stützungsbäumen"[36] erweist sich die Existenz von „Argumentationsnestern", die in gleicher Weise außergesetzliche Gesichtspunkte wie gesetzliche Tatbestandsmerkmale betreffen. Durch diesen Befund sieht *von Schlieffen* ihre These bestätigt, dass „die Gesetzesanwendung bei der Urteilsbegründung strukturell keine herausragende Stellung im Vergleich zu anderen Argument-Konglomeraten einnimmt."[37]

36 Differenzierte Rekonstruktion von Urteilsbegründungen mittels der Strukturierung von „Stützungsbäumen" bei *Käding*, ebd., S. 79, 88, 97, 106 u. ö.

37 *v. Schlieffen*, Zur topisch-pathetischen Ordnung juristischen Denkens, S. 436.

# § 9 Modell eines „gemäßigten rechtstheoretischen Konstruktivismus"

## I. Bezugspunkte der juristischen Argumentation

Argumentieren heißt, etwas zu begründen. Die juristische Argumentation hat die Funktion, zu begründen, dass eine bestimmte Entscheidung bzw. eine bestimmte Rechtsauffassung in einem weitesten Sinne „richtig" ist. Mit einer Rechtsbehauptung wird, wie mit Behauptungen generell, ein **Richtigkeitsanspruch** erhoben,[1] der im Wege der Begründung dieser Behauptung einzulösen ist. Insoweit dürfte Einigkeit bestehen. Die Wege trennen sich bei der Antwort auf die Frage, *in welchem Sinn* des Begriffs eine „Richtigkeit" der Rechtsauffassung oder des Urteils reklamiert wird. 1

### 1. Mögliche Richtigkeitskriterien

In Betracht kommt eine Richtigkeit im Sinne: 2

- einer moralischen Wertung,
- der praktischen Zweckmäßigkeit,
- der Übereinstimmung mit der Rechtsordnung.

Jeder dieser möglichen Richtigkeitsansprüche spielt in der Praxis der juristischen Argumentation eine Rolle; jeder kann sich auf eine rechtsphilosophische bzw. wissenschaftstheoretische Konzeption stützen: 3

Soweit zum **Verhältnis zwischen Recht und Moral** eine „Verbindungsthese" vertreten wird, übernimmt die juristische Argumentation zumindest *auch* die Aufgabe, die moralische Dignität (oder jedenfalls: die moralische Unbedenklichkeit) der fraglichen Rechtsauffassung oder des jeweiligen Urteils darzulegen. Repräsentativ vertreten wird die „Verbindungsthese" als normatives Konzept in dem von *Robert Alexy* konstruierten Modell des Rechts.[2] Als deskriptiv-analytische Behauptung spiegelt sie sich in dem Ergebnis der Urteilsanalysen von *Eike von Savigny*, denen zufolge in der Rechtsprechung der Strafsenate des BGH Wertevidenzen eine entscheidende Rolle spielen (dazu oben § 2 Rn. 161 ff.). 4

Der Gesichtspunkt der **praktischen Folgen der Entscheidung** spielt in der Urteilspraxis eine wesentliche Rolle. Zu einem maßgeblichen rechtswissenschaftlichen Bewertungskriterium wird er in dem wissenschaftstheoretischen Modell „Rechtswissenschaft als Realwissenschaft" erhoben. Nach dieser im Rahmen des „Kritischen Rationalismus" entwickelten Konzeption hat die Rechtswissenschaft insbesondere die Funktion einer Sozialtechnologie zu übernehmen (dazu oben § 2 Rn. 144 f.). Dieses Modell trifft sich teilweise mit Ansätzen der „ökonomischen Analyse des Rechts", soweit diese für eine Ausrichtung des Rechts an ökonomischen Funktionen plädiert.[3] 5

1 Grundlegend herausgearbeitet in der Diskurstheorie. Dazu oben § 5 Rn. 5 ff. (zu Habermas) und § 5 Rn. 30 ff. (zu Alexy).
2 *Alexy*, Begriff und Geltung des Rechts, S. 39 ff.
3 Dazu etwa *Eidenmüller*, Rechtswissenschaft als Realwissenschaft, JZ 1999, S. 53 ff; *Mathis*, Folgenorientierung im Recht.

### 2. Die Rechtsordnung als Super-Kriterium

#### a) Dominanz der Rechts-Konformität

6 Zentraler Orientierungspunkt der juristischen Argumentation ist aber die **Übereinstimmung mit der maßgeblichen Rechtsordnung.** Gesichtspunkte der moralischen Richtigkeit wie auch solche der Praktikabilität sind in die zweite Reihe zu verweisen. Der Richter kann argumentieren, sein Urteil führe zu Praktikabilitätsproblemen, entspreche aber (allein) der geltenden Rechtslage. Er kann auch argumentieren, dass in der fraglichen Fallkonstellation die rechtliche Bewertung mit der moralischen nicht übereinstimme, dies aber im Rahmen der Rechtsanwendung nicht zu korrigieren sei. Er kann aber jeweils nicht umgekehrt argumentieren. Eine Rechtfertigung des Urteils mit der Begründung, es widerspreche zwar der Rechtsordnung, sei aber moralisch überzeugend (oder: sachlich angemessen), kommt nicht in Betracht.

7 Wenn der Gesichtspunkt der Übereinstimmung mit der Rechtsordnung die alternativen Richtigkeitskriterien folglich dominiert, so bedeutet dies nicht, dass moralische Qualität und sachliche Angemessenheit eines Urteils oder einer bestimmten Rechtsauffassung bei deren Begründung ohne Bedeutung wären. Tatsächlich spielen sie, wie schon festgestellt, im Rahmen der juristischen Argumentation eine wichtige Rolle. Es bedeutet aber, dass diese Kriterien in das Super-Kriterium der rechtlichen Richtigkeit (Übereinstimmung mit der Rechtsordnung) *integriert* werden müssen, wenn sie argumentative Relevanz erhalten sollen.

#### b) Integrierbarkeit der moralischen und der sachlichen Richtigkeit

8 Dafür stehen grundsätzlich **zwei Wege** zur Verfügung. Entweder wird die moralische (oder: sachliche) Richtigkeit des Urteils zu einem konstitutiven Kriterium der rechtlichen Richtigkeit erhoben. Die Argumentation folgt dann dem Muster: „Diese Entscheidung ist (auch) rechtlich richtig, weil sie moralisch geboten ist" (entsprechend: „Sie ist rechtlich richtig, weil sie allein sachlich angemessen ist"). Oder es wird ein rechtlich nicht determinierter Entscheidungsspielraum angenommen, innerhalb dessen das Kriterium der moralischen Qualität (bzw. der sachlichen Angemessenheit) der Entscheidung berücksichtigt werden kann. Die Argumentation kann dann lauten: „Unter den verschiedenen rechtlich möglichen Entscheidungen dieser Fallkonstellation verdient die getroffene deshalb den Vorzug, weil sie mit den moralischen Standards übereinstimmt" (oder: „…dem Erfordernis sachlicher Richtigkeit entspricht").

##### aa) Moralische/sachliche Richtigkeit als Kriterium rechtlicher Richtigkeit

9 Auf dem **ersten Weg** wird moralische oder/und sachliche Richtigkeit zu einem Kriterium der Übereinstimmung mit der Rechtsordnung erhoben. Ob dieser Weg hinsichtlich der moralischen Richtigkeit offensteht, ob man also die moralische Richtigkeit eines Urteils als konstitutives Kriterium seiner rechtlichen Richtigkeit heranziehen kann, ist eine Frage, die nur innerhalb dieser Rechtsordnung beantwortet werden kann. Es ist keine Frage, die man im Wege der rechtsphilosophischen Reflexion entscheiden könnte, und deren Beantwortung damit der jeweiligen Rechtsordnung vorausliegen würde. Der traditionelle Streit zwischen *Rechtspositivismus* und *Rechtsmoralismus* kann sinnvollerweise nur als Diskussion darüber verstanden werden, ob die Rechtspraxis einer Gesellschaft ein positivistisches oder aber ein „moralistisches" Rechtsver-

ständnis zugrunde legen *sollte*. Die jeweiligen Positionen werden in normativen, nicht in kognitiven Aussagen formuliert.

Bei der Frage nach den Argumentationsmöglichkeiten in der juristischen Praxis kann aber nur das in einer Gesellschaft herrschende Rechtsverständnis leitend sein. Ob die Gerichte nach einem Wechsel des politischen Systems zur Bestrafung (ehemals) systemkonformer und deshalb seinerzeit legaler Rechtsgutsverletzungen auf die „Radbruchsche Formel" zurückgreifen können, ist eine Frage nicht der rechtsphilosophischen Erkenntnis,[4] sondern der Kriterien, anhand derer die jeweilige Gesellschaft das „geltende" Recht definiert. Es gibt keinen „vorgegebenen" Begriff des Rechts; dieser Begriff kann in unterschiedlicher Weise festgelegt werden. Er ist historisch, gesellschaftlich und kulturell relativ (zu der damit zusammenhängenden historischen, gesellschaftlichen und kulturellen Relativität der juristischen Argumentation oben § 1 Rn. 68 ff.). 10

Die Integration moralischer oder praktischer Standards in das System des als „geltend" angenommenen Rechts kann aber nicht nur im Rahmen einer rechtsmoralistisch orientierten Rechtsordnung erfolgen. Auch auf der Grundlage eines positivistischen Rechtsverständnisses sind Mechanismen verfügbar, die den Rückgriff auf moralische Wertungen und/oder praktische Bedürfnisse erlauben. So lässt sich im Rahmen eines positivistischen Modells argumentieren, eine bestimmte Auslegung des Gesetzestextes könne *deshalb* nicht dem Willen des Gesetzgebers entsprechen, weil sie zu grob ungerechten (oder: sachlich völlig unangemessenen) Ergebnissen führen würde. Gestützt werden derartige Argumentationsstrukturen von Analysen der juristischen Hermeneutik, denen zufolge die Erwartung eines „vernünftigen" Regelungsgehalts des Gesetzes konstitutive Bedingung für das Verstehen des Rechtstextes ist.[5] 11

#### bb) Moralische/sachliche Richtigkeit innerhalb der Grenzen rechtlicher Richtigkeit

Der **zweite Weg** ist eröffnet, wenn man davon ausgeht, dass das Recht Urteile nicht determiniert, sondern lediglich einen Rahmen schafft, innerhalb dessen unterschiedliche Entscheidungen rechtlich vertretbar sind. Es könnte dann dem Richter überlassen bleiben, innerhalb dieses Rahmens das aus seiner Sicht moralisch (oder: sachlich) angemessene Urteil zu finden. Bei diesem Modell stellt sich das weitere Problem, ob der Richter auf einer Meta-Ebene rechtlicher Normierung *rechtlich* verpflichtet sein kann, innerhalb des rechtlichen (gesetzlichen) Rahmens die moralisch bzw. sachlich „beste" Entscheidung zu treffen, oder ob dies der Willkür des Richters überlassen bleiben müsste. 12

## II. Die Rechtsordnung als gesellschaftliches Konstrukt

### 1. Argumentative Konstituierung von Rechtsregeln

Die Rechtsordnung, die den Maßstab für die Beurteilung der „Richtigkeit" der Entscheidung bildet, ist nicht etwas ontologisch Vorgegebenes, sondern ein Konstrukt.[6] 13

4 Ein Problem der rechtsphilosophischen Erkenntnis betrifft dagegen die Frage, ob der Rückgriff auf die Radbruchsche Formel zu dem Zweck, seinerzeit gesetzeskonforme Handlungen zu bestrafen, das Rückwirkungsverbot tangiert. Dazu näher *Neumann*, Rechtspositivismus, Rechtsrealismus und Rechtsmoralismus (2002), in: ders., Recht als Struktur und Argumentation, 2008, S. 171 ff.

5 Larenz, Methodenlehre der Rechtswissenschaft, S. 209, 244 u. ö.

6 Die Gegenposition (ontologisches Verständnis der Rechtsordnung) wird exemplarisch vertreten und scharfsinnig begründet von *Ferreira Leite de Paula*, Rechtsontologie, 2020, passim.

Sie existiert in der Gestalt **gesellschaftlichen Wissens.**[7] Recht hat nur eine soziale, keine ideale Existenz. Die Vorstellung, Recht verfüge über eine eigene, ideale Seinsform der „Geltung“, ist erkenntnistheoretisch nicht zu verteidigen. Eine gewisse Folgerichtigkeit hat sie in einem – erkenntnistheoretisch aber gleichfalls nicht zu verteidigenden – System des Naturrechts. In einer Rechtsordnung, die das geltende Recht grundsätzlich als Ergebnis einer Setzung durch dazu ermächtigte Institutionen versteht, führt sie dagegen zu einer Schöpfungstheorie, zu einem kreationistischen Modell der Rechtsentstehung.

14 Bei realistischer Betrachtung ist Recht eine soziale Institution, die sich nach den Regeln konstituiert, die in der jeweiligen Gesellschaft insoweit für maßgeblich erachtet werden.[8] Recht ist das, was in der jeweiligen Gesellschaft als Recht anerkannt wird. Diese Feststellung gilt nicht nur für die Frage der jeweils anerkannten „Rechtsquellen“, sondern auch hinsichtlich des *Gehalts* der Rechtsordnung, also ihres jeweiligen Regelbestands. Wenn sich Rechtsprechung und Rechtswissenschaft darüber einig sind, dass eine „Bande“ – beispielsweise im Sinne des Tatbestands des Bandendiebstahls (§ 244 Abs. 1 Nr. 2 StGB) – aus mindestens drei Personen bestehen muss,[9] ist diese Regel Bestandteil des geltenden Rechtssystems.

15 Das bedeutet nicht, dass die Geltung einer bestimmten rechtlichen Regel *allein* eine Funktion des gesellschaftlichen Konsenses wäre. Denn diese Geltung muss sich nach den anerkannten Standards begründen lassen. Die konstruktivistische Position, die hier hinsichtlich des Bestands der „geltenden“ Rechtsordnung vertreten wird, impliziert nicht, die Entscheidung über den Regelungsgehalt dieser Rechtsordnung der Willkür einer herrschenden (oder selbst: einhelligen) Meinung auszuliefern. Denn die Konstruktion von Rechtsregeln erfolgt argumentativ, auf der Basis von Argumentationsregeln, die im Verhältnis zu den „inhaltlichen“ Rechtsregeln den Status von *Meta-Regeln* haben. Diese „Konstruktionsregeln“ schließen bestimmte Regelhypothesen aus – auch dann, wenn diese inhaltlich überwiegende oder sogar einheitliche Anerkennung finden sollten. Das gilt für die Frage, auf welche Rechtsquellen zur Begründung der Geltung einer bestimmten rechtlichen Regel zurückgegriffen werden kann (1), und es gilt, vor allem, für die argumentativen („methodischen“) Standards, die bei der Konstruktion einer Regelhypothese zu beachten sind (2).

### 2. Konstruktionsanweisungen und Konstruktionsfehler

#### a) „Rechtsquellen“ als Argumentations-Reservoire

16 Auf den engen Zusammenhang, der zwischen der Lehre von den **Rechtsquellen** einerseits, einer normativen Theorie der juristischen Argumentation andererseits besteht, wurde bereits hingewiesen (oben § 1 Rn. 62 ff.). Argumentationstheoretisch gesehen bilden „Rechtsquellen“ Reservoire für Argumente, mit denen die Richtigkeit einer rechtlichen Entscheidung (einer Rechtsauffassung) begründet werden kann. Das bedeutet *e contrario*: Wer sich auf Normen beruft, die sich *nicht* einer anerkannten Rechtsquelle zuordnen lassen, argumentiert fehlerhaft. Beispielsweise kann die Zulässigkeit der **Knabenbeschneidung** in einer säkularen Rechtsordnung (wie der Bundesrepublik) nicht aus religiösen Texten oder Traditionen abgeleitet werden. Religiöse

---

7 Dazu insbesondere *Somek*, Rechtliches Wissen; *ders.*, Gegenstand der Rechtserkenntnis.

8 Grundlegend: *Hart*, Concept of Law, Kap. VI. 1: „Rule of Recognition“ (Erkenntnis- bzw. Anerkennungsregel).

9 BGHSt (GS) 46, 321 unter Aufgabe der älteren Rechtsprechung, nach der eine „Bande“ auch aus zwei Personen bestehen konnte.

Offenbarungen oder Traditionen kommen als Rechtsquellen nicht in Betracht, weil das Bekenntnis zu irgendeiner der Religionen aus der Sicht einer säkularen Rechtsordnung dem Belieben des Einzelnen überlassen ist. Ob man gerade aus dieser Beliebigkeit, die verfassungsrechtlich als Religionsfreiheit firmiert (Art. 4 Abs. 1, 2 GG), das Recht ableiten kann, die eigenen Söhne der Prozedur der Beschneidung zu unterziehen, hängt davon ab, ob das Recht der „ungestörten Religionsausübung" (Art. 4 Abs. 2 GG) auch das Recht zur körperlichen Verletzung anderer umfassen soll, soweit diese Verletzung religiösen Geboten entspricht.[10]

Die verfassungsrechtlichen Probleme, die sich an diesem Punkt stellen, sind hier nicht 17
zu erörtern. Aus rechtstheoretischer Perspektive ist maßgeblich, dass die Konstruktion einer Rechtsnorm, die Angehörigen bestimmter Religionen die Beschneidung ihrer Söhne erlaubt, jedenfalls nicht unmittelbar auf **Normen dieser Religionen** gestützt werden kann. Ein (virtueller) gesellschaftlicher Konsens hinsichtlich der Existenz einer entsprechenden rechtlichen Befugnis könnte diesen Konstruktionsmangel nicht kompensieren.

### b) Funktion der Regeln der juristischen Methodenlehre

Die zentralen Anweisungen zur Konstruktion subgesetzlicher rechtlicher Normen bil- 18
den die Regeln der *juristischen Methodenlehre*, die herkömmlich als *Auslegungsregeln* interpretiert werden.[11] Mit dieser Interpretation werden die Anleitungen zur Konstruktion rechtlicher Regeln allerdings als Instrumente missdeutet, die der Erkenntnis eines vorhandenen, aber nicht offen zutage liegenden Regelungsgehalts dienen. Denn Auslegung ist, so die traditionelle juristische Methodenlehre, „Darlegung des in dem Text beschlossenen, aber noch gleichsam verhüllten Sinnes".[12] Aber dieser **„verhüllte Sinn"** ist eine Chimäre. Der „Sinn" des Gesetzes, wenn man denn an diesem ontologie-verdächtigen Begriff festhalten will, wird durch Rechtswissenschaft und -praxis nicht „enthüllt", sondern konstituiert. Dieser Prozess der Konstitution des „Sinns" des Gesetzes vollzieht sich aber nicht willkürlich, sondern unter methodischer Verarbeitung von Informationen, die nach den Regeln des Rechtssystems hier relevant sind. Diese Informationen beziehen sich auch auf den politischen Kontext, in dem ein Gesetz beschlossen und verabschiedet wurde, und auf Äußerungen von Verfahrensbeteiligten, die in den Begründungen des Gesetzentwurfs in seinen verschiedenen Stadien festgehalten sind.

---

10 Umgangen wird das Problem in der gesetzlichen Regelung des § 1641d Abs. 1 BGB, der auf einen Bezug zur religiösen Motivation der Knabenbeschneidung verzichtet. – Ein paralleles verfassungsrechtliches Problem stellt sich, wenn ein Recht zu Körperstrafen gegenüber Kindern aus einer biblischen Textstelle abgeleitet wird, in der es heißt: „Wer seinen Sohn liebt, der züchtigt ihn..." (Sprüche Salomos Kap. 13 Vers 24).

11 Diese Deutung der Regeln der juristischen Methodenlehre als Konstruktionsanweisungen wurde entwickelt im Rahmen der maßgeblich von *Friedrich Müller* ausgearbeiteten „Strukturierenden Rechtslehre" (zu ihr oben § 4 Rn. 1 ff.). Zustimmend *Somek*: „Die Interpretationsmethoden dienen nicht der Erkenntnis des Rechts, sondern fungieren als Spielregeln, die es gestatten, in einem juristischen Diskurs einen Spielzug zu machen, mit dem man Bedeutung herstellt" (*Somek*, Die Subjektivität des Rechts, JZ 2021, S. 1, 5, mit Hinw. auf *Christensen/Kudlich*).

12 *Larenz*, Methodenlehre der Rechtswissenschaft, S. 313; ähnlich *Canaris*, Systemdenken, S. 299: Auslegung als „Nachvollzug objektiv vorgegebener geistiger Gebilde". Krit. dazu *Goebel*, Rechtsgespräch, S. 110 m. Anm. 475.

### aa) Der „Wille des Gesetzgebers“ als Konstruktion

19 Diese Informationen zu der **Konstruktion eines „Willens des Gesetzgebers“** zu verbinden, ist unbedenklich, wenn man sich klar macht, dass es sich bei diesem „Willen des Gesetzgebers“ nicht um eine eigenständige psychologische oder soziale Entität handelt, sondern eben um ein Konstrukt – um ein *realitätsbasiertes* Konstrukt, nicht etwa um eine Chimäre! Dem so verstandenen „Willen des Gesetzgebers“ eine wesentliche Bedeutung bei der Konstitution der anzuwendenden Rechtsnorm zuzuerkennen, gebietet das Demokratieprinzip. Insofern kann sich die subjektive Theorie, die für eine „Auslegung“ des Gesetzes nach dem Willen des Gesetzgebers plädiert,[13] auf verfassungsrechtliche Prinzipien berufen.[14]

20 Die Suche nach dem „Willen des Gesetzgebers“ entspricht noch am ehesten der Vorstellung einer „Auslegung“ des Gesetzes im Sinne der traditionellen juristischen Methodenlehre.[15] Denn wenn man den „Sinn“ des Gesetzes mit dem „vom Gesetzgeber Gewollten“ gleichsetzt, dann lässt sich argumentieren, das vom Gesetzgeber Gewollte komme in der Formulierung des Gesetzes nur unvollkommen („gleichsam verhüllt“) zum Ausdruck und müsse durch Nachforschungen in den Gesetzesmaterialien, eine Analyse der zeitgeschichtlichen Umstände der Verabschiedung des Gesetzes etc. rekonstruiert werden. Im Bereich des Strafrechts kommt der **subjektiven Auslegung** darüber hinaus die wichtige Funktion einer rechtsstaatlich gebotenen Begrenzung des Anwendungsbereichs von Straftatbeständen zu.

21 Aber gegen eine grundsätzliche Reduktion der „Auslegung“ des Gesetzes auf die Erforschung des Willens des Gesetzgebers sprechen zahlreiche Argumente. Die wichtigsten: (1) Die Fixierung auf den Willen des Gesetzgebers kann der **Dynamik gesellschaftlicher Entwicklungen**, die bei der Konstruktion subgesetzlicher Rechtsnormen sinnvollerweise zu berücksichtigen ist, nicht Rechnung tragen; (2) ein „Wille des Gesetzgebers“ ist zu kleinteiligen Auslegungsalternativen typischerweise nicht zu rekonstruieren; (3) in den „Willen des Gesetzgebers“ kann eine Vielzahl anerkannter Topoi nicht oder allenfalls gewaltsam integriert werden (Systematik, Folgen, Wortlaut u. a.).

### bb) Rangverhältnis zwischen Konstruktionsregeln unterschiedlichen Typs

22 Ob die Konstruktionsregeln (Argumentationsregeln), anhand derer sich der Regelungsgehalt der Rechtsordnung konstituiert, in einem bestimmten **Rangverhältnis** stehen, ist (für die korrespondierenden Regeln der Methodenlehre) umstritten, richtigerweise aber zu verneinen.[16] Der Grund liegt darin, dass die Argumente des jeweiligen Typs im konkreten Kontext von ganz unterschiedlichem Gewicht sein können. Ein Vorrang eines bestimmten Argumenttyps kann sich deshalb nicht unter methodischen (argumentationstheoretischen), sondern nur unter positiv-rechtlichen Gesichtspunkten

---

13 *Rüthers/Fischer/Birk*, Rechtstheorie, Rn. 796 ff. Immer noch aktuell: *Schroth*, Subjektive Auslegung.

14 Das Prinzip der Gewaltenteilung wird missachtet, wenn der Gesetzgeber, wie von Autoren der Schule von *Friedrich Müller*, lediglich als „Normtextgeber“ (*Christensen*, Das Problem des Richterrechts, S. 80 m. Fn. 29) verstanden und die Produktion einer Norm allein dem Rechtsarbeiter (Richter u. a.) überlassen wird. Zur Kritik schon oben § 4 Rn. 24 ff.

15 Dazu *Rüthers/Fischer/Birk*, Rechtstheorie, Rn. 786.

16 Ebenso *Auer*, Materialisierung, S. 83/84; *Sourlas*, Zum argumentativen Charakter rechtlicher Begründungen, S. 416; *ders.*, Rechtsprinzipien als Handlungsgründe, S. 184 ff. (im Rahmen eines „holistischen“ Modells, in dem Argumente „nur in ihrem Zusammenspiel bei der rechtlich geforderten Begründung zu berücksichtigen sind“ ([S. 184]). And. *Alexy*, Theorie der juristischen Argumentation, S. 305; *Klatt*, Wortlautgrenze, S. 283. Siehe auch oben § 2 Rn. 190 und § 6 Rn. 6 ff.

ergeben. So treten im Strafrecht alle Argumente eines anderen Typs hinter dem Wortlautargument zurück, wenn sich zeigen lässt, dass die Anwendung eines Gesetzes auf ein bestimmte Fallkonstellation mit dem Wortlaut des Gesetzes unvereinbar ist und deshalb gegen das Analogieverbot des Art. 103 Abs. 2 GG verstößt.[17]

23 In allen anderen Fällen ist eine **Abwägung** zwischen Argumenten unterschiedlichen Typs unvermeidlich, soweit diese alternative Regelhypothesen stützen. Geht es, beispielsweise, um die Frage, ob ein „Absetzen“ der Beute im Sinne des Hehlerei-Tatbestands (§ 259 Abs. 1 StGB) auch dann anzunehmen ist, wenn der Täter lediglich – erfolglos – *versucht* hat, diese zu verkaufen, dann spricht der Wille des Gesetzgebers *für*, der Wortlaut der Regelung *gegen* die Bejahung dieser Frage. Soweit man nicht davon ausgeht, dass hier das Analogieverbot des Art. 103 Abs. 2 GG tangiert ist, bedarf es einer Abwägung, deren Ergebnis nicht determiniert ist.[18] Diese – im Beispielsfall vereinfacht dargestellte – Abwägung erhält eine komplexe Struktur, wenn eine größere Anzahl von Argumenten zu berücksichtigen ist.

#### cc) Parallelogramm der Argumente

24 Man kann sich die Struktur der Argumentation in diesen Fällen anhand des Modells des Parallelogramms der Kräfte verdeutlichen. Die einzelnen Argumente lassen sich als Vektoren interpretieren, deren Stoßrichtung und Gewicht die richtige Entscheidung bei der Regelbildung als Resultante bestimmen. Man darf dieses Bild aber nicht überstrapazieren und von dem **Parallelogramm der Argumente**[19] nicht, in Analogie zu dem physikalischen Modell, eine präzise bestimmte „Resultante“ erwarten.[20] Denn das Ergebnis der Abwägung ist, wie dargestellt, nicht determiniert, sondern muss wertend festgelegt werden. Verallgemeinert: die verfügbaren Konstruktionsregeln (Argumentationsregeln) formen sich nicht zu einem Algorithmus, der zu genau einem (einem und *nur* einem) bestimmten Ergebnis führen würde.

### III. „Richtigkeit“ oder „Vertretbarkeit“ der Entscheidung?

25 Diese Feststellung korrespondiert mit dem Befund, dass sowohl in der Rechtsprechung als auch in der Rechtswissenschaft Rechtsfragen in zahlreichen Fällen unterschiedlich beurteilt werden. Im Streit um die Frage, ob es für jeden Rechtsfall eine **„einzig richtige Entscheidung“** gibt (*one right answer-thesis*), ist ihre Reichweite aber begrenzt. Denn dieser Befund erklärt zwar, dass und warum für zahlreiche Fallkonstellationen keine Einigkeit über die richtige Lösung erzielt werden kann. Sie vermag aber zwei Fragen nicht zu beantworten: (a) ob jeweils eine einzig richtige Lösung existiert, die lediglich mit den verfügbaren Instrumentarien nicht erkennbar ist, (b) ob nicht der Richter, möglicherweise auch der Rechtswissenschaftler, die von ihm vertretene Auffassung als „einzig richtige“ *darstellen* muss.

---

17 Verfassungsrechtliche Begründung eines Vorrangs von Argumenten, die eine Bindung an das Gesetz zum Ausdruck bringen (Wortlaut, Wille des Gesetzgebers), bei *Alexy*, Theorie, S. 303 ff. und *Koch/Rüßmann*, Juristische Begründungslehre, S. 176 ff.

18 Der BGH hat seine Rspr. in diesem Punkt geändert. Für das Erfordernis eines Absatzerfolgs jetzt BGHSt 59, 40.

19 *Neumann*, Theorie der juristischen Argumentation, in: Brugger/Neumann/Kirste (Hrsg.), Rechtphilosophie, S. 247.

20 Dazu *Vogel/Christensen*, Korpusgestützte Analyse, S. 31.

### 1. „Ideale“ Existenz der „einzig richtigen Entscheidung“ (ErE)?

#### a) Herkules und „Herbert“

26 Dass zwischen der Frage der *Existenz* einer einzig richtigen Lösung einerseits und der Frage der *Erkennbarkeit* dieser Lösung andererseits unterschieden werden muss, verdeutlicht das berühmte **Gedankenexperiment von *Ronald Dworkin***, mit dem er die *one right answer-thesis* stützt. Ein Richter mit übermenschlichen Erkenntnisfähigkeiten, ein „Herkules“ auf dem Richterstuhl, wäre, so *Dworkin*, anders als sein minderbegabter, auf menschliche Fähigkeiten begrenzter Kollege („Herbert“), in der Lage, die einzig richtige Entscheidung zu finden. Mit diesem Gedankenexperiment wird allerdings lediglich der Umstand illustriert, dass man daraus, dass die eine einzig richtige Entscheidung für uns nicht identifizierbar ist, nicht darauf schließen kann, dass diese nicht existiert. Ein (positives) Argument für die Annahme der Existenz einer einzig richtigen Entscheidung ist damit nicht formuliert. Man könnte die Argumentation deshalb umkehren: auch ein Richter Herkules kann die einzig richtige Entscheidung nur dann finden, wenn diese existiert – so wie sein Gegenbild, der Herkules der griechischen Sage, den nemeischen Löwen nur dann erlegen kann, wenn es diesen Löwen tatsächlich gibt. Heute ist man sich denn auch weitgehend einig, dass die These der „einzig richtigen Entscheidung“ als ontologische Behauptung kaum zu verteidigen ist.[21]

#### b) Möglichkeit einer sozialen Existenz der ErE

27 Soweit man plausibel davon sprechen kann, es gebe zu einer bestimmten Rechtsfrage nur eine einzig richtige Lösung, geht es nicht um eine *ideale*, sondern um die *soziale* Existenz einer einzig richtigen Entscheidung. Wie das Recht insgesamt (oben Rn. 13 ff.), so hat auch die Norm, anhand derer ein Fall (eine Fallkonstellation) zu entscheiden ist, nur eine **soziale Existenz**. Aber ebenso wie das Recht insgesamt *hat* sie eine soziale Existenz, sofern sie Bestandteil des gesellschaftlichen Wissens des Rechts ist. Man kann deshalb auch aus einer kritischen erkenntnistheoretischen Perspektive von der Existenz einer einzig richtigen Entscheidung dann sprechen, wenn alle, die als kompetente Urteiler angesehen werden, sich einig sind, dass für diesen Fall (diese Fallkonstellation) diese bestimmte Fallnorm gilt und der Fall deshalb eindeutig (gemäß dieser Norm) zu entscheiden ist. Soweit diese Einigkeit besteht, ist es unproblematisch, von der „Richtigkeit“ dieser Fallnorm und dieser Fallentscheidung zu sprechen.

28 Insofern kann man die „einhellige Meinung“ als Kriterium der Richtigkeit betrachten. Selbstverständlich ist diese Richtigkeit aber relativ auf den jeweiligen Meinungsstand. Sobald ein kompetenter Urteiler eine andere Auffassung vertritt und die bisher einhellige Meinung damit zur (lediglich) **„herrschenden Meinung“** wird, kann vom erkenntnistheoretischen Standpunkt aus nicht mehr von der „Richtigkeit“ (oder: Unrichtigkeit) der Fallentscheidung und der ihr zugrunde liegenden Norm die Rede sein.

#### c) Vertretbarkeit unterschiedlicher Auffassungen (jedenfalls) in „hard cases“

29 Das Kriterium, ob und inwieweit Einigkeit bzw. Uneinigkeit über die Entscheidung einer bestimmten Fallkonstellation besteht, liegt der Sache nach auch der Unterscheidung zwischen „hard cases“ und „einfachen Fällen“ zugrunde, die in der Diskussion

21 Klatt, Taking rights less seriously, S. 512.

um die These der einzig richtigen Entscheidung eine zentrale Rolle spielt. Hinsichtlich der „hard cases“ besteht nicht deshalb Uneinigkeit, weil es sich eben um **„hard cases“** handelt, sondern: es handelt sich um „hard cases“, *weil* hinsichtlich ihrer korrekten Behandlung Uneinigkeit besteht. Da Recht nur eine soziale Existenz hat, also nur im Wissen der Gesellschaft existiert, gelangt man aus einer erkenntnistheoretischen Perspektive in diesen „hard cases“ zunächst nicht über die Feststellung hinaus, dass hinsichtlich der korrekten Handhabung dieser Fälle unter den kompetenten Urteilern eben unterschiedliche Auffassungen bestehen.

Möglich ist allerdings, dass nicht alle tatsächlich vertretenen Auffassungen hinsichtlich ihrer Begründung den anerkannten Argumentationsregeln (Methodenregeln) entsprechen. So ist in der Diskussion zur rechtlichen Beurteilung von Maßnahmen der konsentierten **Sterbehilfe** in einer **säkularen Rechtsordnung** das Argument fehlerhaft, auch sein eigenes Leben sei für den Menschen als „Geschenk Gottes“ nicht disponibel. Ob dieses Argument von einem Mitglied der „scientific community“ (einem „an sich“ als kompetent anerkannten Urteiler) vorgebracht wird, ist hier gleichgültig. Das Argument ist im Kontext einer rechtlichen Argumentation im Rahmen einer säkularen Rechtsordnung intrinsisch fehlerhaft (zum parallelen Problem der rechtlichen Anerkennung der in bestimmten Religionen gebotenen Knabenbeschneidung im säkularen Staat oben Rn. 16). Zu betonen ist: „im Rahmen einer säkularen Rechtsordnung“. Denn selbstverständlich kann in einer christlich-fundamentalistisch geprägten Rechtsordnung dieses „Argument“ ein valides rechtliches Argument darstellen. Nicht nur die Regeln der Fallentscheidung selbst, auch die Standards der Begründung dieser Regeln unterliegen der Relativität des gesellschaftlichen Wissens. 30

Soweit eine von einem kompetenten Urteiler vertretene Rechtsauffassung hinsichtlich ihrer Begründung nicht gegen die (jeweils) anerkannten Standards juristischen Argumentierens verstößt, ist sie „vertretbar“. Da jedenfalls in zahlreichen Fallkonstellationen („hard cases“) unterschiedliche, einander ausschließende Rechtsauffassungen in diesem Sinne *„vertretbar“* sind, ist die Theorie einer einzig richtigen Entscheidung als generelle, *fallindifferente* Existenzbehauptung auch dann nicht aufrechtzuerhalten, wenn man „Existenz“ in dem erkenntnistheoretisch unproblematischen Sinn einer Präsenz im gesellschaftlichen Wissen des Rechts versteht. 31

### 2. Die „einzig richtige Entscheidung“ als regulative Idee

Das bedeutet nicht, dass dem Modell der einzig richtigen Entscheidung nicht in der gesellschaftlichen Kommunikation, insbesondere im Bereich juristischen Argumentierens, eine wichtige Funktion zukommen könnte. In diesem Sinne wird die Auffassung vertreten, dass die Theorie der einzig richtigen Entscheidung nicht als Existenzbehauptung, wohl aber als **regulative Idee** in der gesellschaftlichen Verständigung über das rechtlich Richtige anzuerkennen sei.[22] Die Annahme, dass es auf jede Rechtsfrage in einem bestimmten Rechtssystem nur *eine* richtige Antwort gebe, wird dann als Bedingung der Möglichkeit einer nicht dezisionistischen Rechtspraxis verstanden. 32

Stützen lässt sich diese Auffassung zunächst auf die Voraussetzungen, die in einem Diskurs über praktische Fragen *generell* gemacht werden müssen, wenn die Diskussion über das rechtlich (oder auch: moralisch) Richtige sinnvoll sein soll (a). Zudem lässt sie sich auch (spezifisch) in den Strukturen einer *Rechtsordnung* verankern, die dem 33

22 *Alexy*, Probleme der Diskurstheorie. S. 121 f.; *Neumann*, Wahrheit im Recht, S. 39 ff.

Rechtsanwender die Aufgabe stellt, nicht dezisionistisch nach eigenem Gutdünken, sondern gemäß den Vorgaben der Rechtsordnung zu entscheiden (b).

### a) Diskurstheoretische Argumente

#### aa) Richtigkeitsanspruch

34 Im Rahmen des Modells des *rationalen praktischen Diskurses* wird die Unverzichtbarkeit der Vorstellung einer rechtlich oder moralisch einzig richtigen Entscheidung aus den **Richtigkeitsansprüchen** abgeleitet, die von den Diskursteilnehmern notwendigerweise erhoben werden müssen.[23] Wer die moralische oder rechtliche Richtigkeit einer bestimmten Entscheidung, allgemein: einer bestimmten Handlung behaupte, behaupte damit zugleich, dass das Kriterium der Richtigkeit (der „Wahrheit“) auf moralische bzw. rechtliche Aussagen anwendbar sei. Würde die moralische oder rechtliche Bewertung der Subjektivität des Urteilenden überlassen, wäre der Diskurs über das rechtlich oder moralisch Richtige ebenso wenig sinnvoll wie ein „Diskurs“ über persönliche Präferenzen.

35 Vereinfacht: *De gustibus non est disputandum.* Kein Vernünftiger wird versuchen, einen anderen von einem höheren Rang der Kompositionen der Klassik gegenüber denen des Barock (oder umgekehrt) zu überzeugen. Jeder Vernünftige aber wird versuchen, jeden anderen davon zu überzeugen, dass die Folterung eines Menschen grundsätzlich einen schweren Verstoß gegen unbestreitbare moralische und, insbesondere, rechtsethische Prinzipien darstellt. Er setzt damit notwendig voraus, dass die Behauptung, **Folter** sei moralisch und rechtsethisch grundsätzlich unzulässig, „richtig“, die gegenteilige Behauptung falsch ist. Sollte jemand in diesem Punkt einen entgegengesetzten Standpunkt beziehen, würde er komplementär für seine eigene Auffassung Richtigkeit reklamieren, die Ansicht seines Kontrahenten folglich als falsch bezeichnen.

36 Ob die Diskutanten in diesem Sinne von der Richtigkeit bzw. Falschheit moralischer (rechtsethischer) Aussagen ausgehen, steht nicht in ihrem Belieben. *Wenn* sie sich in moralischen (rechtsethischen) Fragen positionieren, *müssen* sie diese als wahrheitsfähig („richtigkeitsfähig“) anerkennen. Dieses „müssen“ ist nicht im Sinne einer Verpflichtung, sondern in dem einer unhintergehbaren Voraussetzung zu verstehen. Es ist *nicht möglich*, eine Behauptung über die moralische Qualität einer Handlung oder einer Norm zu formulieren, ohne die **Wahrheitsfähigkeit moralischer Fragen** anzuerkennen. Es geht um objektive Bedingungen des Diskurses, nicht um persönliche Einstellungen.[24]

37 Zu klären bleibt allerdings, inwieweit und in welchem Sinne diese Argumentation die Voraussetzung (regulative Idee) begründen kann, es gebe in Fragen, die in praktischen Diskursen verhandelt werden, jeweils eine einzig richtige Entscheidung. Dabei geht es um zwei Punkte. Der erste betrifft die *Reichweite* der notwendigen Unterstellung der Richtigkeit praktischer Aussagen, der zweite die *Trennschärfe* der Kategorien von „richtig“ und „falsch“ im Kontext praktischer (moralischer und rechtlicher) Diskussionen.

---

23 *Habermas*, Richtigkeit versus Wahrheit, S. 300.

24 Zutreffende Feststellung, dass *Habermas* die „einzig richtige Entscheidung“ in einem nichtontologischen, aber objektiven Sinne versteht, bei *Herbst*, These der einzig richtigen Entscheidung, S. 896.

### bb) Reichweite des Richtigkeitsanspruchs

Zum ersten Punkt: Die Argumentation, wenn man die moralische oder rechtliche Richtigkeit („Wahrheit“) von Normen und Handlungen behaupte oder verneine, so setze man damit notwendig voraus, dass diese Behauptungen wahrheitsfähig seien, reicht zwangsläufig nicht weiter als ihre Prämisse. Sie gilt damit allenfalls eingeschränkt für Diskussionen, in denen es zulässig ist, für die moralische (oder: rechtliche) **Unentscheidbarkeit** bestimmter Fragen zu plädieren. Richtig ist allerdings, dass auch derjenige, der sich hinsichtlich *bestimmter* Fragen auf diese Position zurückzieht, anerkennt, dass praktische Fragen nicht generell unentscheidbar sind. Richtig bleibt auch, dass die Voraussetzung der Wahrheitsfähigkeit praktischer Fragen nicht durch die individuelle Einstellung von Diskursteilnehmern, sondern durch die Bedingungen des Diskurses selbst konstituiert werden. Aber: soweit eine Position des *non liquet* in einem moralischen oder rechtlichen Diskurs nach den Regeln dieses Diskurses zulässig ist, ist diese Voraussetzung nicht Bedingung des Diskurses. 38

Dies bedeutet nicht, dass in diesem Falle moralische oder rechtliche Diskussionen grundsätzlich ausgeschlossen wären. Selbst dann, wenn Einigkeit darüber bestehen sollte, dass es in der thematischen Frage keine „einzig richtige Entscheidung“ geben kann, bleibt die Erörterung der Argumente, die für und gegen die eine oder aber die andere Position sprechen, sinnvoll. Möglicherweise gelangt man auch zu dem Ergebnis, dass sich die unterschiedlichen moralischen Perspektiven trotz aller Bemühungen nicht auf einen gemeinsamen Nenner bringen lassen. Differenzen können hier insbesondere aus der unterschiedlichen Gewichtung von Argumenten resultieren. Auch wenn Einigkeit über die moralisch relevanten Argumente und deren „Stoßrichtung“ bestehen sollte, würde es an Gewichtungsregeln fehlen, anhand derer sich die moralische „Resultante“ bestimmen ließe. Mit der Annahme, dass in *allen* Fällen praktischer moralischer Konflikte eine eindeutige Beurteilung aus einer neutralen, objektiven Sicht möglich wäre, würde sich eine Diskursethik den Vorwurf erkenntnistheoretisch nicht zu verteidigender Idealisierungen einhandeln. 39

### cc) Graduierbarkeit des Richtigkeitsanspruchs

Wenn es zutrifft, dass Diskurse über Fragen der praktischen Vernunft auch ohne die strikte Voraussetzung der „einzig richtigen Entscheidung“ sinnvoll geführt werden können, dann hat dies Konsequenzen auch für die Frage der *Trennschärfe* der Kategorien „richtig“ und „falsch“ im Kontext dieser Diskussion. Denn die Diskussion kann dann auch unter dem Gesichtspunkt geführt werden, welche moralischen bzw. rechtlichen Bewertungen *vertretbar*, welche *unvertretbar* sind, welchen Argumenten ein höheres, welchen ein geringeres Gewicht zukommt usw. Auch innerhalb der für vertretbar erachteten Auffassungen sind Abstufungen möglich. Positionen können im Vergleich zu anderen als „besser begründbar“ oder „weniger gut begründbar“ klassifiziert werden. Unverzichtbar ist, dass die Diskussion in der Dimension der praktischen (moralischen oder rechtlichen) Richtigkeit geführt wird. Innerhalb dieser Dimension muss es aber nicht um die „einzig richtige Entscheidung“ gehen.[25] Auch Aussagen über die **Vertretbarkeit** oder Unvertretbarkeit, über die bessere oder weniger gute Begründbarkeit bestimmter Positionen orientieren sich an der Kategorie der „Richtigkeit“. 40

25 In diesem Sinne auch *Poscher*, Wozu Juristen streiten, S. 5 ff.

### b) Rechtlich-institutionelle Argumente

#### aa) Entscheidungszwang

41 Wenn bis zu diesem Punkt Fragen der moralischen und der rechtlichen Bewertungen im Wesentlichen parallel erörtert wurden, so wurde dabei ein Gesichtspunkt ausgeblendet, der für die Entscheidung rechtlicher Fragen in der Rechtspraxis konstitutiv ist: Der Gesichtspunkt der *institutionellen Einbindung* rechtlicher, insbesondere: richterlicher Entscheidungen. Der Richter darf die Frage, welche Entscheidung rechtlich richtig ist, nicht im Sinne des „non liquet“ beantworten; andernfalls würde er gegen das **Verbot der „Rechtsverweigerung“** verstoßen. Er kann sich auch nicht damit begnügen, die Argumente anzuführen, die für und gegen eine bestimmte Entscheidung sprechen. Denn er muss eine bestimmte Entscheidung, unter Ausschluss anderer, möglicherweise gleichfalls nahe liegender Entscheidungen treffen, und er muss begründen, dass diese seine Entscheidung nach den Maßstäben der Rechtsordnung „richtig“ ist. Insofern liegt es nahe, jedenfalls die richterliche Entscheidung unter die „regulative Idee“ der „einzig richtigen Entscheidung“ zu stellen. Der Richter hätte dann zu begründen, dass genau diese Entscheidung (also: sie und nur sie) der Rechtsordnung entspricht.

#### bb) Positiv-rechtliche Argumente

42 Die (deutsche) Rechtsordnung legt das Modell der einzig richtigen Entscheidung offensichtlich auch bei der Ausgestaltung des Instanzenzugs zugrunde. Beurteilt das **Revisionsgericht** eine Rechtsfrage anders als die Vorinstanz, so hebt es deren Urteil *als fehlerhaft* auf.[26] Dies gilt selbst dann, wenn die Rechtsauffassung der Vorinstanz nach allgemeiner Auffassung in Rechtswissenschaft und Rechtspraxis „vertretbar“ ist, möglicherweise sogar der „herrschenden Meinung“ entspricht.[27] Dass mit der Aufhebung des Urteils zwangsläufig dessen Beurteilung als „fehlerhaft“ verbunden ist, ergibt sich aus den Normen des Revisionsrechts, die festlegen, dass die Revision nur darauf gestützt werden kann, „dass das Urteil auf einer Verletzung des Gesetzes beruht“ (exemplarisch: § 267 Abs. 1 StPO).

43 In rechts- und staatstheoretischer Betrachtung lässt sich die Notwendigkeit, das Urteil als das „einzig richtige“ darzustellen, auf das traditionelle Verständnis des Systems der *Gewaltenteilung* zurückführen. Danach obliegt dem Gericht, von Ausnahmen abgesehen (Aufgabe der „Fortbildung des Rechts“, § 132 Abs. 4 Alt. 1 GVG), lediglich die Aufgabe der Regel*anwendung*, nicht aber die der Regel*bildung*. Der Richter muss deshalb seine Rechtsauffassung als die der „Rechtsordnung“ darstellen. Die Gestaltung dieser Rechtsordnung obliegt der Legislative, und, auf der Grundlage parlamentarischer Ermächtigungen, der Exekutive. Der Richter muss deshalb sein Urteil, soweit ihm nicht Ermessen eingeräumt ist, vollständig auf das Entscheidungsprogramm des Gesetzes zurückführen. Der kontrafaktischen, aber systementsprechenden Vorstellung, dass die Entscheidung auf das Programm von Gesetzen und Verordnungen, kurz: auf die „Rechtsordnung“ zurückführbar sei, entspricht das Modell der nach der Rechtsordnung „einzig richtigen Entscheidung“.

---

26 Näher dazu *Neumann*, Richtigkeitsanspruch und Überprüfbarkeit rechtlicher Entscheidungen, S. 147 ff.

27 Die im Kontext der Diskussion zur „einzig richtigen Entscheidung“ vertretene Auffassung, das Revisionsgericht prüfe lediglich die *Vertretbarkeit* der Entscheidung der Vorinstanz (so *Bäcker*, Anspruch und Wirklichkeit des richterlichen Entscheidens, S. 50), trifft für das deutsche Recht nicht zu (zutr. Kritik bei *Siedenburg*, Sprachliche Präsentation, S. 158/159).

### c) Kritik

44 Ob man das Modell der „einzig richtigen Entscheidung“ in diesem Sinne als regulative Idee der juristischen Praxis verteidigen kann, ist allerdings umstritten. Teilweise wird die Auffassung vertreten, mit der Darstellung des Urteils als „einzig richtige Entscheidung“ täusche der Richter über das tatsächliche Bestehen alternativer Entscheidungsmöglichkeiten.[28] Die Begründung könne und müsse sich deshalb darauf beschränken, aufzuzeigen, dass es sich (lediglich) um eine *vertretbare*, also um eine von verschiedenen möglichen Entscheidungen handele.[29] Die Auffassung, das Modell der einzig richtigen Entscheidung spiegele eine regulative Idee, unter der die richterliche Entscheidungs- und Begründungstätigkeit stehe, wird als **„Illusion“** verworfen.[30]

45 Diese Kritik verfehlt indes die Bedingungen richterlichen Handelns ebenso wie die Logik der regulativen Idee. Zum letzteren Punkt: Der Begriff der Illusion setzt eine Fehlvorstellung hinsichtlich eines bestehenden (bzw. die Annahme eines in Wahrheit nicht bestehenden) Sachverhalts voraus. Kennzeichnet man das Modell einer einzig richtigen Entscheidung als „regulative Idee“, dann geht es aber gerade nicht um die Annahme eines Sachverhalts, sondern um eine transzendentalpragmatische Bedingung bestimmter institutionell gebundener Tätigkeiten. Die Distanz zur Realität ist in der Kennzeichnung als „regulative Idee“ impliziert.[31]

46 Die *Bedingungen richterlichen Handelns* verfehlt die Kritik deshalb, weil der Richter, der sein Urteil als ein lediglich „vertretbares“ darstellt, der Aufgabe der Begründung *dieses* Urteils nicht gerecht wird. Der Richter hat *sein* Urteil zu begründen, nicht aber darzulegen, dass dieses Urteil zu einer Mehrzahl alternativer, im konkreten Fall jeweils vertretbarer Urteile gehört. Ein Richter, der den Angeklagten verurteilt, in der Urteilsbegründung aber zugleich feststellt, er hätte ihn ebenso gut freisprechen können, verkennt Begriff und Funktion der „Begründung“ eines Urteils. Selbstverständlich kann und sollte der Richter in der Urteilsbegründung auch Argumente anführen, die *gegen* die Rechtsauffassung sprechen, die er seinem Urteil zugrunde legt. Er muss dann aber zugleich darlegen, warum diese Argumente aus seiner Sicht weniger gewichtig sind als die, die seine Rechtsauffassung stützen.

47 Gegen die Anerkennung des Modells der „einzig richtigen Entscheidung“ als regulative Idee wird ferner geltend gemacht, dieses Modell führe zu einer **Immunisierung richterlicher Urteile gegen Kritik.**[32] Aber dieser Einwand beruht auf einem Missverständnis. Denn gerade der Anspruch des Urteils, die „einzig richtige Entscheidung“ zu repräsentieren, bietet den **Angriffspunkt**, an dem die Kritik den Hebel ansetzen kann. Soweit eine Entscheidung sich offen als Dezision präsentiert, soweit sie sich also schlicht auf die institutionelle Kompetenz des Entscheiders beruft, läuft jede externe Kritik leer. Gegenüber dem Statement eines BGH-Senats: „Wir entscheiden das eben so. Punkt!“ bliebe der Rechtswissenschaft nur ein resigniertes Achselzucken. Umgekehrt: je ausge-

---

28 So insbes. *Bäcker*, Begründen und Entscheiden, S. 330; *ders.*, Anspruch und Wirklichkeit des richterlichen Entscheidens, S. 52 ff.; ferner *Becker*, Was bleibt?, S. 125/126.

29 *Bäcker*, Anspruch und Wirklichkeit richterlichen Entscheidens, S. 54.

30 *Bäcker*, Begründen und Entscheiden, S. 330.

31 *Kant* spricht in Bezug auf den regulativen Gebrauch transzendentaler Ideen von einer Illusion, „welche man doch hindern kann, daß sie nicht betriegt“ (Kritik der reinen Vernunft, B 672 A 644). Es handelt sich um eine *bewusste* Illusion, die gerade deshalb nicht den Charakter einer Selbsttäuschung (und erst recht nicht den einer Täuschung anderer) hat.

32 Exemplarisch *Becker*, Was bleibt?, S. 125/126. Weitere Nachw. – und überzeugende Antikritik – bei *Siedenburg*, Sprachliche Präsentation, S. 161 ff.

prägter das Bemühen, die Entscheidung als sachlich richtig zu erweisen, desto breiter die Angriffsfläche, die das Urteil der wissenschaftlichen Kritik bietet. Und: je höher der Anspruch auf Richtigkeit des Urteils, desto umfassender die Verpflichtung zum Aufweis dieser Richtigkeit. Das Modell der „einzig richtigen Entscheidung“ lokalisiert diesen Anspruch auf dem denkbar höchsten Niveau.

48 Überzeugend wäre die Behauptung, das Modell der „einzig richtigen Entscheidung“ immunisiere Urteile gegen Kritik, nur dann, wenn man dieses Modell – erstens – ontologisch verstehen würde, und wenn – zweitens – der Richter eine überlegene Fähigkeit zur Erkenntnis dieser Entscheidung in Anspruch nehmen könnte. Aber diese Interpretation, die einer strukturellen Gleichsetzung des Anspruchs auf Richtigkeit mit dem **Dogma der päpstlichen Unfehlbarkeit** nahekommen würde, ist in beiden Punkten fernliegend: Dass das Modell der „einzig richtigen Entscheidung“ in einer ontologischen Interpretation nicht aufrechterhalten werden kann, wurde oben dargelegt. Eine dem Richter kraft Amtes zugewachsene überlegene Fähigkeit zur Rechtserkenntnis wird heute gleichfalls niemand annehmen wollen. Es bleibt deshalb dabei, dass die Anerkennung des Modells der einzig richtigen Entscheidung als regulative Idee der Urteilskritik – fern davon, diese zu blockieren – Tür und Tor öffnet.

### d) Grenzbereiche

49 Da das Modell der „einzig richtigen Entscheidung“ den **institutionellen Bedingungen richterlichen Handelns** verpflichtet ist,[33] kommt ihm für die *rechtswissenschaftliche Diskussion* keine bindende Kraft zu. Ob in wissenschaftlichen Beiträgen zu einer bestimmten Rechtsfrage unterschiedliche Rechtsauffassungen für vertretbar, oder aber alle der eigenen Position des Autors konkurrierenden Auffassungen für unvertretbar erklärt werden, ist eine Frage des Problemkontextes, der Diskussionslage und des wissenschaftlichen Temperaments des Autors/der Autorin. Soweit wissenschaftliche Beiträge allerdings das Ziel verfolgen, Einfluss auf die Rechtsprechung zu nehmen, wird das für die Rechtsprechung bindende Modell der „einzig richtigen Entscheidung“ typischerweise auch eine Orientierungsfunktion für die rechtswissenschaftliche Positionierung haben.

50 Dies gilt *a fortiori* für rechtswissenschaftliche Gutachten, die der Klärung einer Rechtsfrage im Vorfeld einer anstehenden gerichtlichen Entscheidung dienen. Für **Prüfungsarbeiten** im Studium, in der Referendarausbildung und in den beiden juristischen Staatsprüfungen in Deutschland gilt das Prinzip der „einzig richtigen Entscheidung“ in der Form, dass der Bearbeiter/die Bearbeiterin im Rahmen einer Falllösung ein einziges Ergebnis als das „richtige“ deklarieren muss, sich also nicht darauf beschränken kann, unterschiedliche Lösungen für „vertretbar“ zu erklären. Diese Vorgabe resultiert daraus, dass in diesen Prüfungsaufgaben Gutachten verlangt werden, die virtuell der Vorbereitung richterlicher Entscheidungen dienen. Die *Bewertung* dieser Gutachten durch den Korrektor folgt demgegenüber der Einsicht, dass nach wissenschaftlichen (und rechtstheoretischen) Standards in zahlreichen Fällen unterschiedliche Auffassungen vertretbar sind.

33 Ebenso *Siedenburg*, der – weitergehend – die Vorstellung einer „einzig richtigen Entscheidung“ als Element der „institutionellen Tatsache“ der richterlichen Entscheidung betrachtet (*Siedenburg*, Kommunikative Kraft, insbes. S. 292 ff.; *ders.*, Sprachliche Präsentation, S. 165 ff).

Die deutsche Rechtsordnung anerkennt an verschiedenen Stellen die Möglichkeit, dass in einem konkreten Fall bzw. zu einer bestimmten Rechtsfrage unterschiedliche Rechtsauffassungen vertretbar sein können. So prüft das **Bundesverfassungsgericht** die Verfassungskonformität von Gerichtsurteilen nur unter dem Gesichtspunkt der **Vertretbarkeit** der jeweiligen Entscheidung.[34] Der BGH geht hinsichtlich des Tatbestands der Rechtsbeugung (§ 339 StGB) davon aus, dass dieser nicht jede unvertretbare (erst recht nicht: jede „unrichtige") Rechtsentscheidung erfasst,[35] legt also die Möglichkeit einer Differenzierung zwischen vertretbaren und unvertretbaren Entscheidungen zugrunde. Das Gesetz über das Bundesverfassungsgericht ermöglicht es Richterinnen und Richtern, die bei der Abstimmung in der Minderheit geblieben sind, ihre abweichende Meinung der Urteilsbegründung beizufügen, und wertet diese damit nicht als fehlerhafte, sondern als – im Verhältnis zur Meinung der Senatsmehrheit – alternative Rechtsauffassung (§ 30 Abs. 2 BVerfGG, näher dazu oben § 1 Rn. 39). 51

### 3. Fazit

Das Modell der „einzig richtigen Entscheidung" ist als rechtsontologische Behauptung nicht zu verteidigen. Es repräsentiert auch keinen generellen Standard der juristischen Argumentation. Es hat die Funktion einer **„regulativen Idee"** in Bereichen, in denen Rechtshandlungen unter einer entsprechenden Vorgabe der Rechtsordnung stehen. Dies ist insbesondere bei Gerichtsurteilen der Fall. Der Richter muss seine Entscheidung als „einzig richtige" begründen. Psychologisch korrespondiert dieser Begründungspflicht die vorgängige Aufgabe, sich auch im Falle des Zweifels für ein bestimmtes Urteil zu entscheiden. Auch dieser Entscheidungszwang ist institutionell, nicht psychologisch begründet.[36] Andererseits dürfte er den Richter psychologisch auch nicht überfordern. Das Szenario, dass ein Richter das Urteil mit der Begründung verweigert, dass er sich nicht entscheiden könne, verweist in den Bereich des Pathologischen.[37] 52

## IV. Entscheidungsbegründung durch Regelbezug („Subsumtion")

### 1. Subsumtion als regelorientiertes Entscheiden

Die Begründung der Entscheidung (der Rechtsauffassung) soll darlegen, dass die Entscheidung (die Rechtsauffassung) der geltenden Rechtsordnung entspricht (oben Rn. 6 f.). Das geschieht durch **Zuordnung zu einer Rechtsregel**, die als Regel des geltenden Rechtssystems angesehen wird. Der Begriff der Regel ist in diesem Zusammenhang in einem weiteren Sinne zu verstehen, umfasst also auch die *Rechtsprinzipien*, die sich den Rechtsregeln ieS gegenüberstellen lassen. 53

Zu begründen ist, dass es sich bei dem zu entscheidenden Fall um einen *Anwendungsfall* einer bestimmten Regel des Rechtssystems handelt. Diese Zuordnung des Falles zu einer Regel wird herkömmlich mit dem Begriff der **Subsumtion** bezeichnet. Gegen diese Begrifflichkeit bestehen keine Bedenken, soweit die Vorstellung vermieden wird, 54

34 Näher dazu *Neumann*, Wahrheit im Recht, S. 54 ff.

35 *Fischer*, StGB, 69. Aufl. 2022, § 339 Rn. 27. Zu diesen rechtstheoretischen Aspekten des Tatbestands näher *Saliger*, Rechtsphilosophische Probleme der Rechtsbeugung, S. 138 ff.

36 Zutreffend *Martins*, Flüchtige Grenzen, S. 334.

37 Nicht, wie *Siedenburg* die hier vertretene Auffassung wiedergibt, die Einsicht in die Vertretbarkeit unterschiedlicher Entscheidungen (*Siedenburg*, Sprachliche Präsentation, S. 151 m. Fn. 19).

es gehe bei der Fallentscheidung und -begründung lediglich um eine Deduktion aus einer vorgegebenen Regel (bzw. mehreren vorgegebenen Regeln). Denn tatsächlich

- sind diese Regeln nicht vorgegeben, sondern müssen hergestellt (konstruiert) werden (dazu oben Rn. 14 ff.);
- ist auch der Fall in seiner rechtlichen Konturierung (als „Sachverhalt") nicht vorgegeben, sondern das Ergebnis einer Konstruktion;[38]
- ist bei jeder Anwendung einer Regel zu berücksichtigen, dass möglicherweise ein *Ausnahmefall* vorliegt, dem durch die Einfügung einer Ausnahmeregel Rechnung getragen werden muss (Problem der „Defeasibility", dazu oben § 2 Rn. 47 ff.);
- kann eine Entscheidung *nicht immer* auf eine Rechtsregel bzw. eine Mehrzahl von Rechtsregeln zurückgeführt werden.

### a) Entscheidungsregeln und Relevanzregeln

55 Eine Entscheidung ist *dann* vollständig anhand des Regelsystems der Rechtsordnung begründet, wenn sie aus der Gesamtheit der Regeln dieser Rechtsordnung, die in dem Urteil aufgeführt werden, logisch folgt. Ob dies der Fall ist, hängt nicht nur von den herangezogenen Rechtsregeln und ihrer genauen sprachlichen Formulierung ab, sondern auch von der Beschreibung, die der konkrete Lebenssachverhalt in der Urteilsbegründung erfährt. Wird bei einem **illegalen Autorennen** im öffentlichen Straßenverkehr ein Passant getötet, dann ist die Verurteilung der an dem Rennen beteiligten Fahrer wegen Mordes (§ 211 StGB) oder Totschlags (§ 212 StGB) anhand des von den deutschen Strafgerichten praktizierten Regelsystems dann nicht schlüssig begründet, wenn in der Beschreibung des Sachverhalts lediglich festgestellt wird, beide Fahrer hätten mit der Möglichkeit gerechnet, dass bei der Wettfahrt Unbeteiligte zu Tode kommen könnten. Da der bedingte Vorsatz (*dolus eventualis*) nach der von den Gerichten zugrunde gelegten Definition erfordert, dass der Täter den Erfolgseintritt „billigend in Kauf nimmt", ist eine entsprechende Ergänzung in der Sachverhaltsbeschreibung erforderlich, damit die Verurteilung wegen eines vorsätzlichen Tötungsdelikts schlüssig begründet werden kann.

56 Eine schlüssige Urteilsbegründung setzt voraus, dass allen Merkmalen des jeweiligen **Tatbestands** Elemente der **Sachverhaltsbeschreibung** korrespondieren. Dazu muss das Tatbestandsmerkmal so weit konkretisiert werden, dass es sprachlich an die Beschreibung des jeweiligen Elements des Sachverhalts andocken kann. Das ist dann der Fall, wenn identische Begriffe zur Beschreibung des Sachverhaltsmerkmals und der Konkretisierung der Rechtsregel verwendet werden. Anhand des vorstehenden Beispiels: Der Begriff des „Billigend-in-Kauf-Nehmens" findet sowohl bei der Definition des Rechtsbegriffs des bedingten Vorsatzes als auch bei der Beschreibung des Sachverhalts Verwendung.

57 Ein anderes Beispiel: Hat der Täter sein Opfer im Schlaf getötet, so findet sich dieser Begriff (Tötung des Opfers „im Schlaf") zugleich in der Regel, die festlegt, dass ein „Ausnutzen der Arg- und Wehrlosigkeit" des Opfers (das wiederum das Merkmal der „Heimtücke" in § 211 StGB definiert) auch dann vorliegt, wenn der Täter sein Opfer „im Schlaf" getötet hat.

38 *Christensen/Kudlich*, Theorie richterlichen Begründens, S. 211 f. Ausf. *Kargl*, Wahrheit und Wirklichkeit, S. 791 ff.

Allerdings gelingt es nicht ausnahmslos, die Beschreibung des Sachverhalts über identische Formulierungen mit den Regeln des Gesetzes oder der Dogmatik kurzzuschließen. Hat der Täter eines Betrugs einen Schaden in Höhe von präzise 50.000,01 Euro verursacht, dann lässt sich dieses Merkmal des Sachverhalts nicht schlüssig (positiv oder negativ) dem Merkmal des „Vermögensverlusts großen Ausmaßes" in § 263 Abs. 3 Nr. 2 StGB zuordnen. Denn auch wenn die Grenze vom BGH (derzeit) bei *etwa* 50.000 Euro gezogen wird:[39] Es handelt sich – ganz abgesehen davon, dass auch dieser Betrag umstritten ist – um eine Orientierungsgröße, nicht um eine subsumtionsfähige Zahlenangabe. Eine Regel des Inhalts „Ein Vermögensverlust großen Ausmaßes liegt vor, wenn die Summe von 50.000 Euro auch nur um einen geringfügigen Betrag überschritten ist", erschiene willkürlich und wäre deshalb nicht akzeptabel. 58

Noch schwieriger liegen die Dinge, wenn in einer Rechtsregel ein Begriff verwendet wird, zu dessen Konkretisierung auf eine Vielzahl heterogener Kriterien zurückgegriffen werden muss. Ein Beispiel bietet der **Begriff der „Schuld"** in der Strafzumessungsvorschrift des § 46 Abs. 1 Satz 1 StGB. Da nach dieser Bestimmung die Schuld des Täters „Grundlage für die Zumessung der Strafe" sein soll, geht es um eine Quantifizierung der Schuld; die Frage ist, welche Strafe dem Maß der Schuld im konkreten Fall entspricht. Wie dieses Maß der Schuld präzise („subsumtionsfähig") zu bestimmen ist, lässt sich nicht angeben. Identifizieren lassen sich lediglich die Faktoren, die für die Bestimmung der Schuld relevant sein können (und von denen einige in § 46 Abs. 2 StGB aufgelistet sind). Das bedeutet: hier, wie in anderen Fällen einer „überkomplexen" Relevanzstruktur, lassen sich nur **Relevanzregeln**, nicht aber **Entscheidungsregeln** formulieren. Es kann angegeben werden, welche Faktoren als relevant zu berücksichtigen sind. Nicht möglich ist es, die entsprechenden Relevanzregeln zu Entscheidungsregeln zu bündeln.[40] 59

## b) Abwägung als Grenze der Regelorientierung

In dieser Konstellation wird von den Gerichten die Entscheidung zu einer **Frage des „Einzelfalls"** erklärt und – folgerichtig – auf die Formulierung einer Entscheidungsregel verzichtet. Die Begründung der Entscheidung muss sich dann darauf beschränken, die für und gegen das Urteil sprechenden Argumente (Pro- und Contra-Argumente) anzuführen und gegeneinander abzuwägen. Dieser Prozess der Abwägung bleibt zwangsläufig eine *black box*, das heißt: er kann nicht selbst anhand einer Regel erfolgen, die das Ergebnis determinieren würde. Auch wenn sich auf der Meta-Ebene Präferenzregeln formulieren lassen (etwa: „dass der Täter aus fremdenfeindlichen Motiven handelt, fällt besonders ins Gewicht"), lassen sich solche Präferenzregeln *in dieser Konstellation* nicht zu einer Abwägungsregel verdichten, die das Urteil tragen könnte. 60

Die rationale Nachvollziehbarkeit der Entscheidung, die durch den Bezug auf urteilsbestimmende Regeln in der Entscheidungsbegründung gewährleistet werden soll, weist hier eine Lücke auf, weil die Abwägung selbst nicht regelorientiert erfolgen kann. In diesem Sinne ist es richtig, die „regellose" **Abwägung** der regelbezogenen **Subsumtion** kategorial gegenüberzustellen.[41] Die Rationalität der (einzelfallbezogenen) Abwä- 61

39 Fischer, StGB, 69. Aufl. 2022, § 263 Rn. 215 a.

40 Näher zu der Unterscheidung von Relevanz- und Entscheidungsregeln *Ellscheid*, Probleme der Regelbildung, S. 33 ff.

41 Diese Feststellung beschränkt sich auf die Abwägung von Kriterien, die in *Relevanzregeln* fixiert sind, bei der Entscheidung des Einzelfalls. Davon zu unterscheiden ist die Abwägung von Argumenten bei der

gung bestimmt sich nach dem Gesichtspunkt, ob alle relevanten Gesichtspunkte (alle einschlägigen Relevanzregeln) berücksichtigt und *vertretbar* gewichtet wurden. Exemplarisch: das Bundesverfassungsgericht beschränkt sich etwa bei der Prüfung, ob ein Gerichtsurteil in Hinblick auf die grundgesetzliche Garantie des Allgemeinen Persönlichkeitsrechts gegen die Verfassung verstößt, häufig auf die Prüfung, ob das Gericht die einschlägigen Relevanzregeln berücksichtigt hat.[42]

### 2. Kritik des „postmodernen“ Regelskeptizismus

62 Die Fallkonstellationen, in denen sich wegen der Vielfalt und des unbestimmten spezifischen Gewichts der zu berücksichtigenden Faktoren keine Entscheidungsregel bilden lässt, markieren eine **Grenze regelorientierter Entscheidungsbegründung.** Sie stellen aber die Möglichkeit dieser Regelorientierung nicht grundsätzlich in Frage. Das wird in „postmodernen“ Ansätzen teilweise anders gesehen. Eingewandt wird insbesondere:

a) eine Regel könne niemals ihre eigene Anwendung regeln;[43]
b) „Recht“ existiere nicht in der Form von Regeln, sondern lediglich in dem jeweiligen konkreten Fall;[44]
c) Die Regelorientierung könne die Gerechtigkeit der Entscheidung nicht gewährleisten, weil sie zwangsläufig mit der Einzelfallgerechtigkeit kollidiere, die eine Berücksichtigung sämtlicher (und nicht nur der nach der Regel relevanten) Umstände des Einzelfalls verlange.[45]

63 Dem **„neuen Irrationalismus“**, der sich in diesen Behauptungen spiegelt, und der etwa auch in der Rede von „Mysterium“ der richterlichen Entscheidung zum Ausdruck kommt,[46] ist nachdrücklich entgegenzutreten.

64 Vorweg: Wenn oben festgestellt wurde, dass die Regeln, anhand derer der Richter sein Urteil begründet, den Charakter von **Konstruktionen** haben, so impliziert das keine Position des Regelskeptizismus. Dies aus zwei Gründen.

Zum einen: Diese Feststellung gilt für die Regeln, die dem Richter nicht durch verbindliche Rechtsquellen (Gesetze, ggf. Präjudizien) vorgegeben sind. Sie gilt nicht für die

---

Bildung von *Entscheidungsregeln.* Für diese (und nur für diese) gilt, dass „das Ergebnis jeder Abwägung wiederum in eine Regelstruktur gegossen werden kann“ (*Bäcker*, Begründen, S. 326). Die mangelnde Unterscheidung zwischen der Abwägung als Methode der *Bildung einer Entscheidungsregel* einerseits, als *Ersatz* für die Anwendung einer (nicht verfügbaren) Entscheidungsregel andererseits dürfte einer der Gründe für den derzeit heftigen Streit um eine angemessene Bewertung der Abwägung im rechtstheoretischen Schrifttum sein. Aus dem umfangreichen Schrifttum (mit unterschiedlicher Tendenz) etwa: *García Amado*, Abwägung; *Ladeur*, Kritik; *Rückert*, Abwägung; *ders.*, Schlachtrufe, Rn. 1457 ff.; *Vogel/Christensen*, Analyse. Umfassend zur Bedeutung der Abwägung im Recht *Sieckmann*, Rechtsphilosophie, S. 125 ff. Zum Verhältnis von Subsumtion und Abwägung *Alexy*, Balancing.

42 Beispielhaft: BVerfG NJW 2020, 2631. Das BVerfG beanstandet hier, dass das Fachgericht nicht berücksichtigt habe, dass die Fähigkeit zur Führung politischer Ämter (die dem Kläger abgesprochen worden war) nicht Teil des grundlegenden sozialen Achtungsanspruchs sei. Außerdem habe es an einer hinreichenden Auseinandersetzung mit der konkreten Situation gefehlt. – Der Prüfungsmodus der „Abwägung“ ist bei Grundrechtskollisionen (hier: Meinungsfreiheit [Art. 5 Abs. 1 Satz 1 GG] vs. Allgemeines Persönlichkeitsrecht [Art. 1 Abs. 1 iVm Art. 2 Abs. 1 GG]) durch die Aufgabe, eine „praktische Konkordanz“ (*Hesse*) zwischen gegenläufigen Grundrechten herzustellen, vorprogrammiert.

43 *Becker*, Was bleibt?, S. 93.

44 „Vielmehr entsteht das Recht an und mit dem Fall – und vergeht mit diesem auch wieder“ (*Becker*, Was bleibt?, S. 127).

45 *Derrida*, Gesetzeskraft, S. 46 ff. Dazu *Goebel*, Rechtsgespräch, S. 140 ff.; *Becker*, Was bleibt?, S. 142; *Christensen/Kudlich*, Theorie richterlichen Begründens, S. 130.

46 *Vesting*, Rechtstheorie, Rn. 227, 228.

Gesetze selbst, da diese – entgegen anderer Auffassung – bereits vor dem Einsetzen der Konstruktionsarbeit des Richters einen Regelungsgehalt aufweisen. Am Beispiel: dass derjenige, der einen anderen „heimtückisch" tötet, als Mörder zu verurteilen ist, ist eine dem Richter vorgegebene Regel (§ 211 Abs. 2 StGB). Die Regel, dass auch derjenige heimtückisch handelt, der einen Schlafenden tötet, ist ein Ergebnis seiner Konstruktion.

Zum andern ist der Richter bei seiner Konstruktion von Regeln (ebenso wie der Wissenschaftler) an verbindliche Standards gebunden. Auch dort, wo vor dem Einsetzen seiner Konstruktionsarbeit noch keine Regeln „existieren", gibt es, in Gestalt verfassungsrechtlicher Vorgaben, jedenfalls **Konstruktionsanweisungen**, die zwar nicht vollständig sind (andernfalls sie das Resultat determinieren würden), aber doch die Gesamtheit der möglichen Konstruktionen begrenzen.[47]

### a) Mangel selbstreferentieller Anwendungsregeln?

Dass Regeln ihre eigene Anwendung nicht regeln können, ist richtig, aber wenig beun- 65
ruhigend. Denn die Anwendung von Regeln auf einen Fall ist eine Frage der **Urteilskraft** (der Regelkompetenz). Zum Verständnis und zur Anwendung zahlreicher Rechtsregeln genügt die Beherrschung der Regeln der Sprache, in der diese Rechtsregeln formuliert sind. Der mögliche Einwand, hinsichtlich der Regeln der Sprache bestehe das gleiche Anwendungsproblem, würde durch das Faktum der Regelkompetenz der allermeisten Mitglieder der Gesellschaft widerlegt. Wenn Regeln funktionieren, dann wirkt der Einwand, dass dies theoretisch nicht „unterfüttert" werden könne,[48] eher schwächlich.

### b) Beschränkung des Rechts auf den Einzelfall?

Die These, das Recht „existiere" lediglich in dem konkreten, singulären Fall, die einen 66
Vorläufer in der „existenzialistischen" Rechtsauffassung von *Georg Cohn* hat,[49] missversteht den Begriff des Rechts oder verwendet ihn jedenfalls in einer eigensinnigen Bedeutung. Denn sie blendet das Element aus, das nach dem allgemeinen Sprachgebrauch ein Konstituens des Rechts ist: das Moment des Generalisierenden, des Maßstabs, des Regelhaften. Recht wird allgemein gedacht als eine Gesamtheit von Regeln, anhand derer sich jeweils eine *Mehrzahl* von Fällen beurteilen lässt. Anders könnte Recht nicht funktionieren – weder als Orientierung für gesellschaftliches Handeln (niemand könnte vorhersehen, wie eine von ihm erwogene Handlung rechtlich zu beurteilen wäre), noch als Maßstab zur Entscheidung von Streitfällen. Nachvollziehbar ist die These deshalb nur dann, wenn man sie im Sinne der *Wertung* versteht, dass eine

---

47 Zu diesen gehören nicht nur Bestimmungen des Grundgesetzes wie etwa das in Art. 103 Abs. 2 GG enthaltene Analogieverbot, sondern auch methodologische Vorgaben des Bundesverfassungsgerichts. So ergeben sich die Grenzen verfassungskonformer Auslegung nach der Rechtsprechung des BVerfG „grundsätzlich aus dem ordnungsgemäßen Gebrauch der anerkannten Auslegungsmethoden" (BVerfGE 119, 247 Rn. 93).

48 So *Becker*, Was bleibt?, S. 99 m. Fn. 364: „Natürlich ‚funktionieren' Regeln, ‚funktioniert' Sprache in einer Vielzahl von Fällen. Aber es ist wichtig, zuzugeben, dass dieses Kriterium theoretisch nicht unterfüttert werden kann und insofern rein pragmatischer Natur ist." – Wenn mittels einer bestimmten Theorie ein offenbar unbestrittenes Faktum nicht erklärt werden kann, wäre diese Theorie zu überprüfen.

49 *Cohn, Georg*, Existenzialismus und Rechtswissenschaft, Basel 1955. Gegen ihn v. a. *Kelsen*, Existenzialismus in der Rechtswissenschaft?, ARSP 43 (1957), S. 161 ff.

regelorientierte Entscheidung den Besonderheiten des konkreten Falles niemals gerecht werden könne.

### c) Regelorientierung contra Einzelfallgerechtigkeit?

67 Eben dies ist die These der genannten postmodernen Philosophen, die auch bei Autoren zu finden ist, die disziplinär der Rechtswissenschaft zuzuordnen sind.[50] Diese These ist ernst zu nehmen. Sie schließt an eine Diskussion zum Verhältnis von **„Regelgerechtigkeit"** und **„Einzelfallgerechtigkeit"** an, die seit dem Beginn eines reflektierten Rechtsdenkens geführt wird, und einen frühen Höhepunkt in dem Konzept der „epieikeia" („Billigkeit") bei *Aristoteles* gefunden hat.[51] Sie gewinnt ihre Plausibilität aus der Überlegung, dass jede Regel nur – selektiv – *bestimmte* Elemente einer konkreten Situation oder Handlung berücksichtigen kann, dass aber möglicherweise gerade Differenzen in der Fallgestaltung, die von der Regel „glattgebügelt" werden, hinsichtlich der Gerechtigkeit der Entscheidung einen Unterschied begründen können.

#### aa) Relevante und irrelevante Umstände des Einzelfalls

68 Schlüssig ist diese Überlegung allerdings nur dann, wenn es möglich ist, Umstände zu identifizieren, die *per se* gerechtigkeitsrelevant sind – also unabhängig davon, ob sie in der maßgeblichen Regel berücksichtigt sind oder nicht. Auch solche Umstände aber lassen sich wiederum nur anhand von generellen Gerechtigkeitskriterien, also über Relevanzregeln, identifizieren. Denn selbstverständlich gibt es zahlreiche Umstände des Einzelfalls, die für die Frage der Gerechtigkeit der Fallentscheidung irrelevant sind. Das geläufige, gerade in seiner Trivialität schlagende Beispiel: ob der Täter bei seiner betrügerischen Handlung eine blaue oder eine gelbe Krawatte getragen hat, ist nicht nur nach den Regeln des positiven Rechts, sondern auch unter Gesichtspunkten einer – wie auch immer zu bestimmenden – „überpositiven" Gerechtigkeit irrelevant.

69 Dagegen kann man es unter Gerechtigkeitsgesichtspunkten sehr wohl für bedeutsam halten, ob die **Zwangsversteigerung einer Immobilie**, die zur Befriedigung der Forderungen eines Gläubigers angeordnet wird, *eines* von zahlreichen Vermögensobjekten des Schuldners, oder aber das selbstbewohnte kleine Haus einer Rentnerin betrifft, die ansonsten über keinerlei Vermögen verfügt. Nach den zivilrechtlichen und -prozessualen Gesetzen der deutschen Rechtsordnung kommt es auf diesen Unterschied indes nicht an.[52]

70 Ob man die Zwangsversteigerung in diesem Beispiel tatsächlich als ungerecht anzusehen hat, ist eine Frage des Standpunkts. Aus einer radikal-liberalen Perspektive könnte man argumentieren, jeder geschäftsfähige Bürger sei für seine Vermögensdispositionen selbst verantwortlich. Schulden müssten beglichen werden; für die Berücksichtigung resultierender Notlagen sei nicht das Zivilrecht, sondern das Sozialrecht zuständig. Kritiker des radikalen Liberalismus könnten eine soziale Komponente auch des Zivilrechts einfordern und die Versteigerung des Hauses der Rentnerin in diesem Fall für zwar rechtmäßig, aber „ungerecht" erklären.

---

50 Behauptung, dass „die Allgemeinheit der Norm der Spezialität des zu entscheidenden Falles nie voll gerecht zu werden vermag" etwa bei *Ino Augsberg*, Lesbarkeit des Rechts, S. 60 (dazu *F. Vogel*, Blinde Flecken, S. 27). Ähnlich *Becker*, Was bleibt?, S. 127 ff.

51 *Aristoteles*, Nikomachische Ethik, V, 14, 1137 b, 10–29.

52 Andere Rechtsordnungen regeln dies anders und nehmen selbstbewohnte Häuser und Wohnungen von der Zwangsversteigerung grundsätzlich aus.

71 Auch wenn man die Versteigerung des Hauses im Sinne der letzteren Auffassung für „ungerecht" hält, wäre es indes schief, diese Ungerechtigkeit auf einen strukturellen Gegensatz von **Regelhaftigkeit** (Regelgerechtigkeit) und **Einzelfallgerechtigkeit** zurückzuführen. Denn diese Ungerechtigkeit lässt sich im Wege einer Modifikation des Regelsystems selbst korrigieren. In diesem Sinne hat das BVerfG in dem Fall der Versteigerung des Hauses der Rentnerin entschieden, dass das Verfahren wegen Verletzung des verfassungsrechtlichen Anspruchs auf effektiven Rechtsschutz (und der Eigentumsgarantie des Art. 14 Abs. 1 GG) rechtswidrig war.[53] Es hat damit der (unterstellten) Ungerechtigkeit im Wege einer Modifikation der einschlägigen Regeln des Zivilprozessrechts Rechnung getragen. Die Ungerechtigkeit der Regeln wurde auf der Ebene der Regelbildung selbst korrigiert.

### bb) Regeldifferenzierung

72 Das Beispiel zeigt: Der angebliche Gegensatz zwischen Regelhaftigkeit und Einzelfallgerechtigkeit der Entscheidung ist in Wahrheit ein Problem der **Angemessenheit der einschlägigen Regeln**. Soweit diese in bestimmten Fallkonstellationen zu ungerechten Ergebnissen führen, kann dies im Wege der Modifikation des Regelsystems berücksichtigt werden. Strukturtheoretisch stehen hier unterschiedliche Modelle zur Verfügung, etwa das der „Defeasibility" (dazu oben § 2 Rn. 47 ff.) oder die Unterscheidung von Begründungs- und Anwendungsdiskursen (dazu oben § 5 Rn. 114 ff.).

73 Richtig ist allerdings, dass die Modifikation der Regeln nicht beliebig weit getrieben werden kann, und dass sie deshalb nicht jeder Differenzierung Rechnung zu tragen vermag, die unter Gesichtspunkten der Gerechtigkeit erforderlich erscheinen könnte. Das Recht muss aus Gründen der **Rechtssicherheit** vielfach auch dort scharfe Grenzen ziehen, wo es unter dem Aspekt der Gerechtigkeit um ein Kontinuum geht. So mag es als ungerecht erscheinen, dass im Fall einer gemeinschaftlich verübten Körperverletzung ein zum Tatzeitpunkt (gerade) noch 13jähriger nach deutschem Recht nicht bestraft werden kann, wohl aber sein zwei Tage älterer Komplize. Aber hier geht es vorrangig nicht um das Problem der „Einzelfallgerechtigkeit", sondern um die komplementäre Frage der „Gleichgerechtigkeit". Die Frage ist nicht, ob die besonderen Umstände des Einzelfalls in der anzuwendenden Regel Berücksichtigung finden, sondern, umgekehrt, ob die bestehenden Unterschiede (Altersdifferenz von zwei Tagen) die in den Regeln angeordnete Ungleichbehandlung rechtfertigen.

74 Selbstverständlich ließe sich auch in diesem Beispiel argumentieren, dass das Gesetz gerade die gerechtigkeitsrelevanten besonderen Umstände des Einzelfalls nicht berücksichtige, nämlich: den tatsächlichen Entwicklungsstand und das Kriterium der Einsichtsfähigkeit des jüngeren Täters. Auch in diesem Punkt geht es aber nicht um einen strukturellen Gegensatz zwischen Regelhaftigkeit und Einzelfallgerechtigkeit, sondern um die konkrete Ausgestaltung des Regelsystems. An die Stelle der Orientierung an einer festen Altersgrenze könnte eine Regelung treten, die den Reifegrad und die Einsichtsfähigkeit des jeweiligen Täters berücksichtigt.[54]

75 Fazit: wenn die Regeln der Rechtsordnung nicht alle Faktoren berücksichtigen, die unter Gesichtspunkten der Einzelfallgerechtigkeit relevant erscheinen mögen, so hat

53 BVerfGE 49, 220.

54 Für den jugendlichen Täter ist das in Deutschland in § 3 Abs. 1 Satz 1 Jugendgerichtsgesetz (JGG) vorgesehen.

dies keine strukturellen, sondern pragmatische Gründe. Es geht nicht um eine strukturell bedingte Unmöglichkeit, Erfordernisse der Einzelfallgerechtigkeit in Regeln zu integrieren. Es geht vielmehr um Gründe der **Praktikabilität der Regelbildung** und -anwendung sowie um das Prinzip der Rechtssicherheit, das *typisierende* Regelungen erfordert.

#### cc) Universalisierbarkeit als Grenze der Einzelfallorientierung

76 Die Behauptung, dass Regeln aufgrund ihrer Struktur nicht geeignet seien, Gesichtspunkte der „Einzelfallgerechtigkeit“ zu berücksichtigen, würde auch in Konflikt mit dem Prinzip der (notwendigen) *Universalisierbarkeit* moralischer Wertungen geraten (zu diesem Prinzip oben § 1 Rn. 51, § 5 Rn. 24 ff.). Ein Kriterium, dass wir in einem singulären Fall für gerechtigkeitsrelevant halten, müssen wir in jedem parallel liegenden Fall gleichfalls für gerechtigkeitsrelevant erklären. Der hier denkbare Einwand, es gebe eben zu einem „Einzelfall“ keine parallel liegenden Fälle, wäre offensichtlich verfehlt. Denn als Gegenstand rechtlicher wie moralischer Beurteilung konstituiert sich auch der „Einzelfall“ durch die Gesamtheit der für relevant erklärten Umstände. In diesem Sinne ist auch der „Einzelfall“ ein Konstrukt, nicht etwa ein quasi-fotografischer Ausschnitt aus der sozialen Wirklichkeit. Parallel liegende Fälle sind solche, die hinsichtlich dieser Umstände mit dem Bezugsfall übereinstimmen. Bei der sogenannten „Einzelfallgerechtigkeit“ geht es in Wahrheit also um eine „Falltypus-Gerechtigkeit“.

## V. Argumentation und Sprache

### 1. Soziale Existenz von Sprachregeln

77 Für die **Regeln der Sprache** gilt, ebenso wie für die des Rechts: sie haben keine ideale, sondern lediglich eine **soziale Existenz**. Das heißt: Es gibt keine „Bedeutung“ von Begriffen oder Sätzen jenseits der gesellschaftlichen Praxis. Ebenso wenig gibt es einen unmittelbaren, nicht durch Regeln der gesellschaftlichen Sprachpraxis vermittelten Bezug von Worten auf Gegenstände (bzw. von Sätzen auf Sachverhalte). Die Vorstellung „eines den Buchstaben anhängenden ideellen Sinnes“[55] wirkt gegenwärtig in bestimmten rechtstheoretischen Positionen noch nach,[56] ist aber erkenntnistheoretisch nicht aufrecht zu erhalten. Hinter die Einsicht *Wittgensteins*, dass die „Bedeutung“ eines Wortes nichts anderes ist als der Gebrauch in der Sprache,[57] sollte die Sprachtheorie auch im Bereich der Rechtsphilosophie nicht zurückfallen.

78 Das bedeutet: *Semantik* wurzelt in *Pragmatik*,[58] semantische Regeln konstituieren sich in der sprachlichen Verständigung der Gesellschaft. Es bedeutet selbstverständlich nicht, dass sich die Teilnehmer an Kommunikationen in der aktuellen Verständigung nicht wiederum an diesen semantischen Regeln orientieren würden. Für Sprachregeln

---

55 Formulierung bei *Ino Augsberg*, Lesbarkeit, S. 60. Ob, wie *Augsberg* meint, „das Gros der Rechtstheoretiker [dies] immer noch annimmt“ (ebd. S. 62) soll hier offenbleiben.

56 Zur sprachtheoretischen Position von *Bung* und *Koch/Rüßmann* krit. etwa *Becker*, Was bleibt?, S. 28 ff.; *Christensen/Kudlich*, Theorie, S. 42 ff.; *Goebel*, Rechtsgespräch, S. 67 ff. Vgl. auch schon oben § 2 Rn. 204 ff.

57 „Man kann für eine *große* Klasse von Fällen der Benützung des Wortes ‚Bedeutung‘ – wenn auch nicht für *alle* Fälle seiner Benützung – dieses Wort so erklären: Die Bedeutung eines Wortes ist sein Gebrauch in der Sprache“ (*Wittgenstein*, Philosophische Untersuchungen, Nr. 43).

58 Grundlegend *Brandom*, Making It Explicit. Aus dem rechtstheoretischen Schrifttum etwa *Goebel*, Rechtsgespräch, S. 39. Gegen eine Kontrastierung von Semantik und Pragmatik *Klatt* (Theorie der Wortlautgrenze, S. 127; *ders.*, Wortlautgrenze, S. 345), dem es um eine „Rehabilitierung der semantischen Interpretation im Recht“ geht (*Klatt*, Theorie der Wortlautgrenze, S. 33). Dazu schon oben § 2 Rn. 224 ff.

gilt auch insoweit das Gleiche wie für die Regeln des Rechts: sie haben *nur* eine soziale Existenz, aber sie *haben* eine soziale Existenz. Wer von anderen verstanden werden will, muss sich an diesen Regeln orientieren. Eine Abweichung von diesen Regeln im Einzelfall ist eben eine Abweichung, möglicherweise ein Fehler, sie modifiziert aber nicht die Regel. Die Einsicht, dass Sprachregeln nur in der Sprachpraxis der Gesellschaft existieren, darf deshalb nicht dahin gehend (miss)verstanden werden, dass der Sprachgebrauch *im Einzelfall* für diese Regeln (mit)konstitutiv wäre.

## 2. Relative Stabilität („Viskosität") von Sprachregeln

Diese Feststellung ist deshalb rechts- und argumentationstheoretisch von Bedeutung, 79
weil teilweise behauptet wird, dass sich **die Rechtssemantik mit jedem neu zu entscheidenden Fall fortentwickle.**[59] Das erscheint von vornherein wenig plausibel für die Konstellationen, in denen die bisher anerkannten Regeln in ihrer geläufigen Formulierung auf einen neuen Sachverhalt angewandt werden. Hinsichtlich dieser Fälle wäre die Behauptung nur dann haltbar, wenn man eine unmittelbare Beziehung zwischen der Sprache und den jeweils konkreten, einmalig gestalteten Sachverhalten annehmen würde. Aber eine solche Beziehung existiert jenseits eines metaphysischen Sprachverständnisses nicht. Die Fortentwicklung der Semantik kann nur in einer Änderung der sprachlichen *Regeln* bestehen, die lediglich dann erforderlich ist, wenn der Regelbestand erweitert (oder beschränkt) werden muss.

An einem schlichten Beispiel: wird ein Angeklagter, der in Zueignungsabsicht den 80
Mastino Napoletano seines Nachbarn entwendet hat, wegen Diebstahls (§ 242 StGB) verurteilt, dann liegt darin keine Fortentwicklung der Rechtssemantik. Denn es besteht Einigkeit, dass der strafrechtliche Begriff der „Sache" sich trotz der abweichenden Begrifflichkeit im Zivilrecht (§ 90a BGB) auch auf Tiere bezieht. Anders *möglicherweise*, wenn ein Amtsgericht darauf verfallen würde, eigennützige Verfügungen über Konten anderer Personen als Diebstahl (§ 242 StGB) zu bestrafen. In diesem Fall müsste der Begriff der „Sache" abweichend von dem bisherigen Verständnis interpretiert werden (vgl. auch oben § 2 Rn. 232).

Auch in dieser Fallkonstellation sollten wir aber zögern, von einer Änderung der Re- 81
geln der Rechtssprache (der „Rechtssemantik") zu reden. Denn ein isoliertes Gerichtsurteil vermag die Regeln der Rechtssprache ebenso wenig zu ändern wie ein einzelner Sprechakt die allgemeinen Sprachregeln (dazu oben). Das Urteil im Beispielsfall würde vermutlich in der Revisionsinstanz als „fehlerhaft" aufgehoben. Von einer Änderung der Rechtssemantik ließe sich allenfalls in dem (höchst unwahrscheinlichen) Fall sprechen, dass die Entscheidung in der höchstrichterlichen Rechtsprechung Gefolgschaft finden sollte.

Die Frage, welche Bedeutung der **Einzelfallentscheidung** für die **Konstitution der Regel** 82
zukommt, ist *deshalb* von hohem aktuellem Interesse, weil heute gerade in sprachtheoretisch reflektierten rechtstheoretischen Arbeiten verschiedentlich eine Position des „Atomismus" vertreten wird, der zufolge der Sprache „Sinn" oder „Bedeutung" nur in der singulären Sprech- bzw. Handlungssituation zukomme.[60] Aus dieser Position resultiert eine Unterschätzung der Orientierungsleistung sprachlicher (und rechtlicher) Re-

59 *Becker*, Was bleibt?, S. 68.
60 Exemplarisch *Goebel*: „Sprachtheoretisch liegt die einzige Seins-Form von Sinn in der einmaligen, situations- und kontextspezifischen kommunikativen Handlung" (Rechtsgespräch, S. 41).

geln (näher dazu oben § 2 Rn. 230 ff.). So berechtigt die Kritik an dem „semantischen Objektivismus" einiger rechtstheoretischer Autoren ist, so problematisch erscheint auf der anderen Seite die Reduktion der Sprache auf Elemente der konkreten, singulären Kommunikation. Zugespitzt: die Position des **Regelskeptizismus** ist, in Bezug auf Rechts- wie auf Sprachregeln, ebenso wenig überzeugend wie die des **Regelplatonismus.**

83 Richtig ist, dass Sprachregeln Änderungen unterliegen, die sich aus einer kontinuierlichen Abweichung von den bisherigen Standards ergeben können. Aber die Regeln setzen der *einzelnen* Abweichung Widerstand entgegen. Man kann hier von der **„Viskosität"** von Sprachregeln sprechen.[61] Wie im Falle der physikalischen Viskosität ist es eine Frage von Kraft und Zeit, ob und wann dieser Widerstand überwunden wird.

84 Die **Viskositäts-These** bezieht sich ebenso wie der korrespondierende physikalische Begriff auf faktische Zusammenhänge. Es geht um die Dynamik der Entwicklung von Sprach- und Argumentationsregeln. Sie trifft sich mit dem in der postmodernen Rechtstheorie präsenten Modell eines Entscheidungs- und Argumentationsnetzwerkes, das durch „provisorische Sinnfixierungen" und eine „laufende Wiederholung/Verschiebung des Sinns" gekennzeichnet ist.[62] Das insbesondere von *Perelman* herausgearbeitete „Trägheitsprinzip" hat demgegenüber (zumindest auch) normativen Charakter. Es besagt, dass eine etablierte Auffassung in Rechtswissenschaft und Ethik nur dann geändert wird, wenn es für eine Änderung gute Gründe gibt.[63]

### 3. Reduktion des Rechts auf Sprache?

85 Die Konzentration auf die sprachliche Verfasstheit des Rechts, die heute in zahlreichen rechtstheoretischen Arbeiten betont wird,[64] hat teilweise die Konsequenz, dass man das **Recht auf den Text reduziert** und aus dem kommunikativen Zusammenhang des Gesetzgebungsaktes löst. Der Gesetzgeber erscheint dann lediglich noch als „Textgeber".[65] Teilweise wird vorgeschlagen, bei der Lektüre des Rechtstextes von allen „primären Textakteuren" abzusehen, weil die Schrift „prinzipiell unabhängig sowohl von dem ‚Sender' als auch von dem ‚Empfänger' der Mitteilung" sei.[66]

86 Aber ein solche „Hypostasierung von Schrift und Sprache"[67] blendet den Kontext aus, in dem der jeweilige Rechtstext steht. Das ist nicht nur ein Symptom der Blindheit gegenüber den politischen Zusammenhängen, in denen Rechtstexte stehen: es vernachlässigt auch die Einsicht der modernen Sprachphilosophie in die Bedeutung, die dem jeweiligen Kontext für das Verständnis von Sprache zukommt. Sprache ist ein Instrument der Kommunikation. Dass sie den ursprünglichen Kommunikationsakt

---

61 Näher dazu *Neumann*, Sprache und juristische Argumentation, S. 134; *Santacoloma*, Semantical Rules, S. 49 ff.

62 *Vesting*, Rechtstheorie, Rn. 230.

63 *Perelman/Olbrechts-Tyteca*, Traité, S. 145 ff., 308. Dazu *Alexy*, Theorie der juristischen Argumentation, S. 316 f., 327, 336. Die Rechtsprechung der obersten Bundesgerichte in Deutschland zeigt die Tendenz, eine gefestigte Rechtsprechung nicht nur als Faktum zu verbuchen, sondern ihr normatives Gewicht zu verleihen, und folgt insofern dem Trägheitsprinzip. Näher dazu *Neumann*, Legitimationsprobleme bei Rechtsprechungsänderungen, S. 150 ff.

64 Exemplarisch *Isensee*: „Recht existiert nur in Sprache und nur durch Sprache" (zust. zitiert bei *Becker*, Was bleibt?, S. 19).

65 Zu entsprechenden Positionen in der Schule von *Friedrich Müller* vgl. oben § 4 Rn. 4, 24 ff. Zustimmend etwa *Goebel*, Rechtsgespräch, S. 158.

66 *Augsberg*, Lesbarkeit des Rechts, S. 109.

67 So *F. Vogel*, Blinde Flecken, S. 30 (gegen *Augsberg*).

transzendieren kann, dass das schriftlich Formulierte in anderen Kontexten anders zu verstehen sein kann, dass das Gesetz klüger sein kann als seine Verfasser,[68] besagt nur, dass sich mit der Änderung des Kontextes auch die „Bedeutung" eines Textes ändern kann. Eine rationale Theorie der juristischen Argumentation muss einer **Verabsolutierung der Sprache** ebenso kritisch gegenüberstehen wie ihrer – in der juristischen Methodenlehre traditionellen – Unterschätzung.

68 *Radbruch*, Rechtsphilosophie (3. Aufl. 1932), Gustav Radbruch-Gesamtausgabe (GRGA) Bd. 2, 345.

## Literaturverzeichnis


Aarnio, Aulis: On Legal Reasoning, Turku 1977

-: Can a Sentence Concerning the Content of a Legal Rule be Valid?, in: ders., Legal Point of View. Six Essays on Legal Philosophy, Helsinki 1978, S. 146–185

-: Denkweisen der Rechtswissenschaft, 1979

-: On the Ideological Nature of Legal Reasoning, in: P. Schröder (Hrsg.), Vernunft – Erkenntnis – Sittlichkeit, 1979, S. 299–314

-: Argumentation Theory – and Beyond. Some Remarks on the Rationality of Legal Justification, Rechtstheorie 14 (1983), S. 385–400

-: The Rational as Reasonable. A Treatise on Legal Justification, Dordrecht 1987

Aarnio, A./Alexy, R./Peczenik, A.: The Foundation of Legal Reasoning, Rechtstheorie 12 (1981), S. 133–158, 257–279, 423–448

-: Grundlagen der juristischen Argumentation, in: R. Alexy/W. Krawietz (Hrsg.), Metatheorie juristischer Argumentation, 1983, S. 9–87

Aarnio, A./MacCormick, N. (Hrsg.), Legal Reasoning, Bd. 2, Aldershot u.a. 1992

Adeodato, João Maurício: Analytical Rhetoric as Philosophy of Law, in: A. Aarnio u. a. (Hrsg.), Positivität, Normativität und Institutionalität des Rechts, 2013, S. 361–374

-: The Rhetorical Syllogism (Enthymeme) in Judicial Argumentation, International Journal For The Semiotics of Law 12 (1999), S. 135–152

Adomeit, Klaus/Hähnchen, Susanne: Rechtstheorie mit Juristischer Methodenlehre, 7. Aufl. 2018

Albert, Hans: Erkenntnis und Recht. Die Jurisprudenz im Lichte des Kritizismus, Jahrbuch für Rechtssoziologie und Rechtstheorie 2 (1972), S. 80–96

-: Traktat über rationale Praxis, 1978

-: Rechtswissenschaft als Realwissenschaft. Das Recht als soziale Tatsache und die Aufgabe der Jurisprudenz, 1993

-: Kritik der reinen Hermeneutik. Der Antirealismus und das Problem des Verstehens, 1994

Alchourrón, Carlos E.: Juristische Schlüsse a fortiori und a pari, in: ARSP-Beiheft n. F. Nr. 4 (1965), S. 5–26

Alexy, Robert: Theorie der juristischen Argumentation, 4. Aufl. 2001

-: Eine Theorie des praktischen Diskurses, in: W. Oelmüller (Hrsg.), Normenbegründung, Normendurchsetzung, Materialien zur Normendiskussion Bd. 2, 1978, S. 22–58

-: Aarnio, Perelman und Wittgenstein. Einige Bemerkungen zu Aulis Aarnios Begriff der Rationalität der juristischen Argumentation, in: A. Peczenik/ J. Uusitalo (Hrsg.), Reasoning on Legal Reasoning, 1979, S. 121–137

-: Die logische Analyse juristischer Entscheidungen, in: W. Hassemer/ A. Kaufmann/ U. Neumann (Hrsg.), Argumentation und Recht, ARSP-Beiheft n. F. Nr. 14 (1980), S. 181–212 (auch in: R. Alexy/H.-J. Koch/L. Kuhlen/H. Rüßmann: Elemente einer juristischen Begründungslehre, 2003, S. 9–35)

-: Rezension zu: Neil MacCormick, Legal Reasoning and Legal Theory, Oxford 1978, Rechtstheorie 11 (1980), S. 120–128

-: Die Idee einer prozeduralen Theorie der juristischen Argumentation, in: A. Aarnio/I. Niiniluoto/J. Uusitalo (Hrsg.), Methodologie und Erkenntnistheorie der juristischen Argumentation, Rechtstheorie, Beiheft 2 (1981), S. 177–188

-: Zur Kritik des Rechtspositivismus, in: R. Dreier (Hrsg.), Rechtspositivismus und Wertbezug des Rechts, ARSP-Beiheft Nr. 37 (1990), S. 9–26

-: Ota Weinbergers Kritik der diskurstheoretischen Deutung juristischer Rationalität, in: P. Koller/W. Krawietz/P. Strasser (Hrsg.), Institution und Recht. Grazer Internationales Symposium zu Ehren von Ota Weinberger, 1994, S. 143–157

-: Recht, Vernunft, Diskurs. Studien zur Rechtsphilosophie, 1995

-: Die Idee einer prozeduralen Theorie der juristischen Argumentation (1981), in: ders., Recht, Vernunft, Diskurs, 1995, S. 98–108

-: Juristische Interpretation, in: ders., Recht, Vernunft, Diskurs, 1995, S. 71–92

-: Probleme der Diskurstheorie (1989), in: ders., Recht, Vernunft, Diskurs, 1995, S. 109–126
-: Normenbegründung und Normenanwendung (1993), in: ders., Recht, Vernunft, Diskurs, 1995, S. 52–70
-: The Special Case Thesis, Ratio Juris 12 (1999), S. 374–384
-: Theorie der Grundrechte, 7. Aufl. 2015
-: Begriff und Geltung des Rechts, 5. Aufl. 2011
-: On Balancing and Subsumption. A Structural Comparison, Ratio Juris 16 (2003), S. 433–449
-: Arthur Kaufmanns Theorie der Rechtsgewinnung, in: U. Neumann/W. Hassemer/U. Schroth (Hrsg.), Verantwortetes Recht. Die Rechtsphilosophie Arthur Kaufmanns, ARSP-Beiheft Nr. 100 (2005), S. 47–66
-: Hauptelemente einer Theorie der Doppelnatur des Rechts, ARSP 95 (2009), S. 151–166
-: Die Doppelnatur des Rechts, Der Staat 50 (2011), S. 389–404
-: Ideales Sollen und Optimierung, in: F. Saliger (Hrsg.), Rechtsstaatliches Strafrecht. Festschrift für Ulfrid Neumann zum 70. Geburtstag, 2017, S. 17–30
-: The Special Case Thesis and the Dual Nature of Law, Ratio Juris 31 (2018), S. 254–259
Alexy, R./Koch, H.-J./Kuhlen, L./Rüßmann, H.: Elemente einer juristischen Begründungslehre, 2003
Althaus, Stefan: Die Konstruktion einer herrschenden Meinung in der juristischen Kommunikation, 1994
Andresani, Gianluca/Ward, Tony: Arguments and Stories in Legal Reasoning, ARSP 106 (2020), S. 75–90
Anweiler, Jochen: Die Auslegungsmethoden des Gerichtshofs der Europäischen Gemeinschaften, 1997
Apel, Karl-Otto: Das Apriori der Kommunikationsgemeinschaft und die Grundlagen der Ethik, in: ders., Transformation der Philosophie, Bd. 2, 5. Aufl. 1993, S. 358–435
-: Das Problem der philosophischen Letztbegründung im Lichte einer transzendentalen Sprachpragmatik, in: B. Kanitscheider (Hrsg.), Sprache und Erkenntnis. Festschrift für Gerhard Frey zum 60. Geburtstag, 1976, S. 55–82
-: Sprechakttheorie und transzendentale Sprachpragmatik zur Frage ethischer Normen, in: ders. (Hrsg.), Sprachpragmatik und Philosophie, 1976, S. 10–173
Askeland, Bjarte: The Potential of Abductive Legal Reasoning, Ratio Juris 33 (2020), S. 66–81
Atienza, Manuel: For a Theory of Legal Argumentation, Rechtstheorie 21 (1990), S. 393–414
-: El Derecho como argumentación. Concepciones de la argumentación, Barcelona 2006
-: Alexy and the ‚Argumentative Turn‘ in Contemporary Legal Theory, in: M. Borowski u. a. (Hrsg.), Rechtsphilosophie und Grundrechtstheorie, 2017, S. 207–223
Auer, Marietta: Materialisierung, Flexibilisierung, Richterfreiheit, 2005
Augsberg, Ino: Die Lesbarkeit des Rechts. Texttheoretische Lektionen für eine postmoderne juristische Methodologie, 2009
Babusiaux, Ulrike, Nicht nur eine Frage des Stils – Zur neuen Begründungspraxis der französischen Cour de cassation, JZ 2021, S. 637–646
Baden, Eberhard: Gesetzgebung und Gesetzesanwendung im Kommunikationsprozeß, 1977
Bäcker, Carsten: Der Syllogismus als Grundstruktur des juristischen Begründens, Rechtstheorie 40 (2009), S. 404–424
-: Begründen und Entscheiden. Kritik und Rekonstruktion der Alexyschen Diskurstheorie des Rechts, 2. Aufl. 2012
-: Anspruch und Wirklichkeit des richterlichen Entscheidens, in: F. Saliger (Hrsg.), Rechtsstaatliches Strafrecht. Festschrift für Ulfrid Neumann zum 70. Geburtstag, 2017, S. 43–54
-: Juristisches Begründen, JuS 2019, S. 321–327
Ballweg, Ottmar: Rechtsphilosophie als Grundlagenforschung der Rechtswissenschaft und der Jurisprudenz (1972), in: ders, Analytische Rhetorik. Rhetorik, Recht und Philosophie, hrsg. von Katharina Gräfin von Schlieffen, 2009, S. 3–11

-: Ein wissenschaftstheoretisches Lehrschema für den juristischen Unterricht (1976), in: ders., Analytische Rhetorik. Rhetorik, Recht und Philosophie, hrsg. von Katharina Gräfin von Schlieffen, 2009, S. 39–45
-: Phronetik, Semiotik und Rhetorik (1982), in: ders. Analytische Rhetorik. Rhetorik, Recht und Philosophie, hrsg. von Katharina Gräfin von Schlieffen, 2009, S. 87–118
-: Entwurf einer analytischen Rhetorik (1989), in: ders., Analytische Rhetorik. Rhetorik, Recht und Philosophie, hrsg. von Katharina Gräfin von Schlieffen, 2009, S. 65–85
-: Analytische Rhetorik als juristische Grundlagenforschung (1991), in: ders., Analytische Rhetorik. Rhetorik, Recht und Philosophie, hrsg. von Katharina Gräfin von Schlieffen, 2009, S. 155–167
Ballweg, O./Seibert, Th.-M. (Hrsg.): Rhetorische Rechtstheorie, 1982
Barth, Christian: Sprachliche Bedeutung im juristischen Diskurs, in: C. Bäcker/M. Klatt/S. Zucca-Soest (Hrsg.), Sprache – Recht – Gesellschaft, 2012, S. 211–231
Bayer, Wolfgang: Moderne Rechtsanwendung und antike Rhetorik, Rechtstheorie 25 (1994), S. 219–243
Becker, Christian: Was bleibt? Recht und Postmoderne, 2014
Birk, Axel: Der kritische Rationalismus und die Rechtswissenschaft, Rechtstheorie 48 (2017), S. 43–75
Bobek, Michal, Comparative Reasoning in European Supreme Courts, 2013
Bongiovanni, Giorgio u.a. (Hrsg.): Handbook of Legal Reasoning and Argumentation, Dordrecht 2018
Borowski, Martin: Alexys drittes Modell formeller Prinzipien, in: ders./St. L. Paulson/J.-R. Sieckmann (Hrsg.), Rechtsphilosophie und Grundrechtstheorie. Robert Alexys System, 2017, S. 449–476
Borowski, Martin (Hrsg.): Modern German Non-Positivism. From Radbruch to Alexy, 2019
Brandom, Robert B.: Making It Explicit. Reasoning, Representing, and Discursive Commitment, Cambridge u.a. 1994 (deutsch: Expressive Vernunft. Begründung, Repräsentation und diskursive Festlegung, 2000)
Braun, Carl: Diskursethische Normenbegründung in der Rechtswissenschaft, Rechtstheorie 19 (1988), S. 238–261
Braun, Johann: Deduktion und Invention. Gesetzesauslegung im Widerstreit von Gehorsamskunst, Rechtsgefühl und Wahrheitssuche, 2016
Brecher, Fritz: Scheinbegründungen und Methodenehrlichkeit im Zivilrecht, in: Festschrift für Arthur Nikisch, 1958, S. 227–247
Brink, Stefan: Über die richterliche Entscheidungsbegründung: Funktion – Position – Methodik, 1999.
Brožek, Bartosz: Defeasibility of Legal Reasoning, Krakau 2004
-: Analogy in Legal Discourse, ARSP 94 (2008), S. 188–201
-: Is Analogy a Form of Legal Reasoning?, in: M. Borowski/St. L. Paulson/J.-R. Sieckmann (Hrsg.), Rechtsphilosophie und Grundrechtstheorie. Robert Alexys System, 2017, S. 291–304
Brüggemann, Jürgen: Die richterliche Begründungspflicht. Verfassungsrechtliche Mindestanforderungen an die Begründung gerichtlicher Entscheidungen, 1971
Buchwald, Delf: Der Begriff der rationalen juristischen Begründung. Zur Theorie der juridischen Vernunft, 1990
Buchholtz, Gabriele: Legal Tech. Chancen und Risiken der digitalen Rechtsanwendung, JuS 2017, S. 955–960
Bürkle, Jürgen: Richterliche Alltagstheorien im Bereich des Zivilrechts, 1984
Bulygin, Eugenio: What Can One Expect from Logic in the Law? (Not Everything, but More than Something: A Reply to Susan Haack), Ratio Juris 21 (2008), S. 150–156
Bund, Elmar: Juristische Logik und Argumentation, 1983
Bung, Jochen: Subsumtion und Interpretation, 2004
-: Das Brett des Karneades. Zur Metakritik der Paradoxologie, in: W. Brugger/U. Neumann/St. Kirste (Hrsg.), Rechtsphilosophie im 21. Jahrhundert, 2008, S. 72–89

Busse, Dietrich: Juristische Semantik. Grundfragen der juristischen Interpretationstheorie in sprachwissenschaftlicher Sicht, 2. Aufl. 2010

-: Verstehen und Auslegung von Rechtstexten – institutionelle Bedingungen, in: K. D. Lerch (Hrsg.), Die Sprache des Rechts, Bd. 1, 2004, S. 7–20

Bustamante, Thomas/Dahlmann, Christian (Hrsg.): Argument Types and Fallacies in Legal Argumentation, 2015

Campos Zamora, Francisco: Das Problem der Begründung richterlicher Entscheidungen. Eine Analyse auf der Grundlage der Theorie der juristischen Argumentation, 2021

Canaris, Claus-Wilhelm: Systemdenken und Systembegriff in der Jurisprudenz entwickelt am Beispiel des deutschen Privatrechts, 2. Aufl. 1983

-: Funktion, Struktur und Falsifikation juristischer Theorien, JZ 1993, S. 377–391

Chiassoni, Pierluigi/Feteris, Eveline/Kreuzbauer, Hanna Maria: Taking Stock of the Past: Rhetoric, Topics, Hermeneutics, in: E. Pattaro/C. Roversi (Hrsg.), Legal Philosophy in the Twentieth Century: The Civil Law World, Bd. 2 („Main Orientations and Topics"), 2016, S. 627–646

Christensen, Ralph: Das Problem des Richterrechts aus der Sicht der Strukturierenden Rechtslehre, ARSP 73 (1987), 75-92

-: Was heißt Gesetzesbindung? Eine rechtslinguistische Untersuchung, 1989

-: Die Paradoxie richterlicher Gesetzesbindung, in: K. D. Lerch (Hrsg.), Die Sprache des Rechts, Bd. 2, 2005, S. 1–103

-: Textualismus oder Wo bleibt der Wille des Gesetzgebers? Ein transatlantischer Vergleich, in: F. Vogel (Hrsg.), Recht ist kein Text. Studien zur Sprachlosigkeit im verfassten Rechtsstaat, 2017, S. 151–173

Christensen, Ralph/Kudlich, Hans: Theorie richterlichen Begründens, 2001

-: Gesetzesbindung: Vom vertikalen zum horizontalen Verständnis, 2008

-: Die Auslegungslehre als implizite Sprachtheorie der Juristen, ARSP 88 (2002), S. 230–246

Christensen, Ralph/Sokolowski, Michael: Die Krise der Kommunikation und die Möglichkeit juristischen Argumentierens, in: K. D. Lerch (Hrsg.), Die Sprache des Rechts, Bd. 2, 2005, S. 105–154

Clemens, Christian: Strukturen juristischer Argumentation, 1977

Coendet, Thomas, Rechtsvergleichende Argumentation. Phänomenologie der Veranderung [sic] im rechtlichen Diskurs, 2012

-: Dialektik der Textarbeit. Eine Kritik der Strukturierenden Rechtslehre, in: F. Vogel (Hrsg.), Recht ist kein Text. Studien zur Sprachlosigkeit im verfassten Rechtsstaat, 2017, S. 43–66

Cordes, Albrecht (Hrsg.): Juristische Argumentation – Argumentation der Juristen, 2006

Cullmann, Timo: Autoritätsargumente in der Rechtsprechung des deutschen Bundesverwaltungsgerichts und des englischen Court of Appeal, 2009

Van den Daele, Wolfgang: Sacrificium Intellectus? Rationalitätsdefizite in der deutschen Gesetzgebung zur Bioethik. Zugleich ein Nachruf auf das Verbot der geschäftsmäßigen Förderung der Selbsttötung, ARSP 2020, S. 317–352

Deckert, Martina R.: Folgenorientierung in der Rechtsanwendung, 1995

Dederichs, Mariele: Die Methodik des EuGH. Häufigkeit und Bedeutung methodischer Argumente in den Begründungen des Gerichtshofes der Europäischen Gemeinschaften, 2004

Derrida, Jaques: Force de loi. Le „fondement mystique de l'autorité", Paris 1990 (deutsch: Gesetzeskraft. Der »mystische Grund der Autorität«, 1991)

Dolder, Fritz/Buser, Mauro W.: Klassifizierung von Argumentkombinationen in Gerichtsurteilen mit der partitionierenden Cluster-Analyse, Rechtstheorie 20 (1989), S. 380–401

Dorndorf, Eberhard: Juristische Rhetorik und dogmatische Rechtswissenschaft, ARSP 81 (1995), S. 249–257

Drosdeck, Thomas: Die herrschende Meinung. Autorität als Rechtsquelle, 1989

Dworkin, Ronald: Taking Rights Seriously, 1977 (deutsch: Bürgerrechte ernstgenommen, 1984)

Eckensberger, Lutz: Anmerkungen zur Beziehung zwischen Recht und Moral aus entwicklungspsychologischer Sicht, in: H. Jung/U. Neumann (Hrsg.), Rechtsbegründung – Rechtsbegründungen. Günter Ellscheid zum 65. Geburtstag, 1999, S. 19–55

Van Eemeren, Frans H.: A Systematic Theory of Argumentation. The pragma-dialectical approach, Cambridge 2004

-: Argumentationstheorie nach der *Neuen Rhetorik*, in: J. Kopperschmidt (Hrsg.), Die neue Rhetorik. Studien zu Chaïm Perelman, 2006, S. 345–382

Van Eemeren, Frans H. u.a.: Handbook of Argumentation Theory, Dordrecht 2014

Van Eemeren, Frans H./Grootendorst Rob: Speech Acts in Argumentative Discussions, Dordrecht 1984

-: Argumentation. Communication and Fallacies. A Pragma-Dialectical Perspective, Hillsdale/New Jersey 1992

Eidenmüller, Horst: Rechtswissenschaft als Realwissenschaft, JZ 1999, S. 53–61

Van Eikema Hommes, Hendrik: The Relevance of Poppers Scientific Method for Legal Theory, Rechtstheorie 14 (1983), S. 459–471

Ellscheid, Günter: Probleme der Regelbildung in der richterlichen Entscheidungspraxis, in M. Herberger/U. Neumann/H. Rüßmann (Hrsg.), Generalisierung und Individualisierung im Rechtsdenken, ARSP-Beiheft Nr. 45 (1992), S. 23–35

Enderlein, Wolfgang: Abwägung in Recht und Moral, 1991

Engländer, Armin: Zur begrifflichen Möglichkeit des Rechtspositivismus. Eine Kritik des Richtigkeitsarguments von Robert Alexy, Rechtstheorie 28 (1997), S. 437–485

-: Diskurs als Rechtsquelle? Zur Kritik der Diskurstheorie des Rechts, 2002

-: Kritischer Rationalismus und die Jurisprudenz, in: E. Hilgendorf (Hrsg.), Kritischer Rationalismus und Einzelwissenschaften, 2017, S. 111–125

Ernst, Wolfgang: Rechtserkenntnis durch Richtermehrheiten, 2016

Esser, Josef: Vorverständnis und Methodenwahl in der Rechtsfindung, 2. Aufl. 1972

-: Methodik des Privatrechts, in: Enzyklopädie der geisteswissenschaftlichen Arbeitsmethoden, 11. Lieferung, 1972

-: Grundsatz und Norm in der richterlichen Fortbildung des Privatrechts, 4. Aufl. 1990

-: Juristisches Argumentieren im Wandel des Rechtsfindungskonzepts unseres Jahrhunderts, 1979

Ferreira Leite de Paula, André: Discovery and Justification of Law, in: ders./A. Santacoloma Santacoloma/G. Villa Rosas (Hrsg.), Truth and Objectivity in Law and Morals II, ARSP-Beiheft Nr. 151 (2016), S. 81–114

-: Rechtsontologie. Eine Untersuchung über Entstehung, Existenz und Begründung von Recht, 2020

Feser, Andreas: Das Recht im juristischen Denken. Das hermeneutische Prinzip als allgemeine Denkweise juristischer Methodik von der Regelbildung bei der Normsetzung bis zur Regelkonkretisierung durch den Richter, 1996

Feteris, Eveline: Rationality in Legal Discussions. A Pragma-dialectical Perspective, Informal Logic 15 (1993), S. 179–188

-: Recent Developments in Legal Argumentation Theory: Dialectical Approaches to Legal Argumentation, Revue Internationale de Sémiotique Juridique, 1994, S. 133–153

-: Advancing Reason to Its Further Borders, in: E. Pattaro/C. Roversi (Hrsg.), Legal Philosophy in the Twentieth Century: The Civil Law World, Bd. 2 („Main Orientations and Topics"), 2016, S. 665–708

-: Fundamentals of Legal Argumentation. A Survey of Theories on the Justification of Legal Decisions, 2. Aufl., Dordrecht 2017

Fischer, Christian: Topoi verdeckter Rechtsfortbildungen im Zivilrecht, 2007

Føllesdal, Dagfinn/Walloe, Lars/Elster, John: Rationale Argumentation, 1986

Forgó, Nikolaus/Somek, Alexander: Nachpositivistisches Rechtsdenken, in: S. Buckel/R. Christensen/A. Fischer-Lescano (Hrsg.), Neue Theorien des Rechts, 3. Aufl. 2020, S. 123–137

Forst, Rainer: Das Recht auf Rechtfertigung. Elemente einer konstruktivistischen Theorie der Gerechtigkeit, 2007

Forsthoff, Ernst: Die Umbildung des Verfassungsgesetzes (1959), in: ders., Rechtsstaat im Wandel, 2. Aufl. 1976, S. 130–153

Frankena, William K.: Analytische Ethik. Eine Einführung, 5. Aufl. 1994
Frankenberg, Günter: Partisanen der Rechtskritik: Critical Legal Studies etc., in: S. Buckel/R. Christensen/A. Fischer-Lescano (Hrsg.), Neue Theorien des Rechts, 3. Aufl. 2020, S. 171–187
Frosini, Vittorio: Gesetzgebung und Auslegung, 1995
García Amado, Juan Antonio: Abwägung versus normative Auslegung? Kritik der Anwendung des Verhältnismäßigkeitsprinzips als Mittel juristischer Methodik, Rechtstheorie 40 (2009), S. 1–42
Garrn, Heino: Zur Rationalität rechtlicher Entscheidungen, 1986
-: Zur rechtspraktischen Bedeutung einer Theorie der juristischen Rhetorik, in: R. Alexy/R. Dreier/U. Neumann (Hrsg.), Rechts- und Sozialphilosophie in Deutschland heute. Beiträge zur Standortbestimmung, ARSP-Beiheft Nr. 44 (1991), S. 96–109
Gast, Wolfgang: Rechtserkenntnis und Gewaltstrukturen. Metatheorie der institutionellen Wirklichkeit, 1975
-: Juristische Rhetorik. Auslegung, Begründung, Subsumtion (1988), 5. Aufl. 2015
Gatzemeier, Matthias: Philosophie als Theorie der Rationalität, Bd. 2, 2007
Gethmann, Carl Friedrich: Die Logik der Wissenschaftstheorie, in: ders. (Hrsg.), Theorie des wissenschaftlichen Argumentierens, 1980, S. 15- 42
Giannoulis, Georgios: Studien zur Strafzumessung. Ein Beitrag zur Dogmatik, Rechtstheorie und Rechtsinformatik mit Vertiefung in den Eigentums- und Vermögensdelikten, 2014
Giaro, Tomasz: L'argumentation dogmatique et l'argumentation scientifique, Rechtshistorisches Journal 1994, S. 271–304
Gizbert-Studnicki, Tomasz: The Burden of Argumentation in Legal Disputes, Ratio Juris 3 (1990), S. 118–129
Goebel, Joachim: Rechtsgespräch und kreativer Dissens. Zugleich ein Beitrag zur Bedeutung der Sprache in der interpretativen Praxis des Zivilprozesses, 2001
Golding, Martin P.: Legal Reasoning, New York 1984
Gordon, Thomas F.: The Pleadings Game: An Artificial Intelligence Model of Procedural Justice, 1993
Gottwald, Peter: Richterliche Entscheidung und rationale Argumentation, ZZP 98 (1985), S. 113–130
Grabowski, Andrzej: Judicial Argumentation and Pragmatics. A Study on the Extension of the Theory of Legal Argumentation, Krakau 1999
-: Sonderfallthese – Its Critique and Interpretation, Rechtstheorie 34 (2003), S. 371–392
-: Der juristische Geltungsbegriff des gesetzlichen Rechts. Kritik der nichtpositivistischen Konzeption des Rechts (in polnischer Sprache mit deutscher Zusammenfassung [S. 623–666]), Krakau 2009
-: Juristic Concept of the Validity of Statutory Law. A Critique of Contemporary Legal Nonpositivism, Heidelberg/New York/Dordrecht/London, 2013
Grasnick, Walter: Ontologie versus Rhetorik – et vice versa, Rhetorik 15 (1996), S. 66–80
-: Argumentation versus Interpretation, JZ 2004, S. 232–236
Grewendorf, Günther: Argumentation und Interpretation. Wissenschaftstheoretische Untersuchungen am Beispiel germanistischer Lyrikinterpretationen, 1975
Gril, Peter: Die Möglichkeit praktischer Erkenntnis aus der Sicht der Diskurstheorie. Eine Untersuchung zu Jürgen Habermas und Robert Alexy, 1998
-: Alexys Version einer transzendentalpragmatischen Begründung der Diskursregeln im Unterschied zu Habermas, ARSP 83 (1997), S. 206–216
Grimm, Dieter: Entscheidungsfolgen als Rechtsgründe: Zur Argumentationspraxis des deutschen Bundesverfassungsgerichts, in: G. Teubner (Hrsg.), Entscheidungsfolgen als Rechtsgründe. Folgenorientiertes Argumentieren in rechtsvergleichender Sicht, 1995, S. 139–159
Grimm, Dieter/König, Christoph (Hrsg.), Lektüre und Geltung. Zur Verstehenspraxis in der Rechtswissenschaft und in der Literaturwissenschaft, 2020
Gröschner, Rolf: Dialogik und Jurisprudenz. Die Philosophie des Dialogs als Philosophie der Rechtspraxis, 1982

-: Theorie und Praxis der juristischen Argumentation, JZ 1985, S. 170–174

-: Justizsyllogismus? Jurisprudenz!, in: K. D. Lerch (Hrsg.), Die Sprache des Rechts, Bd. 2, 2005, S. 203–217

Grosse-Wilde, Thomas: Die Relata eines juristischen Kausalbegriffs und der juristische Syllogismus, in: C. Bäcker/S. Ziemann (Hrsg.), Junge Rechtsphilosophie, ARSP-Beiheft Nr. 135 (2012), S. 45–54

Grossi, Davide/Rotolo, Antonino: Recent Developments in Legal Logic, in: E. Pattaro/C. Roversi (Hrsg.), Legal Philosophy in the Twentieth Century: The Civil Law World, Bd. 2 („Main Orientations and Topics"), 2016, S. 743–756

Günther, Klaus: Der Sinn für Angemessenheit. Anwendungsdiskurse in Moral und Recht, 1988

-: Ein normativer Begriff der Kohärenz für eine Theorie der juristischen Argumentation, Rechtstheorie 20 (1989), S. 163–190

-: Warum es Anwendungsdiskurse gibt, Jahrbuch für Recht und Ethik 1 (1993), S. 379–389

-: Critical Remarks on Robert Alexy's ‚Special-Case Thesis' Ratio Juris 6 (1993), S. 143–156

-: Universalistische Normbegründung und Normanwendung in Recht und Moral, in: M. Herberger/U. Neumann/H. Rüßmann (Hrsg.), Generalisierung und Individualisierung im Rechtsdenken, ARSP-Beiheft Nr. 45 (1992), S. 36–76

-: Kopf oder Füße? Das Rechtsprojekt der Moderne und seine vermeintlichen Paradoxien, in: R. M. Kiesow/R. Ogorek/S. Simitis (Hrsg.), Summa. Dieter Simon zum 70. Geburtstag, 2005, S. 255–274

Günzl, Clara: Eine andere Geschichte der Begründungspflicht. Sichtweisen des frühen 19. Jahrhunderts, 2021

Haack, Susan: On Logic in the Law: „Something, but not All", Ratio Juris 20 (2007), S. 1–31

Haba, Enrique: Rationalität der Autorität oder Autorität der Rationalität?, Rechtstheorie 8 (1977), S. 145–163

Habermas, Jürgen: Wahrheitstheorien, in: H. Fahrenbach (Hrsg.), Wirklichkeit und Reflexion. Festschrift für Walter Schulz zum 60. Geburtstag, 1973, S. 211–265

-: Legitimationsprobleme im Spätkapitalismus (1973), 9. Aufl. 1992

-: Was heißt Universalpragmatik?, in: K.-O. Apel (Hrsg.), Sprachpragmatik und Philosophie, 1976, S. 174–272

-: Theorie des kommunikativen Handelns, 10. Aufl. 2016

-: Diskursethik – Notizen zu einem Begründungsprogramm, in: ders., Moralbewußtsein und kommunikatives Handeln (1983), 6. Aufl. 1996, S. 53–125.

-: Faktizität und Geltung. Beiträge zur Diskurstheorie des Rechts und des demokratischen Rechtsstaats, 4. Aufl. 1994

-: Die Einbeziehung des Anderen. Studien zur politischen Theorie, 1996 (Nachdruck 2009)

-: Richtigkeit versus Wahrheit. Zum Sinn der Sollgeltung moralischer Urteile und Normen, in: ders., Wahrheit und Rechtfertigung. Philosophische Aufsätze, 1999, S. 271–318

-: A Short Reply, Ratio Juris 12 (1999), S. 445–453

Habermas, Jürgen/Luhmann, Niklas: Theorie der Gesellschaft oder Sozialtechnologie. Was leistet die Systemforschung?, 10. Aufl. 1990

Hähnchen, Susanne (Hrsg.): Eine Methodenlehre oder viele Methoden?, 2020

Hähnchen, Susanne/Bommel, Robert: Digitalisierung und Rechtsanwendung, JZ 2018, 334–340

Haft, Fritjof: Strafrecht und Rhetorik, JuS 1981, S. 718–721

-: Juristische Hermeneutik und Rechtsrhetorik, in: W. Hassemer (Hrsg.), Dimensionen der Hermeneutik. Arthur Kaufmann zum 60. Geburtstag, 1984, S. 91–101

-: Juristische Rhetorik, 8. Aufl. 2009

Haft, Fritjof/Hilgendorf, Eric: Juristische Argumentation und Dialektik. Ein Streifzug durch die Geschichte der juristischen Argumentationsmethoden, F. Haft u.a. (Hrsg.): Strafgerechtigkeit. Festschrift für Arthur Kaufmann zum 70. Geburtstag, 1993, S. 93–109

Hare, Richard M.: Moralisches Denken: seine Ebenen, seine Methode, sein Witz, 1992

Hart, H. L. A.: Definition and Theory in Jurisprudence, The Law Quarterly Review 70 (1954), S. 37–60

-: The Concept of Law, Oxford 1961 (deutsch: Der Begriff des Rechts, 1973)

Hartwig, Ruben: Die Sonderfallthese im System der Rechtsphilosophie Robert Alexys. 40 Jahre Theorie der juristischen Argumentation, in: M. Borowski (Hrsg.), Modern German Non-Positivism. From Radbruch to Alexy, 2019, S. 193–205

Hassemer, Winfried: Über die Berücksichtigung von Folgen bei der Auslegung der Strafgesetze, in: N. Horn (Hrsg.), Europäisches Rechtsdenken in Geschichte und Gegenwart. Festschrift für Helmut Coing, Bd. 1, 1982, S. 493–524

Hassemer, Winfried/Kaufmann, Arthur/Neumann Ulfrid (Hrsg.): Argumentation und Recht, ARSP-Beiheft n. F. Nr. 14 (1980).

Haverkate, Görg: Offenes Argumentieren im Urteil. Über die Darstellung der richterlichen Wertung bei kontroversen Rechtsfragen, ZRP 1973, S. 281–287

Hegenbarth, Rainer: Juristische Hermeneutik und linguistische Pragmatik, 1982

Herberger, Maximilian/Simon, Dieter: Wissenschaftstheorie für Juristen. Logik – Semiotik – Erfahrungswissenschaften, 1980

Herbert, Manfred: Rechtstheorie als Sprachkritik. Zum Einfluß Wittgensteins auf die Rechtstheorie, 1995

-: 100 Jahre Doppelwirkungen im Recht, JZ 2011, S. 503–513

Herbst, Tobias: Die These der einzig richtigen Entscheidung. Überlegungen zu ihrer Überzeugungskraft insbesondere in den Theorien von Ronald Dworkin und Jürgen Habermas, JZ 2012, S. 891–900

Heyder, Udo: Gültigkeit und Nutzen der besonderen juristischen Schlussformen in der Rechtsfortbildung, 2010

Hilgendorf, Eric: Argumentation in der Jurisprudenz. Zur Rezeption von analytischer Philosophie und kritischer Theorie in der Grundlagenforschung der Jurisprudenz, 1991

-: Zur transzendentalpragmatischen Begründung von Diskursregeln, Rechtstheorie 26 (1995), S. 183–200

-: Argumentationstheorie zwischen den Stühlen, ARSP 82 (1996), S. 126–133

-: Art. „Konstruktion und Kritik im Recht", in: ders./J. C. Joerden (Hrsg.), Handbuch Rechtsphilosophie, 2017, S. 216–221

-: Art. „Strafrechtspolitik und Rechtsgutslehre", in: ders./H. Kudlich/B. Valerius (Hrsg.), Handbuch des Strafrechts, Bd. 1 (Grundlagen des Strafrechts), 2019, § 17 (S. 791-851)

-: Kritischer Rationalismus und das Recht, in: J. C. Bublitz u.a. (Hrsg.), Recht - Philosophie - Literatur. Festschrift für Reinhard Merkel zum 70. Geburtstag, 2020, S. 213–233

Höffe, Otfried (Hrsg.): Einführung in die utilitaristische Ethik, 5. Aufl. 2013

Van Hoecke, Mark: Norm, Kontext und Entscheidung. Die Interpretationsfreiheit des Richters, 1988

Hoerster, Norbert: Utilitaristische Ethik und Verallgemeinerung, 2. Aufl. 1977

-: Vorurteil, Konsens und Rechtsauslegung, JuS 1985, S. 665–669

Honsell, Thomas: Historische Argumente im Zivilrecht. Ihr Gebrauch und ihre Wertschätzung im Wandel unseres Jahrhunderts, 1982

Horak, Franz: Zur rechtstheoretischen Problematik der juristischen Begründung von Entscheidungen, in: R. Sprung (Hrsg.), Die Entscheidungsbegründung in europäischen Verfahrensrechten und in Verfahren vor internationalen Gerichten, 1974, S. 1–26

Horn, Dieter: Rechtssprache und Kommunikation. Grundlegung einer semantischen Kommunikationstheorie, 1966

Horn, Hans-Rudolf: Are there Several Theories of Legal Argumentation?, in: H.-J. Koch/U. Neumann (Hrsg.), Praktische Vernunft und Rechtsanwendung, ARSP-Beiheft Nr. 53 (1994), S. 139–142

Horn, Norbert: Rationalität und Autorität in der juristischen Argumentation, Rechtstheorie 6 (1975), S. 145–160

-: Einführung in die Rechtswissenschaft und Rechtsphilosophie, 6. Aufl. 2016

Huang, Chung-cheng: Das Verhältnis von moralischem Diskurs und rechtlichem Diskurs bei Jürgen Habermas, 2007

Huster, Stefan: Rechtswissenschaft als Realwissenschaft? Anmerkungen zu Hans Alberts Konzeption der Jurisprudenz, in: E. Hilgendorf (Hrsg.), Wissenschaft, Religion und Recht. Hans Albert zum 85. Geburtstag, 2006, S. 385–399

Hwang, Shu-Perng: Rechtsbindung durch Rechtsermächtigung. Ein topisches Verständnis der Reinen Rechtslehre zur Erläuterung des Verhältnisses von Richterbindung und Richterfreiheit, Rechtstheorie 40 (2009), S. 43–70

Isay, Hermann: Rechtsnorm und Entscheidung, 1929

Jackson, Bernard S.: Law, fact and narrative coherence, Roby, 1988

Jansen, Nils: Die Struktur der Gerechtigkeit, 1998

Jeand'Heur, Bernd: Sprachliches Referenzverhalten bei der juristischen Entscheidungstätigkeit, 1989

Jestaedt, Matthias: Das mag in der Theorie richtig sein ...Vom Nutzen der Rechtstheorie für die Rechtspraxis, 2006

Joerden, Jan C.: Logik im Recht, 3. Aufl. 2018

-: Art. „Logik und Recht", in: E. Hilgendorf/J. C. Joerden (Hrsg.), Handbuch Rechtsphilosophie, 2017, S. 231–240

Jørgensen, Stig: Die rechtliche Entscheidung und ihre Begründung, in: O. Ballweg/Th.-M. Seibert (Hrsg.), Rhetorische Rechtstheorie. Zum 75. Geburtstag von Theodor Viehweg, 1982, S. 337–364

Johnston, Lewis Atholl: Die rhetorische Architektur erstinstanzlicher Strafentscheidungen, 2015

Jost, Fritz: Soziologische Feststellungen in der Rechtsprechung des Bundesgerichtshofs in Zivilsachen, 1979

-: Tatsachenbehauptungen als Elemente juristischer Argumentation, in: P. Trappe (Hrsg.), Zeitgenössische Rechtskonzeptionen, ARSP-Supplementa I, Bd. 3 (1983), S. 163–172

Käding, Hauke: Die Argumentation des Bundesgerichtshofs in Mietsachen. Eine rhetorische Analyse unter besonderer Berücksichtigung der Topik für die Methodenlehre, 2019

Kähler, Lorenz: Strukturen und Methoden der Rechtsprechungsänderung, 2. Aufl. 2011

Kalinowski, Georges: Le rationnel et l'argumentation. A propos du «Traité de l'argumentation» de Chaïm Perelman et Lucie Olbrechts-Tyteca, Revue Philosophique de Louvain 70 (1972), S. 404–418

Kambartel, Friedrich: Überlegungen zum pragmatischen und argumentativen Fundament der Logik, in: K. Lorenz (Hrsg.), Konstruktionen versus Positionen. Beiträge zur Diskussion um die konstruktive Wissenschaftstheorie, Bd. 1, 1979, S. 216–228

Kargl, Walter: Wahrheit und Wirklichkeit im Begriff der „falschen Aussage" (§§ 153 ff. StGB), GA 2003, S. 791–806

-: Wahrheit, Überzeugung und Wissen im Strafverfahren, ARSP 105 (2019), S. 171–204

Kaufmann, Arthur: Analogie und „Natur der Sache". Zugleich ein Beitrag zur Lehre vom Typus, 2. Aufl. 1982

-: Durch Naturrecht und Rechtspositivismus zur juristischen Hermeneutik (1975), in: ders., Beiträge zur juristischen Hermeneutik, 2. Aufl. 1993, S. 79 – 88

-: Rechtsphilosophie, 2. Aufl. 1997

-: Das Verfahren der Rechtsgewinnung. Eine rationale Analyse – Deduktion, Induktion, Abduktion, Analogie, Erkenntnis, Dezision, Macht, 1999

-: Die Rolle der Abduktion im Rechtsgewinnungsverfahren, in: G. Britz u. a. (Hrsg.), Grundfragen staatlichen Strafens. Festschrift für Heinz Müller-Dietz, 2001, S. 349–360

Kaufmann, Arthur/von der Pfordten, Dietmar: Problemgeschichte der Rechtsphilosophie, in: W. Hassemer/U. Neumann/F. Saliger (Hrsg.), Einführung in die Rechtsphilosophie und Rechtstheorie der Gegenwart, 9. Aufl. 2016, S. 23–142

Kelman, Mark: A Guide to Critical Legal Studies, Cambridge (Mass.) u.a. 1987

Kennedy, David: The Dark Sides of Virtue. Reassessing International Humanitarism, Princeton/Oxford, 2004

-: A World of Struggle. How Power, Law and Expertise Shape Global Political Economy, Princeton/Oxford, 2016

Kennedy, Duncan: A Critique of Adjudication (fin de siècle), Cambridge (Mass.) u.a. 1998
Kettner, Matthias: Warum es Anwendungsfragen, aber keine „Anwendungsdiskurse“ gibt, Jahrbuch für Recht und Ethik 1 (1993), S. 365–378
Keuth, Herbert: Erkenntnis oder Entscheidung. Zur Kritik der kritischen Theorie, 1993
Kirste, Stephan: Rechtsphilosophie. Einführung, 2. Aufl. 2020
Kischel, Uwe: Die Begründung. Zur Erläuterung staatlicher Entscheidungen gegenüber dem Bürger, 2003
Klami, Hannu Tapani: Anti-Legalism: Five Essays in the Finalistic Theory of Law, 1980
Klatt, Matthias: Theorie der Wortlautgrenze. Semantische Normativität in der juristischen Argumentation, 2004
-: Die Wortlautgrenze, in: K. D. Lerch (Hrsg.), Die Sprache des Rechts, Bd. 2, 2005, S. 343–368
-: Aleksander Peczenik über die Rationalität der juristischen Argumentation, in: A. Brockmöller/E. Hilgendorf (Hrsg.), Rechtsphilosophie im 20. Jahrhundert – 100 Jahre Archiv für Rechts- und Sozialphilosophie, ARSP-Beiheft Nr. 116 (2009), S. 187–207
-: Taking Rights less Seriously. A Structural Analysis of Judicial Discretion, Ratio Juris 20 (2007), S. 506–529
-: Integrative Jurisprudence: Legal Scholarship and the Triadic Nature of Law, Ratio Juris 33 (2020), S. 380–398
Klatt, Matthias (Hrsg.), Prinzipientheorie und Theorie der Abwägung, 2013
Klug, Ulrich: Juristische Logik, 4. Aufl. 1982
Kneubühler, Lorenz: Die Begründungspflicht. Eine Untersuchung über die Pflicht der Behörden zur Begründung ihrer Entscheide, Bern 1998
Kölbel, Ralf/Berndt, Thorsten/Stegmaier, Peter: Abduktion in der justiziellen Entscheidungspraxis, Rechtstheorie 37 (2006), S. 85–108
Koch, Hans-Joachim: Der unbestimmte Rechtsbegriff im Verwaltungsrecht, in: ders. (Hrsg.), Juristische Methodenlehre und analytische Philosophie, 1976, S. 186–213
-: Ansätze einer juristischen Argumentationstheorie?, ARSP 63 (1977), S. 355–377
-: Das Frankfurter Projekt zur juristischen Argumentation: Zur Rehabilitation des deduktiven Begründens juristischer Entscheidungen, in: W. Hassemer/A. Kaufmann/U. Neumann (Hrsg.), Argumentation und Recht, ARSP-Beiheft n. F. Nr. 14 (1980), S. 59–86
-: Deduktive Entscheidungsbegründung, in: O. Behrends/M. Dießelhorst/R. Dreier (Hrsg.), Rechtsdogmatik und praktische Vernunft. Symposion zum 80. Geburtstag von Franz Wieacker, 1990, S. 69–94 (auch in: R. Alexy/H.-J. Koch/L. Kuhlen/H. Rüßmann: Elemente einer juristischen Begründungslehre, 2003, S. 37–60)
-: Neues aus der Müller-Schule, ARSP 77 (1991), S. 547–553
Koch, Hans-Joachim/Rüßmann, Helmut: Juristische Begründungslehre. Eine Einführung in Grundprobleme der Rechtswissenschaft, 1982
Kohlberg, Lawrence: Die Psychologie der Moralentwicklung, hrsg. von W. Althof, 1996
Koller, Peter: Theorie des Rechts. Eine Einführung, 2. Aufl. 1997
Kopperschmidt, Josef: Allgemeine Rhetorik. Einführung in die Theorie der persuasiven Kommunikation, 2. Aufl. 1976
-: Argumentationstheorie, 1. Aufl. 2000
-: Was ist neu an der *Neuen Rhetorik*? Versuch einer thematischen Grundlegung, in: ders. (Hrsg.), Die neue Rhetorik. Studien zu Chaïm Perelman, 2006, S. 9–72
-: Die Idee des „universalen Publikums“, in: ders. (Hrsg.), Die neue Rhetorik. Studien zu Chaïm Perelman, 2006, S. 227–279
Kopperschmidt, Josef (Hrsg.), Die neue Rhetorik. Studien zu Chaïm Perelman, 2006
Kotsoglou, Kyriakos N.: Subsumtionsautomat 2.0. Über die (Un-)Möglichkeit einer Algorithmisierung der Rechtserzeugung, JZ 2014, 451–457
Kramer, Ernst A.: Juristische Methodenlehre, 6. Aufl. 2019
Krawietz, Werner: Juristische Entscheidung und wissenschaftliche Erkenntnis. Eine Untersuchung zum Verhältnis von dogmatischer Rechtswissenschaft und rechtswissenschaftlicher Grundlagenforschung, 1978

-: Juridisch-institutionelle Rationalität des Rechts versus Rationalität der Wissenschaften? Zur Konkurrenz divergierender Rationalitätskonzepte in der modernen Rechtstheorie, Rechtstheorie 15 (1984), S. 423–452
Kriele, Martin: Offene und verdeckte Urteilsgründe. Zum Verhältnis von Philosophie und Jurisprudenz heute, in: E.-W. Böckenförde u.a. (Hrsg.), Collegium Philosophicum. Studien. Joachim Ritter zum 60. Geburtstag, 1965, S. 99–117
-: Theorie der Rechtsgewinnung entwickelt am Problem der Verfassungsinterpretation, 2. Aufl. 1976
-: Recht und praktische Vernunft, 1979
Krimphove, Dieter: Der Einsatz von Fuzzy-Logik in der Rechtswissenschaft, Rechtstheorie 30 (1999), S. 540–576
Kudlich, Hans: Grundrechtsorientierte Auslegung im Strafrecht, JZ 2003, 127–133
-: Einfluss des Strafverteidigers auf die Rechtsfindung in Strafsachen?, in: F. Saliger (Hrsg.), Strafgerechtigkeit. Festschrift für Ulfrid Neumann zum 70. Geburtstag, 2017, S. 233–245
Kudlich, Hans/Christensen, Ralph: Zum Relevanzhorizont strafgerichtlicher Entscheidungsbegründungen, GA 2002, 337–350
-: Wortlautgrenze: Spekulativ oder pragmatisch? ARSP 93 (2007), S. 128–142
-: Die Methodik des BGH in Strafsachen – eine medienwissenschaftliche Inhaltsanalyse von Entscheidungsgründen in Strafsachen samt rechtstheoretischen Anschlussfragen, 2009
Kuhlen, Lothar: Regel und Fall in der juristischen Methodenlehre, in: M. Herberger/U. Neumann/H. Rüßmann (Hrsg.), Generalisierung und Individualisierung im Rechtsdenken, ARSP-Beiheft Nr. 45 (1992), S. 101 – 128 (auch in: R. Alexy/H.-J. Koch/L. Kuhlen/H. Rüßmann: Elemente einer juristischen Begründungslehre, 2003, S. 61–88)
-: Typuskonzeptionen in der Rechtstheorie, 1977
Kuntz, Thilo: Die Grenze zwischen Auslegung und Rechtsfortbildung aus sprachphilosophischer Perspektive, AcP 215 (2015), S. 387–449
Kunz, Karl-Ludwig/Mona, Martino: Rechtsphilosophie, Rechtstheorie, Rechtssoziologie. Eine Einführung in die theoretischen Grundlagen der Rechtswissenschaft, 2. Aufl. 2015
Ladeur, Karl-Heinz: Kritik der Abwägung in der Grundrechtsdogmatik. Plädoyer für eine Erneuerung der liberalen Grundrechtstheorie, 2004
Langenbucher, Katja: Die Entwicklung und Auslegung von Richterrecht. Eine methodologische Untersuchung zur richterlichen Rechtsfortbildung im deutschen Zivilrecht, 1996
Larenz, Karl: Methodenlehre der Rechtswissenschaft, 6. Aufl. 1991
La Torre, Massimo: Theories of Legal Argumentation and Concepts of Law. An Approximation, Ratio Juris 15 (2002), S. 377–402
Launhardt, Agnes: Topik und Rhetorische Rechtstheorie. Eine Untersuchung zu Rezeption und Relevanz der Rechtstheorie Theodor Viehwegs, 2010
Lege, Joachim: Pragmatismus und Jurisprudenz. Über die Philosophie von Charles Sanders Peirce und über das Verhältnis von Logik, Wertung und Kreativität im Recht, 1999
-: Was Juristen wirklich tun. Jurisprudential Realism, in: W. Brugger/U. Neumann/St. Kirste (Hrsg.), Rechtsphilosophie im 21. Jahrhundert, 2008, S. 207–232
-: Subsumtion pragmatisch: Deduktion, Induktion und Abduktion. Eine Kampfansage an die Verächter der Logik, in: G. Gabriel/R. Gröschner (Hrsg.), Subsumtion. Schlüsselbegriff der juristischen Methodenlehre, 2012, S. 259–280
Lerch, Kent D.: Lesarten des Rechts. Sprache und Medien der Jurisprudenz, 2008
Lerch, Kent D. (Hrsg.), Die Sprache des Rechts, Band 1 (2004), Band 2 (2005), Band 3 (2005)
Lieber, Tobias: Diskursive Vernunft und formelle Gleichheit. Zu Demokratie, Gewaltenteilung und Rechtsanwendung in der Rechtstheorie von Jürgen Habermas, 2007
Looschelders, Dirk/Roth, Wolfgang: Juristische Methodik im Prozeß der Rechtsanwendung. Zugleich ein Beitrag zu den verfassungsrechtlichen Grundlagen von Gesetzesauslegung und Rechtsfortbildung, 1996
Lübbe-Wolff, Gertrude: Rechtsfolgen und Realfolgen. Welche Rolle können Folgenerwägungen in der juristischen Regel- und Begriffsbildung spielen?, 1981

Lücke, Jörg: Begründungszwang und Verfassung. Zur Begründungspflicht der Gerichte, Behörden und Parlamente, 1987
Lueken, Geert-Lueke: Inkommensurabilität als Problem rationalen Argumentierens, 1992
Lueken, Geert-Lueke (Hrsg.): Formen der Argumentation, 2000
Lüsing, Jan: Selbstbindung durch sprachliches Handeln, 2012
Luhmann, Niklas: Rechtssystem und Rechtsdogmatik, 1974
-: Rechtssoziologie, 3. Aufl. 1987
-: Das Recht der Gesellschaft, 1993
-: Argumentation. Eine Analyse ihrer Form, in: G. Teubner (Hrsg.), Entscheidungsfolgen als Rechtsgründe. Folgenorientiertes Argumentieren in rechtsvergleichender Sicht, 1995, S. 19–37
Luig, Klaus: Macht und Ohnmacht der Methode, NJW 1992, S. 2536–2539
Lumer, Christoph: Praktische Argumentationstheorie. Theoretische Grundlagen, praktische Begründung und Regeln wichtiger Argumentationsarten, 1990
Lyotard, Jean-François: Der Widerstreit, 1987
MacCormick, Neil: Legal Reasoning and Legal Theory, 1978
-: The Artificial Reason and Judgement of Law, in: A. Aarnio/I. Niiniluoto/J. Uusitalo (Hrsg.), Methodologie und Erkenntnistheorie der juristischen Argumentation, Rechtstheorie Beiheft 2 (1981), S. 105–120
-: Coherence in Legal Justification, in: W. Krawietz u.a. (Hrsg.), Theorie der Normen. Festgabe für Ota Weinberger zum 65. Geburtstag, 1984, S. 37–53
-: Rhetoric and the Rule of Law. A Theory of Legal Reasoning, 2005
Mahlmann, Matthias: Rechtsphilosophie und Rechtstheorie, 4. Aufl. 2017
Makinson, David: Bridges from Classical to Nonmonotonic Logic, London 2005
Mans, Dieter: Argumentation im Kontext, Protosoziologie 6 (1994), S. 160–183
Martins, Antonio: Flüchtige Grenzen. Hermeneutik und Diskurstheorie im Recht, 2013
Mastronardi, Philippe: Juristisches Denken, 2. Aufl. 2003
Mathis, Klaus: Folgenorientierung im Recht, in: St. Kirste (Hrsg.), Interdisziplinarität in den Rechtswissenschaften: Ein interdisziplinärer und internationaler Dialog, 2016, S. 271–298
Mauer, Michael: Aspekte der Logik rechtlichen Argumentierens. Anmerkungen zu Ulfrid Neumanns „Juristische Logik“, Jahrbuch für Recht und Ethik 22 (2014), S. 485–519
-: Ergänzende Anmerkungen zur Logik rechtlichen Argumentierens, Jahrbuch für Recht und Ethik 25 (2017), S. 299–310
-: Jürgen Rödigs juristische Logik. Eine Art Bilanz, ARSP 106 (2020), S. 91–131
Maultzsch, Felix: Grundstrukturen der englischen Case Law-Methodik, in: J. Rückert/R. Seinecke (Hrsg.), Methodik des Zivilrechts – von Savigny bis Teubner, 2. Aufl. 2012, S. 470–499
Mettenheim, Christoph von: Recht und Rationalität, 1984
Möllers, Thomas M.J.: Juristische Methodenlehre, 4. Aufl. 2021
Moral Soriano, Leonor: The Use of Precedents as Arguments of Authority, Arguments ab exemplo, and Arguments of Reason in Civil Law Systems, Ratio Juris 11(1998), S. 90–102
Morris, Charles: Foundations of the Theory of Signs, Chicago 1938 (deutsch: Grundlagen der Zeichentheorie, 1988)
Müller, Friedrich: Recht - Sprache - Gewalt. Elemente einer Verfassungstheorie I, 2. Aufl. 2008 (1. Aufl. 1975)
Müller, Friedrich/Christensen, Ralph: Juristische Methodik, Bd. I (Grundlegung für die Arbeitsmethoden der Rechtspraxis), 11. Aufl. 2013
Müller, Friedrich/Ralph Christensen/Michael Sokolowski: Rechtstext und Textarbeit, 1997
Müller, Friedrich/Mastronadi, Philippe (Hrsg.): „Abwägung“. Herausforderung für eine Theorie der Praxis, 2014
Naess, Arne: Kommunikation und Argumentation. Eine Einführung in die angewandte Semantik, 1975
Naucke, Wolfgang/Harzer, Regina: Rechtsphilosophische Grundbegriffe, 5. Aufl. 2005
Neumann, Ulfrid: Rechtsontologie und juristische Argumentation. Zu den ontologischen Implikationen juristischen Argumentierens, 1979

-: Neuere Schriften zur Rechtsphilosophie und Rechtstheorie, Philosophische Rundschau 28 (1981), S. 189–216

-: Positivistische Rechtsquellenlehre und naturrechtliche Methode. Zum Alltagsnaturrecht in der juristischen Argumentation, in: R. Dreier (Hrsg.), Rechtspositivismus und Wertbezug des Rechts, ARSP-Beiheft Nr. 37 (1990), S. 141–151

-: Juristische Fachsprache und Umgangssprache, in: G. Grewendorf (Hrsg.), Rechtskultur als Sprachkultur. Zur forensischen Funktion der Sprachanalyse, 1992, S. 110–121

-: Rechtstheorie und allgemeine Wissenschaftstheorie (1993), in: ders., Recht als Struktur und Argumentation. Beiträge zur Theorie des Rechts und zur Wissenschaftstheorie der Rechtswissenschaft, 2008, S. 243–256

-: Zur Interpretation des forensischen Diskurses in der Rechtsphilosophie von Jürgen Habermas, Rechtstheorie 27 (1996), S. 415–426

-: Die Geltung von Regeln, Prinzipien und Elementen (2000), in: ders., Recht als Struktur und Argumentation. Beiträge zur Theorie des Rechts und zur Wissenschaftstheorie der Rechtswissenschaft, S. 138–149

-: Juristische Methodenlehre und Theorie der juristischen Argumentation, Rechtstheorie 32 (2001), S. 239–255

-: Die Katze im Bier oder: die Abgrenzung von Tatfrage und Rechtsfrage im strafprozessualen Revisionsrecht, in: R. Michalke u.a. (Hrsg.), Festschrift für Rainer Hamm zum 65. Geburtstag, 2008, S. 525–536

-: Wahrheit im Recht. Zu Problematik und Legitimität einer fragwürdigen Denkform, 2004

-: Theorie der juristischen Argumentation, in: W. Hassemer/U. Neumann/F. Saliger (Hrsg.), Einführung in die Rechtsphilosophie und Rechtstheorie der Gegenwart, 9. Aufl. 2016, S. 303–315

-: Wahrheit statt Autorität. Möglichkeiten und Grenzen einer Legitimation durch Begründung im Recht, in: K. D. Lerch (Hrsg.), Die Sprache des Rechts, Bd. 2, 2005, S. 369–384

-: Ex falso numquam quodlibet! – Eine Skizze zum Verhältnis von Logik und Argumentation (2005), in: ders., Recht als Struktur und Argumentation, 2008, S. 56–63

-: Legitimationsprobleme bei Rechtsprechungsänderungen (2000), in: ders., Recht als Struktur und Argumentation. Beiträge zur Theorie des Rechts und zur Wissenschaftstheorie der Rechtswissenschaft, 2008, S. 150–162.

-: Rechtspositivismus, Rechtsrealismus und Rechtsmoralismus in der Diskussion um die strafrechtliche Bewältigung politischer Systemwechsel (2002), in: ders., Recht als Struktur und Argumentation. Beiträge zur Theorie des Rechts und zur Wissenschaftstheorie der Rechtswissenschaft, 2008, S. 163–187

-: Theorie der juristischen Argumentation, in: W. Brugger/U. Neumann/St. Kirste (Hrsg.), Rechtsphilosophie im 21. Jahrhundert, 2008, S. 233–260

-: Das Enthymem in der Theorie der juristischen Argumentation, Rechtstheorie 42 (2011), S. 573–588

-: Subsumtion als regelorientierte Fallentscheidung, in: G. Gabriel/R. Gröschner (Hrsg.), Subsumtion. Schlüsselbegriff der juristischen Methodenlehre, 2012, S. 311–334

-: Sprache und juristische Argumentation, in: C. Bäcker/M. Klatt/S. Zucca-Soest (Hrsg.), Sprache – Recht – Gesellschaft, 2012, S. 129–140

-: Juristische Logik, in: W. Hassemer/U. Neumann/F. Saliger (Hrsg.), Einführung in die Rechtsphilosophie und Rechtstheorie der Gegenwart, 9. Aufl. 2016, S. 272–290

-: Wissenschaftstheorie der Rechtswissenschaft, in: W. Hassemer/U. Neumann/F. Saliger (Hrsg.), Einführung in die Rechtsphilosophie und Rechtstheorie der Gegenwart, 9. Aufl. 2016, S. 351–364

-: Formale Logik und juristische Argumentation, Jahrbuch für Recht und Ethik 25 (2017), S. 311–315

-: Notwendigkeit und Grenzen von Idealisierungen im Rechtsdenken. Anmerkungen zu Robert Alexys Modell der „Doppelnatur" des Rechts, in: M. Borowski/S. L. Paulson/J.-R. Sieckmann (Hrsg.), Rechtsphilosophie und Grundrechtstheorie. Robert Alexys System, 2017, S. 67–85

-: Der „Wille Gottes" – ein Argument im parlamentarischen Diskurs?, in: Michael Kühnlein (Hrsg.), Gottloser Staat? Im interdisziplinären Gespräch mit Horst Dreier, Baden-Baden 2022, S. 69-84

Nida-Rümelin, Julian: Die Vielfalt guter Gründe und die Theorie praktischer Rationalität, Protosoziologie 6 (1994), S. 95–103

Niesen, Peter/Eberl, Oliver: Demokratischer Positivismus: Habermas und Maus, in: S. Buckel/R. Christensen/A. Fischer-Lescano (Hrsg.), Neue Theorien des Rechts, 3. Aufl. 2020, S. 13–28

Niiniluoto, Ilkka: On the Truth of Norm Propositions, in: I. Tammelo/A. Aarnio (Hrsg.), On the Advancement of Theory and Technique in Law and Ethics, Rechtstheorie, Beiheft 3 (1981), S. 171–180.

-: On Truth and Argumentation in Legal Dogmatics, in: A. Aarnio/I. Niiniluoto/J. Uusitalo (Hrsg.), Methodologie und Erkenntnistheorie der juristischen Argumentation, Rechtstheorie, Beiheft 2 (1981), S. 53–56

Oberkofler, Anja: Richterliche Tätigkeit im US-amerikanischen Rechtssystem aus dem Blickwinkel der Critical Legal Studies, ARSP 92 (2006), 209–222

Osterkamp, Thomas: Juristische Gerechtigkeit. Rechtswissenschaft jenseits von Positivismus und Naturrecht, 2005

Paroussis, Michel: Theorie des juristischen Diskurses. Eine institutionelle Epistemologie des Rechts, 1995

Paso, Mirjami: Rhetoric Meets Rational Argumentation Theory, Ratio Juris 27 (2014), S. 236–251

Patterson, Dennis: Recht und Wahrheit, 1999

Paulson, Stanley L.: Der Normativismus Hans Kelsens, JZ 2006, 529–536

Pavčnik, Marijan: Argumentierte Rechtsentscheidung statt Ideologie der „Rechtsanwendung", ARSP 74 (1988), S. 154–167.

-: Auslegung als (Re)konstruktion „des dem Gesetze innewohnenden Gedankens". Die Frage der Auslegung der allgemeinen Rechtsakte im Prozeß ihrer normativen Konkretisierung, Rechtstheorie 21 (1990), S. 511–526

-: Juristisches Verstehen und Entscheiden. Vom Lebenssachverhalt zur Rechtsentscheidung. Ein Beitrag zur Argumentation im Recht, 1993

-: The value of argumentation theory for the quality of reasoning in law, in: G. Haarscher (Hrsg.), Chaïm Perelman et la pensée contemporaine, Brüssel 1993, S. 237–244

-: Juristisches Entscheiden als intellektuell verantwortliche Aktivität, in: F. Saliger (Hrsg.), Rechtsstaatliches Strafrecht. Festschrift für Ulfrid Neumann zum 70. Geburtstag, 2017, S. 295–308

Pavlakos, Georgios: The Special Case Thesis. An Assessment of R. Alexy's Discursive Theory of Law, Ratio Juris 11 (1998), S. 126–154

Pawlik, Michael: Ronald Dworkin und der Rechtsbegriff, Rechtstheorie 23 (1992), S. 289–310

Peczenik, Aleksander: Grundlagen der juristischen Argumentation, 1983

-: Die Rationalität der juristischen Argumentation: Dialog, Logik und Wahrheit, in: N. Achterberg (Hrsg.), Rechtsprechungslehre, 1986, S. 293–303

-: On Law and Reason, Dordrecht 1989

-: Law, Morality, Coherence and Truth, Ratio Juris 7 (1994), S. 146–176

Peczenik, Aleksander/ Uusitalo, Jyrki (Hrsg.): Reasoning on Legal Reasoning, 1979

Perelman, Chaïm: Betrachtungen über die praktische Vernunft, Zeitschrift für philosophische Forschung 20 (1966), S. 210–221

-: Fünf Vorlesungen über die Gerechtigkeit, in: ders., Über die Gerechtigkeit, 1967, S. 85–163

-: Le raisonnement juridique, in: Die juristische Argumentation, ARSP-Beiheft n. F. Nr. 7 (1972), S. 1–15

-: Juristische Logik als Argumentationslehre, 1979

-: Das Reich der Rhetorik. Rhetorik und Argumentation, 1980

-: Justice, Law, and Argument. Essays on Moral and Legal Reasoning, 1980.

-: Recht und Rhetorik, in: O. Ballweg/T.-M. Seibert (Hrsg.): Rhetorische Rechtstheorie. Zum 75. Geburtstag von Theodor Viehweg, 1982, S. 237–246

-: Das Vernünftige und das Unvernünftige im Recht, Rechtstheorie 13 (1982), S. 151–160

-: Logik und Argumentation, 2. Aufl. 1994

Perelman, Chaïm/Olbrechts-Tyteca, Lucie: Traité de l'argumentation. La nouvelle rhétorique, Brüssel 1958, 3. Aufl. 1976 (deutsch: Die neue Rhetorik. Eine Abhandlung über das Argumentieren, 2 Bände, 2004)

von der Pfordten, Dietmar: Deskription, Evaluation, Präskription. Trialismus und Trifunktionalismus als sprachliche Grundlagen von Ethik und Recht, 1993

-: Rechtsethik, 2. Aufl. 2011

Philippi, Klaus-Jürgen: Tatsachenfeststellungen des Bundesverfassungsgerichts, 1971

Philipps, Lothar: Analogie und Computer, in: R. Alexy/R. Dreier/U. Neumann (Hrsg.), Rechts- und Sozialphilosophie in Deutschland heute. Beiträge zur Standortbestimmung, ARSP-Beiheft Nr. 44 (1991), S. 275–286

-: Unbestimmte Rechtsbegriffe und Fuzzy Logic – Ein Versuch zur Bestimmung der Wartezeit nach Verkehrsunfällen (§ 142 Abs. 2 StGB), in: F. Haft u. a. (Hrsg.), Strafgerechtigkeit. Festschrift für Arthur Kaufmann zum 70. Geburtstag, 1993, S. 265–280

-: Eine Theorie der unscharfen Subsumtion. Die Subsumtionsschwelle im Lichte der Fuzzy Logic, ARSP 81 (1995), S. 405–417

-: An der Grenze von Vorsatz und Fahrlässigkeit – Ein Modell multikriterieller computergestützter Entscheidungen, in: B. Schünemann u.a. (Hrsg.), Festschrift für Claus Roxin zum 70. Geburtstag, 2001 S. 365–378

-: Tû-Tû 2. Von Rechtsbegriffen und neuronalen Netzen (1991), in: ders., Endliche Rechtsbegriffe mit unendlichen Grenzen. Rechtslogische Aufsätze, 2012, S. 159–170

Podlech, Adalbert: Gehalt und Funktion des allgemeinen verfassungsrechtlichen Gleichheitssatzes, 1971

Popper, Karl: Logik der Forschung, 11. Aufl. 2005

Poscher, Ralf: Theorie eines Phantoms – Die erfolglose Suche der Prinzipientheorie nach ihrem Gegenstand, Rechtswissenschaft 1 (2010), S. 349–372

-: Wozu Juristen streiten, JZ 2013, S. 1–11

-: Resuscitation of a Phantom? On Robert Alexy's Latest Attempt to Save His Concept of Principle, Ratio Juris 33 (2020), S. 134–149

Potacs, Michael: Kritischer Rationalismus und Rechtswissenschaft, in: R. Neck/K. Salamun (Hrsg.), Karl R. Popper – Plädoyer für kritisch-rationale Wissenschaft, 2004, S. 109–126

-: Rechtstheorie, 2. Aufl. 2019

Prakken, Henry: Logical Tools for Modelling Legal Argument. A Study of Defeasible Reasoning in Law, Diss. Amsterdam 1993

Puppe, Ingeborg: Die logische Tragweite des sog. Umkehrschlusses (1987), in: dies., Strafrechtsdogmatische Analysen, 2006, S. 309–354

-: Wertung und Begründung in der Rechtsanwendung, in: F. Saliger (Hrsg.), Rechtsstaatliches Strafrecht. Festschrift für Ulfrid Neumann zum 70. Geburtstag, 2017, S. 323–333

-: Kleine Schule des juristischen Denkens, 4. Aufl. 2019

Radbruch, Gustav: Rechtsphilosophie (3. Aufl. 1932), in: Gustav Radbruch-Gesamtausgabe (GRGA), hrsg. von Arth. Kaufmann, Bd. 2 (Rechtsphilosophie II), 1993, S. 206–450

-: Klassenbegriffe und Ordnungsbegriffe im Rechtsdenken (1938), in: Gustav Radbruch-Gesamtausgabe (GRGA), hrsg. von Arth. Kaufmann, Bd. 3 (Rechtsphilosophie III), 1990, S. 60–70

Raisch, Peter: Juristische Methoden. Vom antiken Rom bis zur Gegenwart, 1995

Ratschow, Eckart: Rechtswissenschaft und Formale Logik, 1998

Raz, Joseph: Practical Reason and Norms, 3. Aufl. 1999

Reimer, Franz: Juristische Methodenlehre, 2. Aufl. 2020

Reinhardt, Michael: Konsistente Jurisdiktion. Grundlegung einer verfassungsrechtlichen Theorie der rechtsgestaltenden Rechtsprechung, 1997

Rodingen, Hubert: Ansätze zu einer sprachkritischen Rechtstheorie, ARSP 58 (1972), S. 161–183

-: Pragmatik der juristischen Argumentation. Was Gesetze anrichten und was rechtens ist, 1977

Rodingen, Hubert/Falke, Christine: Das Rechtsverfahren: Dressur oder Diskurs?, DSWR 1976, S. 34–42
Rödig, Jürgen: Rezension von Podlech, Gehalt und Funktion des allgemeinen verfassungsrechtlichen Gleichheitssatzes, Rechtstheorie 3 (1972), S. 246–253
-: Theorie des gerichtlichen Erkenntnisverfahrens. Die Grundlinien des zivil-, straf- und verwaltungsgerichtlichen Prozesses, 1973
-: Logik und Rechtswissenschaft, in: D. Grimm (Hrsg.), Rechtswissenschaft und Nachbarwissenschaften, Bd. 2, 1976, S. 53–79
Röhl, Klaus: Allgemeine Rechtslehre, 1995
Röhl, Klaus/Röhl, Hans Christian: Allgemeine Rechtslehre, 3. Aufl. 2008
Rottleuthner, Hubert: Zur Soziologie richterlichen Handelns, KJ 1970, S. 283–306
-: Rechtswissenschaft als Sozialwissenschaft, 1973
-: Plädoyer für eine empirische Argumentationstheorie, in: W. Hassemer/A. Kaufmann/U. Neumann (Hrsg.), Argumentation und Recht, ARSP-Beiheft n. F. Nr. 14 (1980), S. 87–118
-: Die Vermessung von Recht und Moral, in: M. Borowski (Hrsg.), Modern German Non-Positivism. From Radbruch to Alexy, 2019, S. 257–277
Rückert, Joachim: Abwägung – die juristische Karriere eines unjuristischen Begriffs oder: Normenstrenge und Abwägung im Funktionswandel, JZ 2011, S. 913–923
-: Die Schlachtrufe im Methodenkampf – Ein historischer Überblick, in: ders./Ralf Seinecke (Hrsg.), Methodik des Zivilrechts – von Savigny bis Teubner, 2. Aufl. 2012, S. 501–550
Rüßmann, Helmut: Zur Abgrenzung von Rechts- und Tatfrage, in: H.-J. Koch (Hrsg.), Juristische Methodenlehre und analytische Philosophie, 1976, S. 242–270
-: Nichtmonotones Schließen im juristischen Denken, in: K. Lenk/H. Reinermann/R. Traunmüller (Hrsg.), Informatik in Recht und Verwaltung. Entwicklung, Stand, Perspektiven. Festschrift für Herbert Fiedler zur Emeritierung, 1997, S. 136–144
Rüthers, Bernd: Die unbegrenzte Auslegung. Zum Wandel der Privatrechtsordnung im Nationalsozialismus, 8. Aufl. 2017
Saliger, Frank: Rechtsphilosophische Probleme der Rechtsbeugung, in: R. Alexy (Hrsg.), Juristische Grundlagenforschung, ARSP-Beiheft Nr. 104 (2005), S. 138–153
Sambuc, Thomas: Folgenerwägungen im Richterrecht. Die Berücksichtigung von Entscheidungsfolgen bei der Rechtsgewinnung, erörtert am Beispiel des § 1 UWG, 1977
Santacoloma Santacoloma, Andrés: Semantical Rules and the Theory of the Limit of the Wording: Seeking for Objectivity in Law, in: A. Ferreira Leite de Paula/A. Santacoloma Santacoloma/G. Villa Rosas (Hrsg.), Truth and Objectivity in Law and Morals II, ARSP-Beiheft Nr. 151 (2016), S. 49–66.
Sartor, Giovanni: A Formal Model of Legal Argumentation, Ratio Juris 7(1994), S. 177–211
-: Defeasibility in Legal Reasoning, Rechtstheorie 24 (1993), S. 281–316
Savigny, Eike von: Grundkurs im wissenschaftlichen Definieren. Übungen zum Selbststudium, 5. Aufl. 1980
-: Die Überprüfbarkeit der Strafrechtssätze. Eine Untersuchung wissenschaftlichen Argumentierens, 1967.
-: Topik und Axiomatik: eine verfehlte Alternative. Anmerkungen zu Thomas-M. Seibert: Topik als Problematisierung von Aussagesätzen, ARSP 59 (1973), S. 249–254
-: Übereinstimmende Merkmale in der Struktur strafrechtsdogmatischer und empirischer Argumentation, in: U. Neumann/J. Rahlf/E. von Savigny, Juristische Dogmatik und Wissenschaftstheorie, 1976, S. 120–143
-: Die Rolle der Dogmatik – wissenschaftstheoretisch gesehen, in: U. Neumann/J. Rahlf/E. von Savigny, Juristische Dogmatik und Wissenschaftstheorie, 1976, S. 100–109
-: Argumentation in der Literaturwissenschaft. Wissenschaftstheoretische Untersuchungen zu Lyrikinterpretationen, 1976
Schefold, Christoph: Das verfehlte Begründungsdenken. Kritische und systematische Überlegungen zur Begründungskritik bei Hans Albert, Philosophisches Jahrbuch 82 (1975), S. 336–373

-: Normative Falsifikation als die neue, „naturrechtliche“ Methode der Jurisprudenz?, in: P. Trappe (Hrsg.), Zeitgenössische Rechtskonzeptionen, ARSP-Supplementa I, Bd. 4 (1983) S. 81–142

Scheuerle, Wilhelm A.: Zum Wesen des Wesens. Studien über das sogenannte Wesensargument im juristischen Begründen, AcP 163 (1963), S. 429–471

-: Die Logik der Logik. Studien über logische Argumente und Methodenehrlichkeit im juristischen Begründen, ZZP 78 (1965), S. 32–76

-: Formalismusargumente. Studien über die juristischen Argumente: formal, formell, formalistisch, formallogisch, formaljuristisch, AcP 172 (1972), S. 396–451

Schiavello, Aldo: Neil MacCormick's Second Thoughts on Legal Reasoning and Legal Theory. A Defence of the Original View, Ratio Juris 24 (2011), S. 140–155

Schiffauer, Peter: Wortbedeutung und Rechtserkenntnis. Entwickelt an Hand einer Studie zum Verhältnis von verfassungskonformer Auslegung und Analogie, 1979

Schlieffen, Katharina Gräfin von: Zur topisch-pathetischen Ordnung juristischen Denkens. Resultate empirischer Rhetorikforschung, in: K. D. Lerch (Hrsg.), Die Sprache des Rechts, Bd. 2, 2005, S. 405–448

-: Zur Analytischen Rhetorik von Ottmar Ballweg, in: O. Ballweg, Analytische Rhetorik. Rhetorik, Recht und Philosophie, hrsg. von Katharina Gräfin von Schlieffen, 2009, S. XIII-XXXVII

-: Wie Juristen begründen. Entwurf eines rhetorischen Argumentationsmodells für die Rechtswissenschaft, JZ 2011, S. 109–116

-: Das Enthymem – Ein Modell juridischen Begründens, Rechtstheorie 42 (2011), S. 601–619

-: Subsumtion als Darstellung der Herstellung juristischer Urteile, in: G. Gabriel/R. Gröschner (Hrsg.), Subsumtion. Schlüsselbegriff der juristischen Methodenlehre, 2012, S. 379–419

-: Art. „Rechtsrhetorik“, in: E. Hilgendorf/J. C. Joerden (Hrsg.), Handbuch Rechtsphilosophie, 2017, S. 290–299

-: Was trennt und was verbindet: Argumentationstheoretisches und Rhetorisches Rechtsdenken?, in: F. Saliger (Hrsg.), Rechtsstaatliches Strafrecht. Festschrift für Ulfrid Neumann zum 70. Geburtstag, 2017, S. 377–395

Schlink, Bernhard: Juristische Methodik zwischen Verfassungstheorie und Wissenschaftstheorie, Rechtstheorie 7 (1976), S. 94–102

-: Bemerkungen zum Stand der Methodendiskussion in der Verfassungsrechtswissenschaft, Der Staat 19 (1980), S. 73–107

Schmidt, Jürgen: Noch einmal: Wahrheitsbegriff und Rechtswissenschaft, JuS 1973, S. 204–207

-: „Begründung“ – Einige Probleme eines rechtstheoretischen Problems, in: F. Kaulbach/W. Krawietz (Hrsg.), Recht und Gesellschaft. Festschrift für Helmut Schelsky zum 65. Geburtstag, 1978, S. 549–578

-: Noch einmal: Eine neue Begriffsjurisprudenz „zur Einführung“? JuS 1979, S. 242–243

Schmidt, Karsten: Zivilistische Rechtsfiguren zwischen Rechtsdogmatik und Rechtspolitik, in: ders. (Hrsg.), Rechtsdogmatik und Rechtspolitik. Hamburger Ringvorlesung, 1990, S. 9–32

Schmitt, Carl, Donoso Cortés in gesamteuropäischer Interpretation. Vier Aufsätze, 1950

Schneider, Jochen: Theorie juristischen Entscheidens in: W. Hassemer/U. Neumann/F. Saliger (Hrsg.), Einführung in die Rechtsphilosophie und Rechtstheorie der Gegenwart, 9. Aufl. 2016, S. 316–350

Schnizer, Helmut: Die Entscheidungsbegründung im Kirchenrecht, in: R. Sprung (Hrsg.), Die Entscheidungsbegründung in europäischen Verfahrensrechten und in Verfahren vor internationalen Gerichten, 1974, S. 27–42

Schreckenberger, Waldemar: Rhetorische Semiotik. Analyse von Texten des Grundgesetzes und von rhetorischen Grundstrukturen der Argumentation des Bundesverfassungsgerichtes, 1978

-: Notizen über die rhetorische Semiotik – unter besonderer Berücksichtigung der Geltungsproblematik in der Rechtstheorie, in: R. Alexy/R. Dreier/U. Neumann (Hrsg.), Rechts- und Sozialphilosophie in Deutschland heute. Beiträge zur Standortbestimmung, ARSP-Beiheft Nr. 44 (1991), S. 348–360

-: Rhetoric and Law, ARSP 82 (1996), S. 453–459

Schreiber, Hans-Ludwig: Die Bedeutung des Konsenses der Beteiligten im Strafprozeß, in: G. Jakobs (Hrsg.), Rechtsgeltung und Konsens, 1976, S. 71–85

Schröder, Jan: Recht als Wissenschaft. Geschichte der juristischen Methoden vom Humanismus bis zur historischen Schule (1500–1850), 2001

Schroth, Ulrich: Eine Methode der formalen Rekonstruktion von Gerichtsurteilen, in: W. Hassemer/A. Kaufmann/U. Neumann (Hrsg.), Argumentation und Recht, ARSP-Beiheft n. F. Nr. 14 (1980), S. 119–126

-: Theorie und Praxis subjektiver Auslegung im Strafrecht, 1983

-: Juristische Hermeneutik und Norminterpretation dargestellt an Problemen strafrechtlicher Normanwendung, in: W. Hassemer/U. Neumann/F. Saliger (Hrsg.), Einführung in die Rechtsphilosophie und Rechtstheorie der Gegenwart, 9. Aufl. 2016, S. 243–271

Schulz, Lorenz: Das rechtliche Moment in der pragmatischen Philosophie von Charles Sanders Peirce, 1988

-: Verdacht und Abduktion. Ein Beitrag zur Definition eines strafprozessualen Grundbegriffs, in: H.-J. Koch/U. Neumann (Hrsg.), Praktische Vernunft und Rechtsanwendung, ARSP-Beiheft Nr. 53 (1994), S. 193–204

-: Normiertes Misstrauen. Der Verdacht im Strafverfahren, 2001

-: Wahrheit im Recht. Neues zur Pragmatik der einzig richtigen Entscheidung, ZIS 2007, S. 353–361

-: Recht und Pragmatismus, in: W. Brugger/U. Neumann/St. Kirste (Hrsg.), Rechtsphilosophie im 21. Jahrhundert, 2008, S. 305–314

Schwerdtner, Peter: Rechtswissenschaft und kritischer Rationalismus (Teil I und II), Rechtstheorie 2 (1971), S. 67–94, 224–244

Searle, John R.: Some Remarks about Social Ontology and Law. An Interview with John R. Searle, Ratio Juris 30 (2017), S. 226–231

Seelmann, Kurt/Demko, Daniela: Rechtsphilosophie, 6. Aufl. 2014

Seibert, Thomas-Michael: Von Sprachgegenständen zur Sprache von juristischen Gegenständen. Sprachkritische Thesen zum Verhältnis von Eigenzeichen zu juristischen Zeichen, ARSP 58 (1972), S. 43–52

-: Zur Fachsprache in der Juristenausbildung. Sprachkritische Analysen anhand ausgewählter Textbeispiele aus juristischen Lehr- und Lernbüchern, 1977

-: Kritik des Larenzschen Sprachgebrauchs. Zur Operationalisierung der Rezeption juristischer Texte, in: T. Viehweg/ F. Rotter (Hrsg.), Recht und Sprache, ARSP-Beiheft n. F. Nr. 9 (1977), S. 69–78

-: Argumentationsbeispiele aus dem Rechtsbereich. Handlungs- und Inhaltsaspekte praktischer juristischer Argumentation, in: M. Schecker (Hrsg.), Theorie der Argumentation, 1977, S. 313–353

-: Zur Entwicklung semiotischer Fragestellungen in der rechtswissenschaftlichen Grundlagenforschung, Zeitschrift für Semiotik 1 (1979), S. 277–288

-: Zur Einführung: „Kode“, „Institution“ und das Paradigma des Rechts, Zeitschrift für Semiotik 2 (1980), S. 183–195

-: Aktenanalysen. Zur Schriftform juristischer Deutungen, 1981

-: Zeichen, Prozesse. Grenzgänge zur Semiotik des Rechts, 1996

-: Gerichtsrede. Wirklichkeit und Möglichkeit im forensischen Diskurs, 2004

-: Rhetorische Rechtstheorie, in: J. Kopperschmidt (Hrsg.), Die neue Rhetorik. Studien zu Chaïm Perelman, 2006, S. 413–431

-: Die Lehre vom Rechtszeichen. Entwurf einer allgemeinen Rechtslehre, 2017

Seiler, Wolfgang: Höchstrichterliche Entscheidungsbegründungen und Methode im Zivilrecht, 1992

Sieckmann, Jan-Reinard: Regelmodelle und Prinzipienmodelle des Rechtssystems, 1990

-: Recht als normatives System. Die Prinzipientheorie des Rechts, 2009
-: Zur Prinzipientheorie Robert Alexys. Gemeinsamkeiten und Differenzen, in: M. Klatt (Hrsg.), Prinzipientheorie und Theorie der Abwägung, 2013, S. 271–295
-: Rechtsphilosophie, 2018
-: Logik juristischer Argumentation, 2020
Sieckmann, Jan-Reinard (Hrsg.): Verfassung und Argumentation, 2005
Siedenburg, Philipp: Die kommunikative Kraft der richterlichen Begründung. Zur Argumentationsfigur der einzig richtigen Entscheidung, 2016
-: Sprachliche Präsentation und institutionelle Struktur juristischer Entscheidungen, ARSP 105 (2019), S. 143–170
Simitis, Spiros: Die Bedeutung von System und Dogmatik – dargestellt an rechtsgeschäftlichen Problemen des Massenverkehrs, AcP 172 (1972), S. 131–154
Simon, Dieter: Die Unabhängigkeit des Richters, Darmstadt 1975
-: Wenn der Schnee weiß ist, in: B. Lahusen/D. Simon, Zufall, Abfall, Ausfall. Rezensionen und Betrachtungen zur rechtstheoretischen Gegenwartsliteratur, 2008, S. 155–180
-: Schwarz und Weiß, in: B. Lahusen/D. Simon, Zufall, Abfall, Ausfall. Rezensionen und Betrachtungen zur rechtstheoretischen Gegenwartsliteratur, 2008, S. 15–29
-: Alle Quixe sind Quaxe – Aristoteles und die juristische Argumentation, JZ 2011, S. 697–703
Simon, Eric: Gesetzesauslegung im Strafrecht. Eine Analyse der höchstrichterlichen Rechtsprechung, 2005
Sobota, Katharina: Sachlichkeit, Rhetorische Kunst der Juristen, 1990
-: Rhetorisches Seismogramm – eine neue Methode in der Rechtswissenschaft, JZ 1992, S. 231–237
Somek, Alexander: Haben Sie heute schon dekonstruiert? Zur Bedeutung der Dekonstruktion in der neueren amerikanischen Rechtstheorie, Rechtstheorie 26 (1995), S. 201–222
-: Unbestimmtheit: Habermas und die Critical Legal Studies. Einige Bemerkungen über die Funktion von Rechtsparadigmen für die Rechtsanwendung im demokratischen Rechtsstaat, Deutsche Zeitschrift für Philosophie 41 (1993), S. 343–357
-: Rechtliches Wissen, 2006
-: Wissen des Rechts, 2018
-: Über die Subjektivität des Rechts, JZ 2021, S. 1–7
Sourlas, Paul: Rechtsprinzipien als Handlungsgründe. Studien zur Normativität des Rechts, 2011
-: Zum argumentativen Charakter rechtlicher Begründungen, in: F. Saliger (Hrsg.), Rechtsstaatliches Strafrecht. Festschrift für Ulfrid Neumann zum 70. Geburtstag, 2017, S. 409–416
Stamatis, Constantin M.: La concrétisation pragmatique des normes juridiques, Revue interdisciplinaire d'Etudes Juridiques 1993, S. 1–23
-: Argumenter en droit. Une théorie critique de l'argumentation juridique, Paris 1995
Stelmach, Jerzy: Die hermeneutische Auffassung der Rechtsphilosophie, 1991
-: Kirchmanns Fluch, in: F. Saliger (Hrsg.), Rechtsstaatliches Strafrecht. Festschrift für Ulfrid Neumann zum 70. Geburtstag, 2017, S. 445–450.
Stelmach, Jerzy/Brozek, Bartosz: Methods of Legal Reasoning, Dordrecht 2006
Stelmach, Jerzy/Brozek, Bartosz/Zaluski, Wojciech (Hrsg.), Studies in the Philosophy of Law. Frontiers of the Economic Analysis of Law, Krakau 2007
Strauch, Hans-Joachim: Methodenlehre des gerichtlichen Erkenntnisverfahrens. Prozesse richterlicher Kognition, 2017
-: Methode – multiperspektivisch betrachtet, in: S. Hähnchen (Hrsg.), Eine Methodenlehre oder viele Methoden?, 2021, S. 1–20
Strömholm, Stig: Zur Frage nach der juristischen Argumentationstechnik, ARSP 58 (1972), S. 337–362
-: Allgemeine Rechtslehre. Eine Einführung, 1976
-: Analyse und Prognose. Zwei Typen der richterlichen Entscheidungsbildung, in: F. Kaulbach/W. Krawietz (Hrsg.), Recht und Gesellschaft. Festschrift für Helmut Schelsky zum 65. Geburtstag, 1978, S. 681–695

Struck, Gerhard: Zur Theorie juristischer Argumentation, 1977
Takahashi, Fumihiko: Recht, Gesetz und Logik in juristischer Argumentation: Bemerkungen zu den Theorien von Toulmin, Alexy und Neumann, in: E. Schweighofer u. a. (Hrsg.), Zeichen und Zauber des Rechts. Festschrift für Friedrich Lachmayer, Bern 2014, S. 89–105
Tammelo, Ilmar: Theorie der Gerechtigkeit, 1977
Tarello, Giovanni: Sur la spécificité du raisonnement juridique, in: Die juristische Argumentation, ARSP-Beiheft n. F. Nr. 7 (1972), S. 103–124
Teichmann, Arndt: Die „Gesetzesumgehung" im Spiegel der Rechtsprechung, JZ 2003, 761–768
Teubner, Gunther: Folgenkontrolle und responsive Dogmatik, Rechtstheorie 6 (1975), S. 179–204
-: Altera Pars Audiatur: Das Recht in der Kollision anderer Universalitätsansprüche, in: H.-M. Pawlowski/G. Roellecke (Hrsg.), Der Universalitätsanspruch des demokratischen Rechtsstaates, ARSP Beiheft 65 (1996), S. 199–220
Teubner, Gunther (Hrsg.): Entscheidungsfolgen als Rechtsgründe. Folgenorientiertes Argumentieren in rechtsvergleichender Sicht, 1995
Theobald, David W.: Grundzüge der Wissenschaftsphilosophie, 1973.
Thienel, Rudolf: Kritischer Rationalismus und Jurisprudenz. Zugleich eine Kritik an Hans Alberts Konzept einer sozialtechnologischen Jurisprudenz, 1991
Toulmin, Stephen: The Uses of Argument, 1958 (deutsch: Der Gebrauch von Argumenten, 2. Aufl. 1996)
Toulmin, Stephen/Riecke, Richard/Janik, Allan: An Introduction to Reasoning, New York 1979
Tschentscher, Axel: Prozedurale Theorien der Gerechtigkeit. Rationales Entscheiden, Diskursethik und prozedurales Recht, 2000
Tugendhat, Ernst: Zur Entwicklung von moralischen Begründungsstrukturen im modernen Recht, in: W. Hassemer/A. Kaufmann/U. Neumann (Hrsg.), Argumentation und Recht, ARSP-Beiheft n. F. Nr. 14 (1980), S. 1–20
Vernengo, Roberto J.: Vorwort zu A.-J. Arnaud/R. Hilpnen/J. Wróblewski (Hrsg.), Juristische Logik, Rationalität und Irrationalität im Recht, Rechtstheorie-Beiheft 8 (1985), S. V-XIV
Vesting, Thomas: Rechtstheorie, 2. Aufl. 2015
Viehweg, Theodor: Notizen zu einer rhetorischen Argumentationstheorie der Rechtsdisziplin (1972), in: ders., Rechtsphilosophie und Rhetorische Rechtstheorie. Gesammelte kleine Schriften, 1995, S. 191–199
-: Historische Perspektiven der juristischen Argumentation: II. Neuzeit, in: Die juristische Argumentation, ARSP-Beiheft n. F. Nr. 7 (1972), S. 63–75
-: Topik und Jurisprudenz. Ein Beitrag zur rechtswissenschaftlichen Grundlagenforschung, 5. Aufl. 1974
-: Schritte zu einer rhetorischen Rechtstheorie (1977), in: ders., Rechtsphilosophie und Rhetorische Rechtstheorie. Gesammelte kleine Schriften, 1995, S. 200–205
-: Rhetorik, Sprachpragmatik, Rechtstheorie (1978), in: ders., Rechtsphilosophie und Rhetorische Rechtstheorie. Gesammelte kleine Schriften, 1995, S. 206–209
-: Antirhetorische und rhetorische Kontrolle rechtlicher Argumentationen (1985), in: ders., Rechtsphilosophie und Rhetorische Rechtstheorie, 1995, Gesammelte kleine Schriften, S. 218–222
Villey, Michel: Le raisonnement juridique dans l'histoire: I. Droit romain et moyen-âge, in: Die juristische Argumentation, ARSP-Beiheft n. F. Nr. 7 (1972), S. 43–61
Völzing, Paul-Ludwig: Begründen, Erklären, Argumentieren. Modelle und Materialien zu einer Theorie der Metakommunikation, 1979
Vogel, Friedemann: Blinde Flecken in der juristischen Hermeneutik. Zur mangelnden Lesbarkeit des Rechts, Rechtstheorie 41 (2010), S. 25–33.
Vogel, Friedemann/Christensen, Ralph: Korpusgestützte Analyse der Verfassungsrechtsprechung: Eine Abwägung von Prinzipien findet nicht statt, Rechtstheorie 44 (2013), S. 29–60
-: Die Sprache des Gesetzes ist nicht Eigentum des Juristen. Von der Prinzipienspekulation zur empirischen Analyse der Abwägung, in: Fr. Müller/P. Mastronardi (Hrsg.), „Abwägung". Herausforderung für eine Theorie der Praxis, 2014, S. 87-129

Vogenauer, Stefan: Die Auslegung von Gesetzen in England und auf dem Kontinent. Eine vergleichende Untersuchung der Rechtsprechung und ihrer historischen Grundlagen (2 Bände), 2001

Volkmann, Uwe: Rechtsphilosophie, 2018

Wälde, Thomas W.: Juristische Folgenorientierung. "Policy Analysis" und Sozialkybernetik. Methodische und organisatorische Überlegungen zur Bewältigung der Folgenorientierung im Rechtssystem, 1979

Waldhoff, Christian/Neumeier, Christian: Contra legem – zu den Grenzen juristischer Auslegung, in: D. Grimm/Chr. König (Hrsg.), Lektüre und Geltung. Zur Verstehenspraxis in der Rechtswissenschaft und in der Literaturwissenschaft, 2020, S. 221–244

Wang, Peng-Hsiang: Defeasibility in der juristischen Begründung, 2004

Wank, Rolf: Juristische Methodenlehre. Eine Anleitung für Wissenschaft und Praxis, 2020

Weimar, Robert: Rechtserkenntnis und erkenntniskritische Rechtswissenschaft, in: W. Krawietz u.a. (Hrsg.), Theorie der Normen. Festgabe für Ota Weinberger zum 65. Geburtstag, 1984, S. 69–102

Weinberger, Ota: Jurisprudenz zwischen Logik und Plausibilitätsargumentation, Juristische Analysen 3 (1971), S. 553–574

-: Ex falso quodlibet in der deskriptiven und in der präskriptiven Sprache, Rechtstheorie 6 (1975), S. 17–32

-: Logische Analyse als Basis der juristischen Argumentation, in: W. Krawietz/R. Alexy (Hrsg.), Metatheorie juristischer Argumentation, 1983, S. 159–232

-: Der Streit um die praktische Vernunft, in: R. Alexy/R. Dreier (Hrsg.), Rechtssystem und praktische Vernunft, ARSP-Beiheft Nr. 51 (1993), S. 30–46

-: Zur Theorie der politischen Argumentation. Gleichzeitig ein Beitrag zu einem aktuellen Problem der Demokratie, Rechtstheorie 26 (1995), S. 163–182

-: Basic Puzzles of Discourse Philosophy, Ratio Juris 9 (1996), S. 172–181

Wieacker, Franz: Gesetz und Richterkunst. Zum Problem der außergesetzlichen Rechtsordnung, 1958

Wiethölter, Rudolf, Zur Argumentation im Recht. Entscheidungsfolgen als Rechtsgründe?, in: G. Teubner (Hrsg.), Entscheidungsfolgen als Rechtsgründe. Folgenorientiertes Argumentieren in rechtsvergleichender Sicht, 1995, S. 89–120

Weirauch, Carolin: Juristische Rhetorik, 2005

Windisch, Florian: „Abwägung": Total, formal oder strukturiert? Ansätze einer Methodik rechtsgebundener Wertzumessung, Rechtstheorie 44 (2013), S. 61–102

-: „Abwägung" als Relationsnorm-Konstruktion. Konstruktive Überlegungen zur Abwägung im Kontext der Strukturierenden Rechtslehre, in: Fr. Müller/P. Mastronardi (Hrsg.), „Abwägung". Herausforderung für eine Theorie der Praxis, 2014, S. 19–86

Wittgenstein, Ludwig: Philosophische Untersuchungen, hrsg. von J. Schulte, 7. Aufl. 2015

Wittmann, Roland: Induktive Logik und Jurisprudenz, Rechtstheorie 9 (1978), S. 43–61

-: Die reductio ad absurdum aus wissenschaftstheoretischer Sicht, Rechtstheorie 14 (1983), S. 336–348

Wohlrapp, Harald: Die diskursive Tendenz, in: ders., (Hrsg.), Wege der Argumentationsforschung, 1995, S. 395–415

-: Argumentative Geltung, in: ders. (Hrsg.), Wege der Argumentationsforschung, 1995, S. 280–297

-: Argumente stehen in einem Text nicht wie Gänseblumen in der Wiese herum. Eine Kritik an Katharina Sobotas empirischer Rechtstextanalyse, in: K. D. Lerch (Hrsg.), Die Sprache des Rechts, Bd. 2, 2005, S. 549–592

-: Der Begriff des Arguments. Über die Beziehungen zwischen Wissen, Forschen, Glauben, Subjektivität und Vernunft, 2. Aufl. 2009

Wohlrapp, Harald (Hrsg.), Wege der Argumentationsforschung, 1995

Wolénski, Jan: Law and Logic in the 20th Century, in: E. Pattaro/C. Roversi (Hrsg.), Legal Philosophy in the Twentieth Century: The Civil Law World, Bd. 2 („Main Orientations and Topics"), 2016, S. 709 – 742

Wolter, Thomas: Die juristische Subsumtion als institutioneller Zeichenprozeß. Eine interdisziplinäre Untersuchung der richterlichen Rechtsanwendung und der forensischen Kommunikation, 1994

Wright, Georg Hendrik von: Erklären und Verstehen, 1974

Wróblewski, Jerzy: Legal Syllogism and Rationality of Judicial Decision, Rechtstheorie 5 (1974), S. 33–46

-: Justification of Legal Decisions (1979), in: ders., Meaning and Truth in Judicial Decision, 2. Aufl. 1983, S. 49–70

-: Between Legalism and Finalism, Rechtstheorie 15 (1984), S. 109–113

Wróblewski, Jerzy/ MacCormick, Neil: On Justification and Interpretation, in: H.-J. Koch/U. Neumann (Hrsg.), Praktische Vernunft und Rechtsanwendung, ARSP-Beiheft Nr. 53 (1994), S. 255–268

Yoshino, Hajime: Zu Ansätzen der juristischen Logik, in: I. Tammelo/H. Schreiner (Hrsg.), Strukturierungen und Entscheidungen im Rechtsdenken. Notation, Terminologie und Datenverarbeitung in der Rechtslogik, 1978, S. 277–287

Zhang, Qingbo: Juristische Argumentation durch Folgenorientierung. Die Bedeutung der juristischen Argumentation für China, 2010

Zimmermann, Rita: Die Relevanz einer herrschenden Meinung für die Anwendung, Fortbildung und wissenschaftliche Erforschung des Rechts, 1983

Zippelius, Reinhold: Die experimentierende Methode im Recht, in: R. Alexy/R. Dreier/U. Neumann (Hrsg.), Rechts- und Sozialphilosophie in Deutschland heute. Beiträge zur Standortbestimmung, ARSP-Beiheft Nr. 44 (1991), S. 411–426

-: Rechtsphilosophie, 6. Aufl. 2011

-: Juristische Methodenlehre, 12. Aufl. 2021

## Glossar

**Allquantor:** „Für alle x gilt"-Funktor in der Prädikatenlogik. Verbreitete Notationen: „Λx" oder „(x)"

**Aussagenlogik:** Teilgebiet der Logik, in dem der Wahrheitswert komplexer Aussagen in Abhängigkeit von dem Wahrheitswert elementarer Aussagen bestimmt wird. Die Operatoren (Funktoren) werden durch die Wahrheitsfunktionen definiert. Insgesamt lassen sich 16 Funktoren definieren, darunter die Konjunktion (p und q, $p \wedge q$), die Alternative (p oder q, $p \vee q$) und die „Nur wenn, dann-Beziehung" (Replikation, $p \leftarrow q$). Da die Aussagenlogik die Relation zwischen Prädikaten bzw. Eigenschaften nicht darstellen kann (z.B.: „alle Menschen sind Rechtssubjekte"), ist sie zur Rekonstruktion und Analyse juristischer Argumentationen weniger geeignet als die → Prädikatenlogik.

**Basissätze:** Im Falsifikationsmodell des Kritischen Rationalismus elementare Sätze mit hoher Evidenz, mittels derer allgemeine Hypothesen falsifiziert werden können. Im Bereich der Naturwissenschaften, die den primären Bezugspunkt des Kritischen Rationalismus darstellen, haben sie typischer Weise den Charakter von Beobachtungssätzen („Protokollsätzen"). Standardbeispiel: Der Beobachtungssatz „an der Raum-Zeit-Stelle r2/z2 befindet sich ein weißer Rabe" falsifiziert den logischen Allsatz (die allgemeine Hypothese): „alle Raben sind schwarz". Für den Bereich der juristischen Argumentation stellt sich die Frage, ob sich funktional äquivalente Basissätze identifizieren lassen.

**Deduktiv-nomologisch:** Logisch („deduktiv") aus Allsätzen („nomos" = Gesetz, Gesetzmäßigkeit) ableitbar.

**Deontologismus, deontologisch:** In der Auseinandersetzung zwischen Deontologismus und Konsequentialismus geht es um die Frage, anhand welcher Kriterien über die moralische Qualität einer Handlung zu entscheiden ist. Während es nach Auffassung des → *Konsequentialismus* dafür maßgeblich auf die *Folgen* der Handlung ankommt, ist aus der Sicht des Deontologismus eine Handlung dann gut, wenn sie einer moralisch gut begründeten *Regel* entspricht.

**„Effet utile":** Prinzip, dass Normen bzw. Verträge so auszulegen sind, dass, gemessen an deren Zweck, der größtmögliche Nutzen erreicht wird. Dieses im Völkerrecht anerkannte Prinzip spielt aktuell in der Rechtsprechung des EuGH eine bedeutende Rolle, weil das Gericht es dazu nutzt, das Gemeinschaftsrecht gegenüber den nationalen Rechtsordnungen zu stärken.

**Emotivismus:** Position in der Meta-Ethik im Streit zu der Frage, ob Werturteile eine Komponente aufweisen, die sich beschreibend auf einen Sachverhalt bezieht. Im Unterschied zum → *Kognitivismus*, der diese Frage bejaht, vertritt der Emotivismus die Auffassung, dass Werturteile lediglich Ausdruck der Gefühle derjenigen sind, die sie äußern, und keine beschreibende, sondern allenfalls eine appellative Funktion haben.

**Enthymem:** Ursprünglich der um die generelle Prämisse „verkürzte" Syllogismus, in dem beispielsweise die Sterblichkeit des Achilles allein damit begründet wird, dass Achilles ein Mensch (kein Gott) ist (ohne Formulierung der Prämisse „Alle Menschen sind sterblich"). In der neueren Diskussion wird „Enthymem" teilweise mit „Argument" gleichgesetzt.

**Extension/Intension:** In der Sprachtheorie bezeichnet „Intension" die Bedeutung eines Begriffs/Satzes, „Extension" die Gesamtheit der Objekte, die unter den Begriff/Satz fallen. Intensional unterschiedliche Begriffe können eine identische Extension aufweisen (berühmtes Beispiel: „Abendstern" und "Morgenstern" haben eine unterschiedliche Bedeutung/Intension, aber dieselbe Extension - sie beziehen sich beide auf den Planeten Venus). Mit der Kennzeichnung von *Logiksystemen* als „extensional" wird ausgedrückt, dass es in (den klassischen Systemen) der Logik nur um *Wahrheitsbeziehungen* zwischen Begriffen/Sätzen geht, nicht aber um Sinnzusammenhänge. Beispiel: Die → Implikation „Wenn Marseille die Hauptstadt Frankreichs ist, ist die Zahl 77 eine Primzahl" hat einen positiven Wahrheitswert. Das Fehlen eines Sinnzusammenhangs zwischen Vordersatz und Nachsatz ist aufgrund der extensionalen Konzeption der Logiksysteme ohne Bedeutung.

**Implikation:** Die Implikation (Wenn-dann-Beziehung, $p \rightarrow q$) wird in der Logik dadurch definiert, dass sie wahr ist, wenn der Vordersatz (p) falsch oder der Nachsatz (q) wahr ist. Da es auf

Sinnzusammenhänge nicht ankommt (→ Extension/Intension), entsteht bei der „Übersetzung" in die Umgangssprache häufig der Eindruck des Implausiblen.

**Induktion:** Schluss von einer Mehrzahl von Einzelfällen auf eine Gesetzmäßigkeit. Beispiel: aus der Beobachtung, dass *einige* Planeten sich in elliptischen Bahnen um die Sonne bewegen, wird geschlossen, dass sich *alle* Planeten (auch bisher noch nicht bekannte) in elliptischen Bahnen um die Sonne bewegen. Der Induktionsschluss ist logisch nicht gültig und wird deshalb von den Vertretern des Kritischen Rationalismus als wissenschaftstheoretisches Prinzip verworfen. An seine Stelle tritt das Prinzip der Falsifikation wissenschaftlicher Hypothesen.

**Intuitionistische Logik:** Der Intuitionismus in Logik und Mathematik stellt, anders als die „klassische" Logik, nicht auf eine als vorgegeben gedachte Wahrheit, sondern auf die Beweisbarkeit bzw. Konstruierbarkeit von Sätzen/Aussagen ab. Daraus ergibt sich u.a., dass der Satz vom ausgeschlossenen Dritten („p oder non-p") in der intuitionistischen Logik nicht gilt; denn nicht in jedem Fall ist entweder p oder non-p beweisbar/konstruierbar. In der juristischen Logik und Argumentationstheorie wurde die intuitionistische Logik Mitte der sechziger Jahre des 20. Jahrhunderts rezipiert.

**Kalkül:** Formales System von Regeln, mittels derer sich aus „gesetzten" Aussagen (Axiome) weitere (Theoreme) ableiten lassen. Beispiele sind etwa → Aussagen- und Prädikatenkalkül.

**Kognitivismus:** Allgemein die Auffassung, dass die Fragen, die sich in einem bestimmten Bereich stellen, im Wege der Erkenntnis (Kognition) zu beantworten sind. In der Moralphilosophie geht es um die meta-ethische Fragestellung, ob bzw. inwieweit Werturteile als Wiedergabe von Erkenntnissen verstanden werden können. In der Rechtsphilosophie konzentriert sich die Diskussion um Kognitivismus und Nicht-Kognitivismus vor allem auf das Problem, ob Aussagen zu Rechtsfragen, insbesondere richterliche Urteile, als Erkenntnis einer vorgegebenen Rechtslage verstanden werden können.

**Konsequentialismus:** → Deontologismus. Hinsichtlich der moralisch relevanten Folgen lässt sich danach unterscheiden, ob es auf die Folgen der singulären Handlung („Handlungsutilitarismus") oder auf die der regelmäßigen Vornahme einer entsprechenden Handlung („Regelutilitarismus") ankommen soll.

**Metasprache:** Der Begriff bezeichnet die Sprachebene, auf der über Begriffe bzw. Aussagen der „Objektsprache" gesprochen wird. Objektsprachlich ist der Satz „Frankfurt ist eine Stadt an Main", metasprachlich der Satz „'Frankfurt' ist der Name mehrerer Städte in Deutschland". Rechtstheoretisch bedeutsam ist die Unterscheidung u.a. bei der Frage der Formalisierung von Normen, weil Ausdrücke unterschiedlicher Sprachebene nicht in demselben Logikkalkül dargestellt werden können.

**Metaethik:** Die Disziplin der philosophischen Ethik (Moralphilosophie), die sich nicht mit moralischen Sachfragen, sondern – auf der „Meta-Ebene" – mit dem Problem der allgemeinen Kriterien der moralischen Beurteilung von Handlungen befasst. Klassische Positionen im Bereich der Metaethik bezeichnen Deontologismus und Konsequenzialismus.

**Minimallogischer Kalkül:** „Spielart" der intuitionistischen Logik, in der – anders als in der „klassischen" intuitionistischen Logik – das „Ex falso quodlibet-Theorem" nicht ableitbar ist.

**Modallogik:** Logiksystem, das Aussagen berücksichtigen und in ihrer wechselseitigen Abhängigkeit analysieren kann, die sich auf „Möglichkeiten" und „Notwendigkeiten" beziehen.

**Parakonsistente Logik:** Logiksystem, das insbesondere dadurch gekennzeichnet ist, dass in ihm das „Ex falso quodlibet-Theorem" nicht abgeleitet werden kann.

**Performativer Sprechakt:** Ein Sprechakt, mit dem – im Unterschied zu rein beschreibenden Äußerungen – eine Handlung vollzogen (etwa ein Befehl gegeben, ein Tadel erteilt oder eine Verurteilung ausgesprochen) wird.

**Prädikatenlogik:** Logikkalkül, der Relationen zwischen Prädikaten (Eigenschaften) darstellen und die Differenz zwischen Allsätzen und singulären Aussagen wiedergeben kann. Er ist damit zur Analyse und Rekonstruktion juristischer Argumentationen besser geeignet als der → Aussagenkalkül.

**Radbruchsche Formel:** In mehreren nach 1945 erschienenen Texten spricht *Gustav Radbruch* (1878-1949), anders als in früheren Arbeiten, grob ungerechten Gesetzen die Geltung ab.

Im Konflikt zwischen Gerechtigkeit und Rechtssicherheit habe letztere zwar grundsätzlich den Vorrang. Das soll aber nicht gelten, wenn „der Widerspruch des positiven Gesetzes zur Gerechtigkeit ein so unerträgliches Maß erreicht, dass das Gesetz als ‚unrichtiges Recht' der Gerechtigkeit zu weichen hat". Werde bei der Rechtssetzung Gerechtigkeit nicht einmal erstrebt, so handele es sich nicht nur um unrichtiges Recht; vielmehr entbehre das Gesetz „überhaupt der Rechtsnatur". Beide Kriterien („Unerträglichkeitsthese" und „Verleugnungsthese") werden im Schrifttum im Begriff der *Radbruchschen Formel* zusammengefasst.

## Stichwortverzeichnis

Die Angaben verweisen auf die Paragrafen des Buches (**fette Zahlen**) sowie die Randnummern innerhalb der einzelnen Paragrafen (magere Zahlen).
Beispiel: § 9 Rn. 10 = **9** 10

